Señores de los Siete Rayos

SIETE MAESTROS:
SUS VIDAS PASADAS Y LAS CLAVES
PARA NUESTRO FUTURO

Señores de los Siete Rayos

Mark L. Prophet
Elizabeth Clare Prophet

SUMMIT UNIVERSITY ❤ PRESS ESPAÑOL®
Gardiner, Montana

SEÑORES DE LOS SIETE RAYOS
Siete Maestros: sus vidas pasadas y las claves para nuestro futuro
de Mark L. Prophet y Elizabeth Clare Prophet
Copyright © 2024 The Summit Lighthouse, Inc.
Todos los derechos para su uso están reservados.

Título original:
LORDS OF THE SEVEN RAYS
Seven Masters: Their Past Lives and Keys to Our Future

A excepción de una única copia para uso personal y no comercial, ninguna parte de este libro puede utilizare, reproducirse, almacenarse, publicarse o transmitirse sin permiso escrito, excepto por críticos, quienes podrán citar breves extractos para una reseña.
Para obtener más información, póngase en contacto con:

The Summit Lighthouse, 63 Summit Way, Gardiner, MT 59030 USA
1-800-245-5445 / +1 (406) 848-9500
info@SummitUniversityPress.com
SummitLighthouse.org

Library of Congress Control Number: 2024944330
(Número de control de la Biblioteca del Congreso: 2024944330)
ISBN: 978-1-60988-486-4
ISBN: 978-1-60988-487-1 (eBook)

Cubierta: Guardián de la Llama (*Lumen Coeli*, de Nicholas Roerich) Para obtener más información sobre el magnífico arte de Nicholas Roerich, escríbase a Nicholas Roerich Museum, 319 W. 107th St., New York, NY 10025.

SUMMIT UNIVERSITY ♦ PRESS ESPAÑOL®

Español, Summit University Press, el logotipo de Summit University, Guardianes de la Llama (Keepers of the Flame) y *Perlas de Sabiduría (Pearls of Wisdom)* son marcas registradas en la Oficina de Patentes y Marca de los Estados Unidos y en otros países. Todos los derechos para su uso están reservados.

27 26 25 24   1 2 3 4

ÍNDICE

LIBRO I
Espejo de la conciencia
Señores de los Siete Rayos: Vidas y realizaciones pasadas   1

   Introducción
     Sobre el misterio del Cuerpo Universal de Cristo   5

     Los Señores de los Siete Rayos y el Gran Señor
     Jerarcas del Espíritu   9

1. El Morya: el Estadista
   Dones de fe en la voluntad de Dios
   y la palabra de sabiduría   19

2. Señor Lanto: el Sabio
   Dones de la palabra de sabiduría
   y la palabra de conocimiento   59

3. Pablo el Veneciano: el Artista
   Don del discernimiento de espíritus   85

4. Serapis Bey: el Arquitecto
   Don de obrar milagros   107

5. Hilarión: el Sanador
   Dones de sanación   129

6. Maestra Ascendida Nada: el Juez
   Dones de varias clases de lenguas
   y la interpretación de lenguas   153

7. Saint Germain: el Alquimista
   Dones de profecía y obrar milagros   167
   La Gráfica de su Yo Divino   193

LIBRO II
Dictados de los Señores de los Siete Rayos y el Maha Chohán — 197

Introducción
Todas las vidas de los grandes hombres nos recuerdan... — 199

1 El Morya
Señor del Primer Rayo
Iniciación del chakra de la garganta — 203
  Mensaje a los Estados Unidos sobre la misión de Jesucristo — 205
  Despertar a Estados Unidos para que tenga un propósito vital — 223
  Informe de la mesa del Consejo de Darjeeling — 235

2 Lanto
Señor del Segundo Rayo
Iniciación del chakra de la coronilla — 245
  Posibilidades en nuevas dimensiones — 247
  La gran síntesis de la Llama de la Madre — 259

3 Pablo el Veneciano
Señor del Tercer Rayo
Iniciación del chakra del corazón — 269
  El arte de vivir el Amor Divino — 271
  La belleza y la Verdad del Amor — 285

4 Serapis Bey
Señor del Cuarto Rayo
Iniciación del chakra de la base de la columna — 297
  El sendero de la ascensión es el sendero del Amor — 299
  El Amor que tiene el valor de existir — 311

5 Hilarión
Señor del Quinto Rayo
Iniciación del chakra del tercer ojo — 321

El Salvador personal, el Gurú personal — 323

El don de la sanación divina — 335

6 Maestra Ascendida Nada
Señor del Sexto Rayo
Iniciación del chakra del plexo solar — 351

La psicología del Amor — 353

Hermandad: el latido del corazón de Dios, el ritmo de la vida — 369

7 Saint Germain
Señor del Séptimo Rayo
Iniciación del chakra de la sede del alma — 379

«¡Que superéis todas las pruebas!» — 381

8 El Maha Chohan
Señor de los Siete Rayos
Iniciación del chakra del octavo rayo y la cámara secreta del corazón — 401

El estanque reflejante de la conciencia — 403

Si amáis a los Chohanes... — 415

Conclusión
Sic Transit Gloria Mundi
Vuestras vidas y realizaciones pasadas a través del espejo cósmico — 419

Notas — 429

Reconocimiento por imágenes — 435

Dedico este volumen de sabiduría
a los estudiantes de los
Señores de los Siete Rayos de todo el mundo
con todo el amor del Espíritu Santo.

EL MAHA CHOHÁN

LIBRO I

Espejo de la conciencia

SEÑORES DE LOS
SIETE RAYOS:
VIDAS Y
REALIZACIONES
PASADAS

*El torbellino de la mente
debe aquietarse*

*Los pensamientos que organizan
las moléculas del
espejo de la conciencia
necesitan el sosiego
de un estanque en calma,*

*para que podamos ver
con claridad*

Durante siglos se ha tentado a la humanidad con bagatelas y chucherías de la vida. El efecto hipnótico que han tenido esas tentaciones al oscilar ante nuestra mirada ha confundido y difuminado nuestro sentido de dirección, de modo que el significado del Amor está perdido en una extraña fantasmagoría perteneciente a la vorágine del mundo.

Por tanto, aquietemos nuestra mente, el espejo en el que se refleja Dios.

Aunque no hubiéramos visto antes, si este fuera nuestro primer día en la Tierra y hubiésemos llegado con la conciencia plena que poseemos en el presente, para ver el rostro de Dios aún nos haría falta un espejo limpio. Porque somos nosotros, como individuos, quienes debemos percibir a Dios.

No basta con que su Espíritu esté omnipresentemente en el mundo. Él está por doquier. Pero nosotros no lo percibimos necesariamente en el viento que sopla ni en los cambios de temperatura que afectan al clima. Tampoco vemos a Dios en el rostro de las personas a las que encontramos, porque ponemos nuestra atención en la apariencia exterior, la capa superficial de error que necesita transmutación

Acérquese,
aquietemos la mente
para tener una visión
más perfecta.

INTRODUCCIÓN

Sobre el misterio del Cuerpo Universal de Cristo

Hay muchos corazones que tienen hambre y sed de justicia. Y la voluntad de Cristo quiere que se los satisfaga. ¿Quién los satisfará? ¿Dónde están los pastores que apacentarán las ovejas, pastores que son los instrumentos del Señor a través de los cuales Él responderá a los anhelos del alma de sus hijos?

Sí, «apacentad mis ovejas» es un mandato que nos dice que Dios espera que hagamos lo que, por Ley Divina y Voluntad Divina, Él ha reservado para sus Hijos siervos y sus discípulos.

«Apacentad mis ovejas». Estas palabras y el implorar del Maestro nos dice que el Señor nos necesita para que cuidemos de los suyos aquí abajo. Puesto que somos muy amados, tenemos encendido en nosotros el deseo de servir como mediadores de la Palabra, de estar colocados en una jerarquía ordenada de cargos establecidos para la realización de deberes y responsabilidades específicas dentro del Cuerpo de Dios, que son esenciales para la intercesión del Espíritu Santo.

Escuche ahora cómo el apóstol Pablo cuenta la enseñanza que le dio Jesús sobre el misterio del Cuerpo Universal de Cristo:
Porque, así como el cuerpo es uno, y tiene muchos miembros, pero todos los miembros del cuerpo, siendo muchos, son un solo cuerpo, así también Cristo. Porque por un solo Espíritu fuimos todos bautizados en un cuerpo, sean judíos o

griegos, sean esclavos o libres; y a todos se nos dio a beber de un mismo Espíritu...

De manera que, si un miembro padece, todos los miembros se duelen con él, y si un miembro recibe honra, todos los miembros con él se gozan.

Vosotros, pues, sois el cuerpo de Cristo, y miembros cada uno en particular. Y a unos puso Dios en la iglesia, primeramente, apóstoles, luego profetas, lo tercero maestros, luego los que hacen milagros, después los que sanan, los que ayudan, los que administran, los que tienen don de lenguas. ¿Son todos apóstoles?, ¿son todos profetas?, ¿todos maestros?, ¿hacen todos milagros? ¿Tienen todos dones de sanidad?, ¿hablan todos lenguas?, ¿interpretan todos? Procurad, pues, los dones mejores. Mas yo os muestro un camino aún más excelente.

Y ese «camino aún más excelente» es la Caridad, el entregarse a sí mismo al Amor. Por consiguiente, en la llama de la Caridad vemos a los discípulos como intermediarios entre Cristo y los adorables hijos de la Luz, que tienen hambre y sed de justicia y deben ser satisfechos día tras día por los trabajadores y siervos de la Hermandad.

Y la propia Caridad, el amado complemento del Arcángel Chamuel, es la sierva celestial de nuestra labor de Amor. A través de sus ojos compasivos y totalmente conocedores percibimos que, tal como el hombre ansía su pan de cada día, su alma tiene sed de aquello que la calmará: las gracias espirituales que están reflejadas, aquí y por doquier, en el orden mundial y más allá.

Las vemos esconderse en los rayos de sol y justo detrás del arco iris en el cielo; en el juego de luz y sombra de las nubes; en el viento danzarín y en la ola del mar y en el movimiento de las aguas que ondulan con las corrientes terrestres; a través del trigo dorado y las hierbas verdes y azuladas, que se inclinan ante el señorío de los jerarcas de los elementos.

También vislumbramos las gracias espirituales a través de las manifestaciones alternas de la enfermedad y la salud y los altibajos de la economía que tanto afectan a nuestro mundo, por desgracia. Porque aquí, el hombre, debido a su artificialidad, su volubilidad, sus farsas e hipocresías (todas ellas máscaras de su pseudoyo), ha creado ilusiones en la vida que lo llevan a creer que Dios juega al escondite con él. Y nosotros mismos hemos puesto los obstáculos ante el espejo cristalino y el ver nítidamente la Imagen Divina a todo nuestro alrededor.

«Ahora vemos por espejo, oscuramente...»

¡Invoquemos al Eliminador de Obstáculos! ¡Busquemos y hallemos al verdadero Instructor de nuestro sendero y el llamamiento de nuestro espíritu!

Porque quisiéramos verlo cara a cara; quisiéramos conocerlo a él tal como él nos conoce a nosotros.

Los Señores de los Siete Rayos y el Gran Señor

Jerarcas del Espíritu

Las manifestaciones de Dios en la Naturaleza están tejidas en y a través del cosmos Espíritu-Materia por el Espíritu Santo, cuyos Hijos, conocidos como los Señores de los Siete Rayos y el Gran Señor,* su jerarca, enseñan a nuestra alma la receptividad en medio de las ubicuas gracias espirituales. Jesús, hace muchos años, nos presentó a estos Hijos siervos, graduados de la escuela de la Tierra.

El Maestro señaló esta enseñanza del Cuerpo Universal de Cristo, que entregó a Pablo, para explicarnos que, en el cielo, el mismo Cuerpo que todos compartimos con los portadores de luz† en la tierra se compone de ángeles y seres maestros, grandes espíritus semejantes al nuestro, que dan alma y dirigen las fuerzas cósmicas, «encarnando»[1] todos ellos algún cargo y función especial de la actividad universal de la Mente de Dios.

El Señor nos enseñó a sus emisarios, que enseñan a las personas de Dios en la Tierra, el sendero de Cristeidad individual en los siete rayos y los siete chakras (centros espirituales del cuerpo

---
*denominados en Oriente Siete "Chohanes" y el "Maha Chohán", que se traduce como Siete Señores y Gran Señor.
†portador de luz: palabra que significa portador de Cristo, alguien que contiene la luz que es Cristo, alguien que tiene la responsabilidad de la Cristeidad en sí mismo y en los demás defendiendo la Verdad y el Honor de Dios; alguien que está ungido con la conciencia Crística y que lleva a todos esa iluminación. El portador de luz es el Guardián de la Llama cuyo lema debe ser: "YO SOY el guardián de mi hermano; YO SOY el guardián de la luz que es Cristo en mi hermano".

humano), siendo cada rayo una emanación luminosa del Cristo Universal que concentra particulares dones, gracias y principios de autopercepción en el Logos que pueden ser desarrollados por el discípulo a través de la vocación de su vida.

Nos explicó con perfecta lógica que la obra de la Gran Hermandad Blanca y de todas las huestes celestiales asociadas con ella, lo cual incluye a aquellos que ellas patrocinan en la Tierra, ha consistido y consiste en alimentar la divinidad emergente de cada niño de Dios al tiempo que le enseñan autodisciplina y amor por su labor sagrada, amor que inflama el alma a que se enamore de su Señor y desee glorificar el complemento total de su luz (conciencia Crística) en todos sus miembros.

Jesús nos mostró que, en este ciclo de nuestra historia cósmica, las evoluciones de la Tierra en tránsito de la era de Piscis a la de Acuario tienen programado equilibrar la llama trina del corazón y expandir los atributos de la Trinidad —Poder, Sabiduría y Amor— a través de cada uno de los siete rayos mediante la concentración consciente de ellos en los siete chakras.

Este trabajo del alma, que de hecho es nuestro trabajo igual que nosotros somos Su obra, es la preparación necesaria antes de que recibamos la tarea espiritual y física muy especial con nuestra llama gemela, una misión extraída de las esferas superiores de su plan divino (cuerpos causales) que debe cumplirse antes de que tengamos permitido graduarnos (es decir, ascender) de la escuela de la Tierra.

Sí, podemos aprender y bien haríamos en aprovechar la oportunidad que ofrecen los Señores del Karma, nuestros mentores del Espíritu que nos guían por los senderos de justicia por amor a Su nombre —YO SOY EL QUE YO SOY— hacia la receptividad de nuestra alma con respecto a los dones del Espíritu Santo.

En orden divino, ellos son:

I. El Morya, Jefe del Consejo de Darjeeling de la Gran Hermandad Blanca, hombre de Estado, poeta, economista y santo, fundador de The Summit Lighthouse y amado Gurú de los Mensajeros y los chelas:

«¡No se haga mi voluntad, sino la tuya!».

II. Señor Lanto, patrocinador del Retiro Royal Teton y el Consejo supervisor de todos los sistemas de enseñanza e instituciones de aprendizaje superior, exponente de la antigua sabiduría hecha práctica para la mente occidental, facilitador del sendero de la nueva era para los tradicionalistas orientales:
«¡Sabiduría, ante todo; adquiere sabiduría; y sobre todas tus posesiones adquiere inteligencia!».

III. Pablo el Veneciano, artista divino que confiere por la excelencia de la obras la imagen de Cristo, especial para cada alma, y que prepara a las corrientes de vida mediante las disciplinas del Amor para las iniciaciones del Sagrado Corazón y el Árbol de la Vida:
«¡Aprende a amar hacer bien las cosas y así las harás!».

IV. Serapis Bey, jerarca de Lúxor, iniciador de aquellos que están ascendiendo en las aplicaciones del fuego sagrado, arquitecto de las órdenes sagradas, la vida interior y las ciudades de las eras de oro, disciplinario militar de las fuerzas de la Luz, la Paz y la Libertad Cósmica:
«¡YO SOY el Guardián[*]!».

V. Hilarión, instructor de la Verdad inmortal, la Ciencia Divina, todas las ramas físicas y metafísicas de las ciencias y las artes sanadoras; el eterno empirista que lleva al buscador al sendero iniciático del apóstol Pablo:
«¡Y conoceréis la Verdad, y la Verdad os hará libres!».

VI. Maestra Ascendida Nada, defensora del alma ante el tribunal de justicia divina, unificadora de familias y llamas gemelas, que cualifica el Amor como ministración y servicio hacia todas las partes de la Vida, un sendero de obras como requisito para la maestría sobre uno mismo en el Rayo Rubí:
«El siervo no es mayor que su Señor».

VII. Saint Germain, patrocinador de los Estados Unidos de América, Señor del Séptimo Rayo y la Séptima Era, alquimista del fuego sagrado que viene con el don de la llama violeta de la libertad para la transmutación del mundo:
«¡La luz de Dios nunca falla y la Amada y Poderosa Presencia YO SOY es esa luz!».

---

[*]Protector (N. del T.)

El 23 de septiembre de 1962 tuvo lugar un acontecimiento poco habitual que el Señor Lanto contó en el dictado que dio ese mismo día en la ciudad de Washington. Estos Señores de los Siete Rayos, liderados por el Arcángel Miguel, se materializaron de manera tangible y anduvieron en su forma física por las faldas del monte Shasta, en el norte de California. Al amanecer se pudieron percibir sus figuras, y las huellas de sus pies sobre la cima de la montaña estuvieron a la vista de cualquiera.

Al dirigirse al grupo de chelas reunido en la capital del país, Lanto dijo: «Amados, este es un suceso de Luz de lo más valioso y misericordioso, una manifestación de la preocupación de la Jerarquía por el peligro de los tiempos y la necesidad que hay de intercesión inmediata por parte de aquellos de nosotros que pertenecemos a las octavas de luz. Por tanto, esta materialización hermosa y maravillosa tuvo lugar y los Señores de los Siete Rayos dieron su bendición al mundo desde las alturas del Shasta».

Estos Maestros Ascendidos, que enseñan a la humanidad la interiorización de la Palabra y la Obra del Señor en cada uno de los siete rayos, son seleccionados para sus cargos en la jerarquía espiritual del planeta por el «Gran Señor» (en Oriente se lo llama «Maha Chohán»), cuyo título oficial es Representante del Espíritu Santo. En este procedimiento de selección también están involucrados los Instructores del Mundo Jesucristo y Kuthumi, el Señor Maitreya, representante del Cristo Cósmico, y el Consejo Kármico compuesto de ocho miembros. Y el Señor del Mundo, Gautama Buda, sella sus nombramientos con la bendición de los Siete Santos Kumaras, que dan alma a los siete rayos de las siete esferas.

Cada uno de los Siete Señores enseña el equilibrio de la llama trina, la armonía de los cuatro cuerpos inferiores y la transmutación del karma personal y planetario mediante las cualidades de su rayo. Entre sus funciones está la de satisfacer las necesidades inherentes al ascenso a Dios por parte de la humanidad mediante los rayos iridiscentes, lo cual culmina en la luz blanca y la Ley del Uno.

Por tanto, a través de estos Siete «Chohanes» y todo el

SEÑORES DE LOS SIETE RAYOS

RAYO	MAESTRO	RETIRO	DON
I	El Morya	Darjeeling (India)	Fe en la voluntad de Dios Palabra de sabiduría
II	Señor Lanto	Grand Teton (Wyoming)	Palabra de sabiduría Palabra de conocimiento
III	Pablo el Veneciano	Sur de Francia Templo del Sol (Nueva York)	Discernimiento de espíritus
IV	Serapis Bey	Lúxor (Egipto)	Obrar milagros
V	Hilarión	Creta (Grecia)	Sanación
VI	Nada	Arabia Saudí	Varias clases de lenguas Interpretación de lenguas
VII	Saint Germain	Transilvania (Rumanía) Table Mountain (Wyoming)	Profecía Obrar milagros
IX Todos los rayos Ley del Uno	Maha Chohán	Ceilán (Sri Lanka)	Libre albedrío, llama trina Iniciación de los chakras Todo poder en el cielo y la tierra

Para facilitar la percepción progresiva de los rayos por parte del estudiante, los Chohanes, sus retiros y su sendero iniciático en la adquisición y maestría de los dones del Espíritu Santo, ofrecemos esta gráfica como fácil referencia.

Espíritu de la Gran Hermandad Blanca encontramos el cumplimiento de la profecía del Señor a través de su escriba Mary Baker Eddy: «El Amor Divino siempre ha satisfecho y siempre satisfará todas las necesidades humanas». Las huestes celestiales realmente son las manos de Dios en acción, logrando la Victoria para la vida humana cada día.

Para el buscador que sigue los pasos de estos representantes de la Verdad Crística, cada paso de maestría sobre uno mismo conseguido en un rayo también se adquiere en los otros seis, porque el haz de luz blanca en el centro de cada rayo los unifica a todos. Este haz es la Ley del Uno en manifestación, tal como el núcleo de fuego blanco de las siete llamas y las siete esferas correspondientes a los siete rayos también es su centro solar, el Espíritu Santo unificador de estas emanaciones luminosas del Cosmos.

El Señor del Rayo es, por consiguiente, alguien que encarna la conciencia del Señor —el YO SOY EL QUE YO SOY—, que es el Legislador del rayo. La Palabra y Obra del Chohán, es decir, su «Sendero», son las expresiones de la autoridad que él posee en la interpretación de la Ley del rayo.

Por tanto, a este «YAHVÉ» del rayo, esta individualización de la llama Divina, lo conocemos gracias a su exteriorización del rayo en el desarrollo de los acontecimientos. Y cuando le preguntamos al amado Chohán: «¿Quién eres? ¿Cómo te llamas?», nos llega la respuesta: «SERÉ QUIEN SERÉ: Conoce al Señor, y me conocerás a mí puesto que YO SOY uno en Él en el discurrir de la historia y en los ciclos cósmicos: LO QUE HE HABLADO, LO HE HABLADO. Seré Quién Seré».

El Señor del Rayo también es la autoridad del sendero de iniciación Crística, que conduce a los hijos de la luz que son coherederos con Cristo a su Filiación plena a través de la encarnación de la Palabra de Dios en (en la frecuencia de) el rayo. En este papel, el Chohán es venerado como «Gurú» por los chelas que avanzan en su Sendero. Él es totalmente el Disipador de la Oscuridad para sus chelas mediante la encarnación luminosa del rayo. Él siempre glorifica a la Madre Divina y a la Trinidad a través del rayo, siendo la llama Divina del rayo personificada en su servicio como Juez y Defensor ante la gente y por la gente.

Verdaderamente, la autoridad del Señor del Rayo que tiene otorgada en su manto se deriva de su logro en lo que respecta a la conciencia del Cristo Cósmico en la frecuencia luminosa de su rayo de servicio y de la gracia de Dios, quien es «galardonador de quienes le buscan con diligencia».

Como Representante del Espíritu Santo, el Maha Chohán encarna la luz blanca de todos los rayos y enseña el equilibrio séptuple de los rayos de los Siete Poderosos Elohim, lo cual a su vez se manifiesta sobre la frente del iniciado como una corona de luz cristalina cuando alcanza esa maestría Divina de los siete rayos.

El Maha Chohán supone una ayuda muy inmediata para todos los que lo llaman. Debido a la promesa realizada a todos los hombres: «Yo guardo la llama por ti hasta que tú seas capaz», este verdadero Gran Señor es llamado Guardián de la Llama. Él es quien concede la maestría Crística a través de las disciplinas de la elección correcta y la acción correcta, formadas según el sendero óctuple del Señor Gautama Buda paralelo al sendero enseñado y demostrado por Jesucristo.

Estas disciplinas se llevan a cabo a través de la maestría del libre albedrío, de los deseos y el cuerpo de los deseos y del sendero del Sagrado Corazón y el Rayo Rubí, a medida que el iniciado va equilibrando la llama trina y logra ese equilibrio en la luz blanca de los siete rayos en sus chakras. La realización del servicio a la Comunidad —el cuerpo de portadores de luz del mundo— utilizando las fuerzas, el cuerpo, la mente y el alma de uno supone el medio de lograr esta meta.

Finalmente, el Maha Chohán prepara a la persona Crística para el empoderamiento del Señor, la Poderosa Presencia YO SOY, con «todo el poder del cielo y la tierra». Conferida través de Maitreya, nuestro Señor y Salvador aclamó esta iniciación cuando dio la gran comisión a sus discípulos:

> Toda potestad me es dada en el cielo y en la tierra. Por tanto, id, y haced discípulos a todas las naciones, bautizándolos en el nombre del Padre, y del Hijo, y del Espíritu Santo;

enseñándoles que guarden todas las cosas que os he mandado; y he aquí yo estoy con vosotros todos los días, hasta el fin del mundo.

En verdad, la clave de la Cristeidad a través de la obediencia amorosa al Padre y el Hijo se cumple cuando el discípulo acepta el llamamiento de Jesús de ser un mediador de la Palabra y Obra del SEÑOR. Al reflejar Su conciencia para que todos puedan ver Su imagen reflejada, el discípulo se prepara para recibir las iniciaciones del Espíritu Santo en los chakras de la mano del Maha Chohán a través de los Siete Chohanes, según los grados de los siete rayos.

Estas iniciaciones suponen los medidos pasos y etapas de la preparación del alma para recibir las gracias de los nueve dones y revestirse de ellos: primero como un velo nupcial, su concepción pura de la cualidad, virtud y vibración de cada don; y después como el vestido de bodas, la percepción y recepción plena de la llama del don y su aplicación en sus ministraciones a la vida.

Los Siete Chohanes familiarizan al alma con las potestades, los principados y las huestes angélicas de los nueve dones del Espíritu Santo mientras ella se dedica a revestirse de las gracias, siendo embellecido cada don concedido por la cualificación especial de los rayos que haga el alma.

Mientras tiene lugar esta preparación, el Maha Chohán fortalece las fibras del espíritu en su papel de consejero, consolador e iluminador, estableciendo con firmeza bases para que desciendan las esferas iridiscentes en anillos concéntricos de luz, formando el aura del cuerpo causal alrededor del sol central del chakra del corazón aquí abajo, como Arriba. Con ternura, el Gran Señor muestra a cada novia de Cristo cómo rellenar las áreas irregulares y alisarlas para que reflejen la presencia sanadora del Espíritu Santo para todo lo que tiene vida.

Y para quienes tengan el entendimiento de la Luz Interior (para utilizar un término cuáquero), diremos que la concesión de los nueve dones es, por definición, una transferencia de la matriz inicial del poder del «tres por tres», que el discípulo debe aprender a esgrimir, acentuándolo a través de la llama trina equilibrada y la ciencia de la Palabra hablada.

Tal como Pablo no quiso que sus conversos a Cristo desconocieran los dones espirituales *(pneumatika)* conferidos por el Espíritu Santo, nosotros no queremos que usted, que desea estudiar las Enseñanzas Perdidas de Jesús que están siendo llevadas a un primer plano por todos los Maestros Ascendidos, permanezca en la ignorancia con respecto a la ley sobre la transmisión de dones espirituales. Vuelva a escuchar al apóstol al que Cristo ungió:

> No quiero, hermanos, que ignoréis acerca de los dones espirituales.
>
> Sabéis que cuando erais gentiles [extraños al Espíritu de Cristo], se os extraviaba llevándoos, como se os llevaba, a los ídolos mudos [dioses Nefilín y su hombre mecanizado (robótico)[2]]. Por tanto, os hago saber que nadie que hable por el Espíritu de Dios llama anatema a Jesús; y nadie puede llamar a Jesús Señor, sino por el Espíritu Santo.
>
> Ahora bien, hay diversidad de dones, pero el Espíritu es el mismo. Y hay diversidad de ministerios, pero el Señor es el mismo. Y hay diversidad de operaciones, pero Dios, que hace todas las cosas en todos, es el mismo.
>
> Pero a cada uno le es dada la manifestación del Espíritu para provecho.
>
> Porque a este es dada por el Espíritu *palabra de sabiduría;* a otro, *palabra de ciencia* según el mismo Espíritu; a otro, *fe* por el mismo Espíritu; y a otro, *dones de sanidades* por el mismo Espíritu.
>
> A otro, el *hacer milagros;* a otro, *profecía;* a otro, *discernimiento de espíritus;* a otro, *diversos géneros de lenguas;* y a otro, *interpretación de lenguas.*
>
> Pero todas estas cosas las hace uno y el mismo Espíritu, repartiendo a cada uno en particular como él

Y así, llegamos a los Chohanes, que también son espejos que nos reflejan desde el estado ascendido, así como desde sus vidas pasadas, la imagen de Cristo esclarecida mediante sus logros en cada uno de los siete rayos, o senderos, hacia Dios. Porque suyos son los dones del Espíritu Santo. De corazón a corazón, deseamos aprender sobre ellos y su transferencia de las gracias espirituales con las que nuestra alma también debería adornarse. Porque el Amado dijo: «Bástate mi gracia...».

Emprendamos, pues, un viaje de descubrimiento a través de los cuerpos causales de los Siete Chohanes. Mientras nuestro recipiente se aventura en la corriente de su conciencia, nosotros sacaremos los historiales de sus misiones, examinando sus circunstancias kármicas en los ciclos recurrentes allá donde hayan sido lumbreras históricas.

Entraremos en las viñetas de sus vidas tomadas de épocas olvidadas, en continentes y civilizaciones legendarias enterradas en las arenas del tiempo o bajo las aguas. Porque queremos comprender cómo se hace un Chohán, por qué los Chohanes fueron escogidos para administrar los dones y las gracias del Espíritu del Señor, y aprender de ellos el sendero preparatorio para que nuestra alma sea la novia de Cristo.

De esta introducción al corazón y espíritu de los Siete Nobles pasamos a un conocimiento interior y amor al mejor de los Amigos, que la experiencia de la Tierra nos ha permitido.

¡A Oriente! El Mahatma del Himavat espera.

PRIMER RAYO

1

EL MORYA
el Estadista

Dones de fe en la voluntad de Dios y la palabra de sabiduría

Morya ha prestado servicio en numerosas encarnaciones como gobernante sobre hombres, monarcas y países, llegando a ser consecuentemente un experto en economía y los asuntos de Estado, en la psicología del poder de la psique humana y, por tanto, en su desarrollo en la política de las relaciones personales e internacionales.

A través de las iniciaciones de su sendero individual de Cristeidad, este amado Maestro de los Himalayas ha adquirido una devoción prototípica por la voluntad de Dios, virtud por la cual sus chelas lo adoran y confían en él supremamente y por la que la Iglesia católica lo canonizó por partida doble. Todo esto y más lo ha hecho preeminentemente apto para ocupar el cargo de Señor del Primer Rayo.

¡Venga con nosotros! Delineemos la imagen de su alma cuando fue Akbar, el emperador mogol[1] más grande. Esto nos proporcionará un estudio sobre la correcta utilización y maestría del rayo azul de poder, como estuvo focalizada a través del diseño original de su vida.

Akbar estableció un imperio que abarcó gran parte de la India, Afganistán y la Pakistán moderna, y que lo convirtió en el

El emperador Akbar, Bichitr, c. 1630

monarca más rico y poderoso de la Tierra. Nacido en 1542, en Sind, gobernó sabiamente durante cincuenta años, ejerciendo una tolerancia e iluminación asombrosas en uno que descendió del linaje de Tamerlane y Genghis Khan. (Nosotros, claro está, sabemos que nuestro verdadero yo está compuesto de algo más que genes humanos; en efecto, algo más de lo que los genes humanos podrían transmitir). Claramente distinto a sus ancestros, Akbar ha sido descrito por un importante historiador como «uno de los pocos ejemplos que muestran con éxito del rey filósofo de Platón».[2]

Un sacerdote portugués lo describió de «una estatura y un tipo de semblante que correspondía a su dignidad real, de modo que uno podría reconocer con facilidad, incluso a primera vista, que es el rey... La frente amplia y abierta, los ojos tan brillantes y destellantes que parecen un mar reluciente bajo el sol... Su expresión es tranquila, serena y abierta, también llena de dignidad, y cuando se enoja, llena de majestuosidad».[3] Era de talla media, bien fornido, amante de los deportes y de gran valentía y destreza en la caza.

A pesar de su gran riqueza, su gran poder y la pompa y el esplendor en el que vivió, fue un hombre de costumbres sencillas, de poco comer y que gustaba de no probar la carne durante seis meses al año. Ni siquiera le gustaba, y decía que los platos de carne le eran insípidos. El único motivo por el que no la abandonó por completo, decía él, era porque «muchos otros pudieran querer abandonarla también y así acabar en el desánimo».[4] Sin embargo, sí llegó a prohibir que se mataran animales en su reino durante seis meses al año.

La genialidad de Akbar se manifestaba en los asuntos militares, religiosos y sociales, así como en su capacidad de gobernar una vez que hubo establecido su imperio, una cualidad de la que carecieron sus antepasados. En vez de destruir a los hindúes conquistados, Akbar los colocaba en puestos de gobierno; incluso contrajo matrimonio con princesas hindúes. Abolió la práctica de la esclavización de prisioneros de guerra y los actos discriminatorios contra hindúes, y estableció un sistema eficaz y justo de administración, recaudación de impuestos y justicia.

Este amigo de la gente común les invitaba como un padre a que se acercaran a él con sus quejas. «Le complacía aceptar sus regalos, tomándolos en sus manos y llevándoselos al pecho (algo que nunca hacía con los valiosos regalos de sus nobles)», escribió un observador.[5]

Akbar hacía todo esto porque creía que era el gobernante divinamente designado de todos los pueblos de su reino y que debía relacionarse con ellos de manera equitativa, independientemente de su raza o religión. Por tanto, en la India se lo conoce como el padre de la tolerancia religiosa y su legado aún persiste hoy día.

Sin embargo, llevar a su pueblo paz y prosperidad no era suficiente: Akbar los llevaría a una espiritualidad superior. Según el historiador de la corte Abul Fazl, toda la vida de Akbar fue una búsqueda de la Verdad. La realización de sus obligaciones lo consideraba como un acto de adoración divina.[6]

El gobernante mogol toleraba todas las religiones porque percibía las insuficiencias del islam. Por tanto, unos sacerdotes portugueses que fueron a convertirlo al cristianismo fueron bien recibidos. Tras dialogar con ellos durante horas, Akbar encargó una traducción persa de los Evangelios. Manifestó reverencia hacia las imágenes de Jesús, su Madre y los doce apóstoles, y cuando le presentaron las sagradas Escrituras, se las puso sobre la cabeza en señal de respeto.

Pero nunca se adhirió totalmente al cristianismo, porque Akbar no podía reconciliarse con la doctrina de una divinidad de Cristo aparte de la divinidad inherente a cada hijo de la Llama Solar. Es más, la idea de que Jesús hubiera nacido de una virgen, excluyendo así el papel fundamental del padre y la madre terrenal (a través de quienes incluso los judíos creían que se transmitía la naturaleza divina de la progenie) o que este hijo del hombre fuera el único en el que la Palabra hubiera encarnado o que lo fuera a hacer, le resultaba imposible de aceptar dada la exclusividad con la que se le expuso la vida y misión de Jesús. Pero sí vio la Verdad Crística en el cristianismo. De hecho, Akbar veía a Dios en todas las religiones y quería lo mejor de Dios, por tanto, lo mejor de la religión para todo su pueblo.

Una vez trajeron de la Meca una piedra sobre la que había una impresión del pie de Mahoma. «Su majestad recorrió cuatro *kos* [casi 13 kilómetros] para recibir esta piedra con todos los honores. Se dio orden de que todos los emires a su vez cargaran con ella sobre sus espaldas unos pasos. Así, todos cargaron con ella un poquito y la llevaron a la ciudad».[7]

Pero Akbar veía una imposibilidad de gobernar bien el país mientras existiera una adherencia estricta a los principios musulmanes. Por ejemplo, una interpretación ortodoxa del Corán requería la supremacía mahometana sobre los no creyentes, pero Akbar consideraba la tolerancia como una necesidad del momento, la base del amor fraternal esencial para la cohesión de la sociedad.

Tras una profunda meditación en la voluntad de Dios, decidió unificar la vida religiosa del país. En consecuencia, emprendió un estudio de siete años sobre las religiones del mundo, meditando «en los varios aspectos de sus enseñanzas, costumbres y

Dones de fe en la voluntad de Dios y la palabra de sabiduría 23

Akbar presidiendo sobre discusiones en el Ibadatkhana,
Nar Singh, c. 1604

En una búsqueda de la verdad en todas las religiones, encarnando un verdadero espíritu ecuménico, Akbar hizo que se erigiera al lado de su gran palacio de Fatehpur Sikri un edificio llamado Ibadat Khana, que significa «casa de culto». Akbar decretó que los jueves por la noche, «todas la órdenes y sectas de la humanidad, los que habían buscado la verdad espiritual y física y los miembros del público que buscaran un despertar, y los investigadores de cualquier secta, se reunieran en asamblea en los precintos del santo edificio para exponer sus experiencias espirituales y sus grados de conocimiento sobre la Verdad en varias formas contradictorias en la cámara nupcial de la manifestación».

Aquí está representada una escena en la que el padre Acquaviva, un misionero jesuita, argumenta con los exponentes mahometanos sobre si la Biblia o el Corán constituyen la verdadera palabra de Dios.

ceremonias y su efecto en la vida y el pensamiento de sus seguidores respectivos»[8], tras lo cual llegó a la conclusión de que todas ellas tenían limitaciones, prejuicios y supersticiones.

Su solución consistió en convocar un consejo de los ilustrados de todas las creencias a fin de establecer una religión universal, para la cual quiso obtener su apoyo. Comenzó señalando que hindús, musulmanes, zoroastrismos, judíos y cristianos eran distintos y todos creían que su religión era la mejor, y que, si un infiel no se convertía, lo declaraban enemigo. Tras apuntar los defectos de cada sistemas de creencias, los sabios propusieron que eran ellos quienes debían decidir cuál era la mejor religión.

Como era de predecir, cada erudito señaló los defectos de todas las sectas excepto la propia. Con su orgullo, cada cual «atacó y desmintió las declaraciones de sus antagonistas»,[9] perdiendo de vista, como por un punto ciego, el tema universal de adoración a la Persona pura de la Divinidad.

Al término de este debate, Akbar se puso de pie y dijo que, puesto que era evidente que todas las religiones tenían defectos, «deberíamos, por tanto, unirlas a todas, pero de tal forma que sean tanto «una sola» como «todas ellas», con la gran ventaja de no perder lo bueno que tiene cada religión, mientras se gana lo mejor de otra. De tal modo, se rendiría honor a Dios, se daría paz al pueblo y seguridad al imperio».[10]

Ya que no se ponían de acuerdo, Akbar expuso su síntesis de la Verdad:

Llamó a su nueva religión, *Din-i-Ilahi*, «fe divina» o *Tauhid-i-Ilahi*, «monoteísmo divino». Al reunir los principios, Akbar «tomó lo que hubiera de bueno en cualquier religión», comenta Abul Fazl. «Es realmente un hombre que hace de la Justicia su líder en el sendero de la investigación y selecciona de cada secta aquello que la Razón aprueba. Quizá de este modo pueda abrirse esa cerradura de la que se ha perdido la llave».[11]

Pero en lo que respecta a sus temas doctrinales, la innovación de Akbar ponía a su propia persona demasiado cerca de la divinidad, peligrosamente cerca. Los miembros del Din-i-Ilahi se saludaban entre sí con las palabras: *Allāhu Akbar,* que significa «Dios es grande». Y la repuesta era: *Jalla Jalāluhu,* que significa «resplandeciente es su esplendor». Pero *Allāhu Akbar* también podía significar «Akbar es Dios», y entonces la respuesta se referiría al propio Akbar. ¡Esto era insoportable!

Akbar le había abierto la puerta a su gente y la había invitado a entrar, pero la gente no quiso.

No era la manera del emperador el obligar a que la gente se adhiriera a su nueva religión, por lo cual pocos la adoptaron.

Dones de fe en la voluntad de Dios y la palabra de sabiduría   25

Teniendo en contra a gente de muchos ámbitos, siendo la mayoría sus propios hermanos musulmanes, Akbar se encontró en el centro de un círculo de devotos en la corte que lo aceptaron como su gurú espiritual y político. Aunque el país estaba bañado en la gloria de su reinado, el imperio cayó en declive después de que falleciera. La luz de Akbar ya no era la luz de la India, porque ni sus hijos ni sus seguidores ni su pueblo habían captado la chispa de la voluntad de Dios que ardía en el corazón de su líder.

¿Qué es esta voluntad de Dios que ante la presencia de este alto iniciado de la Orden de Sirio se convierte en la médula de cualquier civilización en la que él entra? ¿Cuál es el misterio de esta Orden y el amor omniconsumidor de sus adeptos hacia el diamante de la voluntad de Dios cuyo emblema, tomado de la Estrella Divina, es la gran rosa azul?

Solo ha de preguntarle al Maestro (que creía que nunca lo haría) y le recitará uno entre mil poemas o capítulos de mil libros que ha escrito, todos sobre la pasión por el cristal de la Mente de Dios que es Su Voluntad. Pero primero le contará la historia de Cristo en Getsemaní, de su oración la noche antes de su tribulación y crucifixión: «Padre, si quieres, pasa de mí esta copa; pero no se haga mi voluntad, sino la tuya».

Y entonces le dirá el mantra del Gurú y el chela en el Primer Rayo de la Voluntad de Dios, «¡No mi voluntad, no mi voluntad, no mi voluntad, sino que se haga la tuya!», que ata sus corazones en servicio a aquel, Cristo Jesús, cuya vida, todos sus momentos, es el mayor exponente de la voluntad de Dios que existe. Habiendo dicho esto, él, el siervo verdaderamente humilde de Dios, recita esta ofrenda que, si se lo permite, pondrá como una rosa azul suya sobre el altar del corazón de usted:

> A lo largo de los siglos los hombres han hablado de la voluntad de Dios como si fuera algo aparte de la voluntad del hombre, sin parecerse en nada a una ofrenda que le proporciona al hombre los mejores dones. Contrariamente a la opinión humana, la voluntad de Dios quiere otorgar al hombre su inmortal derecho de nacimiento y jamás privarle de su libertad.

El enigma de la vida está oculto en la voluntad de Dios. Cuando se lo comprende correctamente, proporciona un estímulo para cada propósito digno y vuelve a crear una pasión por vivir que muchos han perdido. Lo que denomináis entusiasmo o chispa, cuando lo llena el Espíritu Santo, no es una quimera sino un destello de alegría que resuena por el vientre del mundo, que inclina los pinos más altos y mueve todas las cosas hacia la utilidad cósmica y el propósito cósmico.

La voluntad de Dios es el diamante sin defectos, es el brillar de la Mente Divina, es viento del Espíritu que sopla recio y es la fuerza y la risa de la verdadera identidad.

«¿Cómo puedo conocer la voluntad de Dios?» Esto es lo que exclaman millones de personas. El hombre supone que la voluntad divina se esconde de él, como si jugar al escondite formara parte del plan del Dios Eterno.

¡No es así! La voluntad de Dios es inherente a la vida y simplemente espera la señal de la voluntad del hombre para irradiar el poder del señorío hacia el mundo del individuo. Existe un vínculo soberano entre la voluntad mortal y la Inmortal. Con la frase de Jesús: «A vuestro Padre le ha placido daros el reino», los hombres pueden ser conscientes de la voluntad eterna como el grado más completo de amor eterno.

¡Soltad, pues, los sentimientos de posesividad que tenéis por vuestra vida! Renunciad al mezquino sentimiento de pecado y rebelión, la lastimosa voluntad de atribuirse a uno mismo un privilegio que engendra esclavitud. Ved la voluntad de Dios como algo omnipresente y completo, el latido santo del Sagrado Corazón que palpita en el vuestro. Conoced y comprended que la renuncia no es olvido, sino un punto de comienzo y de una alegría más grande.

Al conocer el anhelo y el hambre de las almas de los hombres por lo Real, evoco con diligencia los símbolos de su voluntad para que se manifiesten en vosotros como lucidez mental, buena disposición a cambiar y el valor de ofrecer el yo de la mortalidad a los hermosos diseños del propósito del Padre.

¡Cread para vosotros mismos el nuevo sentimiento de posesión de la voluntad de Dios! Durante mucho tiempo habéis pensado en la voluntad de Dios como algo separado de vosotros. Ahora nuevos anhelos y una nueva perspectiva pueden volver a crear el mejor don que jamás hayáis tenido. El recuerdo de su gracia puede cobrar vida en vosotros cuando aceptéis el infinito interés del Ser Eterno por vosotros. Su bendita consideración por vuestra corriente de vida debe contemplarse y convertirse en una parte viva y vital de toda vuestra conciencia.

¿Por qué establecen los hombres una voluntad falsa y dicen que es suya? ¿Por qué se involucran en una lucha continua entre la voluntad de Dios y la «suya propia»? En la respuesta a estas preguntas ha de hallarse la clave de la felicidad para cada parte de la vida. Cuando el hombre entienda que no hay necesidad de luchar por una existencia personal separada de Dios (porque en Dios el hombre está completo) y que, en realidad, no existen dos voluntades, la del hombre y la de Dios, sino solo la voluntad de la verdad y la libertad, inherentes en el mismísimo Espíritu de la Vida que es el Espíritu de Dios, entonces el hombre obtendrá un nuevo sentimiento de armonía y gracia.

La voluntad de Dios es la única fuente de libertad para el hombre.

Hoy en día se utilizan tantas formas de sutileza en la Tierra, que el proceso de conocer la voluntad de Dios a veces es difícil. Por ejemplo, algunos conciben la pobreza como algo que la voluntad de Dios quiere; tales personas convierten su vida en un ejemplo de total sencillez. Otras ven la opulencia y el suministro abundante como la voluntad de Dios.

En realidad, ninguno de los dos estados puede garantizarle al alma la victoria, sino más bien el don del desapego, que puede o bien utilizar el imperio del universo en su totalidad o contentarse con cualquier entorno. Los verdaderamente iluminados son capaces de elevarse por encima de esos estados de la mente o la expresión hasta el punto en el que se identifican con la totalidad de Dios.

La voluntad de Dios lo es todo. Porque proporciona la chispa que hace retroceder a la oscuridad de la conciencia de los sentidos, la ignorancia y la desesperación, mientras sostiene en alto la antorcha de la verdadera iluminación para el alma que busca, dando a cada individuo la capacidad de encontrarse a sí mismo, ¡perdido en la pasión de la voluntad de Dios!

«No se haga mi voluntad, sino la tuya», es un fíat que no quiso ser una declaración de sacrificio, sino de sabiduría inspirada por el cielo. En las escuelas superiores, este mantra del Espíritu se entona de manera de invocación a fin de crear el enlace necesario entre el hombre y Dios. Puesto que la voluntad de Dios quiere que el hombre se armonice con él, al hombre le incumbe reconocer que su responsabilidad exige búsqueda, disponibilidad y una comprensión de las barreras autocreadas que deben derribarse para que la claridad de la voluntad de Dios pueda pasar.

Estad preparados mental, espiritual y emocionalmente mediante un acto de devoción sencilla o un sentimiento de asombro para aceptar la voluntad de Dios, como un gladiador aceptaría una corona de laurel. El futuro depara eras de logro: la planificación de grandes ciudades, civilizaciones y actos humanitarios. Pero hasta que los hombres no consideren la voluntad de Dios aceptable, hasta que no puedan hacer a un lado su duplicidad mental, seguirán siendo inestables y seguirán fluctuando en sus metas.

La voluntad de Dios le asegura al hombre que sobrevivirá, porque la voluntad de Dios quiere que aquellos a quienes él ha creado hereden su reino; pero deben seguirse las reglas del juego, porque la ley de Dios es inexorable en sus exigencias de perfección.

Tan fácil es servir a la voluntad de Dios —de hecho, es mucho más fácil— que servir a la decadente voluntad del hombre con sus inconsistentes estándares. La voluntad humana impulsa a los hombres hacia aspiraciones falsas a una tasa de ascenso mareante y los deja sin conocimiento espiritual para que su desplome hacia la destrucción.

Comprended que la voluntad de Dios puede conocerse mejor mediante una experiencia espiritual. Desead, pues, esa experiencia. Desead extenderos hacia la Divinidad en la galaxia del Gran Sol Central.

La voluntad de Dios es una aventura sagrada. Lo he expresado así por un motivo, porque la persona normal y corriente considera un encuentro con la voluntad de Dios como una posibilidad remota. Reza para que se le dé a conocer la voluntad de Dios, pero no comprende que puede tener un vislumbre a priori de esa voluntad estando aún en la forma mortal. No se da cuenta de que la voluntad que ve también puede ser capturada, parcialmente, como una tesorería de conciencia y llevada al reino de la vida interior. Ahí, la gran calamita de la verdad actúa como un revelador divino para revelar a cada hombre, desde lo profundo de su corazón, qué es en realidad la voluntad de Dios.

Sobre todo, que el hombre entienda siempre que la voluntad de Dios, por complicada y exhaustiva que sea, siempre puede reducirse al denominador común de Amor, Vida y Luz.

Juntos avanzamos.

Siguiendo sus pasos hacia el pasado, por las arenas y los oasis del desierto hasta llegar a la avanzada civilización de Sumeria, c. 2100 a. C., descubrimos la dovela del arco de las vidas pasadas de El Morya: Abraham, gran «príncipe» de los caldeos y padre de la nación hebrea a quien el Señor dijo: «YO SOY el Dios Todopoderoso; anda delante de mí y sé perfecto. Y pondré mi pacto entre yo y tú, y te multiplicaré en gran manera... Y serás padre de muchedumbre de gentes».

Y así, la semilla de portadores de luz descendió a través de él y las doce tribus, ahora seres Crísticos renacidos, son su progenie espiritual, un linaje que continúa gracias a la relación Gurú-chela que comparten con la Presencia Divina de Abraham, Isaac y Jacob, porque únicamente la carne y la sangre no podían contenerlo.

Cuando fue Melchor, este Maestro Morya, que firma su letra inicial «M» con tres puntos, fue con los reyes magos de Oriente, Baltasar y Gaspar (hoy día conocidos como los Maestros Kuthumi y Djwal Kul), siguiendo los signos de las estrellas y el llamado interior del Cristo desde Ur de los caldeos (históricamente hablando) hasta Belén.

Reaparecido en el siglo v como Arturo, rey de los Britanos, guerrero y gurú de la escuela de misterios de Cámelot, protegió la llama de las enseñanzas internas, instilando la búsqueda del Santo Grial con el triunfo sobre los tiranos y sobre el mayor tirano

Uno de los tres ángeles le asegura a Abraham que antes de que pase un año le nacerá un hijo, Julius Schnorr, 1860

Después le apareció Yaveh en el encinar de Mamre, estando él sentado a la puerta de su tienda en el calor del día. Y alzó sus ojos y miró, y he aquí tres varones que estaban junto a él; y cuando los vio, salió corriendo de la puerta de su tienda a recibirlos, y se postró en tierra, y dijo: «Señor, si ahora he hallado gracia en tus ojos, te ruego que no pases de tu siervo. Que se traiga ahora un poco de agua, y lavad vuestros pies; y recostaos debajo de un árbol, y traeré un bocado de pan, y sustentad vuestro corazón, y después pasaréis; pues por eso habéis pasado cerca de vuestro siervo». Y ellos dijeron: «Haz, así como has dicho». (Génesis 18:1–5)

de todos: la idólatra mente carnal. Sus lecciones sobre el uso de «la fuerza para el bien» fueron un ejercicio de utilización del poder de la voluntad de Dios por parte de los abanderados de la misión de Cristo para la gente, siempre.

Por tanto, con el rey Arturo la caballería, al lado de la hermosa doncellez y la Maternidad, expresó los ideales de las llamas gemelas unidas en Amor por la defensa de la Verdad. Dotados de piedad y un interés genuino por los de condición humilde, estos guardianes de la llama de Cámelot soportaron tareas y pruebas como el exorcismo de dragones, gigantes y demonios y luchas contra reyes malvados, bastardos y mujeres hechiceras.

A lo largo de su búsqueda, estos iniciados saldaron karma en un sendero conocido, el de la excelencia individual en la

Dones de fe en la voluntad de Dios y la palabra de sabiduría

Adoración de los Magos, Heinrich Hofmann

Los «tres reyes de Oriente» probablemente no fueran reyes, sino que los denominara así la tradición posterior a fin de encajarlos con la profecía que consta en Salmos 72:11: «Todos los reyes se postrarán delante de él». En cambio, los «sabios de Oriente» eran Magos, la clase sacerdotal de Persia formada por «guardianes de las cosas sagradas, los ilustrados del pueblo, los filósofos y siervos de Dios», que también practicaban el arte de la adivinación y la astrología. Durante el imperio persa los Magos eran consejeros de reyes, educadores de príncipes y estaban considerados con gran reverencia.

El nombre de los tres reyes magos no se menciona en la Biblia y parece que tales nombres han surgido de la tradición o han sido transmitidos por ella. El historiador británico del siglo VIII Bede fue el primero en dejar constancia de sus nombres tal como los conocemos hoy día. Melchor significa «rey de luz»; Gaspar, como nombre, puede que provenga del nombre del rey indio Gondofares, a quien convirtió el apóstol Tomás; Baltasar es Daniel en la lengua de los caldeos.

La boda de Arturo y Ginebra, Lancelot Speed

Arturo entonces encargó al guerrero a quien amaba
y honraba más, Sir Lancelot, que cabalgara
y trajera a la reina....
A quien llegó, Dubric el gran santo,
cabeza de la iglesia en Britania, y ante
la más noble ermita, el rey
se casó esa mañana, de blanco inmaculado,
hermosos ellos que iniciaron una época más noble,
enorgullecidos de sus votos y él, sus caballeros
a su alrededor y con regocijo por su gozo…
Y el santo Dubric extendió las manos y habló:
«¡Reinad, y vivid y amad, y transformad el mundo,
y que su reina esté unida a ti,
y toda esta Orden de su Mesa Redonda
cumpla el ilimitado propósito de su rey!»

Alfred Lord Tennyson, «La Venida de Arturo», ***Idylls of the King***

Cristeidad de camino al desarrollo interior de los misterios del Santo Grial y el verdadero autoconocimiento: «YO SOY el Grial».

Al final, con la aparición de las sombras sobre la que fue y la que sería en un futuro una escuela de misterios, se escuchó al herido Arturo, al haber librado su última batalla, susurrar estas palabras (como lo recuerda Tennyson) a Sir Bedivere desde la barca donde yacía moribundo:

El viejo orden cambia, cediendo paso al nuevo,
y Dios se realiza de muchas formas,
no sea que una buena costumbre corrompa al mundo.
Consuélate tú; ¿en mí, qué consuelo hay?
He vivido mi vida, ¡y lo que he hecho
pueda Él en sí mismo purificar! Pero tú,
si acaso no volvieras a ver mi rostro,
reza por mi alma. Más cosas se hacen orando
de lo que se imagina este mundo.
Y por tanto, que tu voz
se eleve para mí como una fuente
  noche y día.
Porque, ¿cómo serían los hombres
  mejor que ovejas o cabras
que alimentan una vida ciega en la
  cabeza,
si, conociendo a Dios, no levantaran
  las manos al rezar
tanto para sí como para quienes los
  llaman amigos?
Porque así está toda la Tierra
atada por doradas cadenas en los
  pies de Dios.
Pero ahora me despido. Marcho en largo viaje
con estas a quienes ves, si es que voy,
porque me nubla la mente una duda,
a la isla de Avilion;
donde no cae granizo, lluvia ni nieve
y el viento nunca sopla recio; sino que yace
en praderas, feliz, hermosa con pastos de vergeles

El leal Sir Bedivere cuida del herido rey Arturo

y hondonadas de emparrados coronadas con el mar veraniego, donde sanaré mi dolorosa herida.[12]

Sic transit gloria mundi. Así pasa la gloria de este mundo. Aparece la gloria del siguiente.

Volviendo a entrar en la conocida liza de los siglos XII y XVI, el alma de Arturo, que con tiernas palabras y dones de amor emocionó en gran manera el corazón de todo un mundo para siempre, trabajó como principal consejero y conciencia de los reyes ingleses Enrique II y Enrique VIII en las personas de Tomás Becket y Tomás Moro. El rey Enrique por partida doble lo elevó a que cumpliera las funciones de Lord Chancellor y por partida doble lo martirizó por oponerse a sus ambiciones.

El paralelo entre las dos vidas no se les escapó a los autores que apuntaron el camino a la santidad de Tomás Moro:

> En la historia de Inglaterra aparece dos veces la figura de un gran mártir que además fue canciller del reino. Tomás Becket... dio la vida para proteger a la Iglesia de Inglaterra de la agresión del trono; Tomás Moro dio la vida en un vano esfuerzo para protegerla de más agresiones. Cada cual fue favorito del trono, pero amó más a Dios que a su rey. La coincidencia es llamativa.
>
> El santo Tomás Moro nació en Londres en 1478. Tras un exhaustivo aprendizaje sobre religión y los clásicos, accedió a Oxford para estudiar leyes. Una vez terminada la universidad, se embarcó en una carrera profesional de abogacía que lo condujo al parlamento. En 1505, contrajo matrimonio con su amada Jane Colt, que le dio cuatro hijos; y cuando esta murió joven, se casó con una viuda, Alice Middleton, para que hiciera de madre para sus hijos pequeños.
>
> Su caridad era ilimitada, como lo demuestran las frecuentes y generosas limosnas que regalaba imparcialmente entre todos los desafortunados. Solía andar por las callejuelas preguntando por el estado de las familias pobres... A menudo invitaba a su mesa a los vecinos más pobres, recibiéndolos... con familiaridad y alegría; rara vez invitaba a los ricos, y casi nunca a la nobleza.
>
> Pensador y reformador, este hombre ilustrado contaba con obispos y eruditos entre sus amistades; y en 1516 terminó de escribir su renombrado libro, *Utopía*.

Erasmo nos representa a Moro durante ese período: «En lo que respecta a asuntos serios, el consejo de Moro es más valorado que el de ningún otro, mientras que, si el rey desea entretenerse, nadie ofrece una conversación más alegre. A menudo hay asuntos profundos y complejos que exigen un juez confiable y prudente. Moro aclara esos asuntos de tal manera que satisface a ambas partes. Sin embargo, nadie ha logrado que acepte un regalo por su decisión. ¡Feliz es la mancomunidad en la que los reyes nombran a funcionarios así! Su encumbramiento no ha conllevado ningún orgullo... Uno diría que se ha nombrado protector público de los necesitados».

Otro tributo por parte de su confesor habla de su sobresaliente pureza y devoción. Pero, a pesar de sus muchos honores y logros, la gran estima con la que se le consideraba y las múltiples muestras de aprecio por parte del rey, Moro era bien consciente de que su puesto no implicaba ninguna seguridad.

En 1532 dimitió, en el punto álgido de su carrera profesional y su reputación, cuando Enrique persistió en sus opiniones sobre el matrimonio y la supremacía del papa.

Pasó el resto de su vida escribiendo mayormente una defensa de la Iglesia. En 1534, junto a su amigo íntimo san Juan Fisher, negó su lealtad al rey como cabeza de la Iglesia de Inglaterra, y fue relegado a la Torre. Los quince meses que pasó en prisión los transcurrió con un espíritu sereno; el tierno amor de su esposa e hijos, especialmente el de su hija Margaret, lo consolaron. Rechazó todo esfuerzo por parte de esposa y amigos a que tomara juramento y así pacificara a Enrique. Al final se le prohibieron las visitas y en su soledad escribió sus obras religiosas más nobles: *Un diálogo de consuelo contra la tribulación*[*].

Quince meses después, y nueve días después de la ejecución de san Juan Fisher, Moro fue juzgado y condenado de traición. A la corte dijo que no podía ir contra su conciencia y deseó a sus jueces que «en el más allá, en el cielo, todos nos reunamos con alegría en salvación eterna». Y en el patíbulo le dijo a los que acudieron como espectadores que moría como el «buen siervo del rey; pero de Dios primero». Lo decapitaron el 6 de julio de 1535.

---

[*] *A Dialogue of Comfort against Tribulation*. (N. del T.)

Santo Tomás Moro, Hans Holbein the Younger, 1527

Omnium horarum homo, lo etiquetó el humanista neerlandés Erasmo. Más tarde, en inglés la frase se transformó en «un hombre para la eternidad». Abogado, juez, hombre de estado y de letras, autor, poeta, granjero, amante de la vida pastoral, asceta, esposo y padre, defensor de la educación de la mujer, humanista y santo, Tomás Moro sobresalió entre la vanguardia del Renacimiento inglés.

Moro fue beatificado por el papa León xiii en 1886 junto a otros mártires ingleses, y fue canonizado en 1935. Si no hubiese muerto por la fe, aún habría sido candidato a la canonización como confesor. De principio a fin su vida fue pura de manera singular, vivida con el espíritu de su propia oración: «Dame, buen Dios, el anhelo de estar contigo; no tanto para evitar las calamidades de este mundo malvado, no tanto para evitar los dolores del purgatorio, ni los del Infierno, no tanto para lograr los gozos del Cielo en lo referido a mi comodidad, sino por amor a Ti».

Santo Tomás Moro, L. Cubitt Bevis, 1969, Londres

Humanistas y cristianos de todo el mundo se unieron para encargar esta estatua, basada en el espíritu del retrato del canciller de Holbein.

Los talentos de Tomás Moro atrajeron la atención del rey Enrique VIII. En 1529, este lo nombró canciller de Inglaterra, un puesto que Moro desempeñó fielmente hasta que aquel decidió divorciarse de Catalina de Aragón, que no había podido darle un hijo varón, para casarse con Ana Bolena. Tomás dimitió como canciller en 1532 en vez de oponerse al rey públicamente, pero Enrique no permitió que su siervo más prominente se retirara de la controversia. Cuando en su oposición Tomás llegó a negarse a firmar la ley de sucesión, lo cual habría implicado un rechazo a la supremacía del papa, lo encerraron en la Torre y después lo acusaron de traición. El jurado lo condenó en base al falso testimonio del procurador general, Richard Rich. La sentencia dictó que Tomás Moro fuera arrastrado, ahorcado y descuartizado, pero el rey la cambió a la decapitación. Tomás fue ejecutado el 6 de julio de 1535, afirmándose «el buen siervo del rey, pero de Dios primero».

El siguiente extracto del *Diálogo de consuelo contra la tribulación* es un consejo certero y verdadero para el chela de la voluntad de Dios que esté bien dispuesto a afrontar cualquier destino, porque ama a Dios, el Gran Gurú, cuya presencia ha conocido de forma íntima en el amado: El Morya. Este consuelo para el momento de la tribulación, si lo bebemos como un cáliz —como el Salvador dijo: «Bebed todos de él»—, nos ahorrará la perfidia de la cobardía y la inevitable hipocresía del mentiroso (ese mentiroso que ha jurado mentir, engañar, robar y matar para salvar el pellejo), que desea que hagamos lo mismo y perdamos el alma:

> El demonio, si por temor a los hombres cayéramos, está listo para abalanzarse sobre nosotros y devorarnos… Por tanto, cuando ruge sobre nosotros en las amenazas de hombres mortales, digámosle que con nuestro ojo interior bien lo vemos y pretendemos luchar contra él, incluso mano a mano. Si nos amenaza con que somos demasiado débiles, digámosle que nuestro capitán, Cristo, está con nosotros y que lucharemos con su fortaleza, que ya lo ha vencido. Y protejámonos con fe, consolémonos con esperanza y golpeemos al demonio en el rostro con un hierro candente de caridad. Porque es seguro que si poseemos la mente tierna y amante que tenía nuestro maestro y no odiamos a los que nos matan, sino que nos apiadamos y rezamos por ellos, con dolor por el peligro en el que incurren para sí, ese fuego de la caridad, arrojado en su rostro, ciega al demonio tan de repente que no puede ver donde golpearnos a nosotros.
>
> Cuando nos envalentonemos demasiado, recordemos nuestra propia fragilidad. Cuando nos sintamos demasiado débiles, recordemos la fortaleza de Cristo. En nuestro temor, recordemos la dolorosa agonía de Cristo, que quiso sufrir para consuelo nuestro antes de su pasión de modo que ningún temor nos lleve a la desesperación. Y pídasele siempre su ayuda, que él mismo quiere enviarnos. Y entonces no tenemos nunca de qué dudar, sino que o bien él nos protegerá de la dolorosa muerte, o bien no dejará de fortalecernos en ella y con ella nos llevará al cielo gozosamente. Y en tal caso él hará más por nosotros que si nos apartara de ella.[13]

La última flor del verano de El Morya en Gran Bretaña fue un romance agridulce de popularidad y tragedia personal vivido como el poeta laureado irlandés Thomas Moore; hasta que salió de ese suelo kármico y pasó a la forma de un príncipe rajput del siglo XIX de la India. Parece que este poeta/príncipe también ocupara en su día el tiempo y el espacio en la persona del príncipe

Dones de fe en la voluntad de Dios y la palabra de sabiduría 39

Tomás Moore

Cautivador del alma no solo de los irlandeses, sino de todos los pueblos amantes de la libertad, Tomás Moore pertenece al panteón de los grandes poetas del mundo. Un poeta destila la esencia del anhelo de un pueblo; y eso es precisamente lo que hicieron sus **Melodías irlandesas**. A pesar de que su celebridad en Irlanda, Inglaterra y Estados Unidos a principios del siglo XIX es bien conocida, su popularidad en Europa oriental, especialmente en Polonia y Rusia, no lo es. Desde entonces muchos pueblos se han inflamado con su poesía, que ya cantaba en su sangre. Sus inolvidables canciones, cuyas palabras hacen sonar las cuerdas del corazón, como «Créeme, si todos esos jóvenes encantos» y «El arpa que una vez en los salones de Tara», aún evocan tiernos recuerdos de tiempos pasados.

Este Tomás que sobrevivió a dos Enriques despertó a su pueblo con algo más que música y poesía. Su sátira y parodias políticas eran del mismo estilo que las actuales viñetas políticas. El objetivo que buscó al escribir la **Historia de Irlanda** fue interesar a su pueblo en su pasado y despertar a los Británicos con respecto a sus errores en el Gobierno de la nación

Mori Wong de Koko Nor, al haber aludido a esta figura china sin una sola indicación de contexto histórico.

En estas y otras vidas, el Gurú de El Morya formó el corazón diamantino de este para la función que habría de desempeñar en el futuro como Señor del Primer Rayo. Gracias a Dios todos los que esperan su regreso como el rey que fue y que ha de ser (judíos, cristianos, musulmanes, hindús y budistas por igual, exclamando: ¡Abraham! ¡Arturo! ¡Akbar!) hoy tienen la oportunidad de conocerlo como el Maestro Instructor de devotos en busca de la santa voluntad del Padre.

Y qué mejor manera de conocerlo y amarlo que a través de sus cavilaciones sobre la vida, con las que este tutor de nuestra alma abre el velo y nos permite meditados vislumbres de los secretos de su corazón. De ese episodio injurioso del que se hizo un libro y una película, dramatizado en *Asesinato en la catedral,* de T. S. Eliot, y en *Becket,* de Jean Anouilh, El Morya nos sobresaltó con estas palabras:

St. Tomás y los hombres de Strood, by Meister Francke

A Tomás Becket le fue imposible servir a dos señores. Como amigo y Lord Chancellor del rey Enrique II de Inglaterra, Becket le advirtió de que no podría ser arzobispo. «Si Dios me permitiera ser el arzobispo de Canterbury —dijo— pronto perdería el favor de su Majestad y el afecto con el que me honra se transformaría en odio». Cuando llegó a ser arzobispo, por consiguiente, dimitió de su puesto como canciller. Habiéndole sido asignado el cargo más alto de la Iglesia católica en Inglaterra, por el que daba cuentas solo al papa, lo desempeñó de manera meticulosa. Cuando los deseos de Enrique chocaron con los intereses de la Iglesia, Tomás se negó a concederlos. Después se vio obligado a huir a Francia, donde ingresó en un monasterio. Pero después de que el rey francés organizara una reconciliación entre Tomás y el rey, el arzobispo regresó, comentándole al obispo de París: «Voy a Inglaterra a morir».

Cuatro asesinos vinieron. Estaban decididos a apagar la Luz mía. Pero yo solo pude mofarme del mal que tenían en sus ojos y contemplar al Cristo resucitado, que me dio a mí y a mi corazón una gracia tal como para continuar cuidando del pueblo de Canterbury y del mundo después de fallecer.

Por tanto, no morí en vano, igual que vosotros nunca habéis muerto en vano. Porque la vida sigue, siendo más astuta y lista que el malhechor. Y ellos mismos (que han asesinado repetidamente a los herederos de Cristo) vuelven a la escena de la vida tan vacíos, carbonizados y huecos, con apenas identidad para continuar con su estupidez.

Hay que sentir lástima, amados, pero nunca sentir desprecio por ellos. El Mal puede ser despreciado por un momento cuando el Rayo Rubí del Sagrado Corazón de Jesús lo consume totalmente y lo disuelve. Porque el Rayo Rubí de la Sangre de Cristo siempre es un rayo láser que sale a devorar la irrealidad de todo el odio y las creaciones de odio por el Amor intenso del discípulo que es, por consiguiente, *en Cristo,* perfectamente capaz de afrontar al adversario de Sus pequeños en el camino.

Nuestro Dios es un fuego consumidor. Y este fuego consumidor es en efecto Amor. El Amor cumple su propósito de muchas, muchas maneras. El Amor, por supuesto, es el elemento más creativo e ingenioso del corazón de Dios, porque el Amor busca y encuentra muchas formas de consolar, de elevar, de instruir y de reprender…

Estáis ascendiendo, amados. Este es mi mensaje para vosotros hoy, porque esto fue lo que comprendí cuando, como Tomás Becket, estuve el 29 de diciembre ante el altar de la catedral de Canterbury. Me dije ante aquellos cuya oscuridad era tan grande que parecía igualmente irreal, me dije, contemplando Su gloria como en verdad hizo San Esteban: «Estoy ascendiendo. Estoy ascendiendo al corazón de Dios. Este es el significado de todo. Este es el significado de todo».

Amados, al menos aquello fue una acción. Después de todo, me consumí en Francia durante varios años. Y en cuanto a ellos, tuvieron suficiente oportunidad para unirse en torno a la causa de Cristo. Por tanto, la ley kármica descendió. Dios me llamó y permitió que se desarrollara su drama con un contraste especial de luz y oscuridad, tan típico del solsticio de invierno.

Comprended que ellos se quedaron a enfrentar al rey tirano. Y Enrique tuvo que vivir con esto y con su imagen y con el mundo. Por tanto, el karma decreta y la ley kármica decreta que cuando las personas rechazan al representante del Cristo, que yo fui por un momento ante el papa, el rey, Francia e Inglaterra y pronto lo sería ante el mundo, cuando

Asesinato de St. Tomás Becket, Michael Pacher

Tras una recepción tumultuosa por parte del pueblo británico después de su exilio en Francia, Becket regresó a Canterbury. Pero el choque inevitable con Enrique se produjo cuando Becket se negó a rescindir su excomulgación a tres obispos rebeldes. Al enterarse de esto, el rey montó en cólera y se dice que exigió: «¡Es que nadie me va a librar de este traidor, Becket!». Tras lo cual, el 29 de diciembre de 1170, cuatro caballeros del rey viajaron a Canterbury, donde asesinaron brutalmente al indefenso arzobispo cuando este rezaba en la catedral. A los tres días de su muerte, Becket fue canonizado, abundando los milagros y llegando peregrinos de todas partes, hasta que su tumba fue destruida y su veneración vetada por Enrique VIII en 1538.

ese mensajero es rechazado, la luz se retira y ellos deben vencer la oscuridad con sus propios medios o de otro modo ser tragados por ella.

Cuando rechazan al mensajero de luz, deben seguir su camino hasta hartarse en el mismo muro de oscuridad que él, el escudo del Señor, contuvo para que no se les derrumbara encima; para que al final, quizá, lleguen al punto de amar con ese mismo amor el honor de Dios con el que se prefiere el honor más allá de una insignificante existencia de cobardía, torpeza, ignorancia y silencio o infamia violenta.

Algunos se han dado cuenta de esto desde aquel momento en el siglo xii. Hoy es tarde. Y os puedo decir que algunos de ellos no han cambiado ni una pizca.

Creedme, amados, creedme. Que Dios salve a quien quiera a través de vosotros. Estad desapegados con respecto a la conversión de quienes no quieren ser convertidos y a quienes el Señor mismo no desea convertir. No seáis testarudos queriendo decidir a quién salvar. No salvéis a nadie. Dad a Dios esa gracia, porque él lo hará mejor que todos vuestros ardides.

Inflamados por el fervor de El Morya como Becket y su omnipresente buena voluntad, su atención al detalle en los asuntos de la Iglesia y el Estado con una piedad y un aprendizaje encendidos por el fuego sagrado que arde en la cámara secreta de su corazón, sus chelas saben que deben elevarse para imitar su ejemplo y hacerse responsables para asumir funciones de liderazgo en todos los campos. Ante su presencia ellos pueden volver a captar la visión y realizar los sacrificios cruciales para la supervivencia de una existencia viable en el planeta Tierra para la humanidad.

Si en este mundo escasean los caballeros, los héroes, los hombres de Estado, los santos y los poetas, no faltan los Instructores. Entre ellos se alza el más importante, cuyo título es Jefe del Consejo de Darjeeling de la Gran Hermandad Blanca: El Morya Khan, nuestro amadísimo Gurú que concienzudamente nos ha llevado al corazón diamantino de la voluntad de Dios en Cristo, en Buda, en la Madre y en todas las lumbreras de la historia.

Amigo devoto de los portadores de luz de todas las religiones, las razas y los credos, enemigo formidable de las serpientes, que se las han agenciado para entrar en gobiernos, economías y órdenes religiosas de Oriente y Occidente, defensor de la gente, inspiración e ímpetu de reyes, gobernantes, defensores y presidentes, El Morya, para el chela, es indiscutiblemente un «hombre para la eternidad».

Sin la devota persona y presencia de El Morya, el universo sufriría una vacuidad cruel, nuestro corazón, un vacío inexpresable y la Tierra habría perdido la chispa de alguien iniciado por el zafiro estelar de la santa voluntad de Dios: «*Allāhu Akbar... Jalla Jalāluhu!*».

Debidamente y para gran bendición de los devotos de todas las creencias, El Morya inicia a las almas en los peldaños del sendero que conduce a la concesión por parte del Espíritu Santo de los dones de *fe en la voluntad de Dios* y la *palabra de sabiduría*. Él siempre es el instrumento del Padre y del temible Consolador. Su palabra, más afilada que una espada de dos filos, es la extensión del Legislador que envía su Primer Rayo en el principio como Su voluntad de manifestarse en la forma, la cristalización de la llama Divina, por fe...

> Por la fe Abraham, siendo llamado, obedeció para salir al lugar que había de recibir como herencia; y salió sin saber a dónde iba.
> Por la fe habitó como extranjero en la tierra prometida como en tierra ajena, morando en tiendas con Isaac y Jacob, coherederos de la misma promesa;
> porque esperaba la ciudad que tiene fundamentos, cuyo arquitecto y constructor es Dios.
> Por la fe también la misma Sara, siendo estéril, recibió fuerza para concebir; y dio a luz aun fuera del tiempo de la edad, porque creyó que era fiel quien lo había prometido.
> Por lo cual también, de uno, y ese ya casi muerto, salieron como las estrellas del cielo en multitud, y como la arena innumerable que está a la orilla del mar.

Como Akbar, este modelo de triunfador del Primer Rayo estaba convencido de que el rumbo que estableció para su país era voluntad de Dios. Con tenacidad y perseverancia, adquirió la sabiduría penetrante para eliminar las capas de malinterpretación del fanatismo eclesiástico de la época y traer la sabiduría de la Palabra, como Dios —tenía la certeza— había querido. Era riguroso y exigente, tanto consigo mismo como con los demás, en su actividad de manejar con inteligencia y buen juicio los asuntos de Estado.

Y así fue en cada una de sus encarnaciones: al hacer crecer el poder de estos dones mediante su ejercicio, aumentó su gracia y él evolucionó hasta llegar a poseer una comprensión maestra de la dinámica del Primer Rayo.

La sensibilidad de El Morya con respecto al individuo, su deferencia, honor y respeto por la llama Divina del Uno dentro del uno, fue y es la clave de su amor por la voluntad de Dios expresada de manera individual en toda Su obra. Su profunda comprensión del alma en el sendero de la realización Divina, adquirida en muchas rondas en la escuela de la Tierra, sale a relucir en sus dictados y cariñosas notas a sus chelas que ensalzan la palabra de sabiduría percibida mediante la fe en la voluntad de Dios.

Esto ha sido publicado en: *La aventura sagrada, El discípulo y el sendero, Morya: el Maestro de Darjeeling habla a sus chelas sobre la búsqueda del Santo Grial*, su *Encíclica sobre la buena voluntad en el mundo* y volúmenes encuadernados de *Perlas de Sabiduría*,[14] cartas semanales de los Maestros Ascendidos a sus chelas dictadas a los Mensajeros y publicadas por The Summit Lighthouse desde 1958.

Morya es ese Amigo especial por el que todos los que han entablado amistad con él (excepto los malhechores) han sentido una lealtad y un compromiso únicos. En su encarnación como Abraham se le consideró Amigo de Dios, que invirtió tanto en su discipulado y la pureza de su corazón que el SEÑOR no le imputó sus pecados. También fue el mejor amigo que tuvo Enrique II y VIII, y que perdió, y hasta el día de hoy es amigo de todos los Bretones y las generaciones que han seguido beneficiándose de su política en el subcontinente indio.

¿Y sus enemigos? También estaban destinados a respetarlo,

incluso a sentir admiración, si no por él, sí por su sentido de la justicia y juego limpio.

Sobre todo, Morya es el amigo más leal en la corte que un chela podría tener. Nadie nos ama más. Como un hermano nos ha recogido con nuestra desnudez del alma y nos ha vestido apropiadamente con vestiduras de blancura disciplinada, presentables y aceptables para encontrarnos con nuestro Dios y nuestro Salvador Jesucristo.

Llegado 1898, Morya había cumplido con creces los requisitos para ascender. Como Maestro no ascendido, conocido como el Maestro M. de los Himalayas, había patrocinado a la Sociedad Teosófica (H. P. Blavatsky, el coronel H. S. Olcott y los primeros heraldos de la nueva era) con Koot Hoomi, Serapis Bey, el Maestro R., Saint Germain, el Maha Chohán y otros mahatmas.

Sin abandonar nunca su sueño de liberar a la Tierra, el Maestro, dictando a Mark, su amanuense (al que había preparado desde la niñez para su posterior entrenamiento como Mensajero de la Gran Hermandad Blanca), escribió el 13 de marzo de 1964: «Toda alma bendita puede llegar a la mismísima cima de su existencia, que es Dios».

A lo largo de muchas encarnaciones hasta el presente, el amado El Morya ha mantenido presente en su corazón esta meta para todos los que aman la voluntad de Dios. Tanto como uno de los hijos de Enoc, progenitor de la descendencia del Cristo Universal que «caminó con Dios, y desapareció, porque le llevó Dios» en el ritual de la ascensión, como un vidente que penetró en las más altas octavas de luz en la antigua tierra de Ur de los caldeos o como un oriundo de Persia que adoró al Dios único a través del Gran Ser, Ahura Mazda (Sanat Kumara), a través de estas y muchas otras encarnaciones, aparte de las que constan en este capítulo, Morya experimentó con las «electricidades divinas», haciéndose cada vez más consciente del poder espiritual que fluye a través del hombre.

Más tarde se hizo experto en el uso constructivo del fóhat, el misterioso poder eléctrico de Conciencia Cósmica (latente o activo), esa fuerza vital impulsora que, llamada a entrar en acción por el fíat divino, mueve las evoluciones de un universo, un sistema solar o galáctico o un único ser humano, desde el principio hasta el término de una misión.

Desde una tesorería de sabiduría adquirida a partir de una participación en los asuntos de Dios y el hombre tal como hemos visto brevemente, el Maestro reconoció que se podía extraer y utilizar un gran potencial espiritual para la salvación del planeta siempre y cuando la suma de las energías de toda la humanidad se concentrara en culto al Dios único. ¡Qué casa de luz sería esta!

Su sueño fue reunir primero a las corrientes de vida desde muchas actividades espirituales y ofrecerles la oportunidad de canalizar de forma divina los recursos concedidos, su propia conciencia Crística, hacia una fuente de luz (un verdadero faro cuyos haces, grandes y poderosos, se extendieran por todo el mar oscurecido de humanidad como un haz de luz de esperanza eterna, hasta que la unidad reemplazara a la diversidad y el entendimiento trascendente e incluyente de todas las cosas del Señor y el Dios único, que es todo Amor, fuera conocido por toda la Tierra), hasta que la era de oro floreciera con felicidad Divina y los seres ascendidos caminaran y hablaran con la humanidad como en eras pasadas.

Este sueño, apoyado por el Consejo de Darjeeling de la Gran Hermandad Blanca, ha llegado a producirse. En agosto de 1958 El Morya fundó The Summit Lighthouse*. El 14 de agosto se envió la primera *Perla de Sabiduría* a un pequeño grupo de estudiantes en los Estados Unidos, Gran Bretaña y Canadá.

En una carta del 8 de agosto de 1958, El Morya escribió: «Nuestras ideas nacen dentro del corazón flamígero de la Verdad misma y afortunados sois cada uno de vosotros que podéis compartir este karma glorioso de producir la perfección que exteriorizaremos a través de vosotros, si os preocupáis, voluntaria y amorosamente, de servir a esta causa en el nombre y por la autoridad del Amor Divino».

En otra carta con fecha del 31 de enero de 1961, el amado El Morya dijo: «Autorizo consiguientemente la formación de un grupo especialmente dedicado dentro de The Summit Lighthouse,

---
*El Faro en la Cima. (N. del T.)

a ser formado por miembros con sus cuotas al día... Habrá de llamarse "Fraternidad de Guardianes de la Llama"... Con este fin han de ofrecerse las lecciones a los miembros del grupo de Guardianes de la Llama. Independientemente de la fase en la que uno se encuentre, todos los interesados tanto en una enseñanza básica como avanzada deberían suscribirse a este grupo dedicado de servidores por muchos motivos. A buen entendedor basten pocas palabras».

Fue Saint Germain, como Caballero Comandante, quien patrocinó la organización de este círculo interior. Se llama Fraternidad de Guardianes de la Llama porque es una orden fraternal exterior de la Gran Hermandad Blanca, cuyos miembros han prometido mantener ardiendo la llama de la Vida en el altar de los corazones de toda la humanidad, ser guardianes de sus hermanos y mantener constantemente en mente y corazón todo lo que el Padre, la Poderosa Presencia YO SOY, ya ha hado a la mente, el corazón y la mano por su gloria y la veloz exteriorización de su reino en la tierra.

En mayo de 1961, el amado Lanto dijo: «Puesto que esta actividad está construida con solidez sobre la Roca, yo, Lanto, declaro en el nombre de la Sabiduría, que cumplirá el sueño de El Morya». Y en su carta del 10 de noviembre de 1959, El Morya esclareció aún más el propósito de The Summit:

> ¡El verdadero Faro no es más que un sueño de unidad espiritual que aún hay que exteriorizar aquí en su totalidad!... Sabiendo que la fe y la armonía siempre forman parte de la luz y que The Summit Lighthouse no pide ninguna lealtad o fidelidad especial excepto vuestro amor por un contacto más profundo con nosotros, confío en que todos vosotros que amáis la Verdad de la que hablo continuéis disfrutando de las *Perlas de Sabiduría* durante mucho tiempo, hasta que en la memoria-registro de luz de Dios lleguéis a ser ilustres y en manifestación, autoluminosos. Entonces, como uno de nosotros, no necesitaréis ningún otro «hilo de contacto», al haber alcanzado la gloria de la reunión plena que siempre buscáis.

> El apoyo continuo que deis a la actividad física de The

Summit Lighthouse en el futuro posibilitará, como lo hizo en el pasado, que yo continúe ofreciendo mi cantidad asignada de energía espiritual en las entregas semanales de las *Perlas de Sabiduría*. Como veis, no podemos darlo todo; la Ley Cósmica decreta que esa parte debe provenir de vuestro lado del velo. Hagáis lo que hagáis, hacedlo con buena voluntad, porque en Dios de hecho uno nunca está solo, ¡sino que es Uno!

El Arcángel Jofiel, el 14 de octubre de 1967, dio el motivo de la fundación de esta organización exterior del Señor del Primer Rayo, desde el punto de vista de la evolución de la comprensión espiritual en el planeta:

> La gran realidad cósmica de los instructores de sabiduría aún no ha florecido por completo ante los ojos de la humanidad, porque en este cuerpo planetario hay mucha gente que nunca ha oído hablar del Maestro Ascendido Jesucristo… Entonces, ¿cómo pueden esperar los hombres interesados en la conexión con la Jerarquía Cósmica que la humanidad, que no conoce la realidad de Jesús el Cristo, conozca los Arcángeles o la hueste angélica o los Maestros Ascendidos? Hoy día, en los Estados Unidos, solo unos pocos tienen la capacidad de poseer una imagen compuesta de la Gran Hermandad Blanca.
>
> Cuando Madame Helena Petrovna Blavatsky reveló en 1875 a los Maestros Ascendidos de Sabiduría a través de la Orden Teosófica, ello fue como una nova que estalló en el cielo metafísico… Los fundadores continuaron trabajando por la iluminación del mundo y derramando una medida cada vez mayor de enseñanzas y técnicas bendecidas por la Jerarquía de luz. Como contramedida, los hermanos de la sombra emitieron otras informaciones como manifestación falsa, una pseudoactividad diseñada para desviar a los hombres de la gran calamita Madre manifestada en la Teosofía Divina…
>
> Los Maestros Ascendidos han considerado a lo largo de los años que es conveniente crear nuevas actividades de luz y dotarlas de funciones específicas en el nombre del santo progreso. Me explico:

En el cuerpo planetario, las personas de una naturaleza muy devota, cuando se apegan a un segmento específico de instrucción santa de las «alturas», con frecuencia tienen la preocupación de la enorme responsabilidad que conlleva el mantener puras las enseñanzas que se les han legado. Por tanto, por su deseo de hacer precisamente eso, se cierran y niegan a su seguidores el derecho de alterar o cambiar la estructura de poder, la estructura reveladora y el mensaje mesiánico para que no se desvíe de ninguna manera de la dispensación original.

Los Hermanos de la Sabiduría son de la opinión de que en esta acción hay mucha sabiduría. Sin embargo, debido a la postura rígida (ortodoxa) que asumen los seguidores de un movimiento específico, de vez en cuando es conveniente, a fin de romper las viejas matrices de pensamiento y sentimiento, lanzar una actividad de luz nueva para que los Maestros Ascendidos puedan tomar de la mano a esas personas vanguardistas que están dispuestas a que Dios las enseñe en todas las épocas, que están dispuestas a contemplar la gran entrada de Realidad Cósmica que desfila a través del cielo de su mente, infundiéndolas con nuevos destellos de inteligencia intuitiva y enseñándoles técnicas espirituales destinadas en el futuro a dar a los hijos de la raza venidera un nuevo vislumbre de la Realidad Divina.

Por tanto, este es el motivo por el que, en 1958, la Jerarquía Cósmica concedió a la actividad de The Summit Lighthouse el derecho de obrar, ordenada por Dios, de modo que los Mensajeros, que eran dos, fueran y proclamaran al mundo (debido a su preparación anterior relacionada con el gran templo en Tel el Amarna) la manifestación de la técnica monoteísta de los Maestros Ascendidos bajo el gobierno de la Ley del Uno y su corolario en la ley de las múltiples manifestaciones que emanan del Uno.

Porque siempre hay que recordar que, siendo Dios Uno, este Dios que es Uno ha considerado oportuno en su grandísima y santa sabiduría extenderse a través de una manifestación de muchos y, por consiguiente, la humanidad recibe la oportunidad de ser llevada al cautiverio del Amor Divino, siendo que el amor que las personas llevan en sí mismas por lo Divino captura todo su corazón y hace que reciban con los brazos abiertos el amor y el servicio ministrante, la santa sabiduría que desciende desde las alturas.

Así son extraídos los hombres del mar masivo de miasmas y emoción humana y elevados a un punto en el que pueden apretar contra su corazón y mente la Verdad santa y comprender el papel que esta juega en su liberación de la sombra de la época actual.

Conforme a estas metas, a sus bien documentados «programas de ayuda a la humanidad» y su «plan para liberar a la Tierra», El Morya dirige clases sobre el gobierno Divino y el sendero de Cristeidad personal a través del diseño original del alma en la voluntad de Dios, en su retiro etérico sobre Darjeeling (India). Llamado Templo de Buena Voluntad, este retiro está ubicado entre los pinos de las laderas de los Himalayas. Vayamos, pues, al retiro de El Morya y sentémonos a asistir a una de sus famosas charlas al lado de la chimenea…

Viajando en nuestro cuerpo etérico, entramos en la biblioteca y nos sentamos en asientos acolchados ante una chispeante lumbre de leña de pino. Alzamos la mirada y el Maestro está sentado en su sillón favorito ante nosotros.

Comienza a tejer la historia del trabajo de la Hermandad en la Tierra, las batallas libradas en defensa de las naciones, o de una sola alma. Los triunfos y fracasos de nuestras corrientes de vida y las evoluciones de la Tierra.

Nos habla de las metas de la Hermandad en Darjeeling, cuyo credo es «lo haré», con el único deseo de ver a los hombres libres de la autolimitación, la estrechez de miras y la conciencia egocéntrica del yo sintético. Y nos desafía a que seamos chelas de la voluntad de Dios.

> El Consejo de Darjeeling es una unidad jerárquica. Yo soy su jefe. Entre los que deliberan en nuestras cámaras se encuentran Saint Germain, María la Madre, Jesús el Cristo y el Maestro Kuthumi… Con la ayuda de chelas no ascendidos, servimos a la causa de la voluntad de Dios entre la humanidad, en los gobiernos de los países, en los consejos

económicos, en los estratos sociales, en las instituciones de enseñanza y, sobre todo, en el corazón diamantino de los devotos…

Aquí, en Darjeeling, ofrecemos un programa intensivo sobre discipulado y la iniciación en el Sendero para quienes estén dispuestos a seguir de manera implícita las exigencias de su Ser Crístico y responder con una llama que salta y con ojos que resplandecen con los fuegos ardientes del discernimiento del alma.

Muchos han franqueado las puertas de Darjeeling. «En nuestro retiro hemos tenido como invitados a hombres de Estado del mundo y hemos recibido al humilde chela. Hemos recibido a aquellos cuyo amor por la voluntad de Dios ha sido mayor que el amor por la voluntad del yo inferior». Él habla de quienes vienen al retiro buscando consejo; almas «que trabajan en los gobiernos de los países, que trabajan como maestros, científicos y músicos, y los que controlan el flujo de la voluntad de Dios que es poder, que es la abundancia del suministro.

«La voluntad de Dios se aplica en todos los niveles de la actividad humana, porque la voluntad de Dios es el diseño original de todo proyecto. Es la base de toda tarea. Es el esqueleto de vuestro cuerpo. Es la energía física. Es el fuego etérico. La voluntad de Dios es el diamante ígneo de vuestro corazón.»

Y nos confía sus lecciones para el alma extraídas de su vida y muerte como Tomás Moro:

Aquí, en Darjeeling, somos seguidores del sendero de Cristo y el Buda, que son uno solo. Y seguimos el lema, «desapego al fruto de la acción». Esto significa que nos esforzamos para alcanzar la excelencia del Amor Divino en todas las cosas y dejamos el resto a Dios.

Por tanto, os informamos de que el ritual en el que se desafía eficazmente al mentiroso y la mentira es el medio por el que os ganaréis la ascensión. Y cuando estéis ante los Señores del Karma (que existen de verdad) al final de esta vida y debáis dar respuesta a si habéis defendido o no a estos pequeños, los Señores del Karma no os juzgarán considerando si habéis logrado la meta eliminar el Mal planetario o no; no, os juzgarán por la eficacia de vuestro esfuerzo, por la fortaleza ritualista con las que hayáis invertido vuestras energías en contrarrestar a los caídos.

Sed testigos de mi encarnación como Tomás Moro.

Yo era bien consciente del hecho de que no desharía los edictos del rey ni la separación de la Iglesia de Inglaterra de la Iglesia de nuestro Señor Jesucristo. Era bien consciente de que mi voz simplemente sería un testimonio de justicia; no de un hombre justo, sino de un Dios justo. Porque no me considero un hombre justo, sino el instrumento de Aquel que es Justicia Eterna.

Y así, amados, la infamia de las decisiones de Enrique VIII han continuado, se han multiplicado y reproducido, como tiende a hacer el error en un entorno corruptible. Pero la voz del que escogió ser la voz de Dios sigue siendo como la llamada de una trompeta.

Y la moraleja de la historia es que, aunque poco a poco entré en el ritual de la ascensión al final del Plan Divino de mis encarnaciones en la Tierra, los que valoran su vida, sus puestos insignificantes, incluso su carne, aún siguen evolucionando; y diría que es cuestionable si están evolucionando hacia Dios o no.

Amados, estoy aquí; aquí, en Darjeeling; aquí, en Cámelot, en la plenitud de la luz* de la voluntad de Dios; aunque otros decidan eliminar esa luz, es invencible en el cielo y en la tierra. Y así, como veis, la luz física, la justicia o la belleza física, o la carne y la sangre, aparecerán y desaparecerán, pero vuestra Filiación eterna escondida con Cristo en Dios es una luz que no puede atenuarse.

Benditos corazones, no consideremos el mérito como una acumulación de buenas obras, porque si así fuera el desmérito se convertiría en una acumulación de obras malvadas. Esto es un misterio, porque a cierto nivel es así y a otro nivel de la vida que hace evolucionar a la vida esto se convierte en la medida y la marca del juicio de los Señores del Karma. Pero para estar en el centro de las buenas obras, uno debe estar en el centro de la conciencia que percibe que Dios es el que actúa y es la obra. Y, por tanto, uno no hace

---
*Conciencia Crística.

mucho ni en el logro humano ni en los pequeños errores humanos, porque hacerlo puede provocar esa locura que nace del orgullo y la división en los miembros de uno, el cisma en la conciencia que sigue al fracaso.

Si uno ha de reconocer el error o el ego como algo de realidad suprema, entonces no hay esperanza de salvación. Porque el punto de apoyo de la salvación no lo suponen las buenas o las malas obras en sí, sino el abandonar el error y la conciencia errónea que produjo el ego humano para empezar y el comprender que lo que tiene una importancia definitiva es que el alma se centre en la voluntad de Dios, que el alma se realinee con esa voluntad.

No es que llevéis razón o estéis equivocados, sino que estéis desapegados a lo que hagáis bien y a lo que hagáis mal. Y con ese despago, la resolución de vuestra vida será que todo lo que provenga de vosotros dé como resultado la acción correcta, la conciencia correcta, metas correctas, la actitud mental correcta: *¡la corrección que es la Corrección de Dios!*

Por consiguiente, evitad el Mal, no porque sea real, ¡sino porque es irreal y no forma parte de Dios!

Ahora escuchamos el sonido de una vieja campana como una entonación, y el Maestro explica:

Es una llamada a los humildes de todo el mundo, a los siervos de la voluntad de Dios y a la vanguardia que desea llevar a la civilización hacia adelante, hacia una nueva era. Morya convoca a los chelas del fuego sagrado que desean ser adeptos, seguidores que desean ser amigos de Cristo, exponentes de la palabra de Verdad viva, imitadores del Maestro Jesús y, finalmente, el corazón, la cabeza y la mano de nuestro séquito cósmico...

El sendero que ofrece mucho, exige mucho. Como decís en el mundo, las cosas son según su precio. El precio es alto, pero estáis adquiriendo la realidad suprema.

Para ascender al plano de la realidad... debéis reunir en vuestra alma el impulso de Poder, Sabiduría y Amor. Trascender los planos de conciencia, dar el salto gigantesco hacia los brazos de Dios... esto requiere impulso. Por tanto, del manantial de la Vida, de la fuente de llama viva que Dios Todopoderoso ha afianzado en vuestro corazón, extraed el impulso de Fe, Esperanza y Caridad.

Ya sea cristiano o judío, musulmán o budista zen o nada de eso, sabe, oh buscador de la realidad superior, que puedes recorrer el sendero de iniciación allá donde te encuentras. Pero tú debes dar el primer paso. Mi responsabilidad es guiarte y protegerte; la tuya es seguirme.

El Maestro se detiene, y entonces empieza a hablar con más contundencia, advirtiendo: «Que quede claro desde el principio que todos los que leen las palabras de los Maestros Ascendidos y todos los que escuchan lo que decimos no están considerados necesariamente como chelas de nuestra voluntad. Que quede bien claro que hay requisitos. Tal como las astillas de madera salen volando cuando se cortan los pinos del bosque, así soplan los vientos de Darjeeling. Que el chela indigno se aparte de nuestro camino. Despejamos por un propósito noble: el ennoblecimiento de una causa y de una raza. La jerarquía también ha dicho: "Que las astillas caigan donde sea"».

Morya habla de los problemas que cargan al mundo y de la necesidad extrema de que haya corazones dedicados que ayuden. «El peso del karma del mundo nunca ha sido más grande. La Madre Divina intercede ante la Corte del Fuego Sagrado por los niños de Dios para que el descenso de su karma no destruya la plataforma de su evolución. Como dijo Thoreau: ¿De qué sirve una casa si no hay un planeta tolerable donde ponerla? Así, nosotros decimos: ¿De qué sirve el sendero de iniciación si la plataforma planetaria ya no puede sustentar a sus evoluciones?».

Con este inquietante pensamiento, Morya se despide de nosotros.

«Os doy las gracias por vuestra atención, os doy las gracias por vuestro amor a la luz, os doy las gracias por vuestra presencia aquí y os pido que recordéis que soy un ser cósmico, que soy un Maestro Ascendido, que soy vuestro amigo siempre que adoréis esa voluntad. Porque no hay ningún otro poder en el universo que pueda actuar más que la voluntad de Dios, cuya bondad os rodea ahora… Que las huestes angélicas y las huestes ascendidas os rodeen siempre y guarden vuestras idas y venidas hasta que entréis en un estado de conciencia igual al mío. Y no me importa si lo sobrepasáis. Porque adorando a mi Presencia YO SOY doy todo lo que soy al servicio de la luz, al servicio que eleva, que levanta, que transmuta y hace que los corazones sean reverentes, felices y libres en Dios. Os doy las gracias y buenas noches».

El Morya nos recuerda al marcharse que espera que el chela llama a su puerta. Las huestes angélicas ahora llegan para acompañarnos en nuestro regreso al cuerpo físico, tras nuestra estancia en el reino etérico.

Mientras al compás de la nota clave del retiro *(Pompa y circunstancia,* de Elgar) los hermanos del corazón diamantino se encaminan en fila hacia sus obligaciones matutinas, nosotros contemplamos con un corazón agradecido el misterio de la voluntad de Dios: ¡qué privilegio conocer a alguien como él!

Llegar a ser dignos de él como Gurú de nuestra alma, ensalzar sus virtudes, servir a su misión, combinar nuestras fuerzas con la suya para una revolución planetaria en Conciencia Superior, a esto, a todo esto, nos ha inspirado su presencia. Nuestro espíritu no necesita ningún otro ennoblecimiento más que conocerlo tal como él es.

En la fortaleza de su visión de futuro descubrimos la voluntad de ser como Dios.

Con el paso de los días, los recuerdos de Darjeeling no se evaporan, sino que «crecen y florecen» como flores Edelweiss «para siempre». El diminuto rostro de la nomeolvides nos recuerda que ella es su preferida, cuya sonrisa y color son suyos. Recordamos con cariño.

¿Cómo puede una presencia, un ser, inflamar el corazón de esta manera?

Como el nuevo amor de primavera o las llamas del invierno, este Maestro alto, feroz y con turbante ¡ha encendido en nosotros un deseo ardiente de hacer la voluntad de Dios! Ciertamente, el fervor de este Señor, como la «antorcha de fuego» de Abraham, nos ha abierto el pecho hacia todo el cielo y el pacto de Amor de Dios. A través de él aparece el Amante Divino de nuestra alma y nosotros saludamos al «Todo en todo» con el antiguo canto:

> Oh Espíritu unificador de la Gran Hermandad Blanca,
> madreperla opalescente,
> leche y miel de la felicidad de la Resurrección,
> ¡bébeme a mí, mientras YO SOY quien te bebe a Ti!

Las palabras de El Morya nos hablan de su amor por nosotros sea cual sea el estado en el que nos encuentre. Y nos hablan de nuestro amor por él, quien nos ha enseñado la reprimenda sagrada y los fuertes brazos de la caridad que lo envuelven todo; del Amor que nunca se rinde, que nunca se vuelve atrás, sino que porta su llama con honor.

Si el bardo irlandés tan solo hubiera escrito estas líneas, lo habríamos conocido en cualquier parte, con cualquier apariencia, para volar hacia él cuando nuestra alma quería exclamar o regocijarse sin tener a donde acudir. En los momentos más tristes, más solemnes o exaltados de la vida —en los contratiempos, el triunfo, la hermosa dicha o cualquier cosa que ponga a prueba nuestra resistencia—, con quien debemos estar es con El Morya.

Es entonces que querremos oírle cantarnos la balada que cantó a su enferma esposa cuando era Thomas Moore:

> Créeme, si todos esos entrañables jóvenes encantos,
> que hoy contemplo con tanto cariño,
> cambiaran mañana y se desvanecieran en mis brazos,
> como regalos de hadas desvaneciéndose,
> tú seguirías siendo adorada, como lo eres ahora,
> desvanézcase tu belleza como quiera,
> y en torno a la querida ruina, cada deseo de mi corazón
> se enroscaría aún lozano.
> No es cuando posees belleza y juventud
> y tus carrillos no han sentido una lágrima
> que se conoce el fervor y la fe de un alma,
> cosa que no hará más que hacerte más querida.
> No, el corazón que ha amado de veras nunca olvida,
> sino que ama de veras hasta el final,

como el girasol se gira hacia su Dios cuando este se pone con la misma mirada que tuvo cuando se levantó.

La llama de El Morya es el verdadero Amor. Este amor espera a la expectante novia, el futuro chela del Señor del Primer Rayo.

Ahora, si pones el oído y escuchas, podrás oír la canción de amor que este Gurú la canta a tu alma.

SEGUNDO RAYO

2

SEÑOR LANTO
el Sabio

Dones de la palabra de sabiduría y la palabra de conocimiento

El Señor Lanto, gran lumbrera de la antigua China, ahora trabaja como uno de los sabios más importantes de Estados Unidos. La devoción a la «palabra de sabiduría» y a la «palabra de conocimiento» de este sapiente de sabiduría tranquila y bodhisatva de ojos de fuego, lo ha hecho sumamente apto para iniciar a las evoluciones de la Tierra en ambos dones del Espíritu Santo.

Como Señor del Segundo Rayo, él es un Maestro Ascendido ante cuya presencia uno puede tocar y conocer lo sublime de la Mente de Dios, poco a poco, según enseña el sendero para los estadounidenses. ¡Sí! Un maestro chino enseñando a los estadounidenses el antiguo camino de Cristeidad universal que hizo grande a la era de oro de China, que nos llega de Maitreya, el Buda Venidero que ha venido, y que da a conocer el jerarca del Retiro Royal Teton, otro maestro chino, más famoso que su Gurú, ¡el Maestro Ascendido Confucio!

Lanto dirige clases en el Retiro Royal Teton, congruente con la cordillera Gran Teton, en Wyoming, porque ahí, en ese antiguo foco de gran luz, se enseñan los senderos de los Siete Chohanes y ahí están consagrados los siete rayos de los Elohim y los

La cordillera Grand Teton (Wyoming)

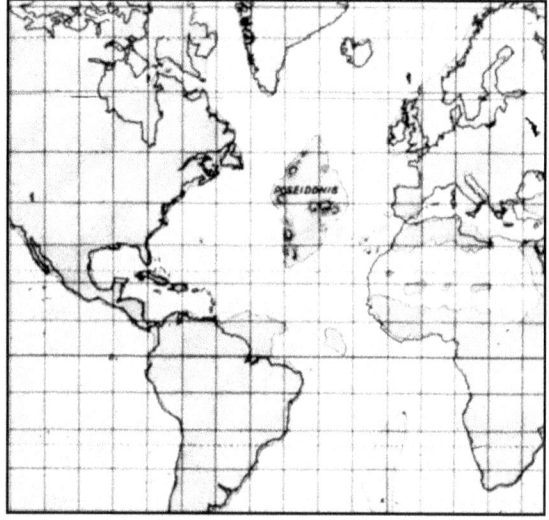

Mapa de Poseidonis (La Atlántida antes del último cataclismo que supuso su destrucción hace 11.570 años)

La clarividencia astral, dice A. P. Sinnett en el prefacio de la *Historia de la Atlántida,* de W. Scott-Elliot, desveló los registros de su civilización. El libro de Scott-Elliot es un compendio de descubrimientos de varios estudiantes que, como dice Sinnett, «tuvieron permitido el acceso a algunos mapas y otros registros... de los períodos remotos en cuestión» para promover el éxito de su trabajo. Estos mapas, dice Sinnett, han sido conservados físicamente por aquellos que no pertenecen a las razas que actualmente ocupan Europa, presumiblemente por los Adeptos que instruyeron a los estudiantes de Teosofía, aunque Sinnett no da detalles. Scott-Elliot escribe que el continente se destruyó por etapas, produciéndose cataclismos hace 800.000, 200.000 y 80.000 años. El último remanente de la Atlántida fue el continente insular llamado Poseidonis, ubicado cerca de las islas Azores, el cual se hundió en 9564 a. C. debido a una catástrofe que consta en muchos antiguos escritos, como los de Platón, dice Sinnett.

Arcángeles. Los Señores del Karma, Gautama Buda y todos los miembros de la Gran Hermanad Blanca frecuentan este lugar de reunión de Maestros Ascendidos y sus discípulos mientras mantienen las funciones especializadas de sus retiros personales.

Maestro de sabios y filósofos, el Señor Lanto nos enseña el sendero del logro a través de la iluminación, la definición y el dominio en el chakra de la coronilla. Alcanzó la maestría cuando estudió con el Señor Himalaya, Manú de la Cuarta Raza Raíz, cuyo Retiro del Loto Azul está oculto en las montañas que llevan su nombre.

Al haber decidido utilizar el rayo amarillo para envolver a los corazones de toda la humanidad, Lanto se dedicó al perfeccionamiento de las evoluciones de este planeta a través de la llama dorada de la iluminación del Cristo Cósmico de la que él mismo es portador, cargada con su impulso acumulado de victoria Divina para los jóvenes del mundo.

Siguiendo la pista de su evolución, lo encontramos como sumo sacerdote en el templo de la Madre Divina en el continente perdido de Lemuria, que ocupó una gran área del océano Pacífico, así como en encarnaciones posteriores en la Atlántida. Tras el hundimiento de «Mu» (como se llamaba la tierra madre del Pacífico) y después de la desaparición bajo las aguas del Atlántico de Poseidonis (lo último que quedaba de Atla, la Atlántida), que se hundió por fases, muchos adeptos y sacerdotes del fuego sagrado llevaron las llamas que habían protegido a otros puntos de la Tierra, un ritual sumamente necesario puesto que las llamas que concentran ciertas cualidades de la conciencia Divina para el planeta y su gente necesitan que un grupo de iniciados altamente evolucionados las sustenten.

Lanto fue y es un Maestro del poder de la precipitación, proceso alquímico por el cual se extrae luz y sustancia cósmica de lo Universal y se las lleva a la forma física (a una matriz predeterminada) mediante la ciencia de la Palabra hablada. Por consiguiente, este maestro se escogió apropiadamente como portador de la llama de la precipitación —de un verde chino con matices de oro— al baluarte del Gran Teton, donde la Hermandad ha establecido el magnífico foco físico conocido como el Retiro Royal Teton.

Más tarde, Lanto encarnó como un gobernante de China y como contemporáneo de Confucio (551-479 a. C.). Después de ascender aceptó el cargo de Maestro presidente del Consejo del Royal Teton y del retiro a fin de traer al mundo occidental la llama de las ciencias, la tecnología, la cultura de la Madre y la reverencia hacia la Vida que él y Confucio patrocinaron en el Lejano Oriente.

Maestro del núcleo ígneo de la excelencia en el corazón del Rayo de la Sabiduría, por consiguiente, devoto por excelencia de los lirios de fuego blanco de la Madre Divina, Lanto sigue siendo el Gurú de gurús no solo para los chinos, a quienes desea ayudar para que vuelvan a elevar la llama de la iluminación, sino también para todas las almas que comparten su amor por la dorada senda hacia el Sol de los Budas y los bodhisatvas bajo Sanat Kumara.

Al conocer su amor por las artes y la música y su maestría en ellas, no nos sorprende escuchar de su propia boca, cuando relata el viaje desde Héspero y la construcción de Shambala, ¡que él estuvo allí! Sí, Lanto, de corazón venusiano, uno de los Guardianes de la Llama del principio, tuvo su papel en los primeros

Confucio,
Jack Fang, Jardín Cultural Chino,
San José (California)

La sonrisa de la sabiduría: El pueblo de la República de China en Taiwán dedicó un jardín cultural en el Jardín Botánico Overfelt de San José en 1984. Este jardín contiene monumentos dedicados a Sun Yat-sen y Chiang Kai-shek, fundadores de la República, así como una puerta que es copia de la que existe en el lugar de nacimiento de Confucio; y esta estatua de bronce de cuatro metros de altura del inmortal maestro chino de sabiduría. La estatua se construyó en Taiwán y enviada a los Estados Unidos.

esfuerzos de Sanat Kumara para rescatar a los humanidad de sus descenso más oscuro.

El amado Lanto estuvo allí, al lado del Señor, con su ingenio del segundo rayo, para atraer a un pueblo lastimoso a que volviera a adorar la Trinidad y la llama trina de la Vida y que la vida inteligente centrada en el Cristo pudiera comenzar de nuevo su evolución en la Tierra hacia Dios.

Los grupos que se ofrecieron a acompañar a Sanat Kumara en su misión a la estrella oscura no pretendían nada menos que volver a encender la Chispa Divina en la humanidad, la cual, por degeneración, había perdido el fuego original y la inteligencia vital (el género) de su Divinidad. Se propusieron hacer esto desde el altar de Shambala, a través del Gran Ser que se había exiliado al planeta Tierra con el único propósito de guardar la llama de la Vida.

Ah, Shambala, ciudad de mis sueños y mi Amor; alabastro… fulgor del Buda… blanca geometría; caminos florales, formaciones rocosas, cascadas que conducen al tierno corazón del Gurú. Mar de Gobi, hogar insular tan lejano,

Templo de Confucio, Taipéi (Taiwán)
Construido en 1854, destruido por los japoneses en 1895 y reconstruido en el mismo punto en 1925.

demasiado: cómo anhela el alma volver a tu luz, pero el corazón obstinado, ¡Dios mío!, no lo permite.

¡Ay! Yo también confieso, con esta visión de la Ciudad Dorada, que estoy demasiado lejos de mi segundo hogar. Oh, Señor, Sanar Kumara, yo que quiero salvar, necesito ser salvado. ¡Ayúdame, Gran Gurú!

Esto es lo que exclaman los portadores de luz que también vinieron con Lanto para ser instructores del mundo, pero perdieron el contacto por negligencia, nieblas del olvido, y soltaron la mano extendida del Anciano de Días. Hoy día estos buscan con urgencia a su Señor, de nombre desconocido, con el recuerdo solo de la Gran Luz y su figura, poderosa como nada en este mundo, en el altar de Shambala.

Y los Chohanes, esos Señores de los Siete Rayos que tienen la venia de los Siete Santos Kumaras, abren una senda hacia su corazón de fuego.

Por tanto, antes de ascender, el Señor Lanto decidió que la luz de la llama de su corazón brillara físicamente como demostración viva para sus discípulos de que la llama trina, como en eras de oro del pasado y del futuro, es la Palabra que se hace carne y que puede expandirse e intensificarse así por preferencia del adepto.

Afirmando con (o eones de tiempo antes que) el proverbial Job: «En mi carne he de ver a Dios», Lanto, mediante el dinamismo de sus decretos del corazón, su dedicación a la Palabra viva como el Cristo Universal siempre con él y la consagración de sus chakras[*] al fuego sagrado de la Madre, logró lo que nadie más en la historia escrita hizo desde la Caída: Lanto adoró tanto a la Trinidad en la luz tripartita de su ser más profundo, que el intenso fulgor de esa Chispa Divina se hizo visible a través de su forma carnal, que emanó un suave brillo dorado a través de su pecho. Esto lo mantuvo en honor a Sanat Kumara, hasta que ascendió aproximadamente en 500 a. C., «una conmemoración para todas las generaciones» que son progenie del YO SOY EL QUE YO SOY, a fin de que los portadores de luz originales puedan

---
[*]siete centros espirituales de luz y conciencia en el cuerpo humano.

recordar la misión de iluminar a una estrella oscura.

A lo largo de los siglos XIX y XX, Lanto ha permanecido fielmente en apoyo a los esfuerzos de Saint Germain para liberar a la humanidad a través de la publicación de las Enseñanzas de los Maestros Ascendidos sobre la Presencia YO SOY y el fuego violeta. El 3 de julio de 1958, el Maestro Ascendido Confucio sucedió al Señor Lanto como jerarca del Retiro Royal Teton. Lanto, a pesar de poseer un logro mayor al necesario para ser jerarca de un retiro o para ser Chohán, aceptó de Kuthumi el cargo de Señor del Segundo Rayo en esa misma fecha (este bendito hermano que había adorado al Dios de la Paz como San Francisco y que ya se había unido a su Señor en 1956 ocupando el cargo de Instructor del Mundo junto a él).

El 30 de octubre de 1966, en cooperación con el Dios y la Diosa Merú, el Consejo Kármico concedió a Lanto la dispensación de una «poderosa y trascendente llama dorada de iluminación» que pulsara a 100 metros de altura sobre facultades, universidades, escuelas de divinidad y teología en los Estados Unidos y en el mundo, cuyos estudiantes y profesorado fueran receptivos al conocimiento de las esferas superiores.

Cualquier estudiante de cualquier escuela de enseñanza superior puede pedir para el profesorado y el cuerpo estudiantil que esta llama entre en acción. La sección amarilla de los decretos dinámicos para el discípulo del Segundo Rayo del libro de decretos de Guardianes de la Llama basta para este empeño, además de que su uso aumenta el esplendor áurico de los dones de sabiduría y conocimiento. Por tanto, el Segundo Rayo también debería traer gran alegría y una risa china estadounidense a quienes, con felicidad, descubran que su misión es guardar la llama dorada de la iluminación con Lanto para la reeducación de un mundo de gente maravillosa.

Y así, a través del Rayo de Sabiduría, empléense los corazones felices en la misión de la Estrella Secreta de Amor.

Puesto que pocos seres ascendidos que sirven a esta Tierra superan la sabiduría del Señor Lanto ya que él es la encarnación del Segundo Rayo, uno debería invocar su llama a diario para sí mismo, para su familia y para los jóvenes del mundo.

Al rezar la siguiente oración dictada por el Maestro, ángeles del Segundo Rayo se apresurarán de inmediato para poner orden donde haya caos en cualquier situación, personal o planetaria. Conviene componer una oración de creación propia pidiendo a Dios ayuda para uno mismo y para los seres queridos, nombrando las cosas que son resultado del abuso del chakra de la coronilla y el tercer ojo, como lo siguiente: ignorancia, desórdenes mentales, densidad o retraso mental, enfermedades del cerebro y el sistema nervioso central, demonios posesivos que inducen la locura y la adicción y que afectan a la mente, el cuerpo y las emociones, y todos los problemas psicológicos.

Después se ha de rezar la «Oración de Lanto» con tenacidad y dejar que vaya acumulando impulso propio con su repetición, hasta que toda la ilusión sea devorada por la llama dorada de la iluminación desde el corazón de Dios Todopoderoso, concentrada por su Hijo siervo en el cielo, tu hermano mayor del sendero del Segundo Rayo ¡que te ama!

Oración de Lanto

¡En el nombre de Dios Todopoderoso
me alzo a desafiar a la Noche,
para elevar la Luz,
para ser el foco de la conciencia de Gautama Buda!
¡Y YO SOY la llama del loto de mil pétalos!
¡Y vengo a llevarla en su nombre!
Estoy en la Vida en esta hora
y permanezco con el cetro de Poder Crístico
para desafiar a las Tinieblas,
para traer la Luz,
para animar desde alturas estelares
la conciencia de ángeles,
Maestros, Elohim, centros solares
y toda la Vida
¡que es la Presencia YO SOY de cada uno!
Clamo la Victoria en el nombre de Dios.
Clamo la Luz de llama solar.

¡Clamo la Luz! ¡YO SOY la Luz!
¡YO SOY la Victoria! ¡YO SOY la Victoria! ¡YO SOY la Victoria!
Para la Madre Divina y el Hijo Varón Divino
y para la elevación de la corona de la Vida
y los doce puntos focales estelares
que se regocijan de ver la salvación de nuestro Dios
justo dentro de mi coronilla,
justo dentro del centro del Sol
de Alfa, ¡consumado está!

Después de recitar esta oración con todo el amor del corazón para la liberación de los jóvenes del mundo, harías bien en meditar en el gran cuerpo causal del Señor Lanto con el fin de atraer su Presencia Electrónica a tu alrededor, o incluso a tu ciudad, expandiendo su llama dorada como un loto a través de tu chakra de la coronilla y del corazón utilizando la música que es la nota clave del Retiro Royal Teton, «Canción a la estrella vespertina», de la ópera *Tannhauser*, de Wagner.

Con su gran deseo de dar respuesta a las preguntas de los buscadores actuales, ¿quién soy? ¿por qué estoy aquí y a dónde voy?, el Señor Lanto y los Maestros del Lejano Oriente dictaron una enseñanza sobre la psicología del alma, publicada como una serie de *Perlas de Sabiduría* titulada, *La comprensión de uno mismo*. En ella Lanto enseña que el contacto con el Santo Ser Crístico, el Yo Real de cada uno de nosotros, es lo que da al alma la capacidad de restablecer el lazo de verdadera identidad y dirección divina en la vida:

> Se ha descuidado el alma, el ama debe despertarse. Y el hombre también debe despertarse para percibir la conciencia del alma. Él nunca debe permitir la profanación de la hermosa alma que el Señor Dios hizo a su propia imagen. La devolución del hijo a la imagen del Padre es una valiosa forma de salvación implementada por el poder que tiene en mano la identidad del Cristo vivo legada a cada hombre.
>
> Cuando todo ojo lo vea como él es en realidad, ellos pondrán sus dedos sobre el cuerpo de su sustancia, percibirán la simetría del Espíritu que hay en él, percibirán la palpitación

electrónica de su corazón cuando la esencia de su vida se derrame por la vestidura que lleva e inunde sus almas con la identificación con reinos superiores. Entonces el hombre llegará a saber de verdad qué y qué es.

En sus conferencias básicas, el Señor del Segundo Rayo extiende una invitación al Retiro Royal Teton a «todos los que busquen la Sabiduría, aunque Sus velos y apariencia varíen según Ella va pasando por todos los niveles de aprendizaje, a todos los que busquen Su conocimiento como el verdadero conocimiento que surge de la fértil Mente del Creador. Venid a la fuente de la Sabiduría —dice Lanto, recordando la exclamación de Isaías. «Oíd, todo el que tenga sed, venid a las aguas... y preparaos mientras aún queda tiempo para que lleguéis a ser todo lo que la Sabiduría ha guardado para vosotros a lo largo de los tiempos».

En el esplendor del Royal Teton se celebran cónclaves a los que asisten decenas de miles de corrientes de vidas de todos los continentes, que viajan allí en sus cuerpos sutiles. Hay clases más pequeñas y tutoriales a cargo de ángeles y adeptos, que preparan a los estudiantes para la iniciación y el consejo de los Maestros. Este es el retiro inicial de la Gran Hermandad Blanca al que el neófito puede pedir ser llevado.

Para las almas que estudian entre encarnaciones a fin de mostrarse aprobadas ante Dios, como trabajadores dividiendo bien la palabra de Verdad que no necesitan avergonzarse ante el Sanctasanctórum, Lanto explica que hay «cubículos en nuestro retiro donde los estudiantes pueden estudiar solos, y algunos lo hacen durante décadas al elevarse desde la pantalla de la vida [al abandonar el mundo de la forma a través del cambio llamado muerte] en meditación sobre la Palabra en la ciencia y la religión».

Lanto continúa:

> Los teólogos que no han conocido o comprendido la totalidad de la misión del avatar Jesucristo (y que han desconocido la verdadera Doctrina de Cristo) a veces pasan años y años (calculados según vuestro tiempo) revistiéndose de esos simples conceptos que son tan fáciles de captar para las almas de luz entre vosotros.

Se trata de sinceros devotos del camino de Cristo. Y, de forma gradual, poco a poco, alcanzan la excelencia. Llegan a entender que la sabiduría y el conocimiento de Cristo han de descubrirse a través de una percepción de uno mismo en Él, que posibilita el gran amor que Jesús imparte al instruir con regularidad a los discípulos de aquí sobre el camino del Cristo Universal, cuya encarnación él fue durante la misión de Galilea.

Por tanto, en su estudio, la sabiduría también se convierte en un componente de transmutación, como un complemento a la llama violeta. Y a través de la llama violeta y la expiación de la mente con la ley de la sabiduría, se produce el desprendimiento de la piel de serpiente que esos seres sinceros tenían porque se la pusieron esos caídos llamados serpientes, que han entrado en los púlpitos de la vida para suministrar un evangelio que, en efecto, es contrario a la Vida y es Anticristo.

Pero, benditos corazones, hay algunos niños de Dios que han escuchado el evangelio falso durante tanto tiempo que han absorbido el temor de estos ángeles caídos (que son en verdad lobos con piel de cordero), que tiemblan ante el altar del Todopoderoso, que temen el juicio final, que temen estar ante la brillante luz del Avatar Jesucristo. No conocen la verdadera presencia del Maestro vivo. ¡No conocen ni la luz de Su Espíritu Santo ni Su Amor!

Sin embargo, benditos corazones, debéis comprender que la religión de algunos hombres es un desteñir el aura de Cristo, un desfigurar el semblante del Hijo de Dios. Así, algunos, gracias a sus diestros impulsos acumulados en el tejer redes de falsas enseñanzas, en el controlar a las muchedumbres con lágrimas, emocionalismo, fuertes movimientos del cuerpo y con su sed de poder del Cristo, desmiembran con su falsa doctrina el Cuerpo de Cristo dividiendo a hermano de hermano en base a la interpretación de las escrituras; ¡y, sí, si pudieran, dividirían y partirían en dos el Cuerpo Universal de Cristo en la Tierra!

Por tanto, con este sentimiento idólatra del yo como el liberador (mientras sueltan «en el nombre de Jesús») toman la Comunión, deseando aún vivir de su Sangre, pensando en escapar de las inevitables consecuencias (karma) de la asimilación de Su Cuerpo y Su Sangre como medio para lograr los fines impíos de controlar a Sus pequeños.

Por consiguiente, comprended que incluso los hijos de la luz podrían estar muy abrumados y agobiados debido a un clero falso, que oculta su pasividad con respecto a la guerra del Espíritu, que debería estar librando, nombrando a Jesús en vano, repitiendo su nombre en vano para dar santidad a su impiedad ante un público crédulo, demasiado propenso a recibir el reino en nubes de gloria, alabando a Jesús sin muchas ansias de demostrar su fe con obras, la seria obra de echar a los cambistas y a los traficantes de drogas y a los demonios posesivos de los templos de sus hijos.

Y la música rock y country ante el altar lo dice todo. Dice qué espíritus tienen los predicadores, a quienes dan lealtad y a qué niveles tan bajos están dispuestos a llegar en sus arreglos para mantener a sus seguidores. Que renuncien a todo eso y sigan al Señor en soledad como hicieron Moisés, Elías y Jesús. Y que sepan que el verdadero empoderamiento exige que se sacrifique el dinero, la posición, el poder, la fama y el culto idólatra del «sí, Señor», gente que siempre asiente y que también está acosada por el mismo orden inferior de entidades que seguían a Jesús allá donde fuera, repitiendo en vano su bendito nombre una y otra vez por temor a que el Señor las exorcizara. ¡Y Él lo hizo!

A todos los pastores y ovejas descarriadas, decimos con Jesús: «Padre, perdónalos, porque no saben lo que hacen». Pero a las serpientes que han elaborado un cristianismo falso que le arranca a la gente sus verdaderas defensas espirituales en momentos de peligro supremo y muerte por guerra nuclear con el placebo de «Jesús viene», todo el Espíritu de la Gran Hermandad Blanca dice junto al Maestro Ascendido Jesucristo:

«AY DE VOSOTROS, FALSOS PASTORES que Destruís y Dispersáis a las ovejas de mi rebaño... ¡Castigaré la maldad de vuestras obras!, pues así dice el Señor, el YO SOY EL QUE YO SOY, el Todopoderoso».

Eso mismo declara Lanto en el Retiro Royal Teton junto a los Instructores del Mundo, Jesús y Kuthumi, que están a su lado, diciendo: «Amén. YO SOY Alfa y Omega, el principio y el fin».

Al fin y al cabo, benditos corazones, el cristianismo actual es una institución social tanto como lo es el judaísmo. Y la gente se reúne en sus iglesias como si fueran centros para las relaciones sociales, mientras las delicadas verdades y la luz penetrante de los misterios sagrados se les escapa y se convierte en una simple repetición de palabras que han escuchado y un simple sentimiento que albergan por un tiempo.

Pero eso desaparece sin haber penetrado nunca en el corazón, sin haberles dado nunca la realidad de que nosotros, los Maestros Ascendidos, estamos vivos para siempre ¡y que Él es el mismo ayer, hoy y siempre! pero expandiéndose, siempre expandiéndose gracias a la magnificencia del sentido de la medida del Hijo de Dios con respecto a la Palabra viva, con respecto al Ser Eterno, ¡con respecto a la luz detrás de la luz de Brahmán!

Sí, Jesús viene «con las nubes», y «todo ojo le verá». Pero buscad que descienda a vuestro templo desde la nube de la Poderosa Presencia YO SOY que está sobre vosotros. Buscadle en el Enviado y el Ser prometido, el SEÑOR JUSTICIA NUESTRA (Jeremías 23:6) que es el Cristo Universal personificado en vosotros como vuestro amado Santo Ser Crístico.

Porque con esta señal de la Persona de la Trinidad también conquistamos, también fuimos resucitados, también ascendimos. Y también vosotros. ¡Porque este mismo Cristo de Jesús también es vuestro Yo Real! Por tanto, esperad su Segunda Venida, ya que día tras día él regresa a su templo en el corazón, la mente y el espíritu de los santos vivos.

Pero recordad que está escrito que «todos los linajes de la Tierra harán lamentación por él», (Apocalipsis 1:7) y su lamentación es la lamentación de los demonios que poseen a la gente tanto dentro como fuera de las iglesias. Ellos son los que no quieren comer su carne ni beber su sangre del Nuevo Pacto, los que no asumen la responsabilidad del cáliz total del discipulado siguiendo sus pasos, que conducen a la herencia conjunta, ni están dispuestos a sacrificarse para lograr la herencia de esa Cristeidad ¡y a Él que habita corporalmente en ellos!

No, al final quieren ser salvados por el nombre de Jesús sin la persona de Jesús. Y su llanto y sus lamentos en las iglesias y sinagogas y en el muro de las lamentaciones no es señal de la venida del Señor o de Su Espíritu Santo, sino el llanto como el de los demonios, que dijeron: «Déjanos en paz; ¿qué tienes con nosotros, Jesús nazareno? ¿Has venido para destruirnos? Sé quién eres, el Santo de Dios».

Por tanto, hoy, desde el Retiro Royal Teton y desde los púlpitos de las naciones, Jesús reprende a los espíritus orgullosos que poseen a los pastores y a la gente y que anhelan y desafían su venida en sus verdaderos apóstoles, y dice: «¡Callaos, y salid de ellos!».

Por tanto, benditos corazones, comprended que para los sinceros y los de corazón limpio hemos proporcionado muchos niveles, para cuando abandonen esta octava y deban prepararse otra vez (estudiantes de los Chohanes en sus retiros) para una vida (reencarnación en la Tierra) que les supondrá la oportunidad de entrar en el sendero del verdadero discipulado y la verdadera Cristeidad.

Preocupémonos, pues, por las necesidades de quienes están atrapados en la ortodoxia de las principales religiones del mundo. Comprendamos que el sacerdocio falso ha conseguido transmitir a los seguidores de Dios su propio temor. Ese temor paraliza, ese temor genera orgullo, incluso un orgullo espiritual que cierra todas las aperturas del yo con respecto a los vientos frescos del Espíritu Santo...

Benditos corazones, esta confusión sobre la Doctrina del Señor no es simplemente un peso de estrechez de miras; no es simplemente el peso de los que son necios densos según la necedad del planeta. Se trata de una situación en la que los hijos de la luz que siguen de manera ignorante a los falsos pastores cargan con el karma de estos ángeles caídos que se han colocado en puestos de liderazgo en las religiones del mundo.

Y, por tanto, cuando veáis a los seguidores de los líderes ciegos que guían a los ciegos, los seguidores (y no sus líderes) son quienes representan al Cordero inmolado desde el principio del mundo. Ellos son los hijos del Cordero; y como tales ellos son Sus corderitos y no saben por qué cargan con un peso así de ignorancia, pesado, incluso de densificación y enfermedades en su carne.

Y, por tanto, siempre que los líderes de la Iglesia y el Estado, las ciencias, la religión, la enseñanza, la industria y los movimientos de trabajadores sean caídos, traficantes de gran oscuridad y conceptos oscuros, espirales descendentes que a través del arte y la música conducen a la vibración de la muerte, los que los siguen por tradición social o buscando las comodidades humanas cargarán con todo el peso del karma de los Vigilantes y su creación impía.[1]

¿No podéis ver cómo estas serpientes se las han ingeniado para ser «evasores de karma» y para imponer a los hijos de la luz de todo el mundo —que de hecho son fieles— su propia culpa, su propia autocondenación, su propio temor a la muerte y el infierno y, por tanto, la rigidez de sus interpretaciones ortodoxas sobre los principios originales y vitales de la Palabra viva encarnada?

Por consiguiente, nosotros venimos. Venimos como Hermanos de la Túnica Dorada. Venimos para entregar la luz renovada, el Mandato original, la verdadera esencia de la Sangre de los avatares, ¡los seres Crísticos de todos los tiempos!

Venimos para volver a infundir en los dulces hijos de la luz aquello que les corresponde, porque les ha pertenecido desde el principio: el Evangelio Eterno de Dios, las Enseñanzas Perdidas y la Palabra Perdida del hermosísimo Señor Jesús y el mensaje revolucionario y profético de Saint Germain.

A través de las experiencias con Jesús y Saint Germain en el Retiro Royal Teton, en el corazón de las montañas Rocosas de los Estados Unidos, podemos ver que los lazos que atan a la progenie de luz desde el Lejano Oriente hasta el Lejano Oeste son profundos.

Y qué hay de la Maestra Ascendida Kuan Yin, Diosa de la Misericordia, que sirve en el Consejo Kármico (el cual se reúne aquí en los solsticios), y los discursos anuales de la víspera de Año Nuevo y Wesak del Señor del Mundo, Gautama Buda, emitidos desde el gran salón del consejo (y desde Shambala y un valle de los Himalayas), que complementan el servicio de Jesús y Saint Germain; qué hay de la llama dorada de iluminación y el fuego verde chino para la precipitación de la Vida abundante concentrado aquí; las almas de todos los países y sistemas planetarios son Una sola y están en su Hogar.

¡Vayamos allá!

Estamos en la víspera de Año Nuevo, cuando los Maestros de todo el mundo vienen para asistir a una gran convocatoria y un solemne consejo. Llegamos pronto, cuando el sol se pone y tiñe las cumbres nevadas del Grand Teton de un rosa dorado.

El Señor Lanto nos saluda afectuosamente mientras nosotros nos inclinamos ante él, y nos da la bienvenida a este antiguo palacio de esplendor espiritual.

Mientras esperamos a que el amado Gautama Buda pronuncie el discurso de la víspera de Año Nuevo, nos dirigimos a un enorme anfiteatro etérico donde decenas de miles de almas no ascendidas están reunidas. Lanto nos conduce fuera del gran salón del consejo, nos lleva por el pasillo hasta una puerta que se abre hacia la noche estrellada donde se elevan gradas y más gradas de asientos desde un escenario central. El anfiteatro se construyó recientemente, dice Lanto, para los «portadores de luz que están buscando al Señor Dios en las iglesias y no lo encuentran en la doctrina o el dogma».

Tomando el atril en el centro del estrado, comienza a enseñar a estas almas que ansían la Verdad:

>...Comprendamos que en este país la iluminación y su llama no deben apagarse, cuando los jóvenes están en un delirio y tienen los sentidos entorpecidos por las drogas y el rock y no piensan en otra cosa que en la letra de la música que los hace caer más y más hacia un nivel más bajo ¡y así les quita el florecimiento del fuego amarillo de la coronilla! Démonos cuenta de que existe un movimiento, una fuerza, y debo decir que es una fuerza del «infierno» enorme que se mueve por el país para oponerse a la luz, ¡a la sabiduría del corazón!
>
>¿Quién buscará la fuente de la sabiduría? ¿Quién será

capaz de elevarse y subir la escalera de los chakras, cuando esas drogas y el ritmo de una espiral descendente se lleva a los jóvenes por debajo de sus pies a niveles subterráneos de fuegos infernales de los caídos, que precisamente perdieron sus alas, ahora ennegrecidos por otras cosas y, por tanto, habitando en sitios que son el origen de insectos que muerden y pican y que no deberían existir más, pero existen, alimentados como están por la ignorancia de las masas?

¡Vengo a perforar el velo de ignorancia!... Si por mí fuera, os diría que, a menos que la llama de la iluminación sea comprendida como el ápice y la culminación de toda la vida y la clave de la inmortalidad, a menos que sea reverenciada, todo lo demás deberá derrumbarse.

Pensad en ello, benditos corazones. Os pueden decir la ley, pero sin el entendimiento, ¿la obedecisteis siempre? No. Se necesita una enseñanza, un razonamiento del corazón, un motivo que llegue a través del entendimiento y solo el entendimiento. Podéis conocer la verdad, pero la verdad que os hace libres es la verdad que se entiende con la llama de la iluminación.

El Buda Gautama, siglo II-III

Lao Tzu, Keichyu Yamada, c. 1906

Las tres grandes ramas del pensamiento religioso y moral chino (budismo, confucianismo y taoísmo) tuvieron su origen en el siglo VI a. C. El Buda Gautama (c. 563 a. C. – 483 A. C.) y Confucio (c. 551 a. C. – 479 a. C.) fueron contemporáneos.

Aunque no se sabe a ciencia cierta si Lao Tzu, fundador del taoísmo, es una figura histórica, dice la tradición que nació en 604 a. C.; un historiador del siglo I a. C. escribe un supuesto diálogo entre el anciano Lao Tzu y un Confucio más joven.

Al hablar en nombre de sí mismo y los Mentores del Espíritu que trabajan con él en el Segundo Rayo, el Señor Lanto añade:

Pretendemos aumentar el entendimiento. Pretendemos que los estudiantes aumenten el entendimiento de sí mismos. Comprender el yo es conocerlo con relación a Dios. Esa relación ha de discernirse, por supuesto, mediante una apreciación de quién y qué es el Yo de Dios. Porque no podéis comprender una relación entre vosotros y cualquier parte de la Vida a no ser que comprendáis a ambas partes...

Por tanto, la comprensión del Yo debe encontrarse mediante una aproximación del Santo Ser Crístico. Aunque no conozcáis a ese Yo, sabéis que podéis rezarle pidiendo unión con ese Yo, para poneros las vestiduras de ese Yo. Sabéis que el Yo es el mediador entre la luz y la oscuridad, entre el cielo y la tierra y entre Dios y vuestra percepción exterior de vosotros mismos.

Por consiguiente, cuando se oscurece la vista de ambos, debéis huir a la torre de la conciencia Crística y rezar con sinceridad ante el altar del Señor para poneros la vestidura de esa conciencia de vuestro Santo Ser Crístico. Y cuando tengáis esa conciencia en vosotros, tendréis el punto de contacto con la evaluación realista de vuestro actual estado de evolución y qué lejos debéis ir para llegar a ese Dios el cual solo vuestro Ser Crístico puede revelaros.

Porque Él es quien ha dicho: «YO SOY la puerta abierta que nadie puede cerrar». Es el Cristo Universal, o Cósmico, que habla a través del Cristo de Jesús y el vuestro, quien dice: YO SOY la Puerta: por mí, si cualquiera entrara, será salvo, y saldrá y entrará, y encontrará pastos. YO SOY el Camino, la Verdad y la Vida: Nadie viene al Padre sino por mí...

Soy vuestro instructor, amigo y mentor de antaño; y he venido a reclamaros otra vez. A cualquier hora del día o de la noche, cuando deseéis veros libres de la esclavitud de la mortalidad, llamadme y yo enviaré ese rayo dorado para vivificar, para despertar, para consagrar el suelo sagrado bajo vuestros pies, santificado por vuestro esfuerzo para ser la plenitud de la llama Divina.

Ante un agradecido aplauso, el Señor Lanto abandona el estrado y susurros llenos de entusiasmo llenan la audiencia. Ahora es casi la medianoche y Gautama Buda está sentado sobre un trono dorado, con los Señores del Karma de pie a su lado. El Señor del Mundo está preparado para dirigirse a los miembros de la Hermandad reunidos en el gran salón del consejo, así como a los invitados que llenan el anfiteatro. Estos últimos ven con claridad a través de la montaña, que ahora es transparente, el salón donde hemos sido llevados a nuestros asientos para el evento.

Un silencio se hace sobre el anfiteatro iluminado por las estrellas, cuando él empieza a hablar. Pronto los Siete Chohanes se levantan, dan un paso al frente y se inclinan, reconociendo su homenaje a la llama Divina. Al Señor Gautama y a los Señores del Karma les presentan un pergamino.

Estos Maestros que presiden abren el pergamino y lo leen; al cabo de un momento, el Buda alza la mirada y explica que se trata de una petición que hacen los Chohanes para abrir universidades del Espíritu en sus respectivos retiros, donde miles y decenas de miles de estudiantes puedan convocarse para asistir a cursos sobre la ley de los Maestros Ascendidos.

Lanto explica el plan a grandes rasgos para quienes practiquen con diligencia el sendero de la maestría sobre uno mismo en los siete rayos de manera sistemática, dominando especialmente el Primer Rayo y el Séptimo a fin de establecer el Alfa y la Omega de su identidad —la voluntad de Dios, el diseño original divino, el plan interior de las llamas gemelas— y de inmediato inicien una acción de transmutación personal y del mundo» a través de la llama violeta.

Los estudios habrán de comenzar con El Morya, en Darjeeling, durante un ciclo de catorce días, después dos semanas con Saint Germain en el Retiro del Royal Teton. El estudiante alternará estos períodos entre los dos centros hasta que supere con éxito ciertos niveles y reciba la oportunidad de estudiar con los demás Chohanes.

El Señor del Mundo anuncia que él y los Señores del Karma han dado el visto bueno a esta petición y que «en este momento, se concede formalmente».

Confucio presentando al joven Buda Gautama a Lao Tzu, Dinastía Quing

Del pensamiento de estos tres maestros surgió la era de oro cultural china, durante la cual China fue la civilización predominante en el mundo. Al Occidente incivilizado China aportó cosas como el papel, la imprenta y la pólvora, así como el baño y los fideos.

La multitud del anfiteatro se pone en pie vitoreando la dispensación mientas en las montañas resuena el clamor de la gente. ¡Así de grande es el deseo de su alma de asistir a las Escuelas de Misterio de la Hermandad!

Esta es una dispensación sumamente oportuna para la unificación e iluminación de los portadores de luz del mundo. El Retiro Royal Teton, por tanto, se convierte en una plataforma de lanzamiento para que miles de almas alcancen la estrella de su Presencia Divina a través de las Enseñanzas de los Maestros Ascendidos. Aquí la Raza YO SOY de todos los países, parentescos y lenguas es bien recibida para reunirse cada noche, porque el Grand Teton es la señal del SOL naciente —la Unidad Espiritual de las Naciones—* para todos los portadores de luz a quienes

---

*En el original inglés, las siglas *SUN* (sol) se refieren a *Spiritual Unity of Nations* (Unidad Espiritual de las Naciones). (N. del T.)

Saint Germain ha llamado, haciéndose oír como el pregonero en todas las ciudades, pueblos, aldeas y hogares:

«¡Portadores del mundo, uníos!».

Que ellos respondan con la declaración científica de su religión universal, enseñada por los Señores de los Siete Rayos, y que sea la sonrisa de la Sabiduría la que encienda la era universal.

Antes de abandonar la cómoda y reconfortante esfera de luz que es el campo áurico del Señor Lanto, no debemos olvidar ni descuidar informar a nuestro lector del maravilloso consejo ofrecido por el Señor del Segundo Rayo a los discípulos que buscan las iniciaciones de Amor-Sabiduría que conducen a la devolución de las llamas gemelas al sendero de la Unión.

Acerca de las llamas gemelas y su unirse a niveles internos para el cumplimiento de su plan divino (tanto si están unidas o no exteriormente), Lanto enseña en esta universidad del Espíritu sobre el «hombre» y la «mujer» cuyos espíritus fueron creados en el principio por los Elohim a partir del ovoide de fuego blanco, teniendo las llamas gemelas, por definición, el diseño original electrónico idéntico.

Al haber establecido la base de su entendimiento sobre el sendero de la reunión del Amor en el cuerpo de fuego blanco (el cuerpo causal) del YO SOY EL QUE YO SOY, el Señor Lanto nos recuerda que las llamas gemelas logran los mejores resultados a través de la transmutación diligente de los registros del karma de vidas pasadas.

El jerarca requiere que las llamas gemelas ejerzan y adquieran la maestría de la ciencia de la Palabra hablada haciendo decretos de llama violeta para despejar todos los bloqueos para realizar su servicio unidos, a fin de hacer avanzar el plan de los Señores de los Siete Rayos en el mundo para la paz, la iluminación y la libertad universal.

Cuando las llamas gemelas han avanzado juntas en las clases que Lanto imparte sobre «asesoría matrimonial» para quienes buscan el matrimonio hecho en el cielo, él reúne a muchas «parejas» para que sean iniciadas; es decir, para que reciban una transferencia de luz desde el Gran Sol Central a fin de aumentar sus esfuerzos y acelerar sus mentes y chakras y así llegar a ser instrumentos más grandes de la luz del Cristo Universal.

Al haberles enseñado el mantra de las llamas gemelas que son el Cristo, «YO SOY Alfa y Omega en el núcleo de fuego blanco del Ser», las parejas se preparan para recibir su bendición. Y nosotros tenemos el privilegio de observar parte de esta ceremonia y de escuchar su invocación y conferencia para nuestra edificación:

¡Elohim de Dios, venid ahora! Yo, Lanto, os convoco en esta hora al Retiro Royal Teton y a nuestra montaña. Por tanto, venid al Grand Teton, oh Elohim. Intensificad estos focos de siete rayos en la frente de las llamas gemelas.

Amados, mientras hablo, al estar mi Presencia Electrónica aquí, estoy en el Gran Salón del Grand Teton, unido a los Elohim; el Alfa de mi ser en el retiro, la Omega sellando a la Mensajera que dice mis palabras aquí, en la Capilla del Santo Grial.

Por consiguiente, el arco sirve para que podáis venir, vosotros y vuestra llama gemela, para que podáis entrar en este salón esta noche, cuando el cuerpo duerme, y estar de verdad a niveles internos con vuestra llama gemela para esta dispensación del alineamiento del ser interior y el ovoide de fuego y los chakras a manos de los Elohim, que pondrán sus manos sobre la frente de la forma masculina y femenina. Porque de los Elohim en el núcleo de fuego blanco salisteis en este forma como la polaridad del ser.

Hablamos, pues, de las universidades de los Chohanes abiertas. Hablamos de nuestro curso intensivo bajo el Segundo Rayo en el Retiro Royal Teton. Amados, la iluminación del Cristo Cósmico ahora se intensifica dentro del chakra de la coronilla. Porque los reunidos deben saber que la cruz cósmica de fuego blanco está trazada, siendo ahora el brazo de la cruz el canal de los chakras y la elevación del fuego sagrado; el brazo horizontal, amados, la extensión de esta luz con el Sagrado Corazón del que Juan el Amado habló anoche.

Ved, pues, cómo la convocación del fuego sagrado de la

Madre Divina en el Ave María, en el *Sri Mata,* oh amados, eleva ese fuego hasta el punto del corazón, extrayéndolo vosotros del Sol Central de vuestra Presencia YO SOY.

Por consiguiente, amados, el fuego sagrado descendente y el ascendente deben ser extendidos por estos brazos, fuertes, y ser instrumentos del Espíritu Santo en acción. Por tanto, veis qué capacidad tenéis en estas manos: vosotros, llamas gemelas, dos pares de manos para afianzar el Alfa, la Omega. Procurad, por tanto, que el trabajo de las manos proporcione el recipiente para el fuego que debe emitirse.

Que la matriz sea perfeccionada. La palabra *matriz* proviene de *vientre.* Se trata del Huevo Cósmico de la Virgen Cósmica donde perfeccionaréis la alquimia de esos patrones celestiales que han de traerse con el fin de que la llama pueda ser trasferida de corazón a corazón.

No es difícil de entender. Cuando vuestro hermano tenga necesidad de Cristo en el don del vaso de agua fría, el vaso es esencial para contener el líquido. No se ofrece el vaso de agua con el agua en la mano o a gotas; se necesita un recipiente. Por tanto, esta luz líquida se transfiere y, cuando se dé en el nombre de Cristo, siempre estará cargada con la luz de su corazón y la luz del corazón de vuestro Santo Ser Crístico.

Amados, la dádiva del fuego espiritual debe tener un recipiente, ya sea como servicio, como acción, como obra, como profesión. Considerad, amados, cuál es vuestra ocupación diaria y procurad que en el sendero de karma yoga, al saldar ese karma, deis y volváis a dar una y otra vez.

¿Y sabéis, amados, cuál es la alegría más grande? Cuando os dais cuenta de que toda vuestra vida es un construir el recipiente y entonces os encontráis con el amado o el enfermo, el pecaminoso, el moribundo y el necesitado, y os dais cuenta de que, al desarrollar el mantra de la Palabra, al desarrollar el fuego vivo invocado por el decreto dinámico, al volver a desarrollar con las acciones de devoción y servicio, «me he convertido en mi propia obra. Soy el recipiente de los Elohim. Nosotros somos ese recipiente, el «yo» y el «tú» como llamas gemelas compartiendo el fuego Divino en el poderoso caduceo».

Por tanto, venís, amados. Y ya no es el vaso o la obra lo

que ofrecéis, sino tan solo a vosotros mismos. Y por tanto decís a los necesitados: «YO SOY el recipiente»*. He aquí la Luz de mi corazón. La doy libremente. YO SOY, en Cristo, el Uno». Y decís: «He aquí, este es mi cuerpo que por vosotros es partido».

Por consiguiente, la ruptura del sello y el dejar que fluya la luz de los chakras, cada chakra una hostia de Alfa-Omega. Por tanto, siete hostias de conciencia del Cristo Cósmico. Y el vino es la esencia de vuestra vida. Nada menos podéis dar.

Cualquier dádiva inferior no es la ofrenda perfecta a vuestro Señor. Porque antes de que os envíe a las multitudes, él mismo vendrá disfrazado de cualquier forma y muchas formas para poner a prueba lo preparados que estéis para daros a vosotros mismos, para poner a prueba la fortaleza del recipiente, la ecuanimidad y la alegría, el sentimiento de misericordia, pero también el sentimiento de protección de esta gran luz que es el don de los Elohim.

Por tanto, amados, dad la luz con cautela a alguien que pueda contenerla, que tenga un recipiente, por exiguo que sea. Porque los que acuden al manantial de la Vida deben traer sus vasijas, sus vasos. No pueden recibir si tienen las manos vacías. Por tanto, aprended la Ley, amados. No podéis dar este vaso de agua a los que están vacíos, desprovistos, teniendo solo un vórtice negativo a través del cual pasa la luz, como por un tamiz, para después pasar al plano astral.

Por tanto, dad como Dios da. Que el fuego sea ahora para los hijos y las hijas de Dios. Que sea para vosotros como Cristo bendijo en la Última Cena, transfiriéndose a sí mismo, él, el recipiente.

Ahora esta Mensajera y vosotros como llamas gemelas debéis verteros a vosotros mismos en nuevos recipientes. Por tanto, observad y rezad, porque el vertido es de la fuente eterna; y la luz desciende. Y por el conocimiento y la comprensión de lo Real y lo irreal, esta luz se legará a los que son Reales, a quienes tienen las lámparas arregladas que ya contienen el fuego de esas vírgenes prudentes. Por tanto, a los que tienen se les dará más, y los hijos y las hijas de Dios serán este Hijo.

---

*El YO SOY EL QUE YO SOY en mí es el recipiente y yo mismo soy el recipiente del Maestro, porque Él me ha llamado y porque yo he respondido.

En el Retiro Royal Teton, esta noche recibiréis el primer ímpetu de los Elohim para el alineamiento de las llamas gemelas. Sucesivamente, cada noche, durante catorce días, este alineamiento aumentará hasta que podáis ir con más capacidad de portar el fuego espiritual. Los Elohim pueden llevar esto a cabo solamente en la medida de las obras que produzcáis vosotros, la obra de las manos, aquello que hay en el cuerpo causal, aquello que es logro.

Y los que no tienen el logro no se rechazarán, sino que se llevarán al salón de nuestra universidad para estudiar al modo como enseñamos, desde muchos aspectos de la Mente infinita, a construir para que uno tenga al menos un vaso que pueda recibir algo de luz.

Esta la era de los Instructores del Mundo. Esta es la era de los Chohanes y el Maha Chohán. Esta es la era de vuestra

Paso fronterizo en la Ruta de la Seda, cerca de Lanzhou (China)

El Señor Lanto, junto a sus contemporáneos de más renombre, Confucio y el Buda Gautama, mantuvo la conciencia Divina del país de China durante siglos. La llama amarilla de la iluminación reflejada en el pueblo chino arde en el retiro del Arcángel Jofiel y Cristina, situado al sur de la Gran Muralla, cerca de Lanzhou (China). Esta llama es la luz primordial de la raza amarilla, la cual, cuando fue empleada por los iluminados, dio un ímpetu cultural a China en un momento en el que el resto del mundo, al haber rechazado o no comprendido en absoluto la llama Crística en los enviados, se encontraba atrapada kármicamente en una era de barbarie. La grandeza de China refleja la conciencia de Lanto, el Maestro que le dio sus dones, y la de los Maestros que le dieron sus dones a él: el Anciano de Días, el Señor Himalaya, Gautama Buda y el Señor Maitreya.

victoria si hacéis que así sea. Las puertas del templo se han abierto con la ascensión de Lanello y las universidades del Espíritu ahora están abiertas, donde miles de almas pueden venir a los retiros de los Siete Chohanes; esto en el momento de la victoria de vuestro amado Saint Germain.

Por tanto, yo, Lanto, os hablo de los misterios de Dios para que podáis regocijaros en oración y meditación y llamar a los ángeles de la bendita Virgen María a que os lleve a este gran retiro de luz, donde los tutores esperan instruir y poner a prueba a vuestra alma mediante un Amor de los más magnífico.

Rezad para que los portadores de luz de toda la Tierra sean liberados por los poderosos Arcángeles y asistan a las universidades del Espíritu, para que puedan en efecto ser una gran crecida de una revolución cósmica en la Tierra y el giro cósmico del planeta también pueda restaurarse por haberos atrevido vosotros a acelerar vuestros chakras. Porque vuestros chakras y los de vuestra llama gemela mantendrán el equilibrio electromagnético para que el giro de este planeta aumente ahora, hasta que el plano etérico vuelva a ser tangible, como está siendo más tangible para vosotros.

Por tanto, habiéndoos abierto la puerta de las Universidades de la Llama de la Sabiduría, yo, Lanto, os sello y espero recibiros a poco para la continuación de mi disertación.

Me regocijo en la llama de Jesús en la hora de vuestra resurrección hacia la nueva Vida. Porque YO SOY la Resurrección y la Vida de la Gran Hermandad Blanca en la Tierra como en el cielo, en el Espíritu y la Materia, a través de este cuenco y el vuestro.

En la Victoria de Cristo, por la rosa de vuestro corazón, oh amados que buscáis el Sagrado Corazón, soy un Chohán del Segundo Rayo agradecido en este momento de la séptima dispensación. Regocijaos como un chela agradecido de conocer la Sabiduría cara a cara.

TERCER RAYO

3

PABLO EL VENECIANO
el Artista

Don del discernimiento de espíritus

El Maestro Ascendido Pablo el Veneciano, Señor del Tercer Rayo e iniciador de nuestro corazón, cuenta una muy emotiva experiencia personal de su vida como artista, en la que su alma sensible, en armonía con Dios, sintió el desconocido dolor de otra persona y después el consuelo del Espíritu de la Resurrección, que tuvo el poder de sanar incluso a un ángel velado en carne:

> Recuerdo con mucho afecto el día en el que desarrollé suficientemente la percepción divina para sentir que Dios y yo éramos uno solo. Había sido una mañana nubosa y yo había trabajado mucho y duro para intentar retratar la cara de un ángel, pero era como si la belleza celestial se me escapara y tuviera los nervios, los sentidos y los sentimientos fuera de sitio.
>
> Era algo extraño, porque había desarrollado desde hacía algún tiempo un sentimiento de serenidad, de calma, de conocimiento y ahora ahí estaba, deseando retratar a partir de la calma, la serenidad y el conocimiento a un ser celestial, y me hacía falta beber de la fuente de la paz.
>
> Por algún motivo, que mis sentidos externos parecían no detectar, no podía aquietar la mente, por lo cual,

Retrato de un hombre (autorretrato),
Paolo Veronese c. 1570, J. Paul Getty Museum (California)

molesto hasta cierto punto, diría yo, cerré el taller. Guardé mis pinceles y, con franqueza, cada movimiento que hacía contenía tristeza. No era un estado de total desánimo, era simplemente un estado inusual de inquietud que tenía en el mundo de los sentimientos, casi un mal presentimiento de que algo indeseable iba a pasar.

Me marché del estudio y caminé por la calle, y me pareció como si todas las personas con las que me encontraba conocieran cada pensamiento de mi corazón; y con certeza mis miradas debieron parecer furtivas, como un criminal queriendo esconderse de los ojos de los fisgones.

Esto me llevó a un estado casi de desesperación y me desvié del muy transitado camino de las calles de la ciudad en busca de la razonable quietud del campo. Al llegar al borde de un prado cerca de un antiguo camposanto, pareció como si el sentimiento de opresión empezara a aminorarse y las nubes se estuvieran disipando un poco y la suave brisa soplara.

Y en la calma del campo al que me avecinaba empecé a sentir el despertar del sentimiento de paz, tan familiar y querido. Y al adentrarme más y más en los campos y las regiones boscosas, empecé a ponderar sobre si las opresiones de la ciudad fueran las responsables de mi estado; y entonces razoné muy de repente que debía ser suficientemente fuerte para tener un sentimiento de belleza en medio de la fealdad y los altillos de la ciudad.

Y decidí que eso tampoco era, pero disfruté de la nueva serenidad hallada y sentí que, si quizá pudiera aquietar la posibilidad de su regreso, podría volver a la habitación y crear un rostro angélico.

Pero eso no había de darse, porque oí un sonido horrible de llanto y por un momento me tembló el corazón por la humanidad. Este llanto provenía de un cementerio donde una joven, boca abajo sobre el suelo, lloraba como si se le fuera a romper el corazón. Debatí en mi interior si fuera decente hablar, siendo un extraño, y decirle: «Sécate las lágrimas, hija, ten paz». Y en ese momento no pude reunir el valor; y esto también era inusual.

Y entonces decidí decir una simple oración por ella. Y al rezar, el sol salió con más gloria y era como si las manos de los ángeles estuvieran descorriendo la cortina de oscuras nubes. Y con este cambio en el entorno del pequeño cementerio, la joven dejó de llorar de repente y alzó la mirada maravillada. Tenía la tristeza y el dolor plasmados claramente en uno de los rostros más hermosos que yo había visto, y ahí estaba mi ángel: la cara que buscaba.

Con optimismo vuelvo a crear ese momento ahora. Pero sabía que debía borrar ese dolor y, por tanto, debía intentar de algún modo darle un rayo de esperanza, algún grado de consuelo a su corazón. Y, vacilante al principio, esbocé una sonrisa que ella devolvió. Y le dije, tomando con ternura una flor de manzana de un árbol cercano: «Hija, en la Naturaleza hay resurrección y todo se va y pasa por sus ciclos, solo para volver a la plenitud y el alba del florecimiento, y en la resurrección tu querido padre volverá a ti».

Y ella dijo con llanto: «Lo sé, amable señor. Lo sé, pero ahora estoy tan sola».

Y le di la mano y, mientras rezaba, sentí un surgir de la radiación Crística atravesarme y observé cómo cada línea de su rostro reflejaba consuelo, misericordia, aceptación del Espíritu de la Resurrección. Y entonces noté que a través de mi brazo y mis manos pasaba una gran energía pulsante; y sentí que me latía el corazón con una mayor expectación. El espíritu del «ojo pleno» se había activado de verdad.

Y en la joven de repente estalló una sonrisa de felicidad más grande, y dijo: «Ah, ya no me siento sola. Voy a irme a casa con mi madre, que está turbada por mi dolor, y ya no me lamentaré; porque siento en mí algo, algo que me anima a creerte. No sé por qué. Tus palabras tienen significado para mí y ya no estoy triste».

Y entonces, al salir más el sol, floreciendo en todo su orbe, presencié la transformación que fue un milagro para no olvidar todos los días de mi vida, hasta que logré ascender. El rostro de un ángel brillaba en toda la gloria y magnitud de Dios. Y dije: «En verdad Dios está velado en carne»; y volví y pinté mi ángel.

«Paolo Veronese», nombre con el que se lo conoció en su última vida como el pintor italiano del Renacimiento (1528-1588),

Cena en la casa de Leví, detalle
Paolo Veronese, 1573, Galleria della Academia (Venecia)

ejerció el don del discernimiento de espíritus en el arte. Rompió con la tradición del arte religioso que creaba las figuras de Cristo y sus apóstoles rígidas e inalcanzables. Fue un revolucionario espiritual que libró su batalla contra las fuerzas contrarias a la Vida en las artes y que vio la Belleza como el catalizador más poderoso para alcanzar la iluminación.

A través de su discernimiento y ejecución de delicados matices en las pinturas que realizó de Jesús, los doce, varias figuras bíblicas y los santos, ejecutó un sutil cambio en las actitudes existentes hacia lo sagrado. Nunca cayó en la irreverencia, sus figuras nunca perdieron su aura de santidad. Sin embargo, al dotarlas de expresiones vivas y asociándolas con lugares y cosas de fácil identificación, las puso al alcance de la gente común. La vida de estas figuras, siendo como la vida real, se convirtió en una meta hacia la cual muchos podrían aspirar. Mediante una perspectiva nueva, abordó temas serios y sagrados con una sencilla familiaridad que erosionó la idolatría inherente al anterior arte medieval y renacentista.

Esto, sin embargo, no había de llevarse a cabo sin iniciar la ira de los poderes fácticos, aquellos que daban continuidad en el arte y la religión a una tradición de conceptos distorsionados con los que Paolo rompería.

En una ocasión el pintor fue convocado ante el tribunal de la Inquisición por sospechar esta que era un hereje por las «irreverencias» en su pintura de la Última Cena, que incluía en ella a un enano con un loro, a guardias alemanes en armadura, a unos perros y a un juglar. Paolo se mantuvo firme ante sus acusadores en defensa de la libertad creativa del artista, diciendo: «Nosotros los pintores nos tomamos las mismas libertades que se toman los poetas y los locos». La cuestión no se resolvió hasta que Veronese cambió el título de su obra a *Cena en la casa de Leví*.

El maestro trascendió los aspectos tradicionalmente planos, sin vida y sombríos del arte medieval, creando nuevos colores, así como contrastando colores de un modo nunca realizado con anterioridad. Ya no más sombras deprimentes y lúgubres, sino tonos translúcidos que transmiten luz y viveza; casi una intoxicación de intensos colores.

Veronese experimentó hasta perfeccionar una técnica incomparable para la preparación de pigmentos a fin de conservar la pintura; y los magníficos colores de su obra aún resplandecen hoy día. El pintor adquirió renombre por sus escenas bíblicas, temas históricos, festivales y espectáculos agradablemente ejecutados, tanto que se estableció como el tercero de los gigantes renacentistas en Venecia, junto a Tiziano y Tintoretto.

Próximo al término de su vida, su Gurú, el Maha Chohán, le dijo que gracias a las disciplinas Crísticas del Amor en el sendero del Tercer Rayo, autoimpuestas durante muchas vidas, se había ganado la libertad de abandonar la escuela de la Tierra y que estaba preparado para entrar en los reinos de la inmortalidad. Después de su fallecimiento a los sesenta años, se retiró al castillo llamado Château de Liberté, donde su alma realizó el ritual de la ascensión en abril de 1588, elevándose, desde donde hubo descendido, al Sol de Aries, habiéndose ganado de verdad el control Divino sobre el divino arte del Ser.

Don del discernimiento de espíritus

En encarnaciones anteriores Pablo trabajó en el Gobierno de la Atlántida como jefe de los asuntos culturales. Antes de que se hundiera el continente, estableció un foco de la llama de la libertad en Perú, que dio ímpetu a la cultura, belleza y riqueza de la civilización inca. Encarnó en el imperio inca como un artista que, fiel a sus colores, utilizó pinturas que no perdían intensidad. Más tarde encarnó como un maestro egipcio de arquitectura esotérica y trabajó con El Morya, entonces un maestro mayor de obras, en la época de la construcción de las pirámides.

Su amor se ha realizado en sus obras. Como él mismo dijo: «La totalidad del amor no puede ser amor a menos que sea acción. El amor contemplado o la simple repetición de palabras podrán ocupar la imaginación, pero el amor en acción es la medida de un corazón unido con la mente y el alma».

Pablo el Veneciano y la Hermandad del Tercer Rayo del Amor Divino, con la que trabaja desde las octavas ascendidas, no son soñadores ociosos, sino pragmáticos a modo del Espíritu Santo. El Tercer Rayo es el rayo a través del cual se manifiestan las cualidades del tacto, la diplomacia, el arbitraje, la paciencia, la contención, la unidad, la hermandad, la cultura, la belleza y el perfeccionamiento del corazón. Y la llama rosa (rosa claro y oscuro) de este rayo con un centro de fuego blanco es la que late para exteriorizar el plan divino en el cáliz del ser del hombre a través del Cuerpo (blanco) y la Sangre (rubí) del Cristo Universal.

Desde su ascensión, Pablo ha instruido a estudiantes de arte, música, arquitectura, ingeniería y la cultura de la Madre Divina que precede a Lemuria y se retrotrae a las eras de oro más antiguas de la Tierra. Todo lo que él enseña como técnica para la creación de la belleza, la simetría y el diseño en la forma es tanto un ritual como la meta del equilibrio de la llama trina —corazón, cabeza y mano— y un ensalzamiento de las cualidades de la llama tripartita de la Libertad, la flor de lis que es el sello de todo hijo y toda hija de Sanat Kumara.

Hasta hace poco estas actividades tenían lugar en el Château de Liberté, el inmenso retiro de Pablo el Veneciano en el plano etérico del sur de Francia que se presta a la función de galería,

La plaza de San Marcos, Venecia, Antonio Canale Canaletto, 1740

Desde el momento en que llegó a Venecia hasta morir a los sesenta años, un período de treinta y tres años, Paolo Caliari fue el pintor de la Serenísima República. Apodado «Veronese» por su ciudad natal, Verona, adoptó a Venecia y encapsuló en sus obras de arte la brillantez de su cénit cultural. La rica variedad de color en sus mercados y puerto se convirtió en su caja de pinturas. Él se regocijó en ella como ella en él.

museo y archivo de arte y artefactos de muchas culturas y civilizaciones. Como un Versalles de esplendor propio, contiene una infinidad de aulas en las que se exhiben grandes obras de arte de todas las épocas, donde abundan pinturas de Pablo, de sus estudiantes y de otros maestros. Aquí también han tenido lugar talleres para músicos, escritores, escultores, estudiantes de canto, así como manualidades de todas clases, y Maestros Ascendidos de todos los rayos han presentado nuevas técnicas en todos los ámbitos del arte.

Una pintura magnífica de la Santa Trinidad de Pablo adorna el salón principal del retiro. Este cuadro, iniciado antes de su ascensión y terminado después, representa la majestuosa figura del Padre celestial, del Hijo según el parecido de Jesús y de una impresionante paloma blanca de una envergadura de tres metros como foco del Espíritu Santo. Bajo el cuadro, inscrito en letras de oro, reza: «El amor perfecto expulsa el temor».

Ciertas clases que solían tener lugar en el Château de Liberté, dirigidas por el Señor del Tercer Rayo, ahora tienen lugar en el Templo del Sol, sobre Manhattan, lo cual tiene relación con la dispensación de las universidades del Espíritu anunciada por Gautama Buda el 31 de diciembre de 1985, víspera de Año Nuevo.

Este retiro es el de la Madre espiritual de Pablo, la Diosa de la Libertad, el Ser Cósmico detrás de la estatua, llamada así por tu total identificación con la conciencia Divina de la libertad. Ella fue quien consagró por primera vez la llama de la libertad en la Tierra y, justo antes de que se hundiese la Atlántida, la transportara desde su Templo del Sol, físico en aquel entonces, a Château de Liberté.

La Diosa de la Libertad fue quien inspiró la idea de la Estatua de la Libertad como regalo del pueblo francés al de Estados Unidos, que tuvo su dedicación en la Isla de Bedloe, el 28 de octubre de 1886. Símbolo no solo de su amistad, este regalo supuso un arco de libertad desde el Château de Liberté hasta el Templo del Sol, con la intención de que los descendientes de la Atlántida reencarnados en su dos puertas, la de Occidente y la de Oriente (en Francia y en Estados Unidos) sostuvieran en alto su antorcha hasta que la cultura de la Libertad volviera a aparecer en una era de oro fundada sobre la llama trina equilibrada y expandida en el corazón de la gente amante de la libertad de estos países hermanos.

Setenta y seis años después, un Maestros Ascendido del Quinto Rayo anunció la otorgación de otra dádiva de Francia a Estados Unidos, esta vez el regalo era de Pablo el Veneciano:

> Se ha celebrado una sesión hermosa y maravillosa en el retiro de Chananda, en la India, y Pablo el Veneciano ha tomado la decisión por la cual se ha transferido desde su retiro en Francia, hoy, a las once en punto según vuestra hora, el pleno latido de la gran llama de la libertad.

El Monumento a Washington

Esta llama se ha colocado de manera permanente en el campo energético del Monumento a Washington. Y las pulsaciones de la llama de la libertad tienen la intención de adornar el corazón de Estados Unidos como un regalo de la Hermandad y también del corazón del amado Pablo el Veneciano...

Este regalo se entrega como un tesoro desde el corazón de Francia, desde el gobierno espiritual de Francia al de Estados Unidos... La llama de la libertad es un regalo de mayor magnitud que el anterior, la Estatua de la Libertad, como tributo a ese gran ser, la Diosa de la Libertad. Es algo incomparable, porque la llama misma penetrará en la estructura del monumento, elevándose en el aire por encima de él; y todos los que lo visiten se verán llenados, aún sin saberlo, de los latidos de la llama de la libertad dentro del corazón de Estados Unidos.

Además de hacer un peregrinaje a este santuario, uno puede llamar a los ángeles del Tercer Rayo para que lo lleven a la universidad del Espíritu del Templo del Sol para el desarrollo del chakra del corazón y el don del *discernimiento de espíritus* del Tercer Rayo. Esta preparación le espera de veras, igual que esperan sus Instructores... cuando usted esté preparado.

Pablo el Veneciano junto al propio Maha Chohán es quien instruirá a su alma sobre el discernimiento de espíritus inmundos de abajo y los espíritus de fuego de los ángeles de arriba, pudiendo ambos obrar a través de las personas de acuerdo con sus altibajos de humor y vibraciones.

El Maestro está dedicado al perfeccionamiento del alma y el desarrollo de las facultades intuitivas y creativas del corazón. Su sendero reúne las enseñanzas del Señor del Primer y el Segundo Rayo convirtiendo en algo práctico la voluntad y la sabiduría de Dios mediante la ciencia del Amor aplicada a cada desafío que afrontamos hoy: desde las drogas al terrorismo, pasando por la pornografía, la guerra nuclear o la debacle económica, incluso los cataclismos y la humillación de la Mujer Divina (y el Rayo Femenino) en ambos sexos y en los niños pequeños.

El amado Pablo también te enseña a «probar los espíritus si son de Dios», como nos advirtió Juan que hiciéramos «porque»,

Don del discernimiento de espíritus

El matrimonio de Santa Caterina, Paolo Veronese, 1574–1576

como dijo el apóstol, «muchos falsos profetas han salido por el mundo». Y por el Espíritu Santo él te enseñará a exorcizar a esos espíritus si no son de Dios y a emplear sus fuerzas si lo son. Esta formación, que te prepara para la maestría sobre ti mismo a través del amor de Dios, conlleva las iniciaciones del Rayo Rubí bajo el Maha Chohán y el Señor Maitreya, así como un conocimiento práctico del ritual del exorcismo, enseñado por el Anciano de Días.

A fin de atar a los espíritu malvados en el nombre YO SOY EL QUE YO SOY, en el nombre Jesucristo, debes establecer un fuerte lazo del corazón con el Sagrado Corazón del amado Jesús y con el Corazón Inmaculado de su Madre, María. Es esencial que desarrolles una íntima relación práctica con el Arcángel Miguel y sus legiones de ángeles de llama azul, así como con la figura cósmica de la Madre llamada Astrea, aprendiendo a esgrimir la espada de la palabra sagrada al hacer decretos dinámicos.

Vosotros podéis hacer esto. Y nosotros lo hacemos, porque Jesús nos ha llevado al retiro de Pablo el Veneciano en el sur de Francia, una vez foco físico sobre el río Ródano, después más frecuentado en el plano etérico, donde a lo largo de los años se fue convirtiendo en un inmenso enclave de luz y en el área de entrenamiento de los grandes del Renacimiento de las artes y la música que ocuparon los cubículos de «la práctica hace al maestro», como Pablo llamó a las cámaras que estableció para los que produjeron los patrones celestiales en los clásicos de cada campo, como la literatura, el drama y la arquitectura.

Ahí hemos estudiado las destrezas espirituales relativas a la toma de control de las circunstancias de nuestra vida por el poder total de las fuerzas creativas del Amor y la alquimia del Espíritu Santo del Séptimo Rayo.

Se puede observar que el actual programa de la universidad del Espíritu de Pablo —y el propio sendero del Tercer Rayo— de ningún modo es solamente para artistas; es para el alma del artista de la vida, su propia vida, que debe pasar del lienzo del impresionismo kármico, a través del riguroso realismo de los registros astrales abstractos, hasta los etéreos colores pastel y las realidades interiores que aparecen, hasta que el diseño original interior de la Vida sea representado sobre una página en blanco de su superación victoriosa en Cristo.

En efecto, el sendero del artista es el sendero de la Vida. Así, la disciplina del Tercer Rayo es la inescapable síntesis de la divinidad de Cristo dentro de la humanidad del hijo del hombre. Esto, la paradoja de la existencia terrenal, debe afrontarse antes de que el discípulo de los misterios pueda avanzar al retiro y las disciplinas del Cuarto Rayo de Serapis Bey. Las dicotomías de la psique han de ser afrontadas y desfiguradas, si fuera necesario. Porque aquí, la resolución de la unidad esencial del alma es la ley del devenir a cada momento.

Por tanto, el sendero del Tercer Rayo, bajo la dirección del Gran Señor, el Maha Chohán, que es el artista supremo de nuestra vida, abarca el arte divino de la creación del hombre —por

Dios y el hombre como creadores conjuntos— y la decisión de «deshacer» por los fuegos sagrados de la transmutación todo lo que es infame e impío.

Y, por consiguiente, el Reloj Cósmico y toda la llama violeta omniconsumidora son la base de cualquier curso en el retiro de Pablo el Veneciano, el cual, en definitiva, es un curso de autoexpresión que conduce a la Autoexpresión de Dios. El propósito de este ritual, por tanto, es la creación, o recreación, del ingenio en todos los ámbitos. Y la disciplina de la psicología como estudio de las progresiones del alma, octava a octava, es el círculo de la vida que se traza en torno la totalidad de este curso que recorremos con los Adeptos del Tercer Rayo y el Espíritu Santo.

Examine ahora la perspectiva del Maestro y pronto verá que está ante la presencia de un Maestro Psicólogo para quien el Arte Divino en todas sus ramificaciones se ha convertido en el modus operandi para lograr, él mismo y sus estudiantes, la Conciencia Cósmica. El Maestro dice:

> La gente tiene un sentimiento de desmerecimiento y cree que solo unos pocos tengan la capacidad de inventar y de crear. Pero estoy aquí para deciros que encerrada en el corazón de cada uno de vosotros hay una idea especial del Amor que podéis aportar para beneficio de vuestro prójimo y el progreso de la cultura de la Madre Divina. Puede que sea una invención, puede que sea un poema, puede que sea un diseño geométrico, pero es un don que solo vosotros podéis dar.
>
> Por desgracia, muchos de vosotros habéis tenido ese don en vuestro corazón durante una sucesión de encarnaciones simplemente porque nadie os ha dicho que podíais liberarlo, que podíais aportarlo, que sois seres de creatividad suprema...
>
> No dudéis de que, incluso en vuestro estado actual, podéis elevaros con rapidez, sea cual sea vuestro nivel de logro, hacia una maestría más grande sobre vosotros mismos y un control más grande sobre los fuegos de la creación. Porque al final, los fuegos de la creatividad contenidos en el campo energético de un hombre determinan lo que este pueda llevar a cabo en su período terrenal.

Algunos disipan su creatividad por desear de manera exacerbada dinero, cosas, y por los deseos y prácticas mundanales y por codicia, que es la enfermedad de la raza humana. Nosotros, por tanto, debemos ejercer la mente en el desapego, y nuestros devotos recitan mantras para afirmar que «del Señor es la Tierra y su plenitud, el mundo, y los que en él habitan».

Deben llegar a comprender, no de una manera intelectual simplemente, sino también con sus sentimientos, que, puesto que todas las cosas son de Dios, todas las cosas les pertenecen para que les den órdenes y las utilicen para amplificar su voluntad y su sabiduría. Aclamar que el universo interior y exteriormente es de Dios y después utilizarlo para implementar su gloria, esta es la gran satisfacción de los devotos de la Belleza.

Por el poder de los siete rayos desde el corazón del Maha Chohán, por la iluminación del Buda a través de los Instructores del Mundo, en este momento estamos para ungir a cada niño de Dios para que reciba el tabernáculo de los dos testigos en su ser.

Hacemos el llamado a los niños de Dios hasta los bordes del mundo y a todos los que escuchen y respondan a los llamados de los estudiantes de luz de volver al Origen. Y todos los que respondan al llamado recibirán la bendición de los Siete Chohanes y la oportunidad de asistir a las clases de nuestros retiros.

Aquí Pablo se dirige a una de sus clases sobre cómo afilar las herramientas de los sentidos espirituales:

Qué enorme importancia tiene el desarrollo de los sentidos espirituales. Los viejos sentidos deben desaparecer para hacer sitio a los nuevos. Transmutación, trascendencia y transferencia, todo ello habla de translucidez, incluso de transparencia; porque la idea de ver a través de un cristal oscuro, pero después cara a cara siempre es el milagro de un momento en el que la opacidad cede ante la translucidez y la translucidez, ante la transparencia. Una disminución del grosor del velo y la clarificación de conceptos nebulosos junto a su reducción a símiles ordenados le proporcionará al hijo de la luz una regla de oro con la que podrá medir lo que haga, sus idas y venidas y su progreso en un sentido universal…

Por consiguiente, al venir, os traigo un conocimiento de la psicología de vuestra alma en relación con El Morya y al amado Señor Lanto. Porque vuestro corazón se inflama con amor por la voluntad de Dios, con alegría ante la presencia de El Morya y con el estudio de las enseñanzas de sabiduría. Pero, si me lo permitís, existe una confusión general entre los estudiantes (que es como la confusión que hay en este hogar planetario) por la cual se cree que la acción contemplada, la felicidad, el disfrute del logro de otro es equivalente al logro del Tercer Rayo, el Amor mismo.

Algunas personas de hecho suponen que las palabras «te amo» contienen la misma fuerza que su compromiso y realización. No es así. Esto es un mantra que debe realizarse mediante una percepción aguda de las necesidades y exigencias de cualquier parte de la Vida y lo que debería ser la siguiente entrega del yo…

Por tanto, definamos con detalle cuáles son las espirales que aún hay que completar, el contemplado viaje de la vida. Cada cual tiene un sentido de su autoconocimiento con respecto a lo que hay que llevar a cabo. ¡No creáis que esto se vaya a realizar pensando en ello! Pensar el ello, pero sin lograrlo dará como resultado (en la hora de la transición) la necesidad de volver a encarnar para volver a empezar el proceso de llegar a comprender que la poderosa obra de las eras debe darse aquí, en la Tierra, como un santuario a los vivos, a los libres, a los pequeños y al Señor mismo que habita con su gente.

Ahora, por tanto, quisiera conversar con vosotros acerca del *paso no dado,* el paso contemplado y contra el que a menudo uno se ha resistido, hasta que la resistencia misma se convierte en costumbre, en un impulso acumulado y en una espiral enrollada con fuerza en torno a la columna vertebral del ser. Y esta vara del ser, una vez asentada con ese hábito, se convierte en un acto que deja de reconsiderarse o cuestionarse; se convierte simplemente en una aceptación de uno mismo: «Bueno, así soy yo. La gente tiene que aceptarme tal como soy. Este es mi grado de servicio. Esto es todo lo que

La Anunciación, Paolo Veronese, c. 1580

Las escenas bíblicas de Veronese casi siempre tenían como escenario la ciudad de Venecia y estaban pobladas de venecianos suntuosamente engalanados. El artista, que ha sido caracterizado como absurdo y adorable, estaba menos preocupado por la exactitud histórica que con que su tema estuviera lleno de la misma vida nueva que la Italia renacentista estaba impartiendo a Europa. A pesar de su gran fama, se lo conocía por su naturaleza sencilla, afectuosa y pía, lo cual quizá fuera responsable del amor que se generó entre la ciudad y el pintor.

tengo la intención de dar. Otras personas tendrán que hacer el resto».

Bien, la falacia aquí no es el autoconocimiento y el definir el potencial de uno mismo, pues es bueno comprender la capacidad propia y no comprometerse a más de lo que uno puede dar. Pero la falacia es, amado corazón, el sentimiento de que uno puede descansar en cualquier meseta o llegar a un grupo de definiciones de su vida o su personalidad, sellarlas con cera, ponerle el sello y decir: «Esto es como es. Así sea. He dicho».

Ahora bien, esto es el ego humano que desea mantener

cautiva y prisionera al alma en cierto nivel de lo conocido, en cierto nivel de estabilidad. Pero sin saberlo quisiera mantener al alma ahí y convencerla de que no se puede ni se debe progresar más y que su actual nivel de logro basta a todas las cosas.

¿Cómo puede este estado de ánimo, os pregunto, armonizarse con el movimiento ascendente en espiral y autotranscendente de las galaxias, de Dios mismo, de los Maestros Ascendidos y sus círculos de chelas, todos ellos y todo ello moviéndose por el Cosmos a velocidades enormes hacia el Sol Central?

Procuremos, pues, que la autoevaluación no resulte en la inercia del descanso y que tal inercia no sea confundida con el estado lícito de samadhi o de nirvana. Contrariamente a cualquier opinión humana, estos estados superiores de conciencia son estados de movimiento incluso en el punto y en el centro del descanso absoluto...

Mi servicio a la vida y a vosotros, por tanto, es el de enseñaros el camino del Amor, especialmente incorporar las enseñanzas del Señor del Primer y el Segundo Rayo. Porque aquí, en el punto del Amor, está el salto hacia el núcleo de fuego de Serapis Bey, y después, desde ahí, el producir la precipitación, con la luz del Quinto, el Sexto y el Séptimo Rayo, todo lo que se ha construido desde el interior.

Pues este es el momento de dar un paso al frente y comprender que ya no se trata de pensamientos, sueños o deseos dejados en tarros sobre un estante y admirados como una colección de alguna remota cultura perdida del antiguo Egipto, Grecia o China. Ahora los recipientes cobran vida...

Que cada cual considere empezar abajo, al principio de la escalera del Amor, y disfrutar de cada paso que dé para subir. Que se saboree y se descanse a cada paso, como con cada ejercicio Montessori emprendido con tanta alegría. No nos saltemos los pasos y brinquemos con orgullo por poder movernos como una cabra del monte o una leona. Más bien, sepamos que cada paso contiene los ángulos lícitos y las matemáticas de la vida; y cincuenta pasos más arriba, uno necesitará la fortaleza obtenida en el segundo paso de la vida. Por tanto, no ignoremos estas lecciones.

Ay, amados, casi sin excepción, aquí y allá, en encarnaciones pasadas, os habéis saltado uno o dos pasos. Y por eso a veces os encontráis haciendo algo por lo que sentís un remordimiento tan punzante en vuestro corazón, cuando cayéndoos las lágrimas por las mejillas os dais cuenta de la palabra que se os ha escapado por la boca o del hiriente sentimiento que ha destrozado a otra persona. Anheláis recuperarlo, y os decís: «¿Cómo he podido soltar algo que tan fácilmente ha herido a otra persona?».

Bien, amados míos, tened compasión por vuestra alma y autocorregíos. Esto se debe a un paso perdido. Volved, pues, y aprended el arte de la paciencia y de la palanca del control de los movimientos de las fuerzas de vuestro ser. Nos permitáis que os provoque alguna información repentina que alguien os dé sobre otra persona que puede que sea o no sea correcta, que puede que esté exagerada o distorsionada. Antes, agarrad las riendas de una furia emocional. Tirad de ellas y, con sabiduría, considerad todas las cosas. Y dejad que solamente la palabra de la Presencia más recóndita del Amor sea la sanación en todas las situaciones.

La sanación en el Tercer Rayo, nos dice Pablo, se logra a través de las diversas disciplinas de los siete rayos. Una de ellas, que él mismo enseña, es la alquimia de la creación de Belleza, la precipitación a la forma desde lo Universal, por la obra de las manos en equilibrio con la cabeza y el corazón, de algún regalo muy tangible que uno pretenda poner sobre el altar del corazón del Amigo. Este regalo se convierte en una verdadera materialización (siendo también la espiritualización) del don del discernimiento de espíritus.

Porque el arte verdadero, las bellas artes, como descubrió Pablo al principio de su carrera, es justamente eso: el discernimiento no solo de los espíritus o Musas del arte, como han sido identificados estos instructores cósmicos, sino también del espíritu de la obra de arte por el cual Dios y el hombre pueden bendecir a su obra como un cáliz cristalino de la llama del Espíritu Santo, cuidado por ángeles o elementales.

Este ritual de Amor y su intercambio a través del arte (como

Arriba, así abajo) como lo demostró el Maestro es un estudio del que nunca podemos tener bastante. En verdad, en la vida de Pablo, los dones del Espíritu, los nueve, se convierten en dones de forma, luz y simetría que capturan de forma exquisita no solo la Belleza de Dios, sino el sonido de esferas armoniosas formadas como un recipiente.

Escuchar a Pablo enseñar sobre este tema de ser un cocreador con el Amor es saber que la creación de Belleza de alguna forma es esencial para alimentar y desarrollar al Niño en nosotros y para la madurez del alma en el sendero de la ascensión.

Practicando los preceptos que él mismo predica, Pablo nos habla de su obra, una obra de arte del Amor a ponerse sobre el altar de su Gurú:

> El Espíritu de Dios se deleita en la obra de sus propias manos. Goza a causa de la perfección y la cualidad de perfección que se manifiesta en lo que ha creado. ¡Esta hermosa manifestación de la perfección de Dios es un cáliz de luz para siempre!
>
> Hablando de cálices, quiero deciros que he trabajado a niveles internos durante un período de diecisiete años para construir un hermoso cáliz que regalar al Maha Chohán. Y hoy mismo se lo han llevado a su hogar en Ceylán. Allí está, en su retiro.
>
> La base de este magnífico cáliz —que, por cierto, es de color blanco como la nieve— tiene tres anillos de piedras preciosas, todas ellas parecidas a los diamantes. Una franja, amados, es rosa; otra es de un amarillo pálido; y la otra de un azul radiante. Estos tres anillos concéntricos en torno a la base del cáliz están cargados con la sabiduría de Dios, la voluntad de Dios y el amor de Dios.
>
> Su símbolo es este: la voluntad de Dios puede ser un gran consuelo para quienes la entienden, porque cuando la voluntad de Dios sea comprendida, los hombres dirán: «Dios es bueno». Cuando la sabiduría de Dios sea comprendida, el «por qué» Dios ha permitido esto y el «por qué» Dios ha permitido esto otro recibirá respuesta en una manifestación de la gran Ley divina, inundando la conciencia

de los hombres; y eso también será un cáliz de consuelo para ellos. Porque beberán el consuelo de la Sabiduría divina. ¿Podría ser confortable la Sabiduría divina? Os desafío, amados, ¿podría serlo?

Por último, pero no menos importante, se participará de la radiación del Amor divino como un sentimiento, un sentimiento de cuidado infinito, un cuidado por cada una de las criaturas de Dios, independientemente del tamaño o dimensión de esa criatura. El Padre, al dar Vida, se ha entregado a sí mismo para todos; y puesto que se ha entregado a sí mismo, ofrece la infinita posibilidad de expansión a todos. Y la levadura de la luz Crística derramada en el cáliz del corazón de cada individuo es el mayor consuelo que tendrán jamás.

Aunque busquen por tierra y mar, en el esposo, en la esposa o el hogar, en el hermano o la hermana, en el nombre y la fama o la fortuna o el lugar, allá donde vayan nunca encontrarán ningún lugar tan maravillo, tan magnífico y reconfortante como su propio corazón. Ahí la Vida que Dios ha creado y sustentado rebosa, esperando expresar la perfección de la que es capaz.

Esto da al hombre individual en su administración el poder de elegir por sí mismo caminar por la puerta angosta que conduce a la plenitud de su propia identidad Divina y a la exteriorización sobre la pantalla de la Vida de la lozana perfección de Dios. Así, tal persona se manifiesta para siempre como un hombre de Dios, una manifestación de la llama de la Libertad, la flor de lis de Amor, Sabiduría y Poder, una manifestación del consuelo eterno.

Entonces seréis un ser de belleza y una alegría para siempre, porque os habréis convertido en un Ser Ascendido, un Cristo —un Cristo Cósmico— infinito en acción constructiva. Os elevaréis en los brazos del Amor infinito hasta que, como hace el Maha Chohán, seáis capaces de prestar un servicio a una parte de la Vida por doquier.

En la gran perfección de la Vida que se acrecienta por esta galaxia, derramándose por el Cosmos agradecido, seréis una parte de la llama de la Vida omnipresente. Esa llama, como la música, el perfume y la luz, teje sobre la pantalla de la Ley Cósmica todos los misterios de Dios en desarrollo que se os dan a conocer desde el interior y desde el exterior para siempre mediante la carga del Amor divino.

Ahora bien, amados míos, este hermoso cáliz, en el que he trabajado tantos años, se ha puesto al cuidado del Maha Chohán. Hoy no os lo voy a describir más por un motivo muy especial. El motivo es que pido a aquellos de vosotros que sois espiritualmente perceptivos y amáis al Padre, que llaméis a Dios con fervor y decisión hasta que, mientras dormís por la noche, Dios mismo dirija vuestro viaje al Templo del Consuelo del Gran Señor, en Ceilán. Y contemplaréis con vuestros propios ojos la obra de mis manos.

Y entonces, creo que estaréis agradecidos de que no os lo intentara describir con palabras, porque veréis descansar ahí la joya de perfección de un Maestro Ascendido. El Gran Director divino y los miembros del Consejo Kármico, habiéndolo visto todos, han dicho que en efecto es algo espléndido.

Espero que vosotros también comprendíais hoy que sois algo espléndido, una manifestación de Dios; no una personalidad insignificante, no una creación humana llena de defectos e imperfecciones, sino un hijo de la luz, espléndido en todas sus dimensiones, la obra de las manos de Dios, ¡la obra de vuestra Presencia Divina manifestando ahora y siempre alegría para siempre, para siempre, para siempre!

El amado Maestro Pablo el Veneciano ha prometido un importante iniciación para quienes vengan llamando a la puerta de su retiro en el sur de Francia, preparados para un mayor incremento de la llama del amor:

Os tomaré de la mano y os enseñaré mi castillo. Os enseñaré las obras de arte que han sido producidas por chelas no ascendidos y ascendidos. Y veremos muchas habitaciones; y finalmente os llevaré a la sala donde está colgado ese marco. En algunos casos el marco estará vacío, en otros tendrá un lienzo. Este será vuestro marco, el marco de vuestra identidad a la espera de que manifestéis el talento de vuestra alma. Y cuando veáis ese marco, si estuviera vacío, querréis poblarlo.

Y así, os llevaré a ese sitio, «El Atelier», donde podréis

trabajar con otros artesanos que están aprendiendo el arte del Amor vivo mediante la disciplina de la mano y la de la expresión, de modo que podáis dibujar la imagen de vuestra perfección Crística. Y cuando ello sea lo mejor que tengáis que ofrecer, se lo pondrá en vuestro marco.

Esta es la esencia del sendero de los Señores de los Siete Rayos: ellos nos enseñan a desarrollar la imagen del Cristo en todo lo que hagamos. Y cada noche puede hacer un llamado para ir a sus retiros en sus cuerpos sutiles mientras duerme, para aprender precisamente a hacer eso. El Morya explica que usted puede adaptar la siguiente oración cuando pida ser llevado a uno de los retiros de los Siete Chohanes cada noche:

> En el nombre del Cristo, mi Yo Real, llamo al corazón de la Presencia YO SOY y al ángel de la Presencia, al Arcángel Miguel y a la amada Kuan Yin, para que me lleven en mi alma y mi conciencia del alma al retiro de Pablo el Veneciano en el sur de Francia (o a las clases universitarias que actualmente se celebran en el Templo del Sol de la Diosa de la Libertad), de acuerdo con el dictado de mi Santo Ser Crístico y el Maha Chohán.
>
> Pido recibir enseñanza sobre la Ley del Amor y la fórmula para la victoria de la llama del Amor en mi corazón, especialmente en lo que respecta al don del discernimiento de espíritus. Y pido que toda la información necesaria para el cumplimiento de mi plan divino y el de mi llama gemela me sea entregado a mi conciencia despierta tal como sea requerido. Os lo agradezco y lo acepto como algo hecho con todo el poder del Cristo resucitado. Amén.

CUARTO RAYO

4

SERAPIS BEY
el Arquitecto

Don de obrar milagros

Serapis Bey, Chohán del Cuarto Rayo, fue un sumo sacerdote en el Templo de la Ascensión de la Atlántida. Cuando otros Maestros transportaron con sus círculos de devotos las diversas llamas que protegían en el continente a otros focos por toda la Tierra, al establecer tanto retiros etéricos como escuelas de misterios adyacentes a los templos construidos en la octava física (un una época en la que las llamas aún estaban consagradas en la octava física), Serapis y su grupo, al abandonar la Atlántida mucho antes del último cataclismo, llevaron la llama de la ascensión a Lúxor, en Egipto.

El hierofante nos dice por qué, entre los siete rayos, en un principio eligió servir en el blanco de la Madre Divina: «Cuando era un chela y quería decidirme cuál era el rayo en el que quería servir, qué rayo iba a preservar en el cargo de preservador de la Vida, los contemplé todos, pero llegué a la luz de la pureza y dije, como maestro de geometría que era: «La distancia más corta entre dos puntos, punto A y punto B, es la pureza. Pureza seré».

Ante los estudiantes que logran llegar a Lúxor, Serapis se presenta con una franqueza característica: «Soy el hierofante de Lúxor, Retiro de la Llama de la Ascensión. Entre la Hermandad se me conoce como el disciplinario y entre mis discípulos como el Maestro de fuego; y entre los que han rechazado las disciplinas de nuestro retiro, con nombres varios».

El Morya describe a Serapis como «un espartano donde los haya, cuya intensísima determinación ha salvado a muchas almas de la sensiblería de la autocomplacencia. Sus chelas reflejan la intensidad de su Maestro puesto que tienen una dedicación inamovible a la pureza concentrada como la luz de la Madre».

Y, de hecho, Serapis fue un espartano, el más famoso de todos: Leónidas. Este rey de Esparta (cuyo nombre significa «hijo del león») fue enviado por sus compatriotas a realizar una defensa en el paso de las Termópilas contra el inmenso ejército invasor del rey Jerjes, en 480 a. C. Con él marcharon trescientos guerreros espartanos, a la espera de que el resto de sus aliados llegaran después, al final de los Juegos Olímpicos que se estaban celebrando al mismo tiempo. Entretanto se le unieron seis mil soldados, convirtiendo sus fuerzas a su llegada al paso en siete mil.

Con la defensa de este estrecho paso entre las montañas y el mar, Leónidas quiso proteger la flota griega cercana para que no la flanquearan en combate. Él y sus hombres se enfrentaron a las hordas persas, que contaban con 250 000 hombres, según los eruditos actuales, y 1.7 millones, según afirma el historiador griego Heródoto.

Durante dos días Jerjes sufrió grandes pérdidas sin poder vencer la resistencia de Leónidas. Entonces fue cuando un hombre del lugar, Efialtes, llevó a Jerjes a un camino a través de las montañas y una fuerza de «Inmortales», hombres escogidos, atacó a los griegos desde la retaguardia. Leónidas informó enseguida a la flota, despidió a los 1400 hombres (700 de Tespias, 400 de Tebas y sus 300 espartanos) y se preparó a morir, declarando que él y sus espartanos no abandonarían su puesto. Entonces, con un puñado de soldados bajo su mando, cargó contra la miríada de soldados persas.

Leónidas cayó en lo más intenso de la pugna. «Y entonces —escribe Heródoto— surgió una intensa lucha entre los persas y los lacedemonios [espartanos] por el cuerpo de Leónidas, en la cual los griegos hicieron retroceder al enemigo cuatro veces; y al

Estatua de Leónidas en el lugar de la Batalla de las Termópilas (Grecia)

fin, con su gran bravura, consiguieron llevarse el cuerpo».

Al final, a los griegos solo les quedó un montículo sobre el que pelear. Ahí «se defendieron hasta el final —dice Heródoto— los que tenían espada, utilizándola, y los demás, oponiendo resistencia con las manos y los dientes; hasta que los bárbaros... arrollaron y enterraron al resto bajo una lluvia de misiles».[1]

Los persas mataron a todos los guerreros de Esparta y Tespias, pero los de Tebas depusieron las armas y se rindieron. Después, Jerjes ordenó que Leónidas fuera decapitado y su cuerpo crucificado. Pero una ignominia así no podía manchar su imagen. Su heroísmo y devoción abnegada a la llama de Grecia (la causa mayor y una gloria más valiosas que la vida misma) le habían asegurado un lugar singular en la historia, y en la imaginación de su generación y generaciones posteriores. Gracias a su disciplina superlativa y su sentido del momento adecuado, la flota griega pudo retirarse y después derrotar a los persas en una batalla marítima.

En el punto donde los 300 hicieron su defensa a ultranza se

Amenhotep III, reinó c. 1390–1353 a. C.

Conocido como «el magnífico» y como el «Luis XIV del antiguo Egipto», Amenhotep III gobernó Egipto cuando este se encontraba en su momento más poderoso. En su reinado imperó la paz de tal forma que fue a la guerra solo una vez. Entre sus enormes proyectos de construcción se incluyen las partes principales del templo de Lúxor.

erigió un monumento con forma de león. Un epigrama que los inmortaliza reza: «Cuenta a los espartanos, viajero, que, cumpliendo sus órdenes, aquí yacemos».

Y así nos dicen que tras llevar la llama a Egipto desde la Atlántida (antes de su vida como Leónidas), Serapis continuó reencarnando en la tierra del Nilo para el perfeccionamiento de la Obra, renunciando a su ascensión hasta aproximadamente 400 a. C. Como el faraón Amenhotep III (reinó c. 1390-1353 a. C.), construyó en templo físico ubicado en Lúxor, a orillas del Nilo.

El templo está construido de forma que se corresponde con la forma del esqueleto humano, trazado según métodos antropométricos y de precisas proporciones. Sus patios y habitaciones guardan una gran correspondencia con el cuerpo. Como ha dicho R. A. Schwaller de Lubicz, que estudió su arquitectura durante más de quince años: «Sin lugar a duda, el templo de Lúxor está dedicado al Microcosmos Humano. Esta consagración no es una simple atribución; todo el templo se convierte en un libro que explica las funciones secretas de los órganos y centros nerviosos».

Realmente este templo expone la idea del renacimiento de lo divino en base a su transformación a través del universal Principio de la Madre. Y para quienes tienen ojos para ver y oídos para escuchar, los misterios se desvelan. El Señor del Cuarto Rayo enseña el Principio y la Presencia de la Madre en el cuerpo material, elevando nuestra conciencia con la metáfora hacia el plano de causación:

Templo de Lúxor, columnata del rey Amenhotep III, vista desde la gran entrada, al este de Tebas.

A partir de la Palabra existe la Madre, y la Palabra es Madre, y en esta Palabra estaba el sonido insonoro que al pasar por sus labios se convirtió en el AUM de la creación. Por tanto, la ciencia del sonido y la ciencia de la Palabra son conocidas en el núcleo de fuego blanco del Cuarto Rayo. Y Alfa salió y Omega era el Uno y a través de ella el principio se convirtió en el fin.

Para devolver a sus hijos a la Casa del Espíritu —explica Serapis— Omega entró en los universos de la Materia. Y nuestra Querida Madre se unió a los ciclos de la Materia de abajo tal como está en —pues su Bendito Ser constituye— los ciclos de la Materia de Arriba. Y ahora, en los últimos días, la Madre, la Gran Kali, les arranca a los suyos todas las violaciones a Su Cuerpo de Materia perpetradas por los seres oscuros.

Por tanto, os doy esta oración para que os sustente a través de las rigurosas iniciaciones del Cuarto Rayo: «Por tanto, ¡ven pronto, Querida Madre, a liberar a nuestra alma de la esclavitud de los sentidos, la ilusión del tiempo y el espacio y las violaciones a tu Palabra encarnada en nuestra alma! Ven, Madre Bendita, ven».

De este modo, en la clase a la que asistimos cada noche en Lúxor aprendemos que el Cuarto Rayo de Alfa y Omega encarna la quintaesencia de los demás rayos. Es el blanco sobre blanco que delinea los muchos rostros de la Madre en todos sus hijos e hijas.

En este bajo relieve de fuego blanco, la Pureza (que es uno de los virtuosos nombres de nuestra Madre Divina) revela una belleza superior y una armonía más verdadera de Amor en la música y el arte, y una tecnología que supera cualquiera de las logradas a través de las ciencias aplicadas actualmente. Esta pureza, dice Serapis, es la ferviente inocencia de la Madre que alcanza las «estrellas» (los ángeles caídos) y con el rayo láser del Rayo Rubí destruye sus guerras de las galaxias y sus estrategias.

Sumergidos en la belleza y el poder de la Madre Divina, nos quedamos en meditación silenciosa para contemplar sus palabras de cierre: «Y Ella es el Todo, y el fuego sagrado de la creación es tanto su siervo como su Señor».

Además de la pureza y los rituales de purificación del alma,

Panel del Ara Pacis (Altar de la Paz), bajo relieve, 9 a. C., (Roma)

La Madre Tierra como encarnación de fertilidad con ricos dones de niños, animales y el fruto de la tierra. La acompañan a los lados dos figuras que personifican los vientos.

las cualidades del Cuarto Rayo del corazón de Dios son el deseo de que la perfección de los patrones interiores se exteriorice en la matriz material y el deseo de autodisciplina bajo el jerarca de uno a fin de poder lograr la meta impoluta.

Los devotos del Cuarto Rayo se deleitan en la arquitectura del cosmos de la Materia, la música de las esferas, la ciencia del sonido y la precipitación de la Palabra, que también está bajo la custodia de los mentores del Quinto y el Séptimo Rayo. Estos estudiosos meditan en el diseño original del alma y sus trazas sobre las moléculas de los cuatro cuerpos inferiores. De las matemáticas, la geometría, la astronomía, la astrofísica y la física nuclear, la bioquímica y las maravillas de la Ciencia Divina reflejada en las ciencias físicas, ellos obtienen una satisfacción interior

Cabeza de Serapis, detalle, estilo helenístico de arte egipcio

El dios greco egipcio Serapis cobró prominencia en torno al siglo III a. C. Su culto se extendió por todo Egipto y después hacia Asia Menor e incluso Italia. Durante el período grecorromano en Egipto, se erigieron aproximadamente cuarenta y dos templos en su honor. El rey Tolomeo lo seleccionó como dios oficial de Egipto y le construyó un templo en Alejandría.

No obstante, Serapis es uno de los dioses egipcios más rodeado de misterio. Los eruditos han sugerido numerosas traducciones de su nombre. Su país de origen es desconocido. Los secretos de su culto, guardados por sus sacerdotes del templo, yacen enterrados con otros grandes misterios.

sin comparación al comulgar con la Ley del Uno y la alquimia de la Palabra «hecha carne».

El amado Serapis, gran iniciado de la llama de la Madre, administra el don de *obrar milagros* —los milagros de la Madre— a los portadores de luz de la Tierra. Este don, para poder recibirlo, necesita un Amor máximo; porque solo el Amor engendra la autodisciplina en el fuego sagrado que no es ni frágil ni fanática ni humillante hacia uno mismo. La abundancia de cada don milagroso, bueno y perfecto de Dios se deriva de la luz blanca de la Madre, cuyo aliento de fuego sagrado se encuentra en el corazón de todo átomo y centro solar.

La devoción intensa a la Presencia de Dios dará como resultado la otorgación natural del don de milagros. Como ha dicho Serapis: «En el pasado, muchos santos que levitaban en el aire lo hacían debido a la intensidad de su magnetización de la energía de la llama Divina de las alturas. El flotar en el aire que hacían estos santos era testimonio de su relación devota e íntima con la Presencia Divina».

Serapis advierte de que no hay que enamorarse de los dones derivados del logro en el Sendero. La ascensión y las capacidades que resultan de la elevación del fuego Kundalini deben desearse con mesura, nos dice. Algunas personas las desean desmesuradamente y hacen un uso desordenado de varias formas de yoga, cuando podrían lograr los *siddhis* (poderes) de forma natural cumpliendo los requisitos del Séptimo Rayo para la ascensión.

Porque la aplicación diaria de la llama violeta con decretos dinámicos es el clamor alegre para el Señor que purifica el aura y los chakras, transmuta los registros de karma (cuando se combina con el servicio a la Comunidad) y facilita el equilibrio de la llama trina cuando uno se adhiere a los requisitos del sendero de Cristeidad personal.

La elevación del fuego sagrado, la luz de la Madre sellada en el chakra de la base de la columna, se logra mediante varias técnicas de meditación con bija mantras. Esta elevación de la Kundalini bajo la tutela de los Maestros Ascendidos no es un repentino estallido de fuego, sino un subida suave de fuerza y conciencia. Y se siente la conciencia de Dios como parte de uno mismo a lo largo de este altar vertebral. Y nos da la fuerza de mente, voluntad y cuerpo para lograr nuestros fines.

Cuenta a diario con un cociente de fuego sagrado. Según lo gaste, así será el aumento o la disminución que le corresponda. Esto le pertenece por libre albedrío. Y, por tanto, el derroche de la luz en cualquiera de los siete chakras simplemente le hará perder lo que logró con las demás disciplinas a las que se dedicó.

Serapis enseña que los decretos dinámicos, así como la meditación, en combinación con la visualización y la aceleración de la luz blanca y la llama violeta en todos los chakras, son claves muy importantes para la integración de las facultades del alma y para los nueve dones del Espíritu Santo dentro del ser de uno.

En verdad, el rayo violeta, como la luz más elevada del espectro físico, al estallar como fuegos transmutadores del Espíritu Santo, despeja el camino para el restablecimiento de la luz blanca del Cuarto Rayo y su fuego sagrado en el alma y en todos sus miembros.

Por tanto, pida que le lleven a la sala de llama violeta de Lúxor en su establecimiento de metas para la aceleración de su camino hacia el Origen. ¿No puede tomar una decisión? ¿No sabe qué camino tomar o qué hacer con su vida? Tome un ejemplar de *La ciencia de la Palabra hablada* y haga diariamente «Diez decretos para la transmutación». Los diez decretos a la llama violeta de ese capítulo pueden repetirse cada uno en múltiplos de nueve como mantras del Espíritu Santo.

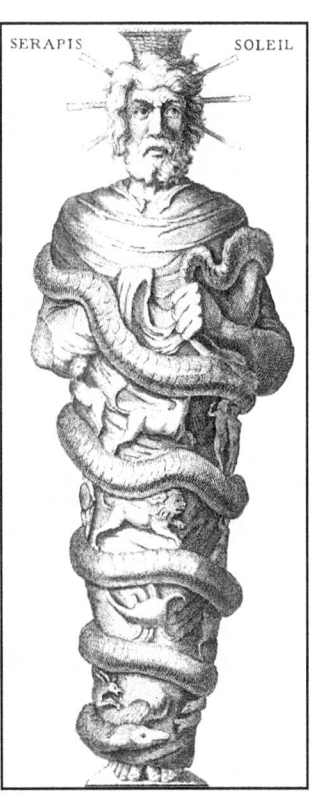

Serapis Soleil, artista desconocido

Establecer una sesión de llama violeta todas las noches antes de acostarse y terminarlas con un llamado al Arcángel Miguel, Kuan Yin y los poderosos Serafines para que le lleven al corazón de Lúxor y a la sala de llama violeta, le ayudará mucho a concentrar el corazón y la mente sin distracción y lograr las metas en su vida que le enseñó Jesús o uno de los Hijos siervos del cielo antes de que su alma descendiera para encarnar.

El motivo por el que los rituales de los Siete Rayos funcionan es que la llama violeta transmuta los registros del karma y las energías mal cualificadas, cuya sustancia le bloquea la visión y su toma de decisiones. Según las leyes de los ciclos, cada día pueden quitarle una cantidad determinada de sustancia. Y cada día su impulso para hacer decretos se va acumulando y, al hacerlo, su capacidad de mantener la acción del fuego violeta en sus cuatro cuerpos inferiores aumenta en proporción geométrica.

El verdadero milagro y la primera lección de alquimia en Lúxor consiste en separar lo Real de lo irreal en la psique (alma) del individuo —explica Serapis. ¿Qué es real en vosotros, qué es irreal? Hoy os encargo, estudiantes de Dios Altísimo, que deis respuesta; porque no sois estudiantes de Serapis Bey, Morya o Saint Germain, sino del Todopoderoso, del Cristo, y nosotros somos mentores y servimos juntos a Dios Todopoderoso.

Os encargo, pues, que hoy toméis una página de vuestro libro de Cristeidad, que hagáis dos columnas. La primera: «Yo, qué es real»; la segunda: «Yo, qué es irreal». Encabezad la primera columna con la palabra *«Dios, el YO SOY EL QUE YO SOY; Cristo, el Hijo unigénito».* Esto es lo real en vosotros. Encabezad la segunda columna con: *«el ego humano, la voluntad humana, el intelecto humano, el orgullo humano».*

Y entonces debéis hacer una lista de las virtudes de la luz, la virtudes del Cristo y de Dios en la primera columna, que sabéis son reales y han de exteriorizarse en vosotros. Y en la segunda debéis hacer una lista de los defectos, los pecados que no son reales. Después debéis volver a la primera columna y hacer una lista de los atributos que deseáis tener como algo real, que sabéis que existen, que honráis y adoráis, pero que no habéis dominado. Esto también lo debéis afirmar como vosotros mismos, como realidad; porque a no ser y hasta que no lo afirméis, no podéis serlo. Y así, marcaréis con claridad la verdad y la falsedad de la identidad.

Este es el punto de partida de la ascensión. Aquello que hay en la primera columna debe elevarse, lo que hay en la segunda debe transmutarse antes de que su energía pueda elevarse.

Entonces, paso a paso, cada día, con regocijo en vuestro corazón, debéis tomar el poder, el dominio de las cualidades Divinas que habéis enumerado en la primera columna y todas las energías que habéis enumerado ahí y utilizarlas como vuestra autoridad, vuestra sustancia, vuestro aval para invocar la gracia de Dios, su voluntad y su sanación a fin de eliminar la mancha del pecado y toda la irrealidad que hayáis enumerado como energías e impulsos mal cualificados en la segunda columna. Esto, pues, se convierte en un objetivo y ejercicio práctico en la demostración de la ciencia de las leyes de Dios.

Desde su Templo de la Ascensión el amado jerarca de Lúxor inicia a los candidatos a la ascensión, asignando a tutores para que vayan con los que tienen bajo su responsabilidad a fin de que vuelvan y den los pasos que se saltaron en los senderos de los siete rayos. Esto lo hace, como rigorista que es, en cooperación con los demás Chohanes. Y se marca la raya: el chela no puede pasar hasta que dé ese paso olvidado que se saltó por negligencia o supresión. Este proceso puede resultar pesado y difícil, ¡más para el chela que para el Maestro, seguro!

Ahora bien, a las clases de Serapis asisten los artistas, músicos, escultores, arquitectos, planificadores, los que sirven en el Cuarto Rayo, así como los discípulos más firmes de todos los rayos para expresar pureza, armonía, ritmo, equilibrio y perfección en cualquier empresa. Los estrategas militares y de los servicios de inteligencia, y todos los que trabajan en las fuerzas armadas, la seguridad y los departamentos de policía de las ciudades, todos ellos reciben aquí una preparación especial en la defensa de la llama de la Vida.

Para estos y todos los que buscan entrar, Serapis clarifica los rigores del sendero más alto hacia el logro, el sendero de la luz blanca, de la pureza que se gana con servicio, sacrificio y entrega a la totalidad de Dios.

Los métodos disciplinarios de Serapis Bey están hechos a medida de cada candidato para la ascensión. Después de una entrevista inicial que dirige él mismo o uno de sus Doce Adeptos que presiden en su escuela de misterios, los devotos que acuden a su retiro son asignados en grupos de cinco o más para llevar a cabo proyectos con otros iniciados cuyos patrones kármicos (ilustrados de forma gráfica en su astrología) predicen la máxima fricción entre sus corrientes de vida. Esta prueba debe establecerse con el fin de que los iniciados puedan escoger estar o no estar centrados en Dios. Pronto queda claro que uno debe renunciar a todos los ídolos del yo tirano o el pasado kármico si ha de unirse a la corriente confluyente de la Ley del Uno.

Cada grupo debe trabajar unido hasta hacerlo con armonía, de manera individual y como una unidad jerárquica cohesiva, aprendiendo entretanto que los rasgos del carácter de otros que a uno le resultan más ofensivos son el polo opuesto a los peores defectos de uno mismo y que lo que uno critica en otro, es probablemente la raíz de su propia desgracia.

Aparte de este tipo de dinámica de grupo, se pone a los individuos (tanto en el retiro como en sus actividades del día a día) en situaciones que les supongan el mayor de los desafíos, de acuerdo con sus patrones kármicos cambiantes. En este curso de Serapis, uno no puede simplemente levantarse y abandonar una crisis, una circunstancia o una persona que no le guste. Uno debe permanecer, afrontar y conquistar su propia mente carnal y energía mal cualificada al disciplinar su conciencia en el arte de la no reacción ante la creación humana de otras personas, mientras aprende a no dejarse dominar o influenciar por su propia creación humana.

Cuando las almas que se han puesto en proximidad, precisamente porque han tenidos roces durante vidas enteras, consiguen suavizar sus aristas prefiriendo finalmente la Armonía Divina a todos los dioses menores de terribles lágrimas y diatribas, se dirigen a las cámaras del aprendizaje avanzado. Ahí, en presencia de Serapis, los secretos alquímicos del Árbol de la Vida al fin pueden darse a conocer a quienes, cansados del mundo del deseo, han sometido las pasiones y las polarizaciones, cediendo solo ante el «estad quietos y conoced que YO SOY Dios».

Por consiguiente, estos están preparados para afrontar los rigores de la iniciación que resultará, primero, en el matrimonio alquímico del alma con el Santo Ser Crístico y, después, en la reunión con su Presencia Divina y su cuerpo causal a través del ritual de la ascensión.

Serapis nos ha explicado qué importantes es, especialmente en este Ciclo Oscuro en el que el karma desciende de la Tierra, que nosotros, los portadores de luz, acudamos a su retiro etérico en Lúxor y nos esforcemos para lograr la ascensión, tanto desde niveles internos como en lo exterior, aplicando concienzudamente lo que hemos aprendido «fuera del cuerpo» en la realización de las tareas diarias que hay que hacer: «Porque consideramos que no una, sino varias ascensiones cada año son absolutamente indispensables para mantener el equilibrio de la Vida en la Tierra».

Ante Dios, puedes declarar que la ascensión es tu meta al final de esta vida y puedes llamar a tu Poderosa Presencia YO SOY para que tu plan divino se desarrolle y puedas en efecto ser encontrado digno de ser un candidato a las iniciaciones del fuego sagrado y la llama de la Madre bajo Serapis Bey. Con toda seguridad, este llamado producirá una respuesta.

Serapis señala la necesidad de humildad divina en todos los aspirantes en el sendero a la ascensión y cita al Maestro Jesús como el ejemplo perfecto:

> Recuerdo perfectamente cuando el Maestro Jesús vino a Lúxor siendo muy joven, que se arrodilló con santa inocencia ante el Hierofante, rechazando todos los honores que se le ofrecieron y pidiendo ser iniciado en el primer grado de ley espiritual y misterio espiritual. Ningún sentimiento de orgullo estropeó el rostro; ningún sentimiento de preeminencia o falsa expectativa, a pesar de que bien podía haber

esperado los más altos honores. Eligió tomar el modesto camino de la humildad, sabiendo que estaba reservado para la alegría de Dios el elevarlo.

Elevar a una persona es algo glorioso cuando esa persona se postra con esperanza, con fe y con caridad, esperando que un acto de Dios reconsagre al yo a la sencilla cualidad de la humildad. Porque existe un acto de falso orgullo que se manifiesta como falsa humildad y hace que las personas parezcan humildes cuando, en realidad, huelen a orgullo. Esta falsa humildad a menudo se manifiesta de formas sutiles y es una mofa de la de verdad...

Insto a todos, por tanto, a que busquen la bandera de la humildad divina. Si los Maestros y la Presencia Divina de los hombres, a través de la mediación del Cristo, han reconocido alguna vez cualquiera de los errores de los hombres que les han impedido llegar a ser lo que anhelaban ser, han reconocido su orgullo. El orgullo asume muchas formas y la verdadera humildad solo una. La verdadera humildad debe llevarse puesta eternamente. No es una vestidura para ponerse por un momento, por un día o un año o cuando se pasa una prueba. Es una prenda interior con la que Dios mismo está vestido; y a menos que os rodee, vuestras esperanzas de logro son realmente escasas.

Hay treinta y tres iniciaciones que toda alma que esté ascendiendo debe superar, que incluyen las principales, que son la transfiguración, la crucifixión, la resurrección y, al final, la ascensión misma. La espiral negativa de limitación que se opone al proceso de la ascensión, que el hombre mismo ha creado, puede vencerse con la cualificación correcta de las energías de Dios pidiendo la ley del perdón e invocando el fuego sagrado para que transmute los errores del pasado. Así los elementos impuros de lo que se denomina cinturón electrónico (el «núcleo» conglomerado del karma de un hombre y su mentalidad carnal) son consumidos a diario por la alquimia de los decretos dinámicos, y la energía purificada asciende al cuerpo causal.

Serapis Bey nos dice: «Ascendéis a diario». Nuestros pensamientos, nuestros sentimientos, nuestras obras diarias son todas ellas pesadas en la balanza. No ascendemos de una vez, sino a incrementos al superar las pruebas y lograr nuestras victorias individuales. Todo el registro de nuestras vidas e impulsos acumulados pasados, tanto de bien como de mal, debe contarse; y entonces, cuando hayamos puesto en equilibrio al menos el 51 por ciento de toda la energía que se nos ha asignado siempre con la pureza y la armonía del Gran Yo Divino, nos podrán ofrecer el don de la ascensión, que es de hecho la gracia de Dios. El 49 por ciento restante debe transmutarse, o purificarse, desde las octavas ascendidas mediante servicio a la Tierra y sus evoluciones, algo que el alma realiza después de la ascensión.

>No debéis esperar, queridos —dice Serapis— que como una gran ave del paraíso que se precipita, el cielo vaya a bajar hasta vosotros y elevaros al instante a la luz. Cada día tejéis una hebra de sustancia luminosa de vuelta al corazón de vuestra Presencia por medio de la lanzadera de vuestra atención; cada hebra fortalece el ancla detrás del velo y así os lleva a un estado de conciencia en el que Dios puede utilizaros más como un instrumento eficaz para el bien.

Existen varios requisitos más para ascender, además de saldar el 51 por ciento del karma: equilibrar la llama trina; alinear los cuatro cuerpos inferiores para que puedan ser cálices puros de la llama del Espíritu Santo en el mundo de la forma; lograr la maestría sobre uno mismo en los siete rayos del Cristo; lograr la maestría sobre el pecado, la enfermedad y la muerte y sobre cualquier otra condición exterior; cumplir el plan divino; transmutar el cinturón electrónico y engrandecer la energía de la Madre, la Kundalini.

Serapis Bey nos recuerda un requisito más: «La ascensión debe desearse y debe desearse con mesura. Debe desearse no como un mecanismo para escapar de la responsabilidad o las obligaciones en el mundo. Debe desearse como la culminación de una vida de servicio en la voluntad de Dios y los hombres deben estar dispuestos, durante sus últimas encarnaciones en el planeta (el punto para escapar de la ronda de los siglos) a prestar su mejor servicio a la luz y a ayudar a traer el reino».

Saint Germain nos ha prometido que todo el que intente con sinceridad ascender puede hacerlo en esta vida o al menos en la siguiente, de haber circunstancias que necesiten de otra encarnación. En el momento de abandonar la pantalla de la vida, el alma es llevada a los templos de la Hermandad e instruida en los planos internos para que la siguiente encarnación pueda ser la victoriosa. La única excepción a la promesa del Maestro se daría si la persona, a fin de cumplir su plan divino, necesitara encarnar en el futuro para poder terminar una misión específica de servicio que acordó realizar ante su Santo Ser Crístico y los Señores del Karma.

Al final de su última encarnación de servicio a las evoluciones de la Tierra, los candidatos que hayan sido aceptados para el rito de la ascensión acuden al Templo de la Ascensión en Lúxor para recibir la iniciación que los reunirá con su Presencia Divina. Acompañados por maestros ascendidos y no ascendidos, el iniciado es invitado a la sala de la llama por el Señor del Cuarto Rayo, donde deberá permanecer sobre un estrado en el centro de un gran círculo de Maestros, adeptos, serafines y hermanos, que asisten en la periferia.

Llegado cierto punto, cuando todo está preparado, se hace sonar el tono cósmico del individuo, y se emite la corriente Alfa desde el círculo del techo y la corriente Omega se eleva desde la base. En el momento en el que suena el tono de la persona y simultáneamente al estallido de la llama formada por la acción del caduceo de ambas corrientes, los serafines del patio exterior tocan con trompetas la victoria del alma ascendente con una interpretación magnífica de la «Marcha triunfal», de *Aída*. La disciplina, que es la nota clave de este retiro, se siente en su interpretación precisa y de tonos dorados.

La llama de la ascensión es un fuego intenso blanco de un brillo cristalino. El lirio de Pascua es el símbolo de la llama y su foco en el reino de la Naturaleza, y el diamante es su foco en el reino mineral. Mientras que la melodía del retiro es «Liebestraum», de Franz Liszt, la radiación de la Presencia Electrónica de Serapis Bey y su llama gemela se derrama a través del aria «Celesta Aída».

Agradecemos poder tener una descripción de los cambios que

tienen lugar durante la ascensión, que nos relata el jerarca del Templo de la Ascensión. Serapis dice:

Aunque la forma de una persona pueda mostrar señales de vejez antes de la ascensión, todo esto cambiará y la aparición física del individuo se transformará en el cuerpo glorificado. El individuo asciende, pues, no en un cuerpo terrenal, sino en un cuerpo espiritual glorificado en el que la forma física se transforma al instante por la inmersión total en la gran llama Divina.

Por tanto, la conciencia que tiene el hombre del cuerpo físico deja de existir y este alcanza un estado de ingravidez. Esta resurrección tiene lugar mientras la gran llama Divina envuelve el cascarón de creación humana que queda y transmuta, siguiendo un patrón de redes cósmicas, todos los patrones celulares del individuo: la estructura ósea, los vasos sanguíneos y todos los procesos corporales que sufren una gran metamorfosis.

La sangre en las venas se transforma en una luz líquida dorada; el chakra de la garganta brilla con una luz intensa blanca y azul; el ojo espiritual en el centro de la frente se convierte en una llama Divina alargada que se eleva; las vestiduras del individuo son totalmente consumidas y este asume la apariencia de estar vestido con una túnica blanca, la vestidura sin costuras del Cristo. A veces el cabello largo del Cuerpo Mental Superior aparece como oro puro sobre la persona que está ascendiendo; asimismo, los ojos de cualquier color pueden asumir un hermoso azul eléctrico o un violeta pálido...

La forma física se hace cada vez más ligera y con la levedad del helio el cuerpo empieza a elevarse en el aire, perdiéndose la atracción de la gravedad y quedando la forma envuelta por la luz de la gloria exteriorizada que el hombre conoció con el Padre «en el principio», antes que el mundo fuera.

Esta es la gloria de las corrientes de la ascensión. Es la gloria del logro que Jesús demostró...

Estos cambios son permanentes y el ser ascendido puede llevar su cuerpo de luz con él a donde desee, o puede viajar sin el cuerpo espiritual glorificado. Los seres ascendidos pueden en ocasiones aparecer en la Tierra como mortales normales y corrientes, y así lo hacen, poniéndose vestiduras físicas, pareciéndose a la gente de la Tierra y moviéndose entre ella por propósitos cósmicos. Esto es lo que hizo Saint Germain después de ascender, cuando se lo conoció como el Hombre Prodigioso de Europa. Una actividad así es cuestión de una dispensación recibida del Consejo Kármico. No obstante, por lo general los seres ascendidos no regresan al plano físico a menos que exista un servicio específico que necesite de este cambio de tasa vibratoria.

Algunos seres que se han ganado la ascensión se ofrecen a renunciar a esta bendición de forma temporal para continuar encarnando a fin de ayudar a los que aún están realizando el proceso de la superación. Esto se llama «ideal del *bodhisatva*». Hay muchos seres, tanto en las octavas ascendidas como en las no ascendidas, que se han ofrecido a permanecer con las evoluciones de la Tierra hasta que el último hombre, la última mujer y el último niño sea libre en la ascensión.

Sin embargo, «una de las exigencias de los Señores del Karma es que haya un número determinado de individuos que se gradúen cada año con el fin de renovar la dispensación de luz necesaria para mantener la estabilidad del planeta», nos dice Serapis. «Por consiguiente, no creáis que estáis siendo egoístas si decidís ascender en vez de quedaros atrás con las evoluciones de la Tierra. Con la ascensión de cada alma se afianza en la Tierra un incremento de esa luz. Vuestra ascensión puede bendecir y beneficiar a cada persona de la Tierra y también al cuerpo planetario. La victoria de cada individuo contribuye a la victoria de la totalidad».

Serapis dice: «La ascensión es el cumplimiento de la voluntad de Dios para cada hombre».

Al saber bien qué riguroso es el sendero de ascenso del alma, Serapis Bey publicó sus *Actas sobre la Ascensión* en una serie de cartas dictadas que envió a sus chelas de todo el mundo. En este documento divino, tesoro eterno, el jerarca de Lúxor explica los requisitos para ascender y ofrece a los fieles «el beneficio de nuestros pensamientos, nuestros sentimientos y que entreguemos la llama de la ascensión en manifestación tangible». En su obra, el amado Maestro entrega una cantidad prudente de enseñanzas del Cuarto Rayo que da al principio de sus clases en Lúxor a quienes solicitan ser candidatos a la ascensión.

Serapis escribió: «El futuro es lo que hagáis que sea, tal como el presente es lo que hicisteis que sea. Si no os gusta, Dios ha proporcionado una manera para que lo cambiéis; y la manera de hacerlo es aceptando las corrientes de la llama de la ascensión».

La ascensión es la meta de toda alma de luz que evolucione en el planeta Tierra y por las galaxias del tiempo y el espacio. En verdad, es la meta de la Vida misma, Vida engendrando más vida para que pueda ascender.

La profecía de Jesús a Nicodemo sobre la ascensión de los «descendientes» de Dios, también es la verdad llana: «Nadie subió al cielo, sino el que descendió del cielo; el Hijo del Hombre, que está en el cielo. Y como Moisés levantó la serpiente en el desierto [el fuego sagrado de la Kundalini sellado en el chakra de la base de la columna], así es necesario que el Hijo del Hombre sea levantado, *para que todo aquel que en él cree, no se pierda, mas tenga vida eterna*». (Juan 3:13-15)

Y así, amado, cuando el Hijo del hombre, que es su Santo Ser Crístico, es elevado en usted (como el Sol, luz o conciencia Crística) como la «serpiente» o fuerza vital fue elevada por el altar de la columna vertebral de Moisés, entonces será llamado por el Padre a que ascienda a él, tal como bajó (descendió) del cielo.

Creer en el Cristo de Jesús permite que el Salvador le ayude en el proceso de elevar esa misma luz de su Sol destellante de Justicia (el cuerpo causal de Jesús) ¡mediante lo cual usted también tiene Vida eterna a través de la llama de la ascensión! Este es el ascenso victorioso de Dios, de quien los hijos del Sol descendieron.

Y esto tiene lugar a través de la visión del Maestro Ascendido Jesucristo: cada ojo que lo vea y crea en él recibirá el arco de luz transfiguradora de su Presencia ascendida, con lo cual uno que *ve y cree* ¡es capturado en el arrebato de las corrientes de la llama de la ascensión! Y así fue como el pueblo que contemplaba la serpiente de metal, símbolo del fuego sagrado elevado, sanó las mordeduras de serpientes.

En realidad, el hijo del hombre es un espíritu flamígero que descendió a la forma física para dominar las condiciones y tribulaciones de la vida cotidiana: su karma y su yo inferior. Cuando haya conseguido superar la voluntad humana, el ego humano, el intelecto humano, habiéndolos sustituido por sus equivalentes divinos: el Ego Divino, la Voluntad Divina y la Mente Divina, por gracia de Dios y con su permiso podrá ascender y volver al corazón del Padre, triunfador sobre el tiempo y el espacio.

La ascensión es el don más grande de Dios, la suma de los nueve dones y el *summum* de todo don, porque es el poder del nueve al cuadrado. Esto lo recibimos más por su gracia que por nuestras obras, aunque ambas cosas son necesarias, pues las obras, así como las palabras forman un cáliz sostenido en alto para recibir la gracia de Dios. Y por fe, el hombre llega a ser ese cáliz vivo por sus palabras y sus obras.

Jesús recorrió el sendero de la ascensión para que todos puedan seguir su ejemplo. En la Biblia constan unos pocos de entre los muchos que ascendieron a la luz. Enoc, el séptimo de Adán, «caminó con Dios, y desapareció, porque le llevó Dios». El profeta Elías «subió al cielo en un torbellino», al haberse separado de Eliseo por un carro de fuego con caballos de fuego. Melquisedec, rey de Salem y sacerdote del Dios Altísimo, María la Madre de Jesús, Juan el Discípulo Amado, el Buda Gautama, Zaratustra, Confucio, Santa Teresa de Lisieux y el Papa Juan XXIII son solo algunos de los santos ascendidos al cielo que, tras ascender, entraron en las filas de los inmortales para unirse al Espíritu de la Gran Hermandad Blanca.

Las conferencias de Serapis consisten en la verdad llana y la sencilla lógica que proviene de la misma llama de la ascensión: «Los hombres no pueden construir cuerpos inmortales a partir de sustancia mortal. No pueden construir a partir de pensamientos mortales, ideas inmortales. No pueden construir a partir de sentimientos mortales, sentimientos divinos que envuelvan al mundo y creen la gran Pirámide de la Vida».

El hombre pidió y recibió concedido el don del libre albedrío. Como en la parábola del hijo pródigo, hemos tomado la energía pura del Padre y la hemos cualificado mal. Ahora debemos purificar y redimir todos nuestros errores del pasado, retrotrayéndonos hasta la primera encarnación en la Materia.

La inmortalidad tiene un alto precio —informa Serapis— y exige la totalidad de los hombres de la pequeñez de los hombres.

Para ascender debéis abandonar vuestro pasado y dárselo a Dios, sabiendo que él posee el poder, con su llama e identidad, de transformar todo lo que hayáis hecho con mala intención y confusión en la belleza del diseño original que, con el poder de su amor, produjo el fruto de la bondad eterna. ¡Haced a un lado la ilusión, pues, velo tras velo de la «persona personal» y poseed esa voluntad, en el nombre de Dios Todopoderoso, de transformar vuestro mundo!

Con su habitual sinceridad, Serapis continúa:

Los hombre necesitan «viveza» y una columna vertebral derecha. No hay duda de que se han mimado a sí mismos, y lo han hecho con ilusiones. El hablar con franqueza y el pensar con franqueza ayudará mucho a despejar el camino, y esto no pondrá a ninguna persona fuera de la ciudadela de la esperanza, sino totalmente dentro de ella.

Los hombres se quedan en el tiovivo del pensamiento y sentimiento humano porque temen caerse. Pero aquel continuará girando. Por tanto, saltad de la ronda del engaño y el loco girar de la confusión humana. Venid a Lúxor, al lugar donde YO SOY [estoy].

Y cuando vamos, él nos enseña así:

Deberíais amar la pureza con total devoción, porque la pureza es vuestra libertad. De hecho, cuando entráis en la llama, encontráis grabado al fuego y en cristal la identidad permanente del átomo permanente de la molécula permanente del ser. Y descubrís que todo lo demás se consume.

Y estáis ante el rostro de la Presencia y, he aquí, en el espejo de la Vida eterna veis a Dios cara a cara y decís: «He aquí, YO SOY [estoy] hecho a su imagen. YO SOY la imagen y la semejanza del Ser Santo». Porque en ese fuego os veis a vosotros mismos como Dios es; no como fuisteis ayer en la conciencia humana, hoy o mañana; mas os veis en la eternidad de la invencibilidad de esa llama de honor cósmico.

En realidad, el proceso de la ascensión es de un perdón total —explica Saint Germain. Es un proceso de transmutación y trasformación. Es la atracción de las energías santas y la purificación de todas las energías mal utilizadas del pasado. Es el proceso regenerativo que comienza no solo en la forma física, sino también en el mismísimo corazón y el alma del hombre. Es la orden Crística dada a la gran Ley Cósmica para que lleve a la forma las propiedades magnéticas que atraerán más y más a Dios a la mónada individual.

Resumiendo, las *Actas sobre la Ascensión* que ya se ha convertido en el manual de esos escasos iniciados cuidadosamente seleccionados en el planeta Tierra por la mano del destino de Dios a través de los últimos pasos de la ascensión, Serapis Bey dice a su manera y sin pretensiones:

Hemos pensado en transmitir en estas Actas el conocimiento de que el ejercicio espiritual por sí solo, sin obediencia a los preceptos kármicos y el plan divino para el hombre, puede tener un valor limitado para el aspirante. También hemos señalado que ambos acercamientos a la salvación llegan al destellante ápice de la manifestación en la gloriosa ascensión del hombre en la luz, cuando todos los sellos espirituales están donde corresponde, como lo quiere la voluntad de Dios. Esto incluye el uso de la llama de honor cósmico del corazón de Dios con la que los hombres, con honor, se prefieren unos a otros y reconocen el significado de la verdadera hermandad y el verdadero servicio...

La geometría divina, a través del símbolo de la pirámide, lleva la conciencia del aspirante a la idea de la vida ascendente. Ascender es fundirse en unidad cósmica con el corazón del Eterno. Es el destino de todo hombre. Los que entienden esto se regocijarán en el consuelo de su libertad suprema de todo afán terrenal cuando el propósito cósmico es entronado en la conciencia ahora y siempre. Mis manos estarán extendidas como recibimiento lleno de amor para vosotros en el momento de la victoria.

QUINTO RAYO

5

HILARIÓN
(el apóstol Pablo) *el Sanador*

Dones de sanación

Vemos la figura del Maestro Jesús apareciéndose a San Pablo de camino a Damasco, «una luz del cielo que sobrepasaba el resplandor del sol, la cual me rodeó», como le describió su experiencia a Agripa. Y escuchó la voz del Maestro decir: «Saulo, Saulo, ¿por qué me persigues? Dura cosa te es dar coces contra el aguijón».

Fue una luz cegadora y una luz purificadora la que descendió sobre Pablo. Fue para reprender a su conciencia humana que había perseguido a las verdaderos siervos de Dios. Fue para purificar su vista y que pudiera contemplar al Hijo de Dios. Fue la luz de la conversión lo que lo hizo cambiar por completo y lo estableció en la senda de su caminar personal con el Maestro Jesucristo. Por el poder del Logos del que Jesús era portador, el Maestro llamó a Pablo a que regresara a su punto de origen en la Presencia YO SOY.

Fuera lo que fuera Pablo exteriormente, interiormente su alma estaba preparada.

Tal como había sido preparado por el Espíritu, él se había preparado aplicándose con diligencia a sus estudios, en esta y en vidas anteriores. Recordarás que Pablo era ciudadano de Cilicia, un judío instruido criado en Jerusalén a los pies de Gamaliel, que

La conversión de Saulo,
Vincenzo Camuccini, Basílica of San Pablo Extramuros (Roma)

era un fariseo del consejo y doctor de la ley.

Conocedor del camino del aprendizaje y de los doctos, del alma interior, bien apartado de la mentalidad exterior, la espiritualización del alma por la Palabra no le era extraño. Aunque la mente de Saulo tenía prejuicios contra Cristo (debido a factores hereditarios y del entorno que no pueden alterar permanentemente la dirección del alma a menos que ella lo consienta), la imagen del apóstol Pablo, su destino de fuego, ya estaba grabado en su espíritu.

El propio Hilarión habla del gran punto crucial en su vida como Saulo de Tarso a través de la intercesión del Salvador:

> El Gran Doctor de la Ley, el Señor mismo, que se me apareció de camino a Damasco, me permitió incluso a mí experimentar esa ceguera que se acumula debido al ritual muerto del zelote sin templar.
>
> Me quitó mi ceguera hacia las cosas del Espíritu. Ah, en efecto, tenía ceguera respecto a la luz interior de sus discípulos escogidos. Tan grande había sido la oscuridad en mí, que debía perseguir a esa luz que estaba a punto de tragarse toda la filosofía maldita de Serpiente y su progenie. ¡Cómo anhelaba mi alma que la rescataran, aunque yo no lo sabía!
>
> Del mismo grado con el que luchaba contra la Luz que me liberaría, era mi anhelo de ser libre. Era una cuestión de polarización. Y cuando los hombres están polarizados en la posición Anticristo, si de verdad son de Dios y de Cristo, que lo es Todo y está en todo, aunque ellos Lo nieguen, no obstante, su Espíritu Santo los repolarizará llevándolos desde la falta de vida de sus palabras y más palabras hacia el Alfa y la Omega de la Palabra viva.
>
> ¡Ah, cómo amo a ese Cristo que lo es Todo y que está en todo! Oh, tú Gran Liberador de mi alma, camino por la Tierra con el poder de tu amor, buscando mis instrumentos a través de los cuales pueda transmitir esa conversión del Espíritu Santo que me llegó en mi encuentro con mi Señor.
>
> Él me escogió como un ejemplo. Sí, aún me caen lágrimas por las mejillas cuando pienso en mi anterior estado, el orgulloso Saulo de Tarso.

La misión de Pablo, perseguidor de Cristianos, habiendo asentido ante el cruel apedreamiento de San Esteban, se confirmó a través de un tal Ananías, a quien el Señor se apareció diciendo: «Ve, porque instrumento escogido me es este, para llevar mi nombre en presencia de los gentiles, y de reyes, y de los hijos de Israel; porque yo le mostraré cuánto le es necesario padecer por mi nombre».

Y así, Saulo, que había sido abatido y cegado en su encuentro con el Maestro de camino a Damasco, puesto que estaba «respirando aún amenazas y muerte contra los discípulos», esperaba devotamente instrucciones en la casa de Judas y al que le devolvería la vista.

Ananías, siguiendo las instrucciones del Señor para llegar a la calle llamada Derecha, entró en la casa «y poniendo sobre él las manos, dijo: Hermano Saulo, el Señor Jesús, que se te apareció en el camino por donde venías, me ha enviado para que recibas la vista y seas lleno del Espíritu Santo».

Gracias al acto de este mensajero, Pablo tuvo prueba inmediata de que la voz que había oído en medio de la luz cegadora no era otra que la del propio Jesús: «Saulo, Saulo, ¿por qué me persigues?».

Por tanto, está escrito que, a través del instrumento del Señor, Ananías, «al momento le cayeron de los ojos como escamas, y recibió al instante la vista; y levantándose, fue bautizado». Y los discípulos le dieron de comer y él cobró fuerzas y se quedó con ellos «algunos días».

Pero la prueba más abundante de la voz del Maestro que aún sonaba en las cámaras de su corazón —«YO SOY Jesús, a quien tú persigues; dura cosa te es dar coces contra el aguijón... Levántate y entra en la ciudad, y se te dirá lo que debes hacer»— es que, inmediatamente después de su conversión y bautismo del Espíritu Santo, «predicaba a Cristo en las sinagogas, diciendo que este era el Hijo de Dios».

Tras muchos días de esto, incluso para confusión de los judíos en Damasco, demostrándoles que este Maestro Jesús «era el Cristo», los judíos resolvieron en consejo matarle: «Pero sus asechanzas llegaron a conocimiento de Saulo. Y ellos guardaban las puertas de día y de noche para matarle. Entonces los discípulos, tomándole de noche, le bajaron por el muro, descolgándole en una canasta».

Esto es axiomático: la presencia del Espíritu Santo con el poder de conversión y las persecuciones, uno junto a lo otro, es la demostración más grande de nuestra unión con Cristo: «El siervo no es mayor que su señor. Si a mí me han perseguido, también a vosotros os perseguirán».

¿Qué fin tenía la conversión de este Saulo de Tarso? Es claro que el hecho de que el Maestro Jesús emprendiera personalmente la instrucción de Pablo debió haber tenido un propósito muy especial, ya que las experiencias y escritos en Cristo de este último dominan el Nuevo Testamento.

En Verdad, su misión era construir la Iglesia de Cristo sobre la Roca de su encuentro personal con el Señor; convertir a los «gentiles», a sus líderes y a los hijos de la luz, y esclarecer la Persona y Presencia de Cristo como el Salvador vivo con sermones y cartas entregadas por toda Asia Menor y el Mediterráneo durante un período de treinta años.

Pero este Pablo tenía otra misión aún, una misión a deducirse de su ejemplo y el del Cristo resucitado que trabajó con él a lo largo de su vida, siendo Pablo el siervo ministrante del Señor. Su relación integral es lo que permite entender con profundidad el lazo de Maestro Ascendido y discípulo no ascendido y, a través de él, la fusión de cielo y tierra; como cuando una nova aparece

San Pablo predicando a los tesalonicenses, Gustave Doré

en el firmamento, haciéndonos señas para que vayamos al llamamiento superior a través del YO SOY EL QUE YO SOY.

La relación directa y emotiva de Pablo con su Señor muestra la pretendida amistad y el sendero personal iniciático que Jesús nos tiene guardado a cada uno de nosotros una vez que permitimos que seamos convertidos totalmente (la palabra significa «cambiados, transformados como una criatura nueva en Cristo») y sujetos al Cristo Universal en vida y muerte y eternidad.

El término oriental para indicar el cargo que Jesús ocupó y que todavía ocupa es *Gurú,* que significa Dios-hombre, el disipador de oscuridad, la encarnación de la Palabra (Avatar) que es Instructor, Iniciador por excelencia.* No existe un cargo más alto en la escala iniciática que pueda ocupar alguien encarnado físicamente (aunque los grados de logro del que ocupa el cargo puede variar según la cualidad de su corazón y su resistencia en el sendero iniciático). El término oriental que indica el cargo ocupado por Pablo es *chela,* siervo de Dios-hombre, devoto de la luz de Cristo en el Enviado, el Maestro Vivo que lleva el manto de Gurú.

Las experiencias de Pablo como chela directo del Maestro Ascendido Jesucristo muestran el ardor necesario para soportar los rigores que implica hacer nacer en medio de la ley judía y el paganismo romano la dispensación pisciana de dos milenios que es *Christ-I-AM-ity*†, y el desafío de todo chela que siga la estela ígnea del apóstol para entregar el Evangelio Eterno a quienes aún están atados por otros cultos ortodoxos e idólatras, en Oriente y Occidente.

Ahora bien, *Christ-I-AM-ity* es un término utilizado por Jesús para describir su doctrina y la manera de liberar que nos proclamó como la religión del Cristo Cósmico, el cual lo acompañó. La religión del Maestro de Piscis es el sendero del Cristo Universal que se teje a través de los corazones de millones de almas atadas al Uno por medio de la afirmación de su Ser en Cristo.

---

*Cuando va en minúscula, el término *gurú* se aplica a un líder o instructor de cualquier campo, tal como nosotros consideramos que Mesías sea el título y cargo de Cristo, excepto que en este caso la palabra va con minúscula se utiliza para describir a un liberador del pueblo.

†*Christ-I-AM-ity:* en el texto original en inglés consta este término intraducible, que se define en el texto poco después. Literalmente: **Cristo** (*Christ*) YO (*I*) SOY (*I AM*) ismo (*ity*). (N. del T.)

Christ-I-AM-ity: el camino de los Hijos de Dios mediante la utilización del poder del nombre sagrado YO SOY para afirmar su Identidad Divina en la tierra como lo es en el cielo.

Así está escrito en *ákasha*. Por tanto, correspondía a Cristo, entonces y ahora, enseñar a los suyos los misterios sobre la encarnación que han de hacer de la Palabra.

El Maestro Ascendido Hilarión, ya sea bajo la luz histórica como Pablo, el apóstol de Jesús, o en su no tan conocida encarnación final como San Hilarión, no consideró como un robo el asumir el manto de su Señor. Acompañado por Cristo, no pudo hacer nada más que realizar sanaciones a la manera de su Instructor.

Al ser el recipiente de Cristo, ofreciendo la totalidad de su ser a su Señor (Gurú), llegó a ser ese Cristo, ese Señor y ese Gurú. Con todo, nosotros decimos: «Yo y mi Gurú Uno somos»; y se nos da la respuesta a través del flujo en forma de ocho de nuestra Unión: «Yo y mi Chela Uno somos».

«Con todo, Señor Jesús, "Bébeme a mí mientras YO SOY quien te bebe a Ti"», dice el alma aspirante que busca la Unión Divina, el matrimonio alquímico con su Señor.

Por consiguiente, al haber llegado a ser de tal manera, al haber entrado y al haberse unido con el fuego del corazón de Jesús, Hilarión ocupa el cargo de Señor del Quinto Rayo. Esto significa que Hilarión encarna la llama Crística, el estándar Crístico y la conciencia Crística del quinto aspecto de la emanación luminosa de Dios y que es apto para transferir este logro a sus estudiantes, línea a línea, ciclo a ciclo.

Tú que deseas ser el discípulo no ascendido del Maestro Ascendido Hilarión y que estás estudiando por un período de tiempo bajo su tutela en su universidad del Espíritu para que te imparta los misterios y las iniciaciones de su Señor, Maestro y Gurú, también puedes aspirar a encarnar la Cristeidad del Quinto Rayo a incrementos, tomando el manto de Dios según te sea posible, según tengas la voluntad de hacerlo, según te sea práctico incorporar* en tu vida o estilo de vida el llamado del Señor del Quinto Rayo que deseas poseer.

---
*unirte a y tomar en tu cuerpo.

Este es un sendero en el que usted y solo usted decide qué medida de la Ley de Cristeidad encarnada por el Gurú y regidora del sendero del Gurú se injertará en su alma a través del Gurú. Cuando con su autodisciplina se haya apropiado de la luz esencial del Señor del Rayo, chakra a chakra (aplicando los preceptos del Señor del Quinto Rayo), el Maestro Ascendido, por Ley Cósmica, está obligado a aceptarlo como chela.

Hasta que el aspirante a chela no se haya preparado con diligencia para la vocación de su discipulado, deberá recordar las palabras de Jesús: «No me elegisteis vosotros a mí, sino que yo os elegí a vosotros»; lo cual significa que hasta que el chela no está preparado, el Gurú es quien decide y no el chela si se ha de entrar en el compromiso de la relación. Pero cuando el chela está listo, aunque no lo sepa con su mente exterior, el Gurú aparece con toda seguridad. Como hemos visto, este fue el caso de Saulo de Tarso.

Ahora usted puede aprender de este chela convertido en Gurú y ver si desea adquirir la aptitud para ser su mano derecha en una gloriosa misión marcada por dones de sanación transmitidos según este verdadero linaje, esta «sucesión apostólica» mediante la cual algún día podrá afirmar que posee el manto de los Maestros de sanación del Quinto Rayo.

«Y hacía Dios milagros extraordinarios por mano de Pablo, de tal manera que aún se llevaban a los enfermos los paños o delantales de su cuerpo, y las enfermedades se iban de ellos, y los espíritus malos salían.» (Hechos 19:11, 12)

Pablo fue en efecto el exorcista principal del Señor, tanto que en ciertas zonas su nombre se invocaba junto al nombre de Jesús. En Éfeso, por ejemplo, algunos exorcistas judíos ambulantes decían: Os conjuro por Jesús, cuyo portavoz es Pablo.

En una ocasión, cuando los siete hijos de Esceva, jefe de los sacerdotes, intentó exorcizar de este modo, el espíritu malvado contestó: «A Jesús conozco, y sé quién es Pablo; pero vosotros, ¿quiénes sois?». Para su asombro, «el hombre en quien estaba el espíritu malo, saltando sobre ellos y dominándolos, pudo más que ellos, de tal manera que huyeron de aquella casa desnudos y heridos». (Hechos 19:13-16)

Dones de sanación

Estatua de San Pablo, Basílica de San Pablo Extramuros (Roma)

Aunque tanto judíos como gentiles quedaron muy impresionados con este episodio y el nombre del Señor Jesús llegó a respetarse con gran honor, para quienes iban por ahí exorcizando en el nombre de Jesús y Pablo sin haber establecido antes la base de una relación Maestro-discípulo a través de la conversión, el bautismo y la unión con el Sagrado Corazón de Jesús, esta calamidad fue y es un aviso de que todos los que desean apropiarse del poder del Señor y su apóstol sin aceptar las responsabilidades del sendero del discipulado, pueden encontrar consecuencias parecidas, o peores.

Esto ilustra también la lección de que los demonios posesivos se someten al Señor y su apóstol solo a través de los que tienen el manto de autoridad; es decir, a través de una jerarquía establecida donde la cadena de mando que lleva al Cristo Cósmico es clara y no está interrumpida. Los demonios posesivos están familiarizados del mismo modo con la jerarquía falsa Anticristo y sus ángeles caídos, a quienes son leales excepto cuando reciben el desafío de la superior Presencia Crística.

Por consiguiente, todos los que quieran liberar a los dulces niños de Jesús de las fatigas a las que los someten los demonios posesivos de las drogas, el suicidio y las enfermedades espantosas, busquen primero el reino de Dios y Su justicia —y a Su Hijo justo— de manera lícita, prudente, amorosa, abnegada, sin ningún deseo de gloria personal, y todos estos poderes (dones, gracias, siddhis) se les dará, tal como se entreguen al perfecto amor de Cristo en la voluntad de Dios.

Ahora bien, había alguien llamado Elimas, el mago, que se resistió al mensajero de Dios cuando este viajó a Salamina con Barnabás, enviado por el Espíritu Santo. Y desde luego vivió para lamentar aquel día, porque se le juzgó junto a los demonios, con quienes se identificaba totalmente y de cuya arrogancia se negaba a apartarse, ni buscaba liberarse del estado infernal a través del enviado.

El siguiente relato demuestra la responsabilidad que tiene la persona de denunciar a las fuerzas Anticristo que quieren utilizarlo y de separarse corporalmente de ellas, para no encontrarse con el mismo juicio que les corresponde a ellas el Día de la Venganza de nuestro Dios, que viene como un ladrón en la noche.

Es claro que, si la persona no quiere hincar la rodilla ante el Cristo vivo o el Espíritu de Cristo en su verdadero representante, el apóstol no lo exorcizará contra su voluntad (sin su consentimiento). No obstante, los demonios serán juzgados, con o sin su permiso; es más, cuando llegue la hora del juicio del Señor, él mismo de hecho será juzgado (tanto si cae a la derecha como a la izquierda de la plomada de la Verdad) y por sus palabras y sus obras permanecerá o caerá.

Los estudiantes de la Palabra, si desean avanzar hacia Cristo, deben reconciliarse con esta Verdad. Por tanto, considerad los acontecimiento del viaje de Pablo y Barnabás a Salamina, donde a través de su instrumentación se produjo de manera simultánea el juicio del portador voluntario (el portador de los demonios) y se ataron sus desencarnados:

> Y habiendo atravesado toda la isla hasta Pafos, hallaron a cierto mago, falso profeta, judío, llamado Barjesús, que

estaba con el procónsul Sergio Paulo, varón prudente. Este, llamando a Bernabé y a Saulo, deseaba oír la palabra de Dios. Pero les resistía Elimas, el mago (pues así se traduce su nombre), procurando apartar de la fe al procónsul.

Entonces Saulo, que también es Pablo, lleno del Espíritu Santo, fijando en él los ojos, dijo: ¡Oh, lleno de todo engaño y de toda maldad, hijo del diablo, enemigo de toda justicia! ¿No cesarás de trastornar los caminos rectos del Señor? Ahora, pues, he aquí la mano del Señor está contra ti, y serás ciego, y no verás el sol por algún tiempo.

E inmediatamente cayeron sobre él oscuridad y tinieblas; y andando alrededor, buscaba quien le condujese de la mano. Entonces el procónsul, viendo lo que había sucedido, creyó, maravillado de la doctrina del Señor. (Hechos 13:6-12)

En otra ocasión, el exorcismo a una muchacha que hizo Pablo provocó su encarcelamiento. Esta esclava, «que tenía espíritu de adivinación», siguió a Pablo y a los que viajaban con él durante muchos días, diciendo a voces: «¡Estos hombres son siervos del Dios Altísimo, quienes os anuncian el camino de salvación!». Un día Pablo, al que esto le desagradaba, se dio la vuelta y dijo al espíritu: «¡Te mando en el nombre de Jesucristo, que salgas de ella!». Y salió en aquella misma hora.

Cuando los amos de la muchacha vieron que ya no había esperanza de ganar dinero con sus adivinaciones, prendieron a Pablo y a Silas y los llevaron ante los magistrados, diciendo que «estos hombres, siendo judíos, alborotan nuestra ciudad, y enseñan costumbres que no nos es lícito recibir ni hacer, pues somos romanos».

Pablo y Silas fueron azotados y echados al calabozo de más adentro, con los pies asegurados en el cepo. A la medianoche, mientras cantaban y oraban, «sobrevino de repente un gran terremoto, de tal manera que los cimientos de la cárcel se sacudían; y al instante se abrieron todas las puertas, y las cadenas de todos se soltaron».

El carcelero los sacó, se postró ante ellos temblando y preguntó: «¿Qué debo hacer para ser salvo?».

«Cree en el Señor Jesucristo —contestaron ellos— y serás salvo, tú y tu casa». Entonces le predicaron la palabra del Señor a él y a los suyos, y esa misma noche fueron todos bautizados. (Hechos 16:16-34)

El Señor no solo puso sobre su mensajero el don de la conversión para los escogidos de Él a los que sanaba e iluminaba, sino que a través de Pablo también les quitaba el poder del Espíritu Santo a quienes no querían recibir a Cristo a través de este enviado. Sin embargo, ante la presencia del toda adversidad, incluso ante la blasfemia de los demonios, el Maestro Jesús alentó a Pablo: «Habla, y no calles». (Hechos 18:5-11)

La restitución de la fuerza vital y la luz de los chakras en el hombre imposibilitado de Listra, sanado por el Espíritu Santo a manos de Jesús, a través de Pablo, muestra el poder de la Palabra hablada dada «a gran voz» como una orden de las alturas para restituir la plenitud a través de la luz de Alfa y Omega.

> Y cierto hombre de Listra estaba sentado, imposibilitado de los pies, cojo de nacimiento, que jamás había andado. Este oyó hablar a Pablo, el cual, fijando en él sus ojos, y viendo que tenía fe para ser sanado, dijo a gran voz: Levántate derecho sobre tus pies. Y él saltó, y anduvo. (Hechos 14:8-10)

Para realizar obras así, el discípulo de Cristo que estudia con el Maestro Ascendido Hilarión debe empezar a acumular impulso en la recitación del mantra que Jesús dio a Juan el Revelador: «YO SOY el Alfa y la Omega, principio y fin, dice el Señor YO SOY EL QUE YO SOY, el que es y que era y que ha de venir, el Todopoderoso». (Apocalipsis 1:8) Después debe estudiar para presentarse «a Dios aprobado», como advirtió Pablo a su estudiante Timoteo, «como obrero que no tiene de qué avergonzarse, que usa bien la palabra de verdad».

En efecto, la preparación del siervo ministrante debe ser completa si este ha de afrontar al adversario de Cristo en el mundo. Porque esta fuerza Anticristo, cuando es desafiada, desata toda su Muerte y su Infierno contra el que viene en nombre de Cristo a liberar a sus hijos de la luz de su control.

Las lecciones de Guardianes de la Llama y todo el cuerpo de Enseñanzas de los Maestros Ascendidos es la preparación que se proporciona. Y Summit University es la escuela de misterios donde el alma puede aprender a perfeccionarse en los preceptos de las Enseñanzas Perdidas de Jesús. Esta es la puerta que se le abre a usted, que llama. Ella conduce a la fuente de Verdad y al Nuevo Día, cuando podrá afirmar posesión del manto de su Señor y Salvador y hacer sus obras en la Tierra, como él le ha llamado a hacer con el apoyo útil y reconfortante de los hermanos de él y de usted, los Señores de los Siete Rayos.

¡Imagínese! Pablo no solo asumió el manto del Espíritu Santo, sino que recibió aprobación divina del Señor para llevarlo en nombre de Jesús; y por esta gracia usted debería rezar. Pablo había tenido el sentimiento de su merecimiento en Cristo, algo que podía habérselo impartido solo Jesús, a fin de emprender una misión tan grande y con éxito. Y por esto usted también debería rezar, con diligencia.

Debido a la absorbente pasión que sentía Pablo por la misión del Señor, el cristianismo ha sobrevivido de una forma que ha preparado a los seguidores de Cristo para recibir los Años Perdidos, las Enseñanzas Perdidas y la Palabra Perdida que están siendo recuperadas en la actualidad. Pablo, con su ejemplo de revestirse de Cristo Jesús, casi más que sus palabras, prologa y anticipa la visión de Juan del Evangelio Eterno y el nuevo cielo y la nueva tierra.

En la carta a los gálatas Pablo habla, y hace hincapié en ello, de que no recibió su conocimiento sobre el mensaje de Cristo de los demás cristianos del momento:

> Mas os hago saber, hermanos, que el evangelio anunciado por mí, no es según hombre; pues yo ni lo recibí ni lo aprendí de hombre alguno, sino por revelación de Jesucristo. Porque ya habéis oído acerca de mi conducta en otro tiempo en el judaísmo, que perseguía sobremanera a la iglesia de Dios, y la asolaba; y en el judaísmo aventajaba a muchos de mis contemporáneos en mi nación, siendo mucho más celoso de las tradiciones de mis padres. Pero cuando

agradó a Dios, que me apartó desde el vientre de mi madre, y me llamó por su gracia, revelar a su Hijo en mí, para que yo le predicase entre los gentiles, no consulté en seguida con carne y sangre, ni subí a Jerusalén a los que eran apóstoles antes que yo; sino que fui a Arabia, y volví de nuevo a Damasco.

Después, pasados tres años, subí a Jerusalén para ver a Pedro, y permanecí con él quince días; pero no vi a ningún otro de los apóstoles, sino a Jacobo el hermano del Señor. En esto que os escribo, he aquí delante de Dios que no miento. Después fui a las regiones de Siria y de Cilicia, y no era conocido de vista a las iglesias de Judea, que eran en Cristo; solamente oían decir: Aquel que en otro tiempo nos perseguía, ahora predica la fe que en otro tiempo asolaba. Y glorificaban a Dios en mí. (Gálatas 1:11-24)

Si Pablo no reunió su conocimiento del mensaje de Cristo de los cronistas y cristianos de su época, ¿no deberíamos también nosotros estar dispuestos a buscar y encontrar al Maestro en la cámara secreta de nuestro corazón, donde su voz aún puede escucharse y conocerse? ¿Y en los dictados de los Señores de los Siete Rayos, que solo confirman la ley y el Autoconocimiento Divino que Dios dijo que escribiría en nuestro corazón?

¿No podemos también aprender a leer el código de nuestra identidad espiritual, como los científicos aprenden a leer el código genético de una ley que gobierna incluso el número de nuestros cabellos?

¿De dónde vino el Señor con su mensaje a Pablo? Sabemos que Jesús llamó a Pablo y lo llevó en espíritu al retiro etérico del Maestro sobre Tierra Santa (en Arabia). Allí, noche tras noche y durante los días de su estancia, se instruyó a su alma para la tarea que tenía de echar el cimiento de la Iglesia para la dispensación pisciana de dos mil años.

Por tanto, Pablo se revistió con el manto de su Señor por etapas y llevó a cabo Sus obras como Su instrumento en sanaciones, milagros, profecías, prédicas y fervorosas conversiones. Este era el verdadero camino que Cristo quiso que caminaran sus apóstoles, como el Maestro Ascendido Hilarión nos dijo una vez:

Si la luz que hay en vosotros está llena del impulso acumulado de Dios y si los engranajes de los chakras están engrasados con el aceite santo de Galaad, por la vibración de vuestra vida podéis intensificar las corrientes de Dios, podéis uniros a Dios, *podéis ser Dios encarnado como lo fue Jesucristo*.

Esto es lo que aprendí de él cuando se convirtió en mi Gurú interior y exterior. Esto es lo que entendí, que yo también podía llegar a ser el Cristo como instrumento del Salvador, que adonde yo caminara, él caminaría, que donde yo estuviera, él sanaría, que donde yo hablara, él hablaría. Esto aprendí, pero comprendí el desmerecimiento del yo inferior en el estado de pecado que se hace digno por gracia, por transmutación, por el bautismo de fuego y por saldar el karma sirviendo a la Vida.

Ahora bien, en lo que respecta a Hilarión (c. 371), su alma fue la de Pablo, que volvió a su última encarnación para cumplir la ley del equilibrio del karma en el que incurrió al perseguir a los cristianos y al consentir su muerte. Obedeciendo a su Señor y por amor a los Suyos, volvió a aceptar el don de Su manto para enseñar, predicar y sanar. Por tanto, por gracia, a través de la intercesión del Señor, ajustó cuentas con la vida y fue mucho más allá de su deber kármico para bendecir a miles de personas, al trabajar el Señor en él y a través de él.

Hilarión pasó veinte años en el desierto como preparación para su misión, y solo entonces obró su primer milagro: Dios, a través de él, curó a una mujer estéril, dándole la capacidad de dar a luz a un hijo. Desde ese día llevó a cabo un ministerio de sanación.

Hilarión sanó a niños que tenían fiebre al invocar el nombre de Jesús y curó parálisis y expulsó a muchos demonios. Las multitudes se acumulaban para sanarse de enfermedades y de espíritus inmundos. Lo seguían hasta los sitios más desolados y lejanos. Muchas veces Hilarión trató de esconderse, pero siempre lo encontraban, obligándole a que siguiera su verdadera vocación, por amor a Jesús.

Una vez zarpó hacia Sicilia para esconderse, pero un demonio gritó a través de un hombre en la Iglesia de San Pedro de Roma:

«Hilarión, el siervo de Cristo, se esconde en Sicilia. Voy a desenmascararlo». Aún poseído por el demonio, el hombre zarpó hacia Sicilia y fue de inmediato a ver a Hilarión; postrándose frente a su choza, se curó. ¡El santo no podía esconderse de la gente ni de los demonios!

Como Jerónimo dijo de él: «Una ciudad asentada sobre un monte no se puede esconder». Hilarión era esa ciudad por su devoción a Cristo, y por esa devoción engrandeció al Señor.

Jerónimo, cuya biografía del santo ofrece la mayor cantidad de información que tenemos, escribe: «La frecuencia de sus señales en Sicilia atrajo a enfermos y hombres religiosos en multitud; y uno de los principales se curó de hidropesía el mismo día que llegó, y le ofreció a Hilarión muchísimos regalos; pero él obedeció al Salvador diciendo: "De gracia recibisteis, dad de gracia"».

Y entonces, el Señor hizo algo realmente extraordinario a través de él. Esto tuvo lugar cuando se produjo un gran terremoto y el mar amenazaba con destruir la ciudad. Según Jerónimo: «Los mares salieron de sus límites; y como si Dios amenazara con un nuevo Diluvio y las cosas retornaran al antiguo caos, las naves

San Hilarión, Abad, I. Romney, c. 1814

fueron arrastradas hasta las altas cimas de los altos montes y quedaban allí, como colgadas».

Los habitantes del lugar, viendo la mole de agua avanzar hacia la costa, corrieron a por Hilarión, «y cual, si partieran para una batalla, lo llevaron a la costa. Trazó tres señales de la Cruz sobre la arena y extendió las manos hacia las olas. Parecía increíble hasta qué altura se había hinchado el mar y cómo se detuvo ante él. Entonces, temblando un largo rato y como indignado ante tal obstáculo, el mar, poco a poco, retornó a su sitio».

Ya se puede imaginar cómo acudió en masa la muchedumbre especialmente después de esa hazaña alquímica, la alquimia de Cristo a través de él. Sin duda dirían de él lo que decían del Maestro antes que él: «¿Qué hombre es este, que aun los vientos y el mar le obedecen?».

Hacia el final de su vida, el santo del pueblo, pues lo aclamaban para sí, se retiró a un sitio en Chipre tan lejano que estaba convencido de que nadie lo encontraría allí. Hasta era un sitio encantado y la gente tendría miedo de acercarse, pensó. Pero un paralítico se las arregló para arrastrarse hasta allí, encontrar a Hilarión y sanarse... y contarlo.

Y así fue como el santo terminó sus días en ese valle, con mucha gente yendo a verlo. Después de fallecer, sus seguidores lo enterraron allí mismo, como él quería, pero después de varios meses su discípulo más íntimo, Hesiquio, lo desenterró en secreto ¡y se llevó el cuerpo a Palestina!

Ay, deificaron al hombre de los milagros en vez de interiorizar su ejemplo y enseñanza sobre la cristalización (realización Crística) de la llama Divina. Y él se convirtió en el cristal y el cristal volvió a la niebla; y ellos no lo comprendieron. No comprendieron el propósito de su misión, su sacrificio y su victoria.

Igual que con Jesús, quisieron las hogazas y los peces. Quisieron que los alimentaran y los liberaran de sus transgresiones (karma) que les sobrevenían como enfermedades, pero sin pagar el precio. Sí, lo que era gratis lo tomaban, pero no querían la responsabilidad personal de interiorizar la Palabra, de ser y llegar a ser el Cristo, quizá con «gemidos» y «dolores de parto», como dice Pablo, tal como esperamos que el Señor adopte a nuestra alma para Sí. (Romanos 8:22, 23)

«Debo hacer las obras de Él, que me ha enviado»; así enseñó y cumplió Jesús los requisitos que conlleva ser un discípulo del Cristo Cósmico; y esperaba que los que se quisieran llamarse a sí mismos discípulos hicieran lo mismo.

Sí, los científicos más grandes que jamás vivieron, Jesús y los santos de Oriente y Occidente, que incluyen a los Siete Chohanes, están ante la gente y la gente acepta los milagros y las sanaciones, pero nunca pregunta cómo, por qué, o: ¿puedo hacerlo yo también, Señor?».

En cambio, quieren saber quién entre ellos será mayor en el reino, mientras Cristo quiere otorgar su manto para la regeneración del mundo a cualquiera que se ponga como aprendiz de él, de Saint Germain, del Maha Chohán y los demás Chohanes para aprender la ciencia de la sanación y la longevidad mediante la buena salud y el arte de la abundancia milagrosa, ¡como rosas cayendo del asiento de Nada!

El espíritu fervoroso de Hilarión realizó esa obras, el Señor

Castillo de San Hilarión (Chipre)

Hilarión pasó sus últimos días en una cueva de esta montaña.

obrando a través de él, equiparables a las de Jesucristo. Este testimonio de su Filiación, que él proclamó con palabras más que con hechos, se habría considerado como una blasfemia en su época tanto como en la nuestra.

Tal como una teología falsa niega el potencial actual de Filiación a todo niño de Dios, también las obras de un «ser Crístico» (un ungido por el Señor, la Poderosa Presencia YO SOY, a través de Jesucristo) reciben un ceño fruncido, para que la prueba empírica ofrecida por la vida de los santos no convierta en algo inútil esa doctrina falsa de un único hijo de Dios, que proviene de la intencionada mala interpretación contraria a Cristo del «Unigénito del Padre, lleno de Gracia y Verdad».

El alma de Pablo, ya como apóstol, recibió la plenitud de los dones del Espíritu Santo. En él se cumplieron las promesas de nuestro Señor: «El que en mí cree, las obras que yo hago, él las hará también; y aún mayores hará, porque yo voy al Padre…».

Puesto que nadie se atreve a decirlo y a contarlo, nosotros lo decimos y lo contamos: Usted también puede hacer las obras de Jesucristo, usted también puede llegar a ser la plenitud de ese Cristo que él llegó a ser, si se somete a su Ley y a su Amor.

Este es el mensaje hoy, no solo de Jesús sino de Hilarión y los demás Señores de los Rayos. El propósito de su sendero es revelar esta Cristeidad en cada uno de los siete rayos y mostrarle cómo desatar su actual potencial para lograrla.

Con este fin Hilarión invita a su retiro a todos quienes se adhieran a la causa de la Verdad, a todos los que son la voz de la Verdad (y a menudo la voz solitaria), a todos los que son mensajeros de la Verdad en los medios de comunicación o en cualquier campo en el que, a menos que se defienda, se descarta la Verdad por las mentiras y distorsiones de la clase serpentina. El Maestro Sanador los invita a que acudan en sus cuerpos sutiles y asistan a las clases del Templo de la Verdad, en la isla de Creta. Este retiro de la Gran Hermandad Blanca se encuentra en el plano etérico, en el punto del Templo de la Verdad original donde las vírgenes vestales una vez guardaron la llama de la Verdad como oráculos de la Madre Divina, la amada Vesta.

La llama de la Verdad consagrada en el retiro de Hilarión es de un verde intenso, brillante y fogoso, el color que lleva a la precipitación, la realización, la practicidad, la sanación y el rejuvenecimiento. El llameante azul del poder de Dios se combina con el rayo dorado de la inteligencia de Dios para concentrar la llama verde de la sanación y la plenitud científica. La nota clave musical del retiro es: «Onward, Christian Soldiers»*.

El Señor del Quinto Rayo, junto a la Hermandad de Creta, patrocina a instructores de la Verdad, siervos de Dios, líderes religiosos y misioneros, así como a los que participan en las artes curativas, científicos e ingenieros de todos los campos, matemáticos, músicos y las personas especializadas en tecnología computacional [informática] y espacial.

Él, con los Maestros del Quinto Rayo, trabaja constantemente para llevar su conciencia hacia una apreciación cada vez mayor del espectro de la Verdad, que la mayoría ha experimentado, pero solo de manera parcial. Llevarlos desde un conocimiento parcial de la Verdad a una percepción de sí mismos en la Plenitud Divina de la Verdad es la meta de estos hermanos, cuyo lema, como debemos recordar, es: «Y conoceréis la Verdad y la Verdad os hará Libres; es decir, Plenos».

Hilarión está interesado de manera especial en ayudar a los ateos, los agnósticos, los escépticos y otras personas de tendencia empírica y que, a menudo sin tener culpa, sino debido a los ciegos líderes de los ciegos en la Iglesia y el Estado, se han desilusionado con la religión y con la vida en general.

> Los agnósticos hoy exclaman contra las trivialidades de esta época y con bastante frecuencia defienden los principios de la luz —dice Pablo. Los ateos niegan mientras que los agnósticos luchan para ver. En nuestro templo de Creta hemos decidido aportar un significado nuevo a la vida a través de las vías de la ciencia y detener el perpetuo acoso a aquellas personas de perspectiva avanzada que quieren aliviar en algún grado el dolor humano.

---

* *"Onward, Christian Soldiers"*: ("Adelante, soldados cristianos") Canción devota del siglo XIX compuesta en Inglaterra por Arthur Sullivan, con letra de Sabine Baring-Gould. (N. del T.)

Esto, aunque tales personas no guarden conformidad con la versión que tienen algunos de la Verdad, la ciencia o la religión.

Mi responsabilidad —nos dijo una vez Hilarión— es la de emitir a través del núcleo de fuego de mi corazón, energías para la sanación, para la ciencia, para la verdad, para la iluminación de las almas por la ley de las matemáticas del flujo de energía, los sistemas energéticos que pueden contribuir y contribuirán a la plenitud y la integración de las almas con la Vida que es Dios, aquí, en el planeta Tierra.

Hablando en nombre de los Maestros de sanación que han estado en conversaciones con el Consejo Kármico y otros Seres Cósmicos preocupados por el destino de la humanidad, Hilarión dijo:

Nunca ha habido una época en la historia humana en la que la humanidad haya estado plagada por enfermedades de todo tipo. Con frecuencia se trata de enfermedades que no le son perceptibles a las propias personas, porque son enfermedades de la mente, enfermedades del carácter, enfermedades dentro del subconsciente.

Esta energía de malfuncionamiento o perturbación de una actividad no natural en las células del cuerpo de Dios en la Tierra está alcanzando proporciones alarmantes; de hecho, la alarma ha sonado por el Cosmos. Porque si los hombres no son plenos, ¿cómo pueden ser triunfadores en esta época? ¿Cómo pueden resolver los problemas mayores en el escenario del mundo cuando sus cuatro cuerpos inferiores están tal lejos del centro de la realidad?

Hemos visto, pues, que Saint Germain y Morya, Maestros de la era, necesitan el apoyo de los Maestros sanadores y de Seres Cósmicos desde muchos sectores del Cosmos. Hemos visto que el sueño de Morya de liberar a la Tierra, que los fuegos de transmutación y libertad para la era de Acuario en manos of Saint Germain, no pueden realizarse a menos que la humanidad sea sanada, a menos que haya una vivificación.

Y, por tanto, hemos acudido al Espíritu Santo, el Maha Chohán. Este ser noble fue convocado a nuestra reunión por la Diosa de la Libertad, portavoz del Consejo Kármico. Y él dio su respuesta, afirmando que era consciente de las proporciones y que su preocupación también iba en aumento...

Dijo que la raíz del problema de la enfermedad, las dolencias de todo tipo, era el distanciamiento por parte del alma de la llama de la Madre, el distanciamiento por parte del alma del Espíritu Santísimo. Al considerar esta evaluación, el Maha Chohán señaló cómo las circunstancias problemáticas en el mundo, fabricadas en gran parte por los caídos, están calculadas específicamente para separar al alma de la seguridad de la Madre Divina y del flujo de la energía del Espíritu Santo.

Entonces Hilarión nos dio una clave importante: «¿Vais a recordar, por tanto, que cuando todo falla, especialmente cuando veis que por algún motivo hay una distorsión en vuestra mente, en vuestra visión, en vuestra capacidad de afrontar la vida, debéis invocar en el nombre de Jesús el Cristo el selle de la mente con la dispensación del rayo esmeralda-azulado?».

Hilarión explicó que esta dispensación, cuando se invoca, es llevada a cabo por una legión especial de ángeles asignados a la tarea de sellar la mente y el cuerpo mental en un campo energético de luz brillante esmeralda azulado, que brilla ora verde, ora como un aspecto del tono azul.

> Puesto que soy el Chohán del Quinto Rayo, puesto que los Chohanes de los Rayos son los custodios de la conciencia Crística de su rayo, se me dio el organizar legiones de luz para la protección de la Mente Crística en los hijos de la luz con la llama de la Verdad. Por tanto, podéis llamar a este contingente de fuerzas sanadoras para que refuerce la conciencia Crística y sature las mentes de la humanidad con la llama de la sanación.
>
> Sabed, pues, que, en respuesta a vuestro llamado, yo aparezco con millones de ángeles y huestes ascendidas de luz, algunos incluso recién ascendidos... que han decidido unirse a esta actividad específica de poner la luz de la sanación alrededor de la conciencia de la humanidad para proteger esa luz, ese Logos, esa lógica de la Mente Divina y que pueda engranarse con el cuerpo mental inferior, el cerebro, los chakras y el sistema nervioso central, que la raza pueda tener acceso a ella.

Hilarión habla con frecuencia de proteger la mente, así como el espíritu:

> En el tema de la salud del cuerpo, el estado de la mente y el espíritu ha de ser considerado. Qué estúpido es que los hombres ignoren el contenido de la mente y no examinen aquello que permiten que caiga en ella; porque la mente puede ser un hoyo y una trampa ya que es de la tierra, terrenal. Los hombres deberían vigilar minuciosamente lo que ingresa en su mente, porque en todo lo que la mente absorbe están mezcladas esas cualidades animalescas que después aparecen «de la nada» para destruir la conciencia Crística en evolución, tanto en su infancia como en sus acercamientos a una perfección madura en el alma.
>
> El hombre debe considerar cómo es que se convierte en el peor enemigo de sí mismo. A menos que esto se haga, puede que su progreso sea lento; porque en el círculo de su ser encontrará acechando los enemigos más astutos.
>
> Hay muchas víctimas de padecimientos de la mente y el espíritu que atribuyen a fuerzas externas las distorsiones que ellas mismas han asimilado en su mundo. Busquemos expulsar de cada bendita mónada las negatividades que hayan entrado ahí para que los ojos puedan ver con unidad de visión la belleza del Cristo emergente.

Con su amor por la sanación y las artes curativas, el flujo de su pensamiento es una corriente interminable de la panacea de Paz que los hombres han buscado, pero pocas veces hallado. Hilarión es una prueba viva de que la cura total de Dios puede conocerse, el elixir de la juventud se puede ingerir y el rayo de sol de la Verdad puede seguirse hasta su Fuente:

> Oh amados, el rayo de sanación está presente por doquier. No podéis vagar mucho en esta Tierra sin estar en presencia de la Vida. Y la Vida es sanación. La Vida, en su esencia, cuando se la comprende, siempre trae sanación.
>
> No hay necesidad de estar incompletos, no hay necesidad de tener carencias, de tener una manifestación incompleta en los cuatro cuerpos inferiores, cuando se comprende la Vida. La Vida, con toda la plenitud de Dios mismo, todos la reciben

a diario con cada aliento, y los secretos de la sanación están alojados dentro de este pneuma divino.

A veces me maravillo ante la falta de ingenio que tienen los hombres para descubrir el rayo de la sanación, porque es el más obvio de los siete rayos, me parece. También me parece que el descubrimiento de la verdadera sanación los hombres pueden conocerlo unos en otros, al mantener el equilibrio de la vida por el prójimo. Porque ver perfección en cada cual es ver el poder de la sanación derramarse con toda su gloria.

A veces, el fracaso, por parte de quienes desean sanar, llega porque no han guardado la imagen perfecta con suficiente tenacidad, con suficiente determinación para contener un concepto hasta que la manifestación aparezca. Los hombres se han acostumbrado a sí mismos a esperar la primavera, a esperar la cosecha, y saben que llegará; a esperar el nacimiento de un niño. Y el período de gestación de todas las formas de vida les es conocido. Y mediante una conclusión científica saben que, a cierta hora, en cierto momento, todo se cumplirá, todo aparecerá en orden divino.

Pero cuando se trata de lo desconocido, hay vacilación, hay dudas. Y la gente se pregunta: ¿Cuánto he de esperar para exteriorizar la imagen perfecta? Y puesto que no hay precedentes ni un tiempo establecido para la aparición de la imagen al completo, las personas se perturban en sus sentimientos y hacen pedazos la matriz que el Amor Divino con seguridad realizará en cada cual (en los ciclos del tiempo y el espacio) mientras se aferra al diseño inmaculado.

Porque no tiene límite lo que podéis exteriorizar mediante el poder del Amor si mantenéis intacto en vosotros el diseño perfecto.

SEXTO RAYO

6

MAESTRA ASCENDIDA NADA
el Juez

Dones de varias clases de lenguas y la interpretación de lenguas

Como ayuda a Saint Germain en su «gran reunión de los escogidos» que trabajarán con él en la causa de la libertad del mundo, está la amada Nada, Chohán del Sexto Rayo. Esta Maestra Ascendida también sirve en el Consejo Kármico como representante del Tercer Rayo. A través de los dos cargos, Nada enseña el sendero de Cristeidad personal de Jesús a través de la ministración y el servicio a la vida.

En la Atlántida Nada prestó servicio como sacerdotisa del Templo del Amor. El equivalente etérico de este templo, que está diseñado según el patrón de una rosa, está centrado sobre New Bedford, en el estado de Massachusetts. En este retiro cada pétalo es una sala y en el centro arde la llama del Amor Divino, cuidado por hermanos y hermanas del Tercer Rayo, para la sanación de las evoluciones de la Tierra por Amor, que Jesús dice es el cumplimiento de la ley del karma.

En otras encarnaciones Nada se dedicó a las leyes y llegó a ser una experta en la defensa de las almas oprimidas por los despojadores de la Tierra. Durante sus meditaciones sobre la Ley de Dios y durante el curso de sus servicios en el templo, percibió la Ley «como la defensa certera que la Madre debe utilizar para proteger a sus hijos de las artimañas de este mundo, de los caídos, que también tratan de usar la Ley para sus propósitos injustos».

En su última encarnación hace 2700 años, Nada era la más joven de una familia grande con unos niños excepcionalmente dotados. Caridad, el amado ángel, se le apareció a una edad muy temprana y le enseñó a extraer el amor de Dios de la llama de su corazón e irradiarlo al reino de la Naturaleza como bendición a

La justicia levanta al país, mural, antiguo Edificio del Tribunal Supremo, Lausana (Suiza)

Como abogada en la Atlántida, Nada defendió a los maltratados y oprimidos. Este mural de la arquetípica figura femenina, que representa la Justicia, muestra el fervor de su intensa determinación para defender la libertad, las libertades y los derechos divinos de todas las gentes, entonces como ahora.

la vida. La Arcangelina del Tercer Rayo también le enseñó a Nada a expandir su llama trina para vivificar los chakras de sus hermanos y hermanas, para que con una percepción interior elevada pudieran bendecir a la gente y elevar la cultura de la Madre Divina en la Tierra a través de las artes.

En un dictado del 28 de agosto de 1982, Nada contó su historia:

> Al haber encarnado en una familia grande con muchos hermanos y hermanas de gran talento, vi cómo todos necesitaban en la práctica de su carrera profesional amor y cuidados y que se les guardara la llama del fuego sagrado para que pudieran tener éxito.
>
> Y así, aunque se me dio la opción de practicar mi propia carrera, sin que mis hermanos y hermanas lo supieran guardé

Caridad, mosaico

Como amable tutora de Nada en su última encarnación, la Arcangelina Caridad le enseñó a extraer el amor de su Presencia YO SOY y de la llama trina de su corazón e irradiarlo hacia la Naturaleza, a los constructores elementales de la forma. Los amados Arcángeles Chamuel y Caridad, llamas gemelas del Tercer Rayo, también le administraron a Nada las iniciaciones del Rayo Rubí cuando esta practicó las artes curativas en la Atlántida. Su retiro de sanación se encuentra sobre la zona de New Bedford (Massachusetts).

la llama en silencio, en profunda meditación y oración y ayudando externamente, entrando en contacto con las grandes esferas [cuerpo causal] de su plan divino y acelerando a través de los poderosos Arcángeles Chamuel y Caridad mi comprensión de que los adversarios del Amor son muchos y que el Amor es el poder total de la creatividad, y que el éxito del hijo o la hija de Dios como tal depende de la derrota del adversario del Amor, por cada punto un contrapunto.

Y, por tanto, durante el curso de la defensa de la Cristeidad de mis hermanos y hermanas, tuve que progresar y adquirir más maestría sobre mí misma para enfrentar a los caídos que intentaban frustrar sus sumamente magníficas corrientes de vida y lo que tenían que ofrecer al mundo. Por tanto, entendí el Amor como el fuego consumidor del Espíritu Santo que en efecto desafía y ata al malvado que se interpone...

Os puedo asegurar que al final de mi encarnación, cuando vi la victoria de cada uno de mis hermanos y hermanas, tuve la plenitud de mi alegría dentro de un corazón de Amor expandido, guardando la llama, guardando la llama y sabiendo que yo era necesaria, que era esencial para su victoria...

Al mundo le parecía, y quizá incluso a mí misma, que no hube llevado mucho a cabo. Pero me marché a las octavas superiores comprendiendo totalmente el significado de la maestría sobre uno mismo de la llama rosa. Por tanto, fue desde el punto del Tercer Rayo que entré en el corazón de Cristo y vi la aplicación [en el Sexto Rayo] como ministración y servicio.

Como Maestra del Sexto Rayo de Ministración y Servicio, la Maestra Ascendida Nada ayuda a ministros, misioneros, sanadores, maestros, psicólogos, asesores en leyes, gente profesional, funcionarios públicos del Gobierno, así como a los que se dedican a servir las necesidades de los niños de Dios en toda rama de los servicios humanos y de la salud. También se la encuentra al lado de hombres y mujeres de negocios, trabajadores especializados y no especializados, granjeros, rancheros, defensores de la Libertad y revolucionarios del Amor en todos los campos.

Por supuesto, Nada los ama a todos puesto que enseña el principio y la práctica de la labor sagrada como medio eficaz para

Dones de varias clases de lenguas y la interpretación de lenguas 157

lograr la meta de la ascensión. Adecuadamente, los lemas de sus discípulos son: «Yo sirvo», «El siervo no es mayor que su Señor» y «Yo soy el guardián de mi hermano».

Nada nos habla de las iniciaciones y la alegría del servicio abnegado:

> Comprended esta fórmula de la abnegación: Saber cuándo habéis llegado a ser abnegados significa no ser consciente de la opción de serlo. Con esto quiero decir que el curso natural de vuestra vida siempre prefiere el amor de Dios, el servicio a ese Dios encarnado. Ser consciente del yo, de sus placeres, sus privilegios, sus preferencias y después elegir renunciar a ese yo, es un paso en el sendero de la abnegación que de hecho hay que dar...
>
> Pero una vez que llegáis a ese centro, ya no sois conscientes de que elegís entre el Yo —el Yo Real— y el yo irreal. Porque os habéis convertido en ese Yo vivo y os identificáis con todas las preferencias para ser ese Yo, para estar sumergidos en ese Yo, para ser las manos, el corazón, la cabeza del Señor en cualquier parte donde se os necesite, en cualquier parte donde haga falta, sustituyendo a Dios, satisfaciendo cualquier necesidad y por tanto suministrando cada aspecto del Cristo en el que alguien pueda no estar realizado en lo que respecta a la maestría de la llama trina.
>
> Vuestra preferencia, pues, es la de suministrar la ternura y la compasión, al percibir la necesidad porque tenéis refinada vuestra sensibilidad con respecto a Dios, no solo por el Ojo Omnividente, sino por el ejercicio de los rayos secretos, al dejar que esos rayos fluyan por vosotros y no temiendo el dolor de la crucifixión, sino transformado totalmente ese dolor en la dicha de la comunión.

Los dones del Espíritu Santo que administra Nada son los de *varias clases de lenguas* y la *interpretación de lenguas*. Estos dones conllevan la maestría de los matices de la vibración de los cinco rayos secretos y sus casi infinitas combinaciones con los elementos de los siete rayos cuando las cualidades de la Palabra son emitidas por los pétalos de los chakras.

Respecto a las lenguas humanas, divinas y angélicas, estos dones conllevan la maestría del habla, la comunicación y pronunciación de la Palabra. Los dones van desde la maestría de las lenguas de la Tierra para la transmisión de la Palabra universalmente hasta el dominio de las lenguas de los ángeles como las hablan los mensajeros angélicos a través de la dotación de poder del Espíritu Santo.

Tales comunicaciones, producidas desde un estado cautivado, extasiado o alterado, son dictados (a veces ex cátedra) para la iniciación de almas y la transferencia de los fuegos sagrados desde los altares del cielo. Estos fuegos, afianzados a través del ungido, sin duda son para bendición de los santos que se afanan con Amor bajo el peso del karma planetario con el que cargan, o para atar, sin duda, a la progenie encarnada de los ángeles caídos cuya hora del juicio final ha llegado.

Los dones de lenguas también facilitan el entendimiento entre los pueblos y figuran en el arte de la diplomacia y el simple llevarse bien con el vecino (la suave respuesta que repele la ira; el sujetar la lengua, de lo que advirtió Santiago), consolar a un niño o al alma herida o enfrentarse con el poder del Espíritu del Señor a las recriminaciones del Demonio y los demonios posesivos.

Por tanto, la ciencia de la Palabra hablada con todas sus ramificaciones muy humanas y divinas es el punto fuerte de Nada, algo que ella transmite con los dones de lenguas y su interpretación. Del mismo modo, se debe tener en cuenta que una vez que se pronuncia la Palabra, al instante se convierte en la Obra manifiesta del Señor a través de Sus mediadores en la Tierra.

Siguiendo los pasos de Jesús, la amada Nada asumió totalmente su cargo como Chohán del Sexto Rayo el 31 de diciembre de 1959. Nada trabaja en el retiro de Jesús, en la octava etérica sobre Arabia Saudí, donde muchos discípulos del Señor han recibido su formación directamente de su Sagrado Corazón, cara a cara, durante los dos mil años en que el Salvador ocupó ese cargo.

Aquí, en el hogar del Príncipe de la Paz, Nada enseña y da ejercicios sobre la maestría Divina de las emociones y sobre cómo aquietar las pasiones exacerbadas del cuerpo de los deseos. Con el mantra de Jesús, «¡paz, enmudece!», ella demuestra el uso del plexo solar para emitir el poder de la paz a través de los siete centros sagrados. Aquí también desvela el misterio de lo que dijo Jesús: «El que cree en mí, de su interior correrán ríos de agua viva».

Además de dirigir a los discípulos en la aplicación de la radiante llama morada y oro del Sexto Rayo, un paso clave de los nueve de precipitación que enseñan el Maestro Alquimista Saint Germain y la Orden de Melquisedec (así como los Siete Poderosos Elohim y los elementales constructores de la forma), Nada hace hincapié en el sendero de la devoción *(bhakti yoga)* mediante el establecimiento de un lazo de corazón personal con Jesús. Este Lazo de Amor, nos dice ella, es la clave para «creer en él». Y, en este caso, ver es creer, ver cómo revestirse de su conciencia, asimilar su Cuerpo y su Sangre e interiorizar su Palabra.

La unión con el Cristo de Jesús, chakra a chakra, reforzada a través del Ser Crístico individual, es la puerta abierta para la instrumentación por parte del discípulo de ese flujo de luz desde el Gran Sol Central del que los hijos y las hijas de Dios mantienen el equilibrio para la Tierra y sus evoluciones. El flujo de luz proveniente del «vientre», que significa a través del plexo solar o lugar del Sol, tiene un significado espiritual:

Aquí el vientre se refiere al vientre como matriz o lugar preparado para la alquimia del alma con la que hará nacer al Divino Hijo Varón, la conciencia Crística de la era universal. Este conocimiento del yo como instrumento del Yo Superior, con su correspondiente revestirse de la luz del Gran Sol Central (el Hijo de Dios), conduce a la Autorrealización Divina de la Madre vista como el alma que es Mujer, «vestida del "Sol"».

Nada, mediante esta alquimia del Sexto Rayo del Amor de Cristo en combinación con la acción del Rayo Rubí del Tercer Rayo (presente en el Hijo Varón que posee los dones del Espíritu Santo mientras está en el vientre de su madre), ayudada por sus ángeles y devotos, contribuye a la mitigación de la tensión en el mundo y el peso astral de la conciencia de las masas. Por tanto, este sendero en el que se practica la presencia del Señor —que practican los suyos, que están en su corazón como él está en el de ellos— es el aspecto del Sexto Rayo y la acción de la transmutación del karma personal y planetario.

Nada nos habla de un hermoso ritual con el que, a través de un simple llamado, podemos ayudar a aliviar el estrés y la tensión que no solo tienen nuestros hermanos y hermanas, sino nuestro propio templo corporal:

> A Dios en el hombre debéis encomendarlo a los brazos del Espíritu Santo. Por tanto, os encomiendo a cada uno de vosotros. ¿Os vais a encomendar unos a otros a los brazos del Espíritu Santo y comprender que ese Espíritu Santo es la imagen inmaculada del Dios Padre-Madre?
>
> Y cuando os encomendáis antes de dormiros por la noche, antes de caminar por la senda y los caminos del mundo, cuando os encomendáis unos a otros a los brazos del Espíritu Santo, estáis sellando a cada cual en cierta matriz de perfección que está escudada y protegida a toda prueba, contra todas las dificultades, contra todas las tribulaciones.
>
> Por eso el Señor Cristo proclamó en la cruz: «En tus manos encomiendo mi Espíritu, oh, Dios». Por tanto, selló su alma en la perfección y la protección del Espíritu Santo. Vosotros debéis hacer esto todos los días por la individualidad de cada persona que tengáis confiada a vuestro cuidado, por toda la humanidad, por todo el cuerpo planetario, por los elementales y cada flor especial que mis ángeles ponen ahora en el cáliz cristalino de vuestro corazón.

En una era de libertad acuariana, las exigencias de quienes desean domar sus fuegos del alma son grandes. El verdadero Amor por los hermanos en Cristo engendra un deseo de maestría sobre uno mismo y un autocontrol en el ritmo y el trabajo conjunto de la Palabra y Obra del Señor a fin de que los logros de la Comunidad puedan reflejar la Cristeidad de iniciados que hayan traducido los nueve dones del Espíritu Santo a los nueve pasos alquímicos para construir el templo de Dios y el hombre.

Nada ofrece este consejo sensato para la maestría de nuestra alma sobre la alquimia en esta era:

> El vórtice de cada actividad debe contener una voluntad intensa. Cuando tiene el equilibrio de Alfa y Omega en el individuo, las llamas gemelas o los amigos, el aumento de

Dones de varias clases de lenguas y la interpretación de lenguas 161

la periferia es tan grande como el fuego del centro. Que la llama central, por tanto, revele todos los ingredientes de la meta, porque la alquimia misma depende de la fórmula. Si la fórmula no contiene la capacidad de bendecir la vida, de sanar la vida, de aumentar la sabiduría, estará autolimitada.

Por consiguiente, en los negocios, en el servicio, en cualquier actividad, considerad: ¿Cuán lejos viajará la luz? ¿Cuán lejos llegará el esfuerzo invertido? ¿Será bendecida toda la Tierra por haber vivido yo este momento y haberme esforzado por lo más alto? ¿O encontrarán un consuelo temporal solo los de mi círculo más inmediato?

Es muy cierto, amados corazones, que la maestría, como cualidad, por sí misma tiene muchas dimensiones. Y la sabiduría e inteligencia de la mente que guía y dirige un esfuerzo, que establece la meta y el medio de lograrla, han de ser consideradas principalmente como los ingredientes más importantes. En combinación con el amor, después el poder, la inteligencia y la planificación (la comprensión de todas las fases de un proyecto o diseño) significará que habéis descubierto una fórmula ilimitada que o bien se multiplicará y multiplicará mucho después de que hayáis caminado por la Tierra, o bien se elevará y volverá a caer.

Por tanto, ni el alma ni la meta en sí pueden elevarse más que su matriz. En vez de perseguir muchas pequeñas actividades, concentraos en lo que llegue a la estrella de vuestra Presencia YO SOY. Que vuestro Ser Crístico calcule la fórmula matemática: ¿Cuánto esfuerzo y planificación" ¿cuánta involucración hará falta para que el cohete del alma suba y acelere hasta la vibración de la Presencia YO SOY?

Esta autoevaluación de recursos, voluntad y metas es sumamente vital en la planificación familiar.

La Diosa de la Libertad ha afirmado que la posición del Consejo Kármico es que los padres no deberían tener más hijos de los que puedan cuidar y a los que puedan expresar adecuadamente su amor. Si embargo, el aborto como medio de control de natalidad está considerado como una violación de la llama sagrada de la Vida, que todo Guardián de la Llama ha prometido guardar. Por tanto, deben estudiarse y aplicarse otros medios para predeterminar el círculo familiar, porque cuando la vida, la vida sagrada, está en juego, uno no ha de actuar de cualquier modo como si traer niños al mundo y criarlos fuera una cuestión en manos del destino o los dioses.

La valía del individuo como potencial de ser Dios en manifestación es incalculable. Su violación a cualquier nivel está plagada de consecuencias kármicas de grandísimo alcance, como advirtió Jesús, a cualquiera que ofendiera incluso a uno de este pequeños. Por tanto, con ternura Nada patrocina a los niños del mundo, individuo a individuo, con frecuencia como respuesta a sus oraciones; o a sus gritos de angustia por estar abandonados; y tiene legiones de ángeles que asisten personalmente a los pequeños y a los jóvenes.

Ha de recordarse, no obstante, que a menos que el niño haya aprendido a rezar y lo haga todos los días, o que alguien rece por él a diario, los ángeles no tienen permitido sobrepasar sus límites y entrometerse o interceder en su vida. Por la justicia de la Ley Cósmica, que a menudo parece injusta, accidentes y calamidades pasan. Igual que vosotros decís, «todo tiene un precio», los Maestros Ascendidos dicen, «no hay hijos favoritos». Dios no hace acepción de personas, pero respeta el libre albedrío que ha pactado y legado de igual manera a todos quienes habitan en las esferas de la Materia.

La decisión de obtener la intercesión de las huestes angélicas y los Maestros Ascendidos en la vida de la familia y los niños, y entre marido y mujer, es una decisión diaria que solo podéis tomar vosotros. Ello implica la comunión con la Presencia YO SOY y un deseo consciente expresado en oración para que la voluntad de Dios asuma el mando en cada situación.

Cuando se lucha contra los demonios posesivos de la adicción y las enfermedades terminales de seres queridos, no hay nada que pueda sustituir a un fuerte y dinámico impulso acumulado de decretos, que un corazón fervoroso que estudie y aplique las enseñanzas que constan en nuestro libro, *La ciencia de la Palabra* hablada, puede lograr con bastante rapidez. Los que estén enfrentando dificultades de cualquier tipo deberían incluir en su lista de posibilidades para la solución de la crisis, la aplicación diaria y concertada de esta infalible Ley y luz. Los decretos funcionan si usted se pone a trabajar.

Nada nos habla de la respuesta que dio a la oración de una niña. Sepa, oh bendito lector, que ella contestará al llamado de su corazón tan sencilla y hermosamente como lo hizo con esta niña. Si se siente oprimido, no se rinda, más bien aproveche este momento para implorar por su inmediata ayuda en nombre de Jesús.

Recuerdo, hace muchos años, cuando una niña pequeña que ni siquiera conocía la existencia de los Maestros de Sabiduría, rezó a Dios y dijo: «Padre, si tienes a algún siervo en esta Tierra o en cualquier parte del universo que me ame y me ayude, no hace falta que vengas tú, mas envíalos a ellos y yo los recibiré como si fueras tú».

Y cuando rezó así, yo fui enviada. Y al principio me aparecí a ella como en un sueño. Me vio rodeada de rosas y puesto que era de crianza parroquial, pensó que era la Virgen María. Y así, en uno de sus sueños, la Virgen María también fue conmigo y entonces la niña, confundida, dijo: «Ah, tienes una hermana».

¿Entendéis la dulzura y sencillez de la mente infantil?

Y así, al final, ella encontró a dos amigas espirituales que guiaron su destino y la ayudaron a realizar todos sus estudios. Cuando se graduó, se hizo artista, autora de los cuadros más etéreos, y siguió el camino del arte todos los días de su vida.

Quiero que comprendáis que dentro de esa artista había muchos hermosos cuadros aún sin nacer, pinturas que nunca adornaron los lienzos del mundo. Y si la humanidad las hubiese visto, os digo que habría pagado todo lo que tuviera como precio por una de ellas.

Nada está especialmente preocupada de que las almas que encarnan reciban la necesaria educación espiritual, práctica y académica y que los padres entiendan la necesidad de dar a sus hijos disciplina con amor, pero firme y creativa, como preludio a su discipulado bajo el Cristo Cósmico.

En consecuencia, Nada está muy involucrada en la iniciación

y el patrocinio de las llamas gemelas y la familia de la era de Acuario. Y traza su círculo de amor alrededor de los hogares de luz donde padre y madre dan el ejemplo del Sendero y los hijos son instruidos en la Ley, desde que nacen, con los estándares adecuados y la acción correcta.

Sobre los problemas del crimen y la carga que sufren nuestros hijos con las drogas, Nada ha dicho: «El amor que hay que inculcar, empezando con vosotros mismos, es un amor tan tangible por Dios en la persona de unos y otros, por Dios en la persona de sus santos, sus ángeles, los Maestros, la Naturaleza y la sencillez de la vida misma, que ante la presencia de un amor tal, la abrogación de las leyes de Dios sea algo totalmente impensable».

Su patrocinio a los hermanos y las hermanas de la Orden de San Francisco y Santa Clara tiene exclusivamente el fin de la maestría en uno mismo del fuego sagrado en el sendero de la Madre Divina para que su servicio baste al llamado de «reyes y sacerdotes para Dios». Un logro así también puede ser el destino de cabezas de familia y amas de casa durante y después de los años de criar a los hijos, si así deciden consagrar su matrimonio. Porque grande es nuestro Dios y grandes son sus dispensaciones para quienes se adhieran al sendero más alto de los iniciados: la Cristeidad a través del Hijo de Dios.

En un dictado reciente junto al Poderoso Víctory, Nada habló de su patrocinio a las llamas gemelas:

> Vengo en la persona de la llama de la Madre, como Chohán y miembro del Consejo Kármico, a enseñaros y a caminar con vosotros. Vengo como iniciadora de llamas gemelas y almas compañeras y miembros de la comunidad de la sangha del Buda y la comunidad de Cristo. Porque, amados, las iniciaciones del Rayo Rubí son duras. Por tanto, hemos recomendado la asociación, de dos en dos, como Jesús envió a sus discípulos, que también recibieron algunas de estas pruebas.
>
> Cuando se produce la acción de ir de dos en dos, uno es portador de la llama Alfa y el otro de la Omega, formando un círculo de luz en el que no puede penetrarse, como una fortaleza infranqueable...

Comprended, pues, que la concesión de oportunidades e iniciaciones por parte de los Señores del Karma es con ese fin, para que las llamas gemelas, juntas, [puedan] entrar en el sendero de iniciación del Rayo Rubí. Por tanto, con o sin compañía (conocida o desconocida por vosotros), es bueno llamar a los Señores de la Llama, a los Santos Kumaras, para recibir esas iniciaciones [a impartirse] a vosotros y a vuestro amado.

Desde el hundimiento de Lemuria y después la Atlántida, círculos de Maestros y discípulos patrocinados por la Gran Hermandad Blanca han mantenido el equilibrio de luz de las evoluciones de la Tierra. Nada fue alguien que guardó la llama de la Tierra durante el período de gran oscuridad que cubrió la Tierra. Porque, como hemos señalado, los sacerdotes y las sacerdotisas que cuidaban de las llamas en los templos de la Atlántida y Lemuria (principalmente los que vinieron a la Tierra con Sanat Kumara) llevaron esas llamas a otros puntos.

Estos guardianes de la llama han continuado reencarnando como iniciados del fuego sagrado en el rayo y en el templo de su vocación. Ya sea que estén encarnados físicamente o desde el estado ascendido, ellos mantienen el equilibrio de Alfa y Omega en el cosmos Espíritu-Materia a través de la relación Gurú-chela.

Entremos ahora en su trayectoria y corramos con los portadores de la antorcha de la séptima era y su jerarca, el Maestro Ascendido Saint Germain.

Atántida. Auriel Bessemer

SÉPTIMO RAYO

7

SAINT GERMAIN
el Alquimista

Dones de profecía y obrar milagros

Entra en escena Saint Germain, 1 de mayo de 1684,
Dios de la Libertad de la Tierra.
Cubierto con un manto de estrellas,
está con su llama gemela,
la Diosa de la Justicia,
contra el trasfondo del Cosmos.
Ha venido a encender los fuegos de transmutación en el mundo
en corazones armonizados con los códigos cósmicos
y a evitar el cataclismo personal y planetario.
Aboga por la causa de la Libertad Divina
ante los consejos de los hombres
y presenta su caso ante
el cuerpo mundial de portadores de luz.
Ofrece recompensa por los oprimidos,
dádiva de su corazón, y de su mente,
la joya más extraordinaria entre todos nuestros suvenires terrenales,
y de su cuerpo causal:
Esfera tras esfera de riquezas suyas
cosechadas de la experiencia, la divina y la humana.
Todo esto ofrece.
Como un mendigo con su cuenco a rebosar,

trabaja por las calles del mundo
ojeando a paseantes,
esperando que aún uno entre un millón
tome el regalo ofrecido
y se lo pegue al pecho en reconocimiento
de la Fuente, del Sol,
y de la alquimia de la era tan cercana.
Sí, tan cercana como el libre albedrío y la Chispa Divina
está nuestro desenredo del dilema
de la duda y las ideas nocivas y la muerte.
Y tan lejos, tan lejos como está de la gracia
la envidia del trabajador fatigado por nuestra cita de Amor,
así es sin él la mañana de nuestra liberación
de enredos enmarañados de entrecruzadas kármicas
cuando hicimos garabatos y pasatiempos, siglos de aburrimiento
con personalidades más ínfimas que la suya.

Entre Saint Germain
en nuestro corazón por siempre, si tan solo lo dejamos.

Vivió para que los hombres fueran libres.

Eso, en una frase, resume las múltiples encarnaciones de Saint Germain. Aunque ha representado muchos papeles, en cada vida ha traído la luz Crística con profecía y con la alquimia de la libertad para liberar a la gente de la Tierra.

Entra a escena Saint Germain el 1 de enero de 1987.

Sale a la palestra como el Señor del Séptimo Rayo y la Séptima Era. Viene a iniciarnos en el don de *profecía* y el don de *obrar milagros* para que preveamos por el Espíritu de los profetas lo que se nos avecina y cambiemos el sentido de la marea con la llama violeta milagrosa.

Hace más de cincuenta mil años prosperó una civilización de oro en una tierra fértil con un clima semitropical, donde en la actualidad se encuentra el desierto del Sáhara. La llenaba una gran paz, felicidad y prosperidad, y estaba gobernada con justicia y sabiduría supremas por este mismo Saint Germain.

La mayoría de sus súbditos hacían un uso total y consciente de la sabiduría y el poder de Dios. Poseían capacidades que hoy día parecerían sobrehumanas o milagrosas. Sabían que eran extensiones del Sol Central, corrientes de Vida salidas el Gran Eje del cosmos Espíritu-Materia.

Porque su sabio gobernante les había representado con un gran mural en el centro de la capital, «la Ciudad del Sol», su historia cósmica, para que no se olvidaran de la Fuente de donde provenían ni su razón de ser: llegar a ser centros solares en este remota galaxia a la que ahora llamaban hogar, como extensiones de la Ley del Uno. Porque formaban parte de un universo en expansión. Y su sentido de proporción con respecto al Uno sustentaba una comprensión siempre presente del YO SOY EL QUE YO SOY.

Saint Germain era un maestro de la antigua sabiduría y el conocimiento de las esferas de la Materia. Gobernó con luz todos los aspectos de la vida; su imperio alcanzó un nivel de belleza, simetría y perfección que no se ha superado en la octava física. En verdad, los patrones celestiales se exteriorizaron en el cáliz cristalino de la tierra. Y la vida elemental servía para mantener la pureza de los cuadrantes de la Materia.

La gente consideraba a su jerarca como la expresión más grande de Dios a quien deseaban imitar, y grande era su amor por su presencia. Él era la encarnación del arquetipo de Cristeidad universal correspondiente a esa dispensación, a quien ellos podían mirar como el estándar de su propia Divinidad emergente.

Guy W. Ballard, bajo el pseudónimo de Godfré Ray King, relató en su libro *Misterios Desvelados* un viaje del alma en el que Saint Germain lo llevó a ver el registro akáshico de este civilización y su declive.[1]

Saint Germain le explicó que, «como en todas las épocas del pasado, hubo cierta cantidad de gente que llegó a interesarse más por los placeres temporales de los sentidos que por el mayor plan creativo del Gran Yo Divino. Esto provocó que perdieran la conciencia del Poder Divino por todo el país, hasta que permaneció activa en poco más que la ciudad [capital]. Los que gobernaban se dieron cuenta de que debían retirarse y dejar que la gente aprendiera, a través de la dura experiencia, que su felicidad y lo bueno que tenía provenía de la adoración al Dios interior, y que debía volver a la luz si quería ser feliz».

Por tanto, un consejo cósmico le dijo al gobernante (el representante encarnado de la jerarquía espiritual de la Tierra bajo Sanat Kumara) que debía retirarse de su imperio y su amado pueblo. Desde ese momento el karma sería el Gurú del pueblo y su Legislador, y el libre albedrío determinaría cuál sería su legado de luz, si acaso, que el pueblo conservaría.

Según el plan, el rey celebró un gran banquete en la Sala Enjoyada de su palacio, con la asistencia de sus consejeros y funcionarios públicos. Después de la cena, que se había precipitado en su totalidad, apareció una copa de cristal llena de «pura esencia electrónica» a la derecha de cada uno de los 576 invitados. Era el cáliz de comunión de Saint Germain, quien con su manto y cetro de los antiguos reyes-sacerdotes dio su propia luz-esencia a quienes servían fielmente al reino para gloria de Dios.

Al beber en honor a la «Llama del Dios Vivo Altísimo», todos supieron que nunca olvidarían por completo la chispa divina del Yo Divino interior. Esta protección para el alma que les concedió el agradecido corazón de Saint Germain se mantendría a lo largo de los siglos hasta que ellos volvieran a encontrarse en una civilización donde los ciclos cósmicos hubieran cambiado y se les diera todo el conocimiento para buscar la Unión Divina, esta vez para nunca más salir de la Ciudad Dorada del Sol.

Ahora, un Maestro Cósmico salido del Gran Silencio habló. Su mensaje se transmitió desde la sala del banquete por todo el reino. El ser resplandeciente, que únicamente se identificó con la palabra *Victoria* escrita en su frente, advirtió que se avecinaba una crisis, reprendió al pueblo por su ingratitud y por descuidar la Gran Fuente Divina y le recordó el antiguo mandato de obedecer la Ley del Uno: Amor. Después dio la siguiente profecía sobre su karma:

> Se aproxima a vuestras fronteras un príncipe visitante. Entrará en esta ciudad en busca de la hija de vuestro rey. Os

veréis sometidos al gobierno de este príncipe, pero el reconocimiento de vuestro error será inútil. Nada servirá, porque la familia real será llevada bajo la protección y el cuidado de aquellos cuyo poder y autoridad son de Dios y contra quien ningún deseo humano puede prevalecer. Estos son los grandes Maestros Ascendidos de luz de la dorada ciudad etérica sobre esta tierra. Ahí habitarán vuestro gobernante y sus amados hijos durante un ciclo de tiempo.

El rey y sus hijos se retiraron siete días más tarde. El príncipe llegó al día siguiente y asumió el poder sin oposición.

Al estudiar la historia de la corriente de vida de Saint Germain, veremos que una y otra vez el Maestro y su forma de maestría Divina han sido rechazados por los mismos a los que él ha querido ayudar, a pesar del hecho de que sus dones de luz, vida y amor —frutos de su condición de adepto ofrecidos gratuitamente—, sus hazañas alquímicas, el elixir del juventud, las invenciones y los pronósticos sí se han recibido sin reparos.

La meta de sus encarnaciones, desde la civilización de oro del Sáhara hasta el último momento de su vida como Francis Bacon, siempre fue liberar a los hijos de la luz, especialmente a aquellos que en su descuido al manejar los principios ígneos de la Ley habían sido abandonados en la soledad de su karma, en cuyos vicios a menudo estaban capturados. Su meta fue ver el cumplimiento de la oración que ofreció durante el último banquete de su reinado:

> Si deben vivir la experiencia que consume y quema los desechos y las nubes del yo exterior, sostenlos Tú y al fin llévalos a Tu Perfección Eterna. Te llamo, Tú, Creador del Universo, Tu, Dios Supremo y Omnipotente.

Como Sumo Sacerdote del Templo de la Llama Violeta en el continente de la Atlántida, hace trece mil años, Saint Germain sustentó con sus invocaciones y su cuerpo causal una columna de fuego, una fuente de llama violeta cantarina, que atraía a la gente de todas partes para liberarse de toda condición esclavizante de cuerpo, mente y alma. Esto lo lograban mediante el propio esfuerzo, ofreciendo invocaciones y con la práctica de los rituales del Séptimo Rayo dedicados al fuego sagrado.

Una baranda circular de mármol detalladamente tallado rodeaba el santuario donde los suplicantes se arrodillaban para adorar la llama Divina, que algunos veían como una llama violeta física, otros como una luz «ultravioleta» y que otros no veían en absoluto, aunque las poderosas vibraciones sanadoras eran innegables.

El templo estaba construido con un mármol magnífico, de un tono que iba del blanco brillante, moteado de venas violetas y púrpuras, hasta los tonos más intensos del espectro del Séptimo Rayo. El núcleo central del templo era un salón circular recubierto de mármol violeta sobre un piso de mármol morado intenso. De tres pisos de altura, estaba situado en medio de un complejo de zonas adyacentes para el culto y las varias funciones de sacerdotes y sacerdotisas, que daban sus cuidados a la Llama y mediaban la voz de luz y profecía de la Llama para el pueblo. Los oficiantes ante este altar estaban educados según el sacerdocio universal de la Orden de Melquisedec en el retiro del Señor Zadquiel, el Templo de la Purificación, en la zona de las Indias Occidentales.

A través de las alturas y las profundidades de las eras que han acaecido con posterioridad, Saint Germain ha utilizado ingeniosamente el impulso acumulado del Séptimo Rayo de su cuerpo causal para asegurar la libertad para los guardianes de la llama que han mantenido con vida «ascuas» del altar de llama violeta de su templo de la Atlántida. Saint Germain ha ensalzado y ejemplificado la libertad de la mente y el espíritu. Dotando a las cuatro libertades sagradas de identidad propia, ha defendido nuestra libertad de la interferencia del Estado, los juicios amañados o el ridículo público en asuntos que van desde la investigación científica y las artes curativas hasta la búsqueda espiritual.

Sobre una plataforma de derechos humanos básicos para un público responsable y razonador educado según los principios de la libertad y la igualdad de oportunidad para todos, Saint Germain nos ha enseñado a aceptar nuestro derecho inalienable de vivir de acuerdo con nuestra idea más alta de Dios. Porque el Maestro ha dicho que ningún derecho, por sencillo o básico que sea, puede conservarse si no está apuntalado por las gracias espirituales y la Ley Divina, que instila una justicia compasiva en su ejercicio.

Volviendo a la escena del karma de su pueblo cuando fue Samuel, profeta del Señor y juez de las doce tribus de Israel (c. 1050 a. C.), Saint Germain fue el mensajero de Dios para la liberación de la progenie de Abraham de la esclavitud de los sacerdotes corruptos, los hijos de Eli, y de los Filisteos, que los habían derrotado. Con la señal especial de la rosa azul de Sirio en su corazón, Samuel dio a los Israelitas recalcitrantes una profecía que guarda un paralelo con su discurso del siglo xx, ambos vinculados inextricablemente con los pactos de Dios acerca del karma, el libre albedrío y la gracia: «Si de todo vuestro corazón os volvéis al Señor, quitad los dioses ajenos y a Astarot de entre vosotros, y preparad vuestro corazón al Señor, y solo a él servid, y os librará de la mano de los filisteos».

Samuel ungiendo a David, Jan Victors

Cuando el desobediente rey Saúl rechazó la palabra del Señor y el Señor lo rechazó a él como rey, «porque como pecado de adivinación es la rebelión, y como ídolos e idolatría la obstinación», el Señor envió a Samuel a la casa de Isaí, en Belén, para que ungiera al pastor David, el más pequeño de los hijos de Isaí, como rey de Israel.

La visión de San José, Philippe de Champaigne

«He aquí un ángel del Señor apareció en sueños a José y dijo: Levántate y toma al niño y a su madre, y huye a Egipto, y permanece allá hasta que yo te diga; porque acontecerá que Herodes buscará al niño para matarlo. Y él, despertando, tomó de noche al niño y a su madre, y se fue a Egipto». (Mateo 2:13, 14)

Después, cuando el rey Saúl desobedeció a Dios, Samuel liberó al pueblo de su tiranía ungiendo al rey David.

Fiel al hilo profético que discurre por todas sus vidas, Saint Germain fue San José, del linaje del rey David, hijo de Isaí, recipiente escogido del Espíritu Santo, padre de Jesús en cumplimiento de la palabra del Señor a Isaías: «Saldrá una vara del tronco de Isaí, y un vástago retoñará de sus raíces...».

Vemos, pues, que en cada encarnación de Saint Germain está presente la cualidad de la alquimia, una transmisión de poder Divino.

Ordenado así como instrumento del Señor, Samuel transfirió Su fuego sagrado en la unción de David y de una manera igual de científica se lo quitó al rey Saúl cuando el Señor lo rechazó como rey sobre Israel. Esta inconfundible señal del adepto del Séptimo Rayo, a menudo de apariencia humilde, también estuvo

Dones de profecía y obrar milagros

San Albán y el Verdugo, artista desconocido

Albán era un romano próspero, nativo de Verulam, que fue por muchos años una de las ciudades más pobladas de Britania. Como nos cuenta el reverendo Alban Butler en su libro, **Vidas de los padres, mártires y otros santos principales (Lives of the Fathers, Martyrs and Other Principal Saints)**, viajó a Roma en su juventud «para mejorar su aprendizaje y todas las artes de la buena educación… Cuando regresó, se asentó en Verulam y allí vivió con algo de dignidad». Pero Albán renunció a todo eso cuando se hizo cristiano y le sentenciaron a muerte.

El poder de conversión retrasó su ejecución. Después de que se abriese un río en respuesta a sus oraciones, «el verdugo se convirtió al ver el milagro… y soltando su espada desnuda cayó a los pies del santo, rogándole morir con él o, mejor, en su lugar. La repentina conversión del verdugo ocasionó una demora en la ejecución. Entretanto, el santo confesor, con la muchedumbre, subió al monte». Ahí Albán cayó de rodillas. «Al rezar, una fuente manó, con cuya agua refrescó su sed. Habiéndose hallado a otro verdugo, este cortó la cabeza del mártir».

presente como el poder del Espíritu Santo para la conversión de almas y el control de las fuerzas naturales en su vida como San Albán, siglo III, primer mártir de las Islas Británicas.

Albán, soldado romano, escondió a un sacerdote fugitivo y fue convertido por él, sentenciado a muerte después por disfrazarse del sacerdote y permitir que este escapara. Se reunió una gran multitud para presenciar su ejecución, demasiados para pasar por el estrecho puente que debía atravesarse. Albán rezó y el río se abrió, y su verdugo, habiéndose convertido, le rogó morir en su lugar. Su petición fue denegada y el verdugo fue decapitado ese mismo día junto al santo.

Pero Saint Germain no siempre había de encontrase en las filas de la Iglesia. Luchó contra la tiranía allá donde la encontró, incluso en la doctrina cristiana falsa. Como Maestro Instructor detrás de los neoplatónicos, Saint Germain fue la inspiración interior del filósofo griego Proclo (c. 410-485 d. C.). Reveló la vida anterior de su pupilo como un filósofo pitagórico, mostrándole también a Proclo la farsa que era el cristianismo de Constantino y la valía del sendero del individualismo (que conduce a la individualización de la llama Divina), a lo que los cristianos llamaban «paganismo».

Como cabeza de la sumamente reconocida Academia de Platón en Atenas, Proclo basó su filosofía en el principio de que solo existe una realidad: «Una», que es Dios o la Divinidad, la meta suprema de los esfuerzos en la vida. El filósofo dijo: «Más allá de todos los cuerpos está la esencia del alma y más allá de todas las almas, la naturaleza intelectual, y más allá de todas las existencias intelectuales, el Uno».[2] A lo largo de sus encarnaciones, Saint Germain dio muestras de una enorme amplitud de conocimientos en la Mente de Dios; no sorprende el abanico cognitivo de su pupilo. Sus escritos se extienden a casi todos los departamentos del aprendizaje.

Proclo reconoció que su iluminación y filosofía venían de arriba; de hecho, él creía que era alguien a través de quien la humanidad recibía la revelación divina. «No parecía carecer de inspiración divina —escribió su discípulo Marinus— porque producía de su sabia boca palabras parecidas a la nieve más gruesa; de modo que sus ojos emitían un resplandor brillante y el resto de su rostro participaba de la iluminación divina».[3]

Así, Saint Germain, de blanco atuendo, zapatillas enjoyadas y cinturón emisor de fuego estelar desde mundos remotos, era el Maestro misterioso que sonreía detrás del velo, reflejando las imaginaciones de su mente en el alma del último de los grandes filósofos neoplatónicos.

Saint Germain fue Merlín. La inolvidable figura, casi irrecuperable, que ocupa las nieblas de Inglaterra y está a punto de aparecer en cualquier momento para ofrecernos una copa de elixir chispeante. Él es el «viejo» que conoce los secretos de la juventud y la alquimia, que marcó las estrellas de Stonehenge y movió una piedra o dos, eso dicen, con sus poderes mágicos; y que no sorprendería a nadie si de repente se apareciera en un escenario de Broadway, o en los bosques de Yellowstone, o a nuestro lado en cualquier autovía de cualquier parte.

Porque Saint Germain *es* Merlín.

Entra en escena Merlín, 1 de enero de 1987, con su última profecía para héroes, caballeros, damas, locos y villanos del Cámelot de Acuario.

Merlín, el querido Merlín, nunca nos ha dejado; su espíritu cautiva las eras, nos hace sentir tan especiales y únicos como sus adornos de diamante y amatista. Merlín es la Presencia irremplazable, un vórtice sonoro en torno a cuya ciencia, leyenda y romance fatal se ha enroscado la civilización occidental.

Era el siglo v. En medio del caos que dejó la lenta muerte del Imperio romano, un rey surgió para unir a una tierra fragmentada por jefes guerreros y desgarrada por invasores sajones. A su lado estaba el viejo; mitad sacerdote druida, mitad santo cristiano; vidente, mago, consejero, amigo, que guio al rey a través de doce batallas para unir a un reino y dar una oportunidad de paz.

En algún momento el espíritu de Merlín sufrió una catarsis. La escena era la de una batalla feroz, cuenta la leyenda. Al presenciar la matanza, le invadió la locura, la de ver al mismo tiempo el pasado, el presente y el futuro, algo tan peculiar en el linaje de los profetas. Huyó al bosque para vivir como un salvaje; y un día, tras sentarse bajo un árbol, empezó a pronunciar profecías sobre el futuro de Gales.

«Me sacaron de mi verdadero ser», dijo. «Era un espíritu y conocía la historia de gente del lejano pasado y podía predecir el futuro. Entonces conocí los secretos de la naturaleza, el vuelo de las aves, los caminos de las estrellas y la forma en que se deslizan los peces».[2] Las dos pronunciaciones proféticas y sus poderes «mágicos» sirvieron para un fin: la creación de un reino unido de las tribus de los viejos Britanos. Su presencia por doquier la recuerda un nombre céltico primitivo de Britania, *Clas Myrddin*, que significa «Recinto de Merlín».[3]

Al aconsejar y ayudar a Arturo a establecer su reinado, Merlín quiso hacer de Britania una fortaleza contra la ignorancia y la superstición donde el logro Crístico pudiera florecer y la devoción al Uno pudiera prosperar en la búsqueda del Santo Grial. Sus esfuerzos en esta tierra habrían de dar fruto en el siglo XIX, cuando las Islas Británicas se convirtieron en el lugar donde la iniciativa individual y la industria pudieron prosperar como nunca en dos mil años.

Pero incluso cuando Cámelot, la rosa de Inglaterra, brotaba y florecía, la belladona se enroscaba en sus raíces. La brujería, las intrigas y la traición destruyeron Cámelot, no el amor de Láncelot y Ginebra como sugiere la representación misógina de Tom Malory. Ay, el mito que sembró ha opacado a los verdaderos culpables todos estos siglos.

Fue el hijo bastardo del rey, Modred, con su media hermana

El Bardo, Thomas Jones, 1774

Habitante de lugares salvajes, Merlín, por leyenda, pidió a su hermana que le construyera un edificio lejano, «al que le darás setenta puertas y tantas ventanas, a través del cual pueda yo ver a Fobos echar fuego con Venus y observar de noche las estrellas que ruedan en el firmamento; y me enseñarán cosas del futuro de la nación». ¿Suena como la descripción de Stonehenge? Durante siglos la gente creía que el antiguo observatorio astrológico fue construido por el propio Merlín. Los científicos dicen que precede al mago por milenios. ¡Pero quién sabe qué viejo sea Merlín!

Margawse,[4] quien, con Morgana le Fay y un círculo de hechiceras como ella y caballeros negros, se propusieron robar la corona, encarcelar a la reina y destruir por un tiempo los lazos de un Amor que ellos (del sendero de la izquierda) nunca han conocido ni podrían; una Realidad que toda su voluntad, guerras y encantamientos no podían tocar.

Por tanto, con un corazón triste y el espíritu de un profeta que había tenido visiones de tragedia y desolación, alegrías fugaces y la desgarradora angustia de la retribución kármica actuando de manera interminable, Merlín entró en la escena de su propio desenlace para quedar atado con hechizos que él mismo dijo por la estúpida y taimada Vivien... y dormir. Sí, errar es humano, pero añorar a la llama gemela que no está ahí es el destino de muchos caballeros errantes, reyes o profetas en soledad que quizá deberían haber desaparecido en la niebla antes que sufrir una triste ignominia por su pueblo.

Algunos dicen que Merlín aún duerme, pero subestiman gravemente al resistente espíritu del sabio que volvió, esta vez en la Inglaterra del siglo XIII disfrazado de Roger Bacon (c. 1214-1294). Vuelve a escena Merlín, científico, filósofo, monje, alquimista y profeta, para llevar adelante su misión de establecer las amarras científicas de la era de Acuario, que su alma un día patrocinaría.

La expiación de esta vida consistía en ser la voz que grita en el desierto intelectual y científico que era la Britania medieval. En una era en la cual ni la teología ni la lógica dictaban los parámetros de la ciencia, él promovió el método experimental, declaró su creencia en que el mundo era redondo y reprendió a los eruditos y científicos de su época por

Roger Bacon,
Gordon Ross, 1941

su estrechez de miras. Así, está considerado como el precursor de la ciencia moderna.

Pero también fue un profeta de la ciencia moderna. Aunque es improbable que hiciera experimentos para determinar la posibilidad de las invenciones posteriores, predijo el globo aerostático, una máquina voladora, anteojos, el telescopio, el microscopio, el ascensor y la naves y carruajes impulsados mecánicamente; ¡y escribió sobre ellos como si existieran de verdad! Bacon también fue el primer occidental en dejar constancia de las indicaciones exactas para hacer pólvora, pero mantuvo la fórmula en secreto para que no se utilizara para hacer daño. ¡No es de extrañar que la gente lo creyera un mago!

No obstante, igual que Saint Germain hoy nos dice en sus *Estudios sobre Alquimia* que los «milagros» se obran mediante la aplicación precisa de las leyes universales, Roger Bacon quiso que sus profecías demostraran que las máquinas voladoras y los aparatos mágicos eran producto del empleo de la ley natural que los hombres descubrirúan con el tiempo.

¿De dónde obtuvo Bacon su asombroso conocimiento? «El verdadero conocimiento no tiene su origen en la autoridad de otros, ni en una ciega lealtad a dogmas anticuados», dijo. Dos de sus biógrafos afirman que Bacon creía que el conocimiento «es una experiencia personal en extremo; una luz que se comunica solo en la privacidad más interior de la persona a través de imparciales canales de todo el conocimiento y todo el pensamiento».[5]

Y así, Bacon, que había sido conferencista en Óxford y en la Universidad de París, decidió separarse él mismo y sus pensamientos de los residentes de pose y postulados del mundo académico. Buscaría y hallaría su ciencia y su religión. Al entrar en la Orden Franciscana de Frailes Menores, dijo: «Llevaré a cabo mis experimentos sobre las fuerzas magnéticas de la calamita en el mismo santuario en el que mi colega científico, San Francisco, realizó sus experimentos sobre las fuerzas magnéticas del amor».[6]

Pero la visión científica y filosófica del mundo que tenía el fraile, sus atrevidos ataques a los teólogos del momento y su estudio de alquimia, astrología y magia resultaron en acusaciones por «herejías y novedades», por las cuales fue encarcelado en 1278 ¡por sus compañeros franciscanos! Lo mantuvieron en reclusión en solitario durante catorce años,[7] poniéndolo en libertad poco antes de su muerte. Aunque el reloj de su vida había terminado su recorrido, con el cuerpo roto, Bacon sabía que sus esfuerzos no dejarían de tener un impacto en el futuro.

La siguiente profecía, que dijo a sus estudiantes, muestra los grandes ideales revolucionarios del indomable espíritu de su llama viva de la libertad, portavoz inmortal de nuestras libertades científicas, religiosas y políticas:

> Creo que la humanidad aceptará como axioma para su conducta el principio por el que he dado mi vida, el derecho a investigar. Es el credo de hombres libres, esta oportunidad de intentarlo, este privilegio de errar, este valor de experimentar de nuevo. Nosotros, científicos del espíritu humano, experimentaremos, experimentaremos, experimentaremos siempre. A través de los siglos de ensayo y error, a través de agonías de investigación... experimentemos con leyes y costumbres, con sistemas monetarios y gobiernos, hasta que tracemos el único rumbo verdadero, hasta que encontremos la majestuosidad de nuestra órbita como los planetas en lo alto han hallado la suya... Y entonces, al fin, nos moveremos todos juntos en la armonía de nuestras esferas bajo el gran impulso de una única creación; una unidad, un sistema, un diseño.[8]

Para establecer esta libertad en la Tierra, la corriente de vida de Saint Germain dio otro giro, como Cristóbal Colón (1451-1506). Pero más de dos siglos antes de que Colón zarpara, Roger Bacon había preparado el camino para el viaje de tres barcos y el descubrimiento del Nuevo Mundo cuando afirmó en su *Opus Majus* que «el mar entre el fin de España al oeste y el principio de la India al este es navegable en pocos días si el viento es favorable».[9]

Aunque la frase era incorrecta ya que la tierra al oeste de España no es la India, fue coyuntorio en el descubrimiento de Colón. El cardenal Pierre D'Ailly lo copió en su *Imago Mundi* sin anotar la autoría de Bacon. Colón leyó su obra y citó el pasaje en una carta de 1498 a los reyes católicos, diciendo que su viaje

Cristóbal Colón

La «persona externa y la disposición corporal» de Colón fueron descritas así por el obispo Bartolomé de las Casas, 1474-1566: «Era más alto de lo normal; de rostro largo y porte noble; la nariz aguileña; los ojos azules; su complexión blanca y algo rojiza; su barba y cabello rubio en juventud, aunque pronto se hicieron canas por las dificultades soportadas; tenía un agudo ingenio y alegría en el hablar, y como la mencionada historia portuguesa dice, era elocuente y pretencioso en sus asuntos; era moderadamente serio; afable con los extraños; amable y de buen humor con los de su casa... de conversación discreta y, por tanto, capaz de atraer amor de todos los que lo veían. Finalmente, su persona y sus modales venerables revelaban a una persona de gran estado y autoridad y digno de toda reverencia».

de 1498 tenía como inspiración, en parte, esta frase visioniaria.

Colón creía que Dios lo había hecho «mensajero del nuevo cielo y la nueva tierra de la que Él habló en el Apocalipsis de San Juan, después de haber hablado de ello por boca de Isaías».[10]

Su visión se retrotrae hasta la antigua Israel, quizá incluso más allá. Porque al descubrir el Nuevo Mundo, Colón creyó que era el instrumento con el que Dios, como escribió Isaías en torno a 732 a. C., «recobraría el remanente de su pueblo... y reuniría a los desterrados de Israel, y reuniría a los dispersados de Judá de los cuatro rincones de la Tierra».

Veintidos siglos pasaron antes de que ocurriera algo visible que pareciera el cumplimiento de esta profecía. Pero a finales del siglo XV, Cristóbal Colón se preparaba en silencio para preparar el camino del cumplimiento de esta profecía, seguro de que había sido escogido divinamente para su misión. Estudió los profetas bíblicos, al escribir pasajes relativos a su misión en un libro de su creación titulado, *Las Proficias;* en su forma completa, *Profecías de la Recuperación de la sta. Ciudad de Hierusalem y del descubrimiento de las Indias.* Aunque hay un punto que apenas se reseña, es un hecho tan arraigado en la historia que incluso la *Encyclopaedia Britannica* dice de forma inequívoca que «Colón descubrió América por profecía más que por astronomía».[11]

«En cuanto a la realización de esta empresa de las Indias —escribió a los reyes católicos en 1502— ni razón ni matemáticas ni mapas me sirvieron: se cumplieron plenamente las palabras de Isaías». Se refería a Isaías 11:10-12.

Así, vemos que vida tras vida, Saint Germain, tanto si su mente exterior lo supiera de continuo como si no, recreaba esa senda dorada hacia el Sol, un destino cumplido para adorar la Presencia Divina y restablecer una era de oro perdida.

Como Francis Bacon (1561-1626), la mente más grande que Occidente ha producido jamás, sus múltiples logros en todos los campos catapultaron al mundo hacia una etapa establecida para los hijos de Acuario. En esta vida fue libre de concluir la obra que comenzó como Roger Bacon.

Los eruditos han observado las similaridades entre los pensamientos de los dos filósofos e incluso entre el *Opus Majus,* de Roger, y los *De Augmentis* y *Novum Organum,* de Francis. Esto se convierte en algo todavía más sorprendente si consideramos el hecho de que el *Opus* de Roger Bacon nunca se publicó durante su vida, cayó en el olvido y no apareció impreso hasta 113 años después del *Novum Organum* de Francis Bacon y 110 años después de su *De Augmentis.*

El ingenio sin igual de su alma inmortal, este rey-filósofo, este sacerdote-científico, bien pudo mantener su humor con el testarudo lema creado a causa de tiranos, torturas y tragedias: ¡Si te ganan en una vida, vuelve y gánales tú en la siguiente!

Retrato de Francis Bacon, grabado por W. C. Edwards, según una pintura de Paul van Somer painting, c. 1616

Francis Bacon, el mayor intelecto de Gran Bretaña, fue el padre del razonamiento inductivo y el método científico moderno, condujo experimentos propios, guio a un grupo de escritores entre los más importantes de la era isabelina, supervisó la traducción de la versión bíblica del rey Jacobo, apoyó la colonización del Nuevo Mundo y Terranova e incluso, dicen algunos, fue el autor de las obras de Shakespeare.

Francis Bacon es conocido como el padre del razonamiento inductivo y el método científico que, más que cualquier otra contribución, son responsables de la era tecnológica en la que vivimos hoy día. Bacon previó que solo la ciencia aplicada podía liberar a las masas de la desgracia humana y el afán por sobrevivir, a fin de que la gente pudiera buscar una espiritualidad más elevada de la que conocían. Así, la ciencia y la tecnología eran algo esencial para el plan de Saint Germain de liberar a sus portadores de luz y, a través de ellos, a toda la humanidad.

¡Su siguiente paso fue nada menos que la iluminación universal!

«La Gran Instauración» (restauración después del decaimiento, lapso o dilapidación) fue su fórmula para transformar «todo el mundo». Concebido primero cuando Bacon era solo un niño de doce o trece años y después cristalizado en 1607 en su libro del mismo nombre, lanzó en efecto el Renacimiento inglés con la ayuda de la tierna y cariñosa persona de Francis. Durante más de un año reunió a su alrededor a un grupo de iluminados que fueron responsables, entre otras cosas, de casi toda la literatura isabelina: Ben Jonson, John Davies, George Herbert, John Selden, Edmund Spenser, Sir Walter Raleigh, Gabriel Harvey, Robert Greene, Sir Philip Sidney, Christopher Marlowe, John Lyly, George Peele y Lancelot Andrewes.

Algunos de ellos formaban parte de una «sociedad secreta» que Francis había formado con su hermano Anthony cuando los dos eran estudiantes de leyes en Gray's Inn. Este grupo novato, «Los Caballeros del Casco», tenía como meta el avance del aprendizaje mediante la expansión de la lengua inglesa y la creación de una nueva literatura escrita no en latín, sino con palabras que los ingleses pudieran entender.

Francis también organizó la traducción de la versión bíblica del rey Jacobo, decidido a que la gente común tuviera el beneficio de leer la Palabra de Dios por sí misma. Además, como se descubrió en la década de 1890 en dos códigos distintos (texto cifrado y clave biliteral integrada en la letra de las impresiones de los *Folios* de Shakespeare),[12] Francis Bacon fue el autor de las obras atribuidas al actor del escuálido pueblo de Strarford-on-Avon. Él fue el genio literario más grande del mundo occidental.

Bacon también estuvo detrás de las ideas políticas sobre las que se basa la civilización occidental. Thomas Hobbes, John Locke y Jeremy Bentam tomaron a Bacon como punto de partida ideológico. Sus principios revolucionarios son el motor que ha impulsado a todo un país. Son la esencia del espíritu entusiasta. «Los hombres no son animales erguidos —aseveró Bacon— sino Dioses inmortales. El Creador nos ha dado almas iguales al mundo entero, pero insaciables hasta con todo un mundo».[13]

Francis Bacon también continuó con la tarea que hubo comenzado como Cristóbal Colón, promoviendo la colonización del Nuevo Mundo, porque sabía que ahí era donde sus ideas podrían echar raíces más profundamente y florecer totalmente. Convenció a James I de que constituyera Terranova y fue un oficial de la Compañía de Virginia, que patrocinó el asentamiento de Jamestown, la primera colonia permanente de Inglaterra en América. Y fundó la francmasonería, dedicada a la libertad y la iluminación de la humanidad, cuyos miembros tuvieron un importante papel en la fundación de una nueva nación.

Pero podría haber sido una bendición incluso mayor para Inglaterra y para todo el mundo si le hubieran permitido cumplir su destino. Los mismos códigos que existen en las obras de Shakespeare también constan en las obras de Francis Bacon y las de muchos componentes de su círculo de amigos. Ambos códigos contienen la verdadera historia de su vida, los pensamientos de su alma y cualquier cosa que quiso legar a generaciones futuras, pero que no pudo publicar abiertamente por temor a la reina.[14]

Sus secretos revelan que debió ser Francis i, rey de Inglaterra. Era hijo de la reina Isabel i y Robert Dudley, Lord Leicester, nacido cuatro meses después de una ceremonia matrimonial secreta. Pero ella, deseando mantener su condición de «reina virgen» y con temor a que si reconocía su matrimonio tuviera de ceder poder al ambicioso Leicester, también porque el pueblo pudiera preferir un heredero varón antes que a ella y exigir que la reina se retirara prematuramente del trono, se negó a permitir que Francis, so pena de muerte, asumiera su verdadera identidad.

La reina lo mantuvo en la incertidumbre toda su vida, no dándole nunca su cargo público, no proclamándole como su hijo, no permitiéndole que realizara las metas que tenía para Inglaterra. No, no permitiría que su hijo trajera la era de oro de Britania que debió ser, pero que nunca fue. ¡Qué destino cruel, una reina madre inflexible, desdeñosa ante su príncipe de la era de oro!

Francis se crio como hijo adoptivo de Sir Nicholas y Lady Anne Bacon, y a los quince años escuchó la verdad sobre su nacimiento de boca de su madre, al mismo tiempo que ella le vetó para siempre la sucesión. En una noche su mundo se convirtió en un desastre. Como un joven Hamlet, reflexionó una y otra vez sobre la cuestión: «¿Ser o no ser?». Esa era su cuestión.

Al final decidió no rebelarse contra su madre ni después contra su incompetente sucesor, Jacobo i. A pesar del gran bien que sabía que podía hacer por Inglaterra, a pesar de su visión del país «como podría ser, si estuviera gobernada inteligentemente».[15] Sabía que en sí tenía el poder de ser un monarca como el país no había visto nunca, un verdadero padre de la nación. Escribió sobre los «impulsos del cuidado patriarcal divino por su pueblo» que ejercería,[16] matices del emperador de la era de oro del Sáhara.

Afortunadamente para el mundo, Francis decidió buscar su meta de iluminación universal en los ámbitos de la literatura y la ciencia, como consejero del trono, partidario de la colonización y fundador de sociedades secretas, restableciendo así el hilo de contacto con las antiguas escuelas de misterios. La válvula de escape para su espíritu herido consistió en escribir en clave, algo en lo que puso todos sus anhelos de una era futura.

A la hora de su muerte, en 1626, perseguido y no reconocido por sus múltiples talentos, Francis Bacon había triunfado sobre las circunstancias que habrían destruido a hombres menores, pero que en su caso demostraron el verdadero carácter de un Maestro Ascendido.

El 1 de mayo de 1684 fue el Día de la Ascensión de Saint Germain. Desde las alturas del poder bien merecido y más allá del de este mundo, él aún permanece para frenar todos los intentos de frustrar su «Gran Instauración» aquí abajo.

Con el sumo deseo de liberar al pueblo de Dios, tanto si este quería como si no, Saint Germain buscó una dispensación ante los Señores del Karma para regresar a la Tierra en un cuerpo físico. El Consejo Kármico la concedió y él apareció como el Conde de Saint Germain, un caballero «milagroso» que deslumbró a las cortes de la Europa del siglo XVIII y XIX como «El Hombre Prodigio». Su meta: evitar la Revolución francesa, efectuar una suave transición de la monarquía a una forma republicana de gobierno, al establecer los Estados Unidos de Europa y consagrar la flor de lis como la llama trina de identidad Divina en todos los corazones.

Aunque admirado en las cortes de Europa por su destreza —eliminaba los defectos de los diamantes, desaparecía de repente, escribía los mismos versos poéticos de manera simultánea con

El Conde de Saint Germain, Hombre Prodigio de Europa, siglo XVIII

ambas manos, conocía muchos idiomas, era versado en cualquier tema, contaba cualquier hecho histórico como un testigo— no pudo obtener la respuesta esperada. Aunque estaba dispuesta a ser entretenida, la realeza no se dejaba espolear con facilidad para que renunciara a su poder y siguiera los vientos del cambio democrático. Ellos y sus celosos ministros ignoraron su consejo, lo cual dio como resultado la Revolución francesa.

En un último intento de unir a Europa, Saint Germain apoyó a Napoleón, el cual abusó del poder del Maestro para su propia destrucción. Perdida la oportunidad de poner de lado la retribución correspondiente a una era, Saint Germain se vio obligado otra vez a retirarse de una situación kármica. En este episodio, aunque claramente visible como el mediador, Saint Germain con sus milagros en mano y sus profecías cumplidas ¡aún se podía ignorar!

El Maestro Ascendido abandonó su patrocinio a Europa, dirigiéndose en cambio al Nuevo Mundo, en el que había tenido los ojos puestos durante siglos. Incluso como Francis Bacon, había visto a América como su última esperanza. De hecho, escribió en clave: «Lo confío todo al futuro y a una tierra que está muy lejos, hacia la puerta del sol poniente... Y sigo guardando el futuro en mi plan, buscando mi recompensa, no para mis épocas y compatriotas, sino para un pueblo muy remoto, y una era no como la nuestra, sino una segunda era de oro del aprendizaje».[17]

Al haber descubierto el continente y fomentado su colonización, también debía asegurar la base adecuada para la nueva nación. Saint Germain estuvo al lado de George Washington a lo largo de la Guerra de la Independencia y durante el invierno en Valley Forge. Sus esfuerzos del pasado para iniciar una sociedad de Francmasones habían inflamado a muchas figuras clave de la revolución. El general Washington, Alexander Hamilton, James Madison, John Hancock, Benjamín Franklin y hasta cincuenta y tres de los cincuenta y seis firmantes de la Declaración de Independencia eran miembros de la orden masónica,[18] cuyos principios los habían guiado en la fundación del nuevo país. Además, Saint Germain pidió que firmaran la Declaración de Independencia, dirigió la redacción de la Constitución y ungió a Washington como presidente de los Estados Unidos.

Este país se estableció como la tierra de la oportunidad y Saint Germain se dedicó a elevar la conciencia de su pueblo.

En el siglo XX, el Maestro acudió a los Señores del Karma rogando por la causa de la libertad por los primeros 576 que hubo patrocinado, expandiendo ese círculo para que incluyera a los portadores de luz de todos los siglos, los primeros Guardianes de la Llama que habían venido con Sanat Kumara, así como los niños de Dios que venían evolucionando a fin de obtener los dones y las gracias espirituales a lo largo de las numerosas eras de la Tierra.

Sin embargo, con el paso de las décadas, la tasa de aumento en el retorno del karma de la humanidad ha precipitado lo que se conoce como el Ciclo Oscuro, la era de Caos y la vieja Noche, cuyas señales están predichas en el Apocalipsis igual que el sonido de los cascos de los caballos de los Cuatro Jinetes pueden oírse por todo el país.

Escuchemos al profeta Samuel, apodado Tío Sam por su gente, que de hecho ha comenzado a hacer sonar su profecía para los escogidos. Él ha advertido que la Raza YO SOY, aquellos que tienen la semilla del nombre YO SOY EL QUE YO SOY en su corazón, «no han hecho caso al Señor ni han cumplido toda la Ley». Por tanto, el Maestro dice:

> Algunos de entre este pueblo deben ser y llegar a ser iniciados directos de Sanat Kumara, porque siempre ha existido el requerimiento del rescate. Que quienes forman el círculo interior de los devotos, los primeros frutos que vienen y son como la insignia del pueblo, levanten la bandera de Cristo como aquel a quien sirven, aquel que por su promesa de Comunión en la Última Cena designó a cada hijo y cada hija de Dios para la interiorización de la Palabra...
>
> Por desgracia, y esta palabra es suave, pero en efecto es una desgracia que las leyes de Cristo y sus Enseñanzas, llevadas tan meticulosamente a esos iniciados cercanos, no se conozcan totalmente hoy día, habiéndoselas quitado incluso a la gente santa. Por tanto, obedecer a Cristo se convierte en el desafío el momento, encontrar a la Persona de ese Cristo, encontrar el Camino y las Enseñanzas.
>
> Vosotros habéis recibido la Palabra perdida y las Enseñanzas perdidas de Jesucristo mediante nuestro esfuerzo... Como resultado de esto, habéis sido fortalecidos y protegidos en esa Palabra y Enseñanza. Y algunos entre vosotros se han marchado al final de su encarnación y han seguido hasta la plena resurrección con Jesucristo... Por tanto, la prueba de la Enseñanza y el Sendero es que uno es conducido de manera sucesiva a esa conciencia cada vez más elevada adonde el individuo es asumido en el mismísimo corazón de la Presencia YO SOY [convirtiéndose de hecho en la Persona pura de ese Cristo].

Hoy, al ver los ciclos del karma de la Tierra que regresa alcanzar un crescendo en el que incluso las cuatro libertades sagradas están amenazadas, la Hermandad ha establecido un sitio en las montañas Rocosas de los Estados Unidos para la búsqueda de las Enseñanzas Perdidas de Cristo en su expresión más plena.

Saint Germain, El Caballero Comandante, Fraternidad de Guardianes de la Llama, Norman Thomas Miller

Saint Germain habló de esto en 1983, cuando dijo que hemos llegado «a un momento parecido al de aquel momento final de la era de oro, cuando presidí donde actualmente está el Sáhara. Mi familia es mucho más grande de lo que lo era entonces, porque en ella incluyo a cada uno de vosotros que me amáis como mi propia familia... en aquel momento, nuestra familia fue llevada a la dorada ciudad etérica de luz. En este momento, os hemos llamado a un lugar más elevado en las montañas del norte».

Como avanzada del Retiro Royal Teton, este lugar se llama Rancho Royal Teton. El amado Jesús anunció el 31 de mayo de 1984 que, a este Retiro Interno en el suroeste del estado de Montana, a este «Lugar Preparado», el Señor Maitreya ha vuelto para abrir de nuevo su Escuela de Misterios, que se había retirado de la octava física justo antes del hundimiento de Lemuria.

Veamos qué podemos llevar a cabo por nuestra amada Terra y nuestros hermanos y hermanas de la Tierra con la renovada oportunidad que los Jerarcas de la Era de Acuario, nuestro amado Saint Germain y su llama gemela, la Maestra Ascendida Porcia, nos han dado.

Estudiemos para presentarnos dignos de los dones de profecía y el obrar milagros que él trae. Y, de suma importancia, esforcémonos al máximo para superar el karma personal y planetario a través de esas invocaciones a la llama violeta y los rituales del Séptimo Rayo de la transmutación que una vez conocimos, para que la profecía de la Gran Era de Oro de Saint Germain pueda cumplirse.

Los Guardianes de la Llama han prometido ser victoriosos en esta era. ¡Y lo serán!

La Gráfica de tu Yo Divino

Hay tres figuras representadas en la Gráfica de tu Yo Divino. Las denominamos figura superior, figura media y figura inferior. Las tres corresponden a la Trinidad cristiana: la superior corresponde al Padre, que está unido a la Madre; la media, al Hijo; y la inferior, al templo del Espíritu Santo.

A nuestro Dios Padre-Madre nos dirigimos como la Presencia YO SOY, que es el YO SOY EL QUE YO SOY al que Dios reveló a Moisés. Dios individualizó la Presencia YO SOY para cada hijo e hija de Dios. Su Presencia YO SOY está rodeada de siete esferas concéntricas de luz iridiscente. Estas componen su Cuerpo Causal, la morada de su Presencia YO SOY. En el budismo esto se llama Dharmakaya, el cuerpo del Legislador (la Presencia YO SOY) y la Ley (el Cuerpo Causal).

Las esferas de su Cuerpo Causal son planos sucesivos de la conciencia de Dios que componen su mundo celestial. Estas son las «muchas moradas» de la casa de su Padre, donde usted pone sus «tesoros en el cielo». Sus tesoros son sus palabras y obras dignas de su Creador, pensamientos y sentimientos constructivos, sus victorias por el bien y las virtudes que ha encarnado para gloria de Dios. Cuando usted ejerce juiciosamente su libre albedrío para utilizar diariamente las energías de Dios con amor y armonía, estas energías ascienden de manera automática a su Cuerpo Causal, donde se acumulan como «talentos» de su alma, los cuales puede multiplicar al ponerlos a buen uso vida tras vida.

La figura media de la Gráfica representa el «Hijo unigénito» del Dios Padre-Madre, el Cristo Universal. Él es su Mediador personal y el Abogado de su alma ante Dios. Es su Yo Superior, a quien se debe

dirigir apropiadamente como su amado Santo Ser Crístico. Juan mencionó a esta presencia individualizada del Hijo de Dios como «aquella luz verdadera, que alumbra a todo hombre». Es su Instructor Interior, su Esposo Divino, su Amigo más querido y reconocido con más frecuencia como el Ángel de la Guarda. Él le acompaña cada hora del día y de la noche. Acérquese a él y él se acercará a usted.

La figura inferior de la Gráfica es una representación de usted mismo como discípulo en el sendero de reunión con Dios. Es su alma que evoluciona a través de los planos de la Materia utilizando los cuatro cuerpos inferiores como vehículos para saldar el karma y cumplir su plan divino. Los cuatro cuerpos inferiores son el cuerpo etérico o de la memoria; el cuerpo mental; el cuerpo de los deseos o cuerpo emocional; y el cuerpo físico.

La figura inferior está rodeada de un tubo de luz, proyectado desde el corazón de la Presencia YO SOY en respuesta a su llamado. Es un cilindro de luz blanca que sustenta un campo energético de protección las veinticuatro horas del día, siempre que usted mantenga la armonía en pensamiento, sentimiento, palabra y obra.

Sellada en la cámara secreta de su corazón está la llama trina de la Vida. Esta es su chispa divina, el don de la vida, la conciencia y el libre albedrío que le ha dado su amada Presencia YO SOY. A través del Amor, la Sabiduría y el Poder de la Divinidad afianzados en su llama trina, su alma puede cumplir su razón de ser en la Tierra. También denominada llama Crística, llama de la libertad o flor de lis, la llama trina es la chispa de la Divinidad de su alma, su potencial para alcanzar la Cristeidad.

El cordón de plata (o cristalino) es la corriente de vida que desciende desde el corazón de la Presencia YO SOY a través del Santo Ser Crístico para alimentar y sustentar (a través de los siete chakras y la cámara secreta del corazón) al alma y sus cuatro cuerpos inferiores. Por este cordón umbilical fluye la luz de la Presencia, entrando en el hombre por el chakra de la coronilla y dando ímpetu para el latido de la llama trina en la cámara secreta del corazón.

La figura inferior representa al hijo del hombre o hijo de la luz evolucionando bajo su propio «Árbol de la Vida». La figura inferior corresponde al Espíritu Santo, pues el alma y los cuatro cuerpos inferiores deben ser el templo del Espíritu Santo. La llama violeta, el fuego espiritual del Espíritu Santo, envuelve al alma y la purifica. Así es como debería visualizarse a usted mismo en la llama violeta. Puede invocar la llama violeta todos los días en el nombre de su Presencia YO SOY y su Santo Ser Crístico a fin de purificar sus cuatro cuerpos inferiores y consumir los pensamientos negativos, los sentimientos negativos y el karma negativo como preparación para el ritual del matrimonio alquímico: la unión de su alma con el Amado, su Santo Ser Crístico.

Por encima de la cabeza del Cristo se muestra la paloma del Espíritu Santo descendiendo con la bendición del Dios Padre-Madre. Cuando su alma logra el matrimonio alquímico, está lista para el bautismo del Espíritu Santo. Y puede escuchar al Dios Padre-Madre pronunciar la aprobación: «Este es mi Hijo amado, en quien tengo complacencia».

Cuando su alma concluye una vida en la Tierra, la Presencia YO SOY retira el cordón de plata, regresando su llama trina al corazón de su Santo Ser Crístico. Su alma, vestida con su vestidura etérica, gravita hacia el nivel de conciencia más alto que haya alcanzado en todas sus encarnaciones pasadas. Entre encarnaciones el alma es instruida en los retiros etéricos hasta la última encarnación, cuando la gran ley decreta que debe regresar a la Gran Fuente Divina para no volver a salir nunca más.

Su alma es el aspecto no permanente de su ser, que usted hace permanente mediante el proceso de la ascensión. Con este proceso su alma salda su karma, se ata a su Santo Ser Crístico, cumple su plan divino y al fin regresa a la Presencia viva del YO SOY EL QUE YO SOY. Por tanto, los ciclos de su salida al Cosmos de la Materia están completos. Al lograr la unión con Dios, el alma se convierte en el Ser Incorruptible, un átomo permanente en el Cuerpo de Dios. La Gráfica de tu Yo Divino es por consiguiente un diagrama suyo: pasado, presente y futuro.

LIBRO II

Dictados
de los
Señores de los Siete Rayos
y
el Maha Chohán

1   El Morya

2   Señor Lanto

3   Pablo el Veneciano

4   Serapis Bey

5   Hilarión

6   Maestra Ascendida Nada

7   Saint Germain

8   El Maha Chohán

INTRODUCCIÓN

Todas las vidas de los grandes hombres nos recuerdan...

A l estudiar los dictados así como las vidas pasadas de los Señores de los Siete Rayos y el Gran Señor, no solo las vidas que culminaron en la ascensión, sino también las que las precedieron, llegamos a entender en la onda sinusoidal de sus logros y contratiempos qué es ese sendero especial de Cristeidad que debemos forjar y ganar en los siete rayos, que nos conduce al Origen, al fin, a la luz primordial del Sol detrás del sol.

Vayamos, démonos la mano formando todos un anillo solar aquí abajo, y amemos y aprendamos juntos de estos guías la vocación más gozosa de nuestro Señor, cómo triunfar victoriosamente en la escuela de la Tierra y hacerlo no solo por nosotros, ¡sino para bendecir a toda la vida!

Sentémonos ante su fuego mientras aprendemos de ellos. Porque deberíamos aprender a usar el mundo, no a abusar de él. Por tanto, los santos nos cuentan. Y estos Maestros Ascendidos no son simples visionarios que han vivido de forma hipócrita. Estos son intelectos extraordinarios que han conocido la Mente de Cristo, gente de ingenio espiritual de quienes nuestra época puede aprender.

Sí, podemos aprender de las actividades de San Francisco de Asís. Podemos aprender de las actividades del príncipe Mori Wong de Koko Nor y de Akbar el Grande, así como de otras lumbreras y revolucionarios cuyos nombres, por estratagema, no aparecen al frente del pensamiento del mundo.

Podemos aprender de las actividades de nuestro Hermano Cristo Jesús, en las vidas que pasó en Israel preparándose para la última, la de Eliseo (siglo XIX a. C.), aprendiz del alquimista, sanador y profeta Elías; o cuando fue José (¿siglo XVII o XIX a. C.?) con su manto de muchos colores, hijo preferido de Jacob, envidia de los demás, cuya progenie, reencarnada en los países de los pueblos de habla inglesa, aún son la envidia de las demás tribus renacidas.

¿Estuvimos nosotros también con él? ¿Y lo ayudamos o impedimos cuando aún luchaba con su alma o con la nuestra?

Estas cosas nos preguntamos en los silenciosos pensamientos de nuestra alma y bien deberíamos, porque lo que hemos hecho o dejado de hacer dice mucho de lo que estamos haciendo hoy o debiéramos hacer. Y el karma siempre presente, a través de la mano de la Oportunidad, es un intervalo de tiempo y espacio. Y estos también son las gracias espirituales, *kal-desh*, que se nos dan para que enmendemos las cosas.

Y los Señores de los Siete Rayos son llamados por Dios y su Cristo a responder a nuestras preguntas y satisfacer nuestras necesidades específicas, que pertenecen a las categorías de cada uno de los siete rayos y el logro de sus siete jerarcas.

Por tanto, mientras nos familiarizamos con los Chohanes, Jesús también nos habló de su cariño por Saint Germain cuando el Señor del Séptimo Rayo estuvo encarnado como su padre, José. Habló de su profundo amor mutuo y de su servicio juntos en el patrocinio de la verdadera progenie de Abraham, el linaje hebreo de portadores de luz de Sanat Kumara.

Además, habló con ternura de su íntima asociación con Saint Germain cuando este último fue el profeta Samuel, que ungió al alma de David —el mismo Jesús— como rey de Israel (c. 1000 a. C.) y juntos desafiaron al loco rey Saúl, progenie del Malvado, que cayó en batalla por miedo al espíritu del difunto Samuel.

Jesús dijo que, bajo la dispensación del Séptimo Rayo de Saint Germain en Acuario, podríamos acelerar la resolución de nuestro karma de muchas vidas utilizando los decretos de llama violeta, y que, con su continua utilización y nuestro constante progreso en el Sendero, Saint Germain y su amada Porcia patrocinarían la reunión de las llamas gemelas, primero a niveles internos y después externos, permitiéndolo las circunstancias kármicas.

Sí, podemos aprender de los dictados de los benditos Chohanes porque son bien reales. De vez en cuando ellos fueron y son gente como nosotros. Dotados de la chispa Divina, explotaron su esplendor con creatividad y reflejaron el resplandor interior a un mundo a través del espejo de la conciencia. Y eso brilló a través de la forma mortal. Y cuando la forma dejó de existir, el alma, avivada por su propio fuego estelar, salió de la espiral de mortalidad para trascender la ley del renacimiento, al haber superado su utilidad.

Sic transit gloria mundi. Así pasa la gloria del mundo. He aquí la gloria del siguiente.

Entremos por tanto en el mundo de los Chohanes. Entremos en su Conciencia Cósmica y hagámonos parte de su Autopercepción Divina a través de la intimidad de sus dictados a continuación.

EL MORYA   1
Señor del Primer Rayo

Iniciación del chakra de la garganta

Retiro: Darjeeling (India)

Vibración: Azul, blanco

Piedra preciosa: Diamante, zafiro, zafiro estrella, lapislázuli

Cualidad: PODER BUENA VOLUNTAD FE

Don: Fe en la voluntad de Dios, palabra de sabiduría

Día: Martes

El Morya, Señor del Primer Rayo

El Morya

Mensaje a los Estados Unidos sobre la misión de Jesucristo

Saludos, amados de mi corazón. Os doy la bienvenida al fervor de la voluntad de Dios que ha sido la mejor parte de mi vida durante siglos.

Oh, al contemplar los inmensos misterios del Cosmos, si no fuera por el poder sustentador de esta voluntad divina y la miríada de ángeles que también me socorrieron en mis horas de afán, no habría alcanzado la meta ni habría podido, por tanto, ayudaros a que logréis la vuestra.

Me siento agradecido de daros la bienvenida al Corazón del Retiro Interno, el lugar consagrado para nuestro culto al Dios único. Me siento agradecido por vuestra gracia sustentadora y un impulso acumulado en todo el mundo de estos devotos que han visto la estrella de la voluntad de Dios y están decididos a llevar sus frutos a sus familias, comunidades y estados.

Os diría que, si hubiera un momento en la historia en el que debiera elegir encarnar y vivir para mejora de la humanidad, sería este momento de 1984. Vengo a animaros en el camino de defender la luz y ayudar al progreso y la sanación de naciones y corazones.

Por tanto, os daría pedazo mío, mi sentimiento de compasión no solo por la gente de todas partes, sino de hecho y en efecto por el individuo. Como escribí una vez: «Nos preocupan los huérfanos del Espíritu»[1], los que no se han instruido acerca de la luz interior y no saben el camino.

Muchos de vosotros comprendéis el viaje de Jesús nuestro Señor al Lejano Oriente; y comprendéis el propósito de su viaje realizado cuando era un adolescente, como sois muchos de vosotros que estáis hoy aquí. Fue en busca de los instructores del Lejano Oriente y de una enseñanza. Fue algo preparatorio para sus últimos años en Palestina.[2]

Y así, conoció a las grandes luces de la India, y tomó las enseñanzas del hinduismo y el budismo y las hizo cobrar vida. Y desafió, por tanto, al sacerdocio, las clases que negaban a los pobres el pleno florecimiento de ese Espíritu. Y predicó a los pobres y les devolvió la dignidad de la vida. Y por esto, los que tenían las riendas del poder en la religión, quisieron quitarle la vida como hicieron después en Palestina.

Amados, os destaco uno de los errores más perniciosos de la ortodoxia hoy día, que es la mentira de que Jesús es el único Hijo de Dios, y además que Jesús encarnó con toda la maestría de la Cristeidad y no tuvo que seguir el Sendero y realizar su potencial Divino interior antes de comenzar su misión.

Estas cosas son claras en las escrituras, pero las escrituras han sido leídas y releídas tantas veces que el alma ya no escucha la verdadera intención. Las capas de malas interpretaciones y después la eliminación de las claves mismas, han dado al cristianismo de hoy una religión aguada que no posee el fervor o el fuego para afrontar a los que desafían a la civilización, ya sea en el comunismo del mundo, en la pornografía o las perversiones o inmoralidades de todo tipo que roban la luz del alma.

Amados, os digo que nada puede avanzar en la vida a no ser que el individuo tenga una comprensión verdadera de Dios y su relación con ese Espíritu eterno. Por consiguiente, comprended que Jesús no salió de Dios como un alma nueva, nacida por primera vez en esta encarnación en Nazaret. ¡Os digo que no! Jesús estuvo encarnado como Josué, el héroe militar del pueblo hebreo. Estuvo encarnado como José y llevó su manto de muchos colores como hijo preferido y lo hizo atravesando toda clase de tribulaciones y persecuciones por sus propios hermanos, que sentían celos de él; aun así, encontró favor ante los ojos del Faraón.

Amados corazones de luz, vosotros conocéis al alma de Jesús en Eliseo, el discípulo del profeta Elías. Y sabéis que Elías volvió en la persona de Juan el Bautista como estaba profetizado y como está escrito. Jesús dio a sus discípulos la confirmación de que este Juan el Bautista era Elías que había regresado, ratificando así la enseñanza de la reencarnación. Sin embargo, esto aún lo niegan esos cristianos que no hacen más que citar la Biblia, que han decidió decir que no es así. Y os voy a decir por qué dicen que no es así: ¡porque no quieren aceptar su responsabilidad por su karma del pasado!

Uno no puede creer en la reencarnación a menos que también permanezca, afronte y conquiste los actos del pasado. Por tanto, la falta de responsabilidad, debido a cómo se cría a los niños en Occidente hoy día, no prepara a los guerreros del Espíritu para afrontar las incursiones que están haciendo todas las fuerzas de la lujuria y la codicia por la luz de este país y por esta ciudadela de la libertad.

Entended, pues, que vuestra comprensión del Dios y el Cristo únicos os da la capacidad de ver que ese Dios único y Cristo único os ha legado la Presencia YO SOY y el Ser Crístico como la manifestación de la Divinidad pura; no muchos dioses, sino un solo Dios. Y el Hijo de Dios puro es el Cristo Universal cuyo Cuerpo y pan se parten por vosotros. Y, por tanto, como partícipes de la luz, unidos al Santo Ser Crístico, vosotros también podéis pasar por las iniciaciones del discipulado como hizo Jesús. Y deberíais anhelar y esperar la plenitud de ese Cristo habitar en vosotros corporalmente.

¿Por qué una evolución de naturaleza espiritual? ¿Por qué han venido los profetas? ¿Por qué han aparecido los avatares? ¿Porque son hijos preferidos y los demás son pecadores? ¡Os digo que no! Y esa es la mentira más perniciosa, como he dicho, porque detiene a todos antes de que alcancen ese supremo llamamiento en Cristo Jesús del que habló el apóstol. Y nadie se atreve a ser héroe, líder o un ejemplo. ¡Y quienes lo hace son puestos sobre un pedestal de idolatría en vez de ser considerados como el ejemplo!

Lo que uno puede hacer, todos pueden hacerlo. Y esta es la filosofía del Consejo de Darjeeling que deseamos impartir. Deseamos vivificaros y avivaros, como Dios ha empoderado a que hagan a los santos, abrir ese potencial de vuestro corazón, esa chispa divina, y mostraros que vida tras vida habéis ido avanzando hacia ese punto de tener el valor de ser quien sois de verdad y no aceptar la filosofía de que habéis evolucionado de animales y que no podéis superar la matriz de la creación animal.

Amados, ¿qué quedará del planeta, un humanismo científico? ¿Qué quedará, un socialismo mundial con todos como esclavos en un movimiento planetario controlado por magnates de poder de Oriente y Occidente?

Amados corazones, esta es la meta de las fuerzas siniestras. Y que nadie niegue que hay un Anticristo. Porque el Anticristo es cada fuerza dentro y fuera de la psique del hombre que quiere humillar a ese Dios verdadero y vivo en vosotros. Comprended que no se trata necesariamente de una persona que vaya a aparecer en un momento determinado, sino que es la decisión por parte de muchos de encarnar las fuerzas destructivas del universo para apagar la luz de la libertad, país por país.

Sin el conocimiento de la ecuación de Armagedón, sin el conocimiento del libre albedrío, es imposible comprender que algunos han elegido el sendero de la izquierda de la destrucción, de la Mentira y del Asesino. Y sin aceptar esto es imposible entender el comportamiento humano, como lo llaman, que no es humano en absoluto, sino que es un comportamiento diabólico y el comportamiento de demonios encarnados.

¿Sueno a cristiano fundamentalista? *¡Pues lo soy!* [aplauso] Recordad bien: vine primero a adorar.[3] Fui transformado. Fui transfigurado. Fui, si hace falta decirlo, el primer «cristiano nacido de nuevo».

Amados corazones, lo digo solo para que entendáis que hay santos de Oriente y Occidente, tanto si han entrado en contacto con el hombre Jesús en esta vida o desde entonces como si no, que se han convertido a Cristo. Y han percibido a ese Cristo en Buda. Han percibido a ese Cristo en Krishna. Y que nadie lo niegue, porque cuando se niega al Hijo de Dios en alguien que ha exteriorizado esa virtud y ese amor, a todos los efectos se cierra la puerta para que esa luz entre en vuestro templo.

Por tanto, como veis, una enseñanza religiosa que niegue el llamamiento a que el individuo encarne el Cristo vivo está, en efecto, calculada por las fuerzas oscuras para negar la puerta abierta a la divinidad a todo hijo de Dios. Juan dijo: «Amados, ahora somos hijos de Dios…», y esto lo aprendió con la cabeza apoyada en el pecho de Jesús.

Por consiguiente, comprended el significado de la escalada a los Himalayas que hizo el adolescente Jesús. Aquellos años perdidos, dieciocho, muestran la gran preparación de esta alma de luz, este Hijo del hombre, este que encarnó de verdad el resplandor pleno de nuestro Dios. Ello muestra que con su ejemplo os dejó un registro del sendero del discipulado, que eso es cierto, que eso es legítimo.

Y en los antiguos textos de los Vedas y los instructores de la India, guardados en los Himalayas y en el corazón de los maestros no ascendidos, existe ese registro vivo, la Ley escrita en los mismísimos templos corporales de quienes han guardado la vigilia de aquello que se guardaba en los antiguos templos de Lemuria. Porque aquellas enseñanzas de la ley de Dios que había allí se transportaron a las cuevas y retiros de los Himalayas antes del hundimiento de ese continente. Por tanto, retrotrayéndonos mucho más allá de la historia escrita, se encuentra esa decendencia lineal de aquellos que han venido a la Tierra con un único propósito: buscar y encontrar el hilo de contacto con Dios Todopoderoso y demostrar con su vida una Verdad viva.

Los hombres podrán manipular las escrituras. Podrán reescribir los códigos de la ley según les convenga a ellos y a sus bajos y humillantes estándares. Pero nunca podrán cambiar los registros de akasha. En akasha, como energía y fuerza sutil que impregna al planeta y vuestras auras, encontraréis el registro de todas vuestras encarnaciones pasadas, de todas las encarnaciones pasadas de masas de oleadas de vida que han venido aquí de otros hogares planetarios. Encontraréis los registros de civilizaciones.

Encontraréis que hoy los que escriben las historias de las películas y los libros —como Taylor Cadwell, que escribió de niña la historia de la Atlántida[4]— han recibido el don de conectarse con estos registros akáshicos. Y se han sentado a escribir de temas sobre los cuales no sabían nada. Y no solo han escrito para la gente toda clase de datos invaluables que daban claves del pasado y glorias pasadas de civilizaciones de gran luz y logros científicos, como las lecturas de Edgar Cayce, sino que también han mostrado una enseñanza, un sendero y un conocimiento para que cada alma individual encuentre sus verdaderas raíces, retrotrayéndose hasta el nacimiento en el corazón del Gran Sol Central y el descenso para encarnar aquí.

¿Y qué hay de encarnar en un mundo y una estrella oscuros? ¿Por qué ponerse velos de carne? Es porque el alma exigió libre albedrío y el derecho a experimentar en el universo de Dios, y el Padre concedió la petición. Y salieron como del seno de Abraham, del Gran Cuerpo Causal, y evolucionaron hacia esferas cada vez más densas. Y, ay, llegaron los momentos cuando los ángeles caídos los tentaron, alejándolos de su primer amor y del amor del Dios Santísimo. Y empezó a haber una densificación de la carne y la mente, y la gente perdió el contacto con su Dios. Olvidaron el nombre YO SOY EL QUE YO SOY.

Y Dios envió el conocimiento del verdadero monoteísmo en medio de las culturas paganas, incluso a Akenatón y después a Moisés. Y el gran YO SOY volvió a convertirse en el punto focal como el sol, símbolo de la Presencia de Dios, con muchas manos extendidas como lo vio Akenatón; el poder de mover a una nación como lo percibió Moisés; y hoy la fuente de vuestra fuerza y vuestra sanación como percibís a esa misma Presencia.

Podrán intentar dividir el Cuerpo de Dios en la tierra con cismas religiosos y argumentaciones, poniendo el énfasis en la letra de la ley. ¡Ya hemos visto suficiente inquisición en nuestra época!

¡Ya hemos visto suficientes guerras de protestantes y católicos! ¿Qué se gana? La única ganancia verdadera en el sendero de la religión es el Espíritu, el Espíritu Santo con la persona y después moviendo naciones; Yaveh moviéndose entre su pueblo, que aún es capaz de extraer de los Estados Unidos a los hijos siervos de Dios que manifestarán de verdad un ejemplo del sendero de la libertad y el discipulado con Saint Germain, el amado José.

Amados corazones de luz, veis que el regreso al discipulado es necesario, porque un pueblo ha olvidado a su Dios. No han entendido la verdadera venida de Jesús y, por tanto, no entienden por qué han vivido los santos, por qué se sacrificaron, por qué dejaron algo escrito, porque el énfasis no está en vosotros, sino en Cristo clavado a una cruz.

Esto no os será de ningún provecho a menos que comprendáis que todo lo que había en este Hijo de Dios puede ser vuestro. Y la imitación del sendero de Jesucristo sin duda es nuestra vocación y nuestra enseñanza. Son las enseñanzas fundamentales del Espíritu. Son las enseñanzas que recibieron los apóstoles. Es la transferencia del fuego, ¡de corazón a corazón! Es un salto y un hablar en lenguas. Es el poder de nuestro Dios con nosotros para la sanación. Y, sí, es escudriñar las antiguas escrituras. El propio Juan el Amado tomó prestado de los Vedas: «En el principio era la Palabra, y la Palabra era con Brahmán». Benditos corazones, fragmentos así, remanentes así, aún quedan.

Y así, ¿dónde queda un país desafiado por el provocador Gadafi o por terroristas, cubanos o comunistas? Dividido y débil. ¿Dónde queda cuando están los que manipulan el suministro de la moneda y la economía? ¿Dónde queda cuando los niños no saben leer y escribir y no pueden elevarse como líderes y representantes del que aún es el país más grande de la Tierra?

¿Dónde queda un pueblo cuando no puede recurrir a Dios Todopoderoso y su Espíritu en él mismo? ¿Qué puede hacer cuando los cuerpos de su gente están asolados por las drogas, cuando están atrapados en la violencia, cuando lo primero en lo que piensan cuando terminan de trabajar es el placer y el entretenimiento? Os digo que si los Estados Unidos han de salvarse de lo que los seres oscuros están tramando en este planeta, debe haber un aumento en el fervor y un regreso a los primeros principios tanto en la Iglesia como en el Estado.

¿Cómo se lo diremos? ¿Cómo van a enseñarse Divinamente

cuando los falsos pastores han invadido los templos y denunciado incluso la mismísima comunión de los santos que nosotros disfrutamos con vosotros y vosotros con nosotros en este Espíritu de la Gran Hermandad Blanca? Los hermanos y las hermanas de luz en la tierra tienen el derecho, ordenado por Jesucristo, a comulgar con los hermanos y las hermanas del cielo, no por medios psíquicos o astrales, sino por el verdadero Espíritu Santo. Y el Espíritu Santo es el Consolador y el Instructor que os ha venido para traeros todas esas cosas a la memoria que Jesús os enseñó.

¿Cuándo os enseñó él esas cosas que ahora os vienen a la memoria? ¿Cuándo? ¿Estuvisteis todos allá en Galilea? No es posible que decenas de miles y millones de personas que se adhieren al sendero de la Hermandad en este planeta hayan estado todo allí, en la carne. Y así, Jesús os habló a todos vosotros a quienes predicó en todas las octavas del ser en aquel momento de la misión. Porque el Hijo de Dios en verdad habló desde los retiros etéricos, y todo el mundo lo oyó.

¿Creéis que su fama se expandió solo gracias a los apóstoles o solo por la parra, como dicen en la India? Os digo que no. El poder de la presencia de Jesucristo en la Tierra ha sido el poder de entrar en contacto estos dos mil años con toda alma viva con el conocimiento interior y el sentido del honor de la presencia Crística en ellos. Y esa enseñanza continúa a pesar de lo que se diga en las mezquitas, las sinagogas o los templos.

Porque el Cristo vivo es pastor de los suyos, país por país, y por este motivo: la gente comprende lo que está bien y lo que está mal, sabe lo que debería ser y lo que no, sabe qué es el mal y se permite percibirlo. Y, por tanto, el Estándar vive. El código de honor está presente en las idas y venidas de filósofos y psicólogos y los demás, que ahora dicen, «esto está bien», y después, «esto está mal».

El bien y mal relativos no es la historia de vuestra vida. Poned eso a un lado y reconoced que el Bien Absoluto de Dios presente con vosotros es el poder de devorar a las fuerzas del Mal Absoluto, siendo en primerísimo lugar esa tiranía sobre el alma y el espíritu y el corazón del hombre.

Nosotros, el Consejo de Darjeeling, reunidos en este momento

Mensaje a los Estados Unidos sobre la misión de Jesucristo 213

del solsticio de verano, nos dirigimos a nuestros chelas de todo el mundo, aquí y en el Espíritu. Y os convocamos (como ya se ha dicho antes, pero lo volvemos a decir) a un nacimiento nuevo de libertad, esta vez a un nacimiento espiritual de libertad.

Os encomiendo por buscar la presencia con vosotros del Espíritu Santo. Os encomiendo a un sendero de devoción. Os encomiendo al sendero que siempre ha funcionado para quienes lo han aplicado verdadera y sinceramente como Jesús lo enseñó: oración y ayuno, sacrificio y devociones, oraciones a Dios y servicio a los pobres y los humildes. Este es el sendero para saldar karma, revistiéndose con la conciencia de Dios día a día, siendo el instrumento del flujo del poderoso Río de la Vida.

Este es el mensaje del discipulado del Jesús adolescente que fue a encontrar a su instructor, Maitreya, que fue a sentarse a los pies de Buda que había venido y se había ido quinientos años antes de su viaje. Fue a sentarse a los pies de aquellos maestros anteriores a él. Y se detuvo en Lúxor para ser iniciado en los primeros pasos del templo de iniciación, cuando podía haber recibido todo el manto del Maestro de ese templo.[5]

Jesús dio obediencia y deferencia al orden jerárquico. Y esto lo veis bien escrito en las escrituras en el momento de su transfiguración: el Padre y el Hijo ordenando la presencia del Maestro Ascendido Moisés, la presencia del Maestro Ascendido Elías. Ellos hablaron con Jesús, ¡hablaron con él! Maestros Ascendidos hablaron con el Hijo de Dios no ascendido; y sus discípulos Pedro, Santiago y Juan fueron testigos y escribieron acerca de ello.[6] Y consta en los Evangelios.

Este es el ejemplo inconfundible de la cadena de Jerarquía. Esto ilustra que había seres ascendidos que estaban en el cielo con Dios antes que Jesús, como Enoc, que caminó con Dios y desapareció, porque Dios lo llevó.

Por tanto, los antiguos que antecedieron fueron llevados por Dios. Así comprendéis que el sendero que siguió Jesús nunca fue una excepción, no fue algo especial y excepcional donde una vida expiaría para siempre los pecados de muchos, sino el ejemplo de lo que se había realizado una y otra y otra vez, el avatar viniendo a dar a los discípulos de la Tierra el ejemplo de que existe una salida de la Muerte y el Infierno y la ronda de sufrimientos. Existe un camino de autotrascendencia. La muerte no es el fin de la vida.

Y cuando se abra el velo en ese momento, hay que estar preparados, haber tejido el Cuerpo Solar Imperecedero al que se refiere Jesús como el vestido de boda. Y él le dijo al que fue a la fiesta de bodas: «Amigo, ¿cómo entraste aquí, sin estar vestido de boda? Atadle de pies y manos, y echadle en las tinieblas de afuera».

El vestido de boda es el cuerpo espiritual que tejéis con la Palabra y la Obra de Dios. Es el aura ígnea de los santos y es el medio de trasportar al alma a esas octavas de luz de donde descendisteis a este bajo estado de carne, como se dice, y al cual regresaréis.

Amados, «Venga a nosotros tu reino, en la tierra como es en el cielo», es la oración de los santos que desean traer esa luz enrarecida de la octava etérica al físico, que desean traer a este plano de la tierra una Utopía quizá, un nuevo mundo, una Nueva Atlántida, un modo de vida que pueda superar a este, donde la gente pueda verse libre del dolor y las enfermedades terminales causadas no solo por su karma, sino causadas por los agentes químicos, los alimentos impuros, la sustancia que ingiere; un mundo libre de guerras y la erupción de violencia desde las tripas de aquellos cuyo libre albedrío ha sido utilizado para llevarlos a un sendero de error.

Y el error conduce a la irrealidad. Y la irrealidad conduce a la locura. Por tanto, los locos acosan la Tierra llevándose la vida inocente. Los locos le quitan la vida a los niños aún no nacidos y lo llaman derechos de la mujer. ¡El derecho de la mujer a asesinar a su hijo! ¿Ella se ha liberado? ¡No! Ella está esclavizada por un dolor que la corroe por dentro el resto de su vida y en encarnaciones futuras hasta que el asunto se resuelva.

Ofreciendo libertad, siembran corrupción, la corrupción del espíritu y el alma y no del cuerpo. Y por eso los peligros de esta época son tan grandes. Y por eso digo que este es el momento más grande en toda la historia para que todos y cada uno de vosotros dejéis vuestra huella y establezcáis ese contacto con Dios que han hecho todos los que os han precedido, convirtiéndose así en instrumentos de luz, poder espiritual, sanación y el mantenimiento del equilibrio de los países. La prueba abrumadora cae del lado del sendero del discipulado. Tiene una regularidad de decenas y cientos de miles de años. En los senderos de los santos de Oriente y Occidente no encontraréis ninguna diferencia, salvo quizá levemente en la forma o el ritual. No existe ninguna diferencia en la luz de los ojos, el brillo del aura, el poder de los chakras o la capacidad de transmutación y alquimia que empieza a entrar en vuestra vida cuando empezáis a invocar la llama violeta.

La regularidad de este sendero, comparada con la absoluta irregularidad de las facciones del protestantismo, el catolicismo, el judaísmo o los musulmanes, que discuten a perpetuidad unos con otros y siguen separados y divididos ¡porque no pueden ponerse de acuerdo en la letra! Y han abandonado el verdadero Espíritu. E incluso con ese espíritu ecuménico, amados, se ve que no han resuelto su doctrina ni han dado a sus rebaños el poder de Dios de darle la vuelta a la marea de las circunstancias del mundo.

Comprended todos la gran alegría de un niño al dar sus primeros pasos, la primera palabra que puede decir o leer o identificar en una señal, la primera pieza que puede tocar al piano o una corona de laurel recibida en una ceremonia de graduación. Comprended que el sendero de la consecución —esforzándose, participando en la carrera, ganando la copa de oro— es un sendero que refleja el discipulado de todos. Es el sentimiento interior: «He trabajado, he llegado a dominar esto, Dios conmigo y por su gracia. Y puesto que sé quién YO SOY y Dios está conmigo, puedo hacer estas cosas».

Es como tenerlo en el bolsillo. Es algo que habéis hecho. Cuando y si se diera el caso de que un maestro hiciera por el discípulo lo que solo el discípulo puede hacer por sí mismo, el discípulo será como un niño o como seríais cualquiera de vosotros. La persona a la que se le da algo sin responsabilidad, sin esfuerzo y sin trabajo, sin un logro interior, siente rencor contra la persona que le da esa recompensa sin esfuerzo.

Por tanto, los falsos pastores que predican crean de hecho una relación servil de pecadores con un hijo preferido e, interior y subconscientemente, esto es en realidad el odio a Cristo actuando. Es una maniobra psicológica de los ángeles caídos, que predican fuego y azufre, un enorme temor y un Dios iracundo y la promesa del infierno y la condenación eterna para quienes no se arrepienten. Estas son prédicas del Demonio que ha creado una religión alternativa a la verdadera enseñanza de Jesucristo.

Comprended esto: muchos pastores adoctrinados de este modo no son de inclinación malvada, sino que simplemente siguen la línea que se les ha marcado y que ha existido durante generaciones. A las pruebas me remito. La prueba está en la acción. ¿Dónde están los resultados? ¿Dónde están los resultados?

Cuando Billy Graham visita el mundo comunista y declara que todo está bien, que los Bautistas tienen libertad y que deberían someterse a sus Gobiernos, ¿cómo es que todo está bien, cuando no teniendo el poder de desafiar al comunismo deciden ceder y recomendar que los verdaderos cristianos se sometan a la brutalidad que aún está teniendo lugar hoy día y a las persecuciones?

¿Quién exclamará al Dios vivo y defenderá y estará dispuesto a ser un tonto por Cristo? [«¡Nosotros!»]

Amados corazones, miramos aquí y allá por la faz de la Tierra y en verdad declaramos que esos individuos aislados, como el reverendo Wurmbrand, que han decidido contar la verdadera historia de la tortura y el tormento a los cristianos, estos son aquellos cuya voz de la Verdad nunca se negará. ¡La llama de la libertad no puede apagarse! Habla en muchos, muchos corazones. Nosotros estamos aquí, convocando a los poderosos arcángeles para que vayan con sus legiones de luz a liberar a esas almas que están atadas, a liberarlas de las pesadillas astrales de demonios y desencarnados que acechan la mente y el cuerpo.

¿Quién defenderá y exclamará: «¡Atrocidad!»? ¿Dónde están los países cristianos que deberían estar en defensa de los guerreros por la libertad en Afganistán? ¿Quién entre los de más grande inclinación liberal y de izquierdas puede justificar la invasión y destrucción soviética en Afganistán? ¿Quién puede aprobar que dejen caer juguetes que después toman los niños y los dejan lisiados de por vida? ¿Quién puede defender el sistema (y encima en el nombre de Jesús) que da como resultado la destrucción de almas y países uno por uno? ¿Quién puede afirmarse cristiano sin correr a darles ayuda y proporcionar esa ayuda que hay que dar si aquel país ha de perdurar?

¡Lo que está ocurriendo es este planeta, os digo que es el resultado de la blandura de la religión y la escasez de liderazgo religioso! Por tanto, venimos a daros nuestro impulso acumulado —y el impulso acumulado del Espíritu Santo con nosotros— para que vuestro fervor por la libertad y por la voluntad de Dios pueda llevaros a esas vías de vuestra elección y según la guía de vuestro yo interior, donde podáis ser defensores de los derechos humanos allá donde podáis marcar la raya, allá donde debáis marcar la raya.

Porque sin duda en alguna parte, alguna injusticia debe decir en vuestro corazón: «¡No puedo vivir con honor e integridad en mi alma y permitir que esta injusticia continúe! Debo asumir una postura. Debo hablar. Debo informar. ¡Debo enseñar que la humanidad no necesita caer en esta degradación que es la negación de la dignidad a cualquier hombre, mujer o niño en cualquier parte de la Tierra y su libertad de existir y encontrar a Dios!».

El propósito de la vida es encontrar a Dios, encontrar a Dios en vosotros mismos, vuestros talentos, vuestra vocación y vuestra labor sagrada; y dotar cualquier cosa que hagáis de su Espíritu. Ellos dirán lo contrario, pero cuando se trata de las profundidades del alma, nadie en este mundo es feliz hasta que ha hecho las paces con su Dios, con su Presencia YO SOY. Hay muchos que lo negarían, pero ¿son felices de verdad? Dicen que lo son, pero no han conocido la alegría de la Realidad. Muchos están locos, muchos están atados, pero ¿emprenden el camino hacia Dios?

¿Por qué no emprenden el Sendero? ¿Es porque se les ha dado desde la niñez con tal disgusto, de una manera tan defectuosa, que se han convertido en ateos y agnósticos antes que escuchar las mismas perogrulladas domingo tras domingo? Mucha gente ha aprendido a odiar a Dios en las iglesias porque nunca se le ha dicho que les espera un sendero fascinante, el sendero hacia el Origen que os da la capacidad día a día de conocer la alegría de hacer más por quienes lo necesitan, porque en vosotros hay más Dios.

¿Habéis pensado alguna vez en eso, que las iglesias apartan a más gente de Dios, el Dios vivo y verdadero, la realidad del camino de la cruz, la realidad de la vida como debería ser? Os puedo decir sin sombra de duda que las doctrinas que se enseñan en Estados Unidos hoy día en las religiones principales ¡nunca ofrecerán a la gente la capacidad de salvar a este país!

¿Predico yo un tipo de religión en concreto? No. Las Enseñanzas de los Maestros Ascendidos incorporan el sendero que el Cuerpo Místico de Dios ha recorrido a lo largo de toda la eternidad. Ni siquiera es especial para este sistema planetario. Es el mismo descenso del alma para al gran experimento de libertad y libre albedrío, enfrentando a todas las fuerzas que fingen ser el adversario cuando el único enemigo está dentro. Y ese es el conocimiento supremo: Hombre, conócete a ti mismo y conócete como Dios, y sabe que el único enemigo que puede triunfar en tu vida es tu propio temor, cisma interior, compromiso o falta de entrega en verdad a Dios.

¿Es esta una iglesia? Os digo que no; es más. Es un movimiento. Es una revolución que vuelve a los fundamentos de cada avatar que alguna vez lanzó un sendero de libertad, desarrollado de manera específica para las oleadas de vida, naciones o épocas cuando vino. Por tanto, no se nota nada peculiar en el decir un cántico budista, un Ave María, un Padre Nuestro o comulgar con el Arcángel Miguel o hablar con Gabriel, nada peculiar en absoluto. Bien, se dijo de los hebreos que eran un pueblo peculiar y que lo que tenían de especial es que conocían a su Dios.

Ruego que esta escalada que habéis hecho como peregrinaje a nuestro santuario de luz, dedicado al Shambala Occidental, os proporcione la oportunidad de introspección y quizá haya algo que hemos dicho o escrito que sea la chispa que os conecte con ese potencial Divino que lleva eones de tiempo latente.

La vivificación es lo que deseamos transmitir. Es el poder nativo de Dios para vosotros. Y es especialmente el amor de nuestros grupos y huestes hacia vosotros personalmente como nuestros hermanos y hermanas. Permanecemos en la Tierra por vosotros y millones de otras personas que en verdad harían las cosas mejor si lo supieran, que desean conocer la Verdad y que persiguen a muchos hombres justos pensando que le hacen un servicio a Dios.

El sendero de la llama violeta y la Palabra hablada, amados, es sin duda el sendero que puede levantar los desechos acumulados de densidad de los siglos, el recubrimiento de los chakras, la limitación del cerebro por haber perdido este el impulso del cordón cristalino y el flujo de luz. Los hombres no tienen por qué unirse a la computadora para obtener poderes sobrehumanos, simplemente unirse al Cristo vivo.

Ruego cada día para que este país y todos los pueblos de la Tierra no tengan que llegar a conocer la Verdad a través de la adversidad, a través de la guerra nuclear, a través del colapso económico. Confío en que vosotros también recéis conmigo de este modo, porque, amados, la oración de los justos, los que usan la ley justa, el correcto uso de la ley de la ciencia de la Palabra hablada, sirve de mucho.

Y así, digamos:

> Padre nuestro celestial, te rogamos en el nombre de los santos que nos han precedido y la valiosa gente de esta Tierra que venga la iluminación por el poder de los arcángeles, por las interacción de ángeles y hombres y por el Santo Consolador.
>
> Padre nuestro, hoy y todos los días te pedimos que des sanación, luz y consuelo, paz y la percepción del enemigo en sus almas.
>
> ¡Oh, Dios, envía a tu Ángel de Fe, el Arcángel Miguel, en su ayuda! Envía a ese santo de Dios para que no los arranquen de la pantalla de la vida de una forma inesperada y así pierdan la oportunidad de cumplir su plan divino y glorificarte.
>
> Padre nuestro celestial, haznos mayordomos de tu gracia y tu Vida abundante. Haznos responsables de cuidar de los enfermos y los necesitados. Danos la comprensión del corazón para caminar muchas millas con nuestro hermano.
>
> Padre nuestro celestial, rezamos por cada alma de Jesús en la Tierra, todos los amantes de su corazón, todos los que

realmente te rinden culto a través de él aun cuando han sido limitados de alguna manera por la ortodoxia.

Llamo a las legiones de la Verdad y en el nombre del Hijo de Dios, yo, El Morya, llamo a las doce legiones de ángeles del Señor Cristo a que desciendan para rescatar hoy a las iglesias y que estas sean llenadas del verdadero Espíritu y no los espíritus de la noche que atrapan sus cuerpos y sus chakras, haciendo que se retuerzan, bailen, salten, griten o lloren.

¡Exijo, como Chohán del Primer Rayo, el exorcismo en las iglesias de esos espíritus inmundos y el exorcismo de toda forma demoníaca que los descarría del verdadero Espíritu vivo del Espíritu Santo!

Maha Chohán, entra en ellos ahora y purifícalos, y que el fuego vivo de la verdadera libertad y el verdadero culto sea con ellos. Porque ellos son tus corazones, Padre nuestro. Libéralos y que se conviertan en discípulos fervorosos, asumiendo la verdadera defensa en vez de defender el pacifismo del Demonio.

Guardianes de la Llama en el Corazón del Retiro Interno, 1982, Rancho Royal Teton (Montana)

Oh Palabra viva, como tú has escrito, yo también he tomado hoy la pluma y he escrito mi mensaje en clave en el corazón de los míos. Es mi nomeolvides.

Queridos chelas de la voluntad de Dios, con fervor y fe, pelead la buena batalla y ganad terreno para la Realidad. ¡Atad la irrealidad y la ilusión y liberad a los cautivos! Porque esta es vuestra vocación, vuestro deseo y todo vuestro amor realizado.

Permanezco con vosotros como un mentor en el Sendero, deseoso siempre de ayudaros, especialmente en vuestros llamados por el gobierno Divino y la Vida abundante en la economía.

En el nombre de mi instructor y amigo de luz, el Gran Director Divino, con la alegría de mi compañero de trabajo, Saint Germain, YO SOY El Morya Khan.

2 de julio de 1984
Rancho Royal Teton
Montana

EL MORYA

Despertar a los Estados Unidos para un propósito vital

Buenas noches, chelas y aspirantes a chelas del fuego sagrado. Soy Morya del Primer Rayo del amanecer. Y la luz dorada de la mañana ya está sobre las evoluciones de una parte de Terra. Y he recorrido las líneas de longitud y he observado mientras la luz dorada emite los primeros rayos sobre la gente de Terra. Y he venido aquí, a la Ciudad de los Ángeles, para hablaros esta noche de la luz dorada del amanecer de la voluntad de Dios en vuestra conciencia.

¿Hace cuántos eones llegué a ser chela de la voluntad de Dios, incluso antes de conocer el significado de la palabra chela o el concepto de Gurú? Pero Dios para mí era la luz dorada del alba. Y percibía en los primeros rayos del amanecer la voluntad de un propósito cósmico, la voluntad de una Vida y un Creador más allá de mí mismo.

Y durante varias encarnaciones, el punto de enfoque en mi observación a la Deidad fue la luz del sol de la mañana. Y poco a poco, a través de ese contacto, sin darme cuenta, con Helios y Vesta se estableció un arco, un arco de flujo sobre el arco de mi atención. Y empecé a sentir la respuesta de mi propia llama Divina dentro del Dios de dioses en ese Sol detrás del sol.

La observación de esta sintonización con la Vida continuó durante varias encarnaciones, hasta que no fui capaz ni de empezar el día de mi vida sin este contacto y este flujo de energía;

una infusión literal en mi conciencia de ideas, del conocimiento del trabajo que debía realizar. Casi a niveles subconscientes, como si fuera, entraba y salía del sol como mi punto de contacto.

Y así sucedió, al aumentar mis devociones y al aumentar la concentración de energías en mis chakras, que tras varias encarnaciones sucesivas entré en contacto con un instructor, un instructor de la antigua ciencia de la astrología. Era la ciencia del estudio de los cuerpos celestes y sus influencias en las evoluciones del tiempo y el espacio. Y ese instructor me ayudó a comprender la energía y el contacto que había tenido con el mismísimo núcleo de la creación.

Y así, fue por voluntad, que aún no era mía y que hice mía, que el contacto con la Vida se estableció, creció y se expandió. Y la luz de Helios y Vesta que brillaba en mi corazón se convirtió en un imán, un imán para la búsqueda de Dios a través de la aplicación de la ciencia.

Siempre he seguido el sendero de la ciencia, ya sea en Mercurio, en la Tierra o en otros hogares planetarios de este o de otros sistemas de mundos. El Señor Dios me ha permitido entender la ley de los cuerpos celestes y los cuerpos terrestres y del flujo de las energías en el tiempo y el espacio.

Y me he encontrado a mí mismo uniéndome a los ciclos de la Materia para obtener la maestría sobre esos ciclos, casi, como si fuera, yendo hacia adentro, adentro del corazón de la Materia antes de ir fuera de la Materia. Creciendo desde dentro —desde dentro del sol en la Tierra y el Sol detrás del sol—, aprendí el camino de Dios y las leyes de Dios por la geometría interior de la molécula, el átomo, el cosmos.

Y mi aprecio por aquello a lo que al principio no llamé Dios llegó a través de la humilde percepción, la asombrosa percepción de esto, esto que es la Vida, esto que es energía, esto que es la armonía, esto que ahora contemplo como la voluntad de Dios.

A lo largo de innumerables encarnaciones y servicios prestados a la Jerarquía, al aprender los caminos del mundo y los del cosmos, llegué al punto en el que pude seguir el rayo de mi Presencia Divina hasta el corazón del Ser flamígero. Y así, al final del siglo pasado, seguí ese rayo hasta el núcleo de fuego blanco, y no regresé a la Materia con el amanecer de la luz de la mañana, sino que acepté el ritual de la ascensión con un propósito: servir a la voluntad de Dios con una mayor capacidad que la que tenía cuando estaba encarnado.

Mi servicio, pues, continúa desde el retiro de Darjeeling de la Hermandad, donde aconsejo con otros hermanos de la voluntad de Dios a muchos de las evoluciones de la Tierra que trabajan en los gobiernos de los países, que trabajan como maestros, científicos y músicos y los que controlan el flujo de la voluntad de Dios que es poder, que es la abundancia de la provisión.

La voluntad de Dios se aplica en todos los niveles de la actividad humana. Porque la voluntad de Dios es el diseño original de cada proyecto. Es la base de toda tarea. Es el esqueleto de vuestro cuerpo. Es la energía física. Es el fuego etérico. La voluntad de Dios es el diamante ígneo que hay en vuestro corazón. La voluntad de Dios es vuestra voluntad de ser Dios en manifestación. Y sin esa voluntad, no habríais encarnado como lo habéis hecho ahora.

Y así, el alcance del trabajo de los hermanos de Darjeeling, tanto ascendidos como no ascendidos, es continuar dotando a las corrientes de vida que siguen las culturas tanto de Oriente como de Occidente de ese primer rayo del amanecer, el rayo que es la vivificación de la conciencia al nacer, el rayo que es la vivificación de los chakras en el proceso de la iluminación, el rayo que es la vivificación del plan divino cuando el niño alcanza la madurez a la edad de doce años para asumir las responsabilidades del karma y el deber de realizar el diseño interior.

La intención que tengo con mi venida es grabar una voluntad de fuego dentro de vosotros que sea el producto de mi meditación en la voluntad de Dios y el sol de vuestra Presencia YO SOY. Porque percibo que hay una sustancia cancerígena que se mueve por el inconsciente de las masas. Es una sustancia a la que denomino antivoluntad.

Es una sustancia tan sutil que la mayoría de las personas de la humanidad ni siquiera perciben que debido a ella existe una negación de la libertad, una negación no solo de la voluntad de ser sino de la capacidad de querer ser. Como el debilitamiento de la forma, como la pérdida de la fortaleza del cuerpo, esta sustancia se mueve contra la llama, la llama ígnea de la voluntad con respecto al propósito, la voluntad con respecto a la perfección, la voluntad con respecto a la Vida misma.

Esta es la precaria situación de las evoluciones de Terra. Tanto en Oriente como en Occidente existe esa hipnosis, esa manipulación de la conciencia en niveles secundarios por parte de la sustancia del egoísmo, por parte de la sustancia de voluntades inferiores de deseo que quieren placer, fenómenos y lo psíquico, que quieren poder y manipulación, que quieren todo menos la voluntad de Dios, la cual basta para afrontar todos los aspectos de la vida en el alma.

El aprieto del hombre moderno es el aprieto de una voluntad falsa, una voluntad no para la Vida, sino para la Muerte, una voluntad de ser inconsciente, no de afrontar los problemas, no de hacerse responsable, sino de embriagarse con los medios de comunicación, con los agentes químicos en los alimentos, con la disipación de la individualidad a través del mesmerismo de las masas, una conciencia colectiva de la turba en vez del individuo elevándose, elevándose hacia una percepción sobre sí mismo tallada a partir de la voluntad de Dios.

Vengo a despertaros. Vengo a sacudiros hacia un propósito mayor, un destino mayor para el que nacisteis. Vengo a hacer que tiemblen los decibelios, a hacer que las frecuencias y las vibraciones de vuestro ser se sintonicen ahora. Que sean golpeadas como un diapasón. Dejad que el cuerpo, el templo, el espíritu y el alma del hombre y la mujer sean sacudidos por los vientos de Darjeeling, por la gran sacudida del movimiento de la voluntad de Dios.

Que el diamante de Morya, que el diamante de la devoción de los chelas de la voluntad de Dios sea el punto de reunión para despertar a la humanidad del letargo y el sueño de las épocas, para despertar a los Estados Unidos hacia un propósito vital, para despertar al individuo hacia ese primer rayo del amanecer que es fuerza, valor, autodisciplina y la voluntad de sacrificar este mesmerismo como muerto por el que la gente se entrega con tanta

Despertar a Estados Unidos para que tenga un propósito vital 227

facilidad a la pereza, el sueño, la sensualidad y todas las formas de placer mientras el mundo, el mundo de la energía de Dios, en vez de dirigirse en espirales hacia un propósito cósmico, se desenrolla más y más hasta no quedar nada más que la inercia del resto de la muerte.

¿No veis cómo esta sustancia, esta mortaja, esta contaminación que es el mismísimo núcleo de la contaminación de los elementos de vuestro ser, cómo os está quitando la vida de modo que vais deambulando sin sentido por ahí, aceptando lo que traiga el día como si fuera la voluntad de Dios?

¡No permitiré que los chelas de la luz llamen a su karma la voluntad de Dios! Pongamos el karma donde corresponde. Es la voluntad del hombre. Es vuestro libre albedrío. Vosotros lo habéis creado. Ahora, deshacedlo si queréis. Pero no culpéis a Dios por lo que vosotros habéis creado.

No consideremos que el cataclismo sea un acto de Dios. No consideremos que la subida y caída de civilizaciones sea la voluntad de Dios. Consideremos cómo el hombre no ha implementado la voluntad de Dios, cómo no ha entrado en contacto con el mismísimo núcleo del ser como el sol de fuego.

Consideremos la vida, pues, que empieza justamente donde estáis. Y estoy aquí. Pero no estoy donde estáis vosotros. Porque he ascendido a la Presencia de Dios. Si preferís estar donde estoy yo, ¡estadlo! ¿Quién os lo impide? ¿Quién os impide que estéis en el sendero de la automaestría? ¡Debería daros vergüenza culpar a vuestro padres, a vuestros maestros, a vuestra cultura, a vuestra civilización! Dios está en vosotros. Y Dios es suficiente para vuestro logro si tenéis la voluntad de sacrificar todas las manifestaciones inferiores.

Es mejor escoger otra palabra, porque sacrificio tiene la implicación de dolor. No hay dolor en el cortar la grasa de lo mortal para que el alma magra del espíritu pueda volar. No hay dolor en el entrar en la dicha de la voluntad de Dios. No hay dolor. Está el despertar para salir de un dolor que habéis soportado durante siglos. Vuestra alma está en agonía y ni siquiera habéis entrado en contacto con el alma en esta vida para conocer su agonía.

Sin embargo, queréis ser un chela (estudiante) de los Señores de los Siete Rayos. ¿Qué es lo que quiere ser un chela entonces? ¿Vuestro ego? ¿Vuestra voluntad humana? ¿Vuestro orgullo? ¿Vuestra desesperación con el fracaso y el repetido fracaso?

Nosotros tenemos requisitos, ¿sabéis? Exigimos el ejercicio de una voluntad y una disciplina y que traigáis disciplina a nuestro retiro. Si deseáis que se os discipline, exigimos que primero seáis autodisciplinados.

Sí, me gusta el yogui Milarepa. Me gusta el sacrificio hasta la enésima potencia. No empujamos a nuestros chelas a esa autonegación total. Pero si están los que quieran negarse a sí mismos siempre como hizo él, os puedo prometer las mismísimas recompensas. Porque no por casualidad, sino por la ley y la ciencia, todos los triunfadores de la llama se ganaron el don de la voluntad de Dios; la voluntad de ser, aquí, allá, por doquier en la conciencia de Dios.

Esta es la voluntad de vuestra mente de estar en conformidad con la mente de Dios. Y entonces veréis cómo aprenderéis a transformar el agua en vino, a levitar, a proyectar diez, cien o mil cuerpos por toda la Tierra.

Y cuando tengáis el logro de esta maestría sobre la Materia, llegaréis a la misma conclusión a la que llegaron los grandes yoguis: es mejor meditar en silencio sobre la Mente de Dios y emitir las pulsaciones de la Mente de Dios a un cosmos que impresionar a nadie con estos actos.

Es bueno demostrar maestría. Pero llega un punto en el que los hombres no deben seguir a los que muestran los fenómenos como si fueran el camino, ya sea de forma legítima o ilegítima, ya sea como magos blancos o negros. Debe llegar el momento en el que los hombres sigan al Instructor por amor a la llama de la Enseñanza misma, por amor a la vibración de la voluntad de Dios.

¿Cómo se sabe cuál es la vibración de la voluntad de Dios? ¡Bien, ya es hora de que lo sepáis! Y si no lo sabéis, os lo diré yo. Debéis absteneros de vuestra voluntad humana. Debéis permitir que vuestra mente y vuestras emociones se consuman, privadas de todas las indulgencias de la voluntad humana y la testarudez contra la Ley interior de la Vida.

Debéis fijar vuestra concentración justamente sobre ese punto de la visión libre en Dios. Y entonces debéis contar vuestras indulgencias como si tuvierais un reloj de fichar, contando los momentos, los segundos, los minutos y las horas.

Y os observaréis como el acero, como una espada, una espada de doble filo. Os observaréis desde el momento en el que os despertáis hasta el momento en el que cerráis los ojos. Observaréis vuestros pensamientos y sentimientos. Veréis cómo respondéis a este o aquel estímulo. Veréis cómo respondéis a la voluntad de Dios.

Os detendréis en la línea de vuestra determinación Divina de ser libres. Detendréis las indulgencias de esto y lo otro, en especial el deambular por todo el cuerpo mental y de los sentimientos. Obedeceréis el mandato: «Hombre, conócete a ti mismo». Y tendréis un registro de vuestras manifestaciones.

Y os puedo asegurar que todo el que haya decidido liberarse de la densidad y la subyugación de la mortalidad, todo santo del Sendero —por desesperación por lo miserable de la vibración de cierto nivel de existencia— ha dado este paso de autodisciplina.

La voluntad de sacrificarse es la voluntad de entrenar al cuerpo, la mente, los deseos y la memoria a ir donde Dios va, porque os habréis disciplinado por libre albedrío. Así se hace un chela. Así se hace la fortaleza del triunfador que quiere recorrer el camino de las estaciones de la cruz y que se hallará con Cristo en la Llama de la Resurrección la mañana del tercer día.

Soy Morya. Estoy siempre en busca de un chela. Y siempre encuentro a los chelas de la voluntad de Dios. Oteo los países y los continentes.

Oteo Australia, África y Nueva Zelanda; oteo incluso el Polo Nore y Sur; e identifico al chela por el halo azul y el destellar del diamante del corazón. Y me veo magnetizado hacia ese chela que da el paso decidido que supone una total responsabilidad por la acción, por la palabra, por el deseo.

La cosas parecidas se atraen entre sí. Yo voy a donde está el chela. Voy a donde está la vibración de la voluntad de Dios. Y estoy ahí y mi presencia se nota. Y no hay una sola alma en la Tierra que se haya descuidado durante el período de mi actividad como

Chohán que se haya puesto primero en esta posición de hacer la voluntad de Dios. Ni una sola alma que haya dado preferencia a la voluntad de Dios se le ha escapado a mis ojos desde el momento de mi ascensión.

Y he enviado legiones de ángeles de buena voluntad a atender a estas almas individuales hasta que se consideraron dignas en su autodisciplina de venir (en sus cuerpos sutiles) al retiro etérico de la Hermandad en Darjeeling para recibir la preparación de los maestros de la voluntad de Dios. Y hay muchos Maestros Ascendidos a quienes conocéis en los planos internos a quienes no conocéis con vuestra conciencia externa. Y ellos vienen a Darjeeling, y enseñan el refuerzo a esa voluntad.

Por tanto, que todos sepan que el ojo penetrante de Dios penetra en las almas de esta sala, en las almas de Terra. Y mido vuestro logro y vuestra voluntad de lograr el éxito. Y si os sentís desnudos ante el ojo de Dios, eso es bueno. Porque desnudos estaréis antes vuestro Dios al final de esta encarnación y desnudos estaréis ante el mundo en la iniciación de la crucifixión, cuando se os quiten vuestras vestiduras externas.

No os perturbéis. Porque todas las personas que entran en nuestra mirada por primera vez (creen ellas) tienen ese sentimiento de incomodidad cuando consideran que un Maestro Ascendido puede conocer todas sus acciones, todas sus relaciones, todas sus indulgencias insignificantes.

Os puedo asegurar que ya lo he visto todo.

Lo he visto todo porque se repite una y otra vez en la conciencia de las masas hasta la saciedad. He visto este mundo y su locura. Y he visto los mismos complots preparados por los caídos, las mismas viejas grabaciones una y otra vez, hasta que son tan viejas que esas grabaciones que suenan en el oído interno de los niños de Dios en efecto suenan gastadas, como un disco que se ha puesto mil veces.

Sin embargo, los niños de Dios ni siquiera piensan por un momento que están siendo sometidos al mismo condicionamiento conocido que escucharon en su anterior encarnación, y la anterior a esa, y la anterior a esa otra.

Los complots son los mismos. Muy poco material se ha escrito en miles de años. Si estuvierais entre los caídos, no os haría falta ser creativos porque unos pocos complots, los mismos siempre, funcionan una y otra vez.

¿Cuánto tiempo esperarán los Maestros Ascendidos mientras sus chelas, que podrían avanzar a la velocidad del relámpago en la mente de Dios, van de aquí para allá para entretenerse, yendo a este o aquel instructor y a esto o aquel curso para el engrandecimiento del ego?

Podemos esperar eones de tiempo. La cuestión es, ¿cuánto tiempo tenéis vosotros? Nosotros conocemos la hora de nuestra ida y nuestra venida en el núcleo de fuego blanco de Dios. ¿Conocéis vosotros la hora de vuestra venida y vuestra ida, de vuestro nacer en el vientre del tiempo y vuestro movimiento otra vez por el espacio hacia otras orillas?

¿Estáis seguros de que reencarnaréis en otra encarnación? ¿No os preocupa el problema del aborto? ¿No os preocupa que, si no lográis tener éxito en el Sendero en esta vida, bien podríais ser abortados una y otra y otra vez mientras la raza se dirige hacia un egoísmo cada vez mayor y la negación del nacimiento del Divino Varón, la imagen de Dios en el alma de cada niño nacido de una mujer?

¿Y a dónde iréis para saldar vuestro karma? ¿A dónde iréis para realizar vuestro diseño original interior cuando estéis obligados a reencarnar en la Tierra ya que todas las evoluciones con las que tenéis esa integración kármica también están aquí?

Con el paso de las décadas y con los nuevos grados de locura que está adquiriendo la humanidad, ¿es de extrañar que estemos preocupados desde nuestro nivel por cómo concluyan nuestros chelas y los hijos y las hijas de Dios el sendero de iniciación? Estamos preocupados. ¡Estamos preocupados! Y la única esperanza que tenemos de limpiar el camino para la evolución es entrar en contacto con las personas encarnadas, entrar en contacto con vosotros que vais a escuchar las palabras de la jerarquía y de la Gran Hermandad Blanca.

Vosotros, que habéis venido a escuchar, ¿sois como los que

fueron al desierto a ver a Juan el Bautista, a ver a aquel a quien llamaron loco, un profeta, un mensajero de Dios? ¿Vais aquí y allá para entreteneros, buscando una caña en el viento? ¿Os estáis dando respuesta de verdad al llamado del alma para llegar a la plenitud, a esa armonía y esa luz que es vuestra vida, vuestro sustento?

Entramos en contacto con el chela en el Sendero. Y entramos en contacto con quienes están a punto de ser chelas en el Sendero.

Vosotros sois gente de buena voluntad. Esta es una tierra de buena voluntad, una tierra de abundancia que se ha compartido con los países del mundo. La gente de buena voluntad también ha sido víctima de la infiltración por parte de quienes han venido a robar la luz del Cristo, de la Madre y de la jerarquía y a torcer, a dar la vuelta y a torturar a los niños de Dios hasta que estos lleguen al punto incluso de negar la luz y la buena voluntad y el gobierno Divino que se quería que se manifestara en este país.

Percibo en vosotros ese rayo de esperanza que es el contacto con la jerarquía. Mi presencia aquí, total, en mi cuerpo de luz, se os da esta noche para que podáis afianzar en vosotros esa percepción de que Dios en vosotros es real y que los hijos y las hijas de Dios han recorrido el camino de la superación, han alcanzado una realidad en el estado ascendido y ahora pueden entrar en contacto con quienes vienen detrás en la cadena evolutiva.

He venido a convenceros, con la mismísima esencia de mi presencia, mi vida, mi radiación, que los Maestros Ascendidos son algo real. Dudar de su existencia es dudar de la existencia de vuestra propia Realidad. Dudar del Sendero es cerrarle la puerta a la Vida. Dudar del camino de iniciación es muerte.

El Cristo en vosotros declara por siempre: «YO SOY la puerta abierta que nadie puede cerrar». No deis a nadie, en ningún plano de existencia, el poder de abrir y cerrar la puerta de vuestra conciencia. No le deis ese poder a nadie, porque Dios os lo dio a vosotros para que os lo quedarais, para vuestro Yo Real, vuestra Presencia Crística. No lo cedáis a nadie y así no perderéis tiempo en el desvío de la conciencia del culto a la personalidad que está lleno de maya, egoísmo y manipulación.

Me pongo en contacto con vosotros por un propósito cósmico,

para corregir los errores de la civilización, para despejar el camino otra vez en los mercados de la educación y la cultura y se reconozca que la vida misma es un sendero de iniciación, que todo el gobierno, toda la industria y todo el aprendizaje debe servir a este fin, este fin para el que Cristo nació, para el que Cristo vino al mundo, para dar testimonio de la Verdad.

Veamos, pues, uno por uno, cómo vais a eliminar de vuestra vida aquello que no sirve al propósito cósmico de dar testimonio de la verdad de vuestra realidad interior y vuestro ser interior. Veamos cómo vais a eliminar esos factores y condicionamientos que os roban el sueño, que os roban la energía y os mantienen en la rutina de la supervivencia económica. Mejor será que consideréis la supervivencia de vuestra alma y os preocupe menos vuestra posición en la sociedad. Porque esta sociedad se derrumbará a menos que reciba la infusión de la voluntad de Dios.

Veamos cómo os arrancáis, pues, día a día, esos impedimentos hacia la voluntad de Dios. Veamos cómo marcáis el camino del triunfador. Veamos cómo os preparáis para manifestar la labor sagrada que será la prueba de vuestro testimonio de la verdad, que será la infusión en la Materia de la llama del Espíritu y que es la única salvación para los Estados Unidos y para cada país de la Tierra.

Sí, la civilización se derrumbará a no ser que algunas personas de la humanidad respondan con el fervor de los devotos de la voluntad de Dios para mantener el equilibrio de América, del Norte y del Sur, y de todas las evoluciones de este mundo. Algunos realizarán el sacrificio supremo, un sacrificio que no es muerte, sino un vivir total para Dios y la llama Divina.

Ese supremo sacrificio y solo ese, por parte de quienes están encarnados, llevará a este mundo a una era de oro. Os aseguro, por todo lo que soy, que la responsabilidad es totalmente de vosotros que tenéis vida en encarnación física. Depende totalmente de vuestro libre albedrío cuál sea la determinación de esta era.

Echad vuestra superstición a la llama de hadas madrinas y figuras parecidas. No hay ningún camino «milagroso» que traiga una era de oro. Se trata del milagro del trabajo duro, de la aplicación de la Ley y la ciencia de la iniciación. Ese es el gran milagro. Y cuando los hijos y las hijas de Dios demuestran esa ley y esa ciencia, los niños dicen: «Hoy ha ocurrido un milagro». No es así. Es la alquimia de los triunfadores; siempre.

Dejad que añada también que cuando hacéis las obras de Dios, los Maestros Ascendidos multiplican vuestro esfuerzo por la alquimia del Espíritu Santo. Pero esto también es Ley y podéis esperar un retorno de vuestra inversión en la vida con intereses. Es la ley de la vida abundante. Pero si sembráis un campo angosto, recogeréis una cosecha angosta.

La voluntad de sacrificio está en vuestras manos, porque yo ya me he decidido. Vosotros responderéis esta noche y todas las noches, porque el ángel de la guarda de vuestra Presencia toma nota de los incrementos de la voluntad. Los incrementos de la voluntad son los factores totalmente determinantes de quién llegaréis a ser, si tendréis éxito o no en el universo material o espiritual. Los incrementos de voluntad determinarán si viviréis o no viviréis en la conciencia de Dios.

Chelas del fuego sagrado y quienes desean serlo, os hago esta pregunta: ¿Estáis preparados para querer sacrificaros? [«¡Sí!»].

16 de abril de 1976
Los Ángeles

El Morya

Informe de la mesa del Consejo de Darjeeling

Los huérfanos del Espíritu nos preocupan, aquellos que, sin el hilo de contacto con la Deidad, permanecen unidos a un entorno malsano, aquellos para quienes el propósito real de la Vida nunca se revela; porque la cristalización de sus conceptos intelectuales y la dureza de su corazón, arraigada en el egoísmo, no abren la puerta cósmica hacia nuestros dominios.

Tantos son los misterios de la Vida, tantos son los poderes del Amor. Sin embargo, el polvo parece ser más de su gusto que el destino que Dios ordenó.

Ahora hay un remanente, y el remanente lo es de esperanza; y hay corazones que responden, pero la gran red cósmica debe llegar a las profundidades y encontrarlos.

Debemos llevar a muchos a la pilastra superior. Debemos amplificar los filamentos de luz en las bombillas corporales de quienes son la verdadera progenie de Dios. Debemos proteger y dirigir. Sin embargo, el velo de oscuridad es muy, muy pesado.

Mientras la preocupación del hombre por su ecología aumenta, ¿qué diré que está ocurriéndole al alma en el interior? El estándar moral, el reconocimiento del plano del Espíritu, escuchar las música de las estrellas y las esferas, crear un lazo de identidad cósmica que es el punto fuerte de la voluntad de Dios, estas son las fuertes banderas que levantamos.

Ahora felicitamos a quienes han ayudado en la expansión de los haces de luz desde The Summit Lighthouse: quienes perciben nuestra realidad detrás de la palabra impresa, quienes entienden que los Mensajeros y el personal son siervos gustosos, un velo de carne a través del cual indicamos hebras de todo el patrón.

La expansión continúa. Muchas cosas de dirección Divina se han hecho para el mejoramiento general de la organización; y ahora, en el mismísimo envoltorio de la manifestación física, el espíritu de luz y movimiento se agita. El progreso está a la orden del día; y algún día todo lo que se está preparando ahora desatará su propia melodía, y debido a eso muchos cantarán un nuevo canto.

Al observar los crecientes cismas, las divisiones maniobradas deliberadamente que están siendo creadas hoy a través de las dicotomías de mente y espíritu en el orden mundial total, tengo el deseo de hablar desde nuestro nivel acerca de nuestro punto de vista y nuestra intención. Quienes desean enfrentar a los países, quienes desean enfrentar a la gente, quienes desean señalar con el dedo acusador de una religión a otra, al hacerlo crean una fractura en conciencia que es una espiral negativa destructiva.

Quisiera, pues, exponer para que todos puedan escucharme de una vez por todas, la política de The Summit Lighthouse, patrocinada por la Gran Hermandad Blanca. Como el hermano de humilde servicio que ayudó con los dolores de parto, ahora quisiera ordenar la promulgación de nuestra declaración de política y hacer que esta refleje nuestros pensamientos tanto ahora como en el futuro.

Es bien sabido que en el mundo hay millones de personas etiquetadas como de «izquierdas». Hay otros millones de ellas etiquetadas de «derechas». Hay otros que eligen, en algún grado de orgullo humano añadiría, la posición del medio. Quisiera decir que nosotros no nos adherimos a ninguna de estas causas, y os puedo decir por qué.

La magnitud de servicio del Cristo Cósmico es tal que no podemos identificarnos ni a nosotros ni a nuestro movimiento con uno que esté confinado a una franja seglar de oportunismo.

Los que desean vender muchos ejemplares de su revista se

adhieren a temas controvertidos, sabiendo que la mitad de la gente del mundo probablemente convendrá con sus puntos de vista. Aquellos juegan con los porcentajes y para ellos la vida es una rueda de ruleta.

Desde nuestro nivel apenas podemos tener esa conducta. Por tanto, elegimos no favorecer ninguna de estas posiciones, sino más bien reconocer todo el espectro, desde la derecha hasta la izquierda, incluyendo el término medio, como el valle de realidad en el que la verdad aparece mezclada con el error.

Lo nuestro no es crear división y The Summit Lighthouse, nuestra organización, refleja esas metas sensatas y fortalecedoras del espíritu humano.

Quisiera decir con todo el honor cósmico que existen casos virtuosos en todo el abanico de comportamiento humano, pero hay muchos que carecen de virtud, son injustos, engañosos y están erróneamente motivados. No podemos identificarnos con ninguno; porque nuestro propósito no es ser populares, sino ser fieles a la verdad y aceptar las causas espirituales que den al alma la capacidad de expandir su vida.

No he negado que los pobres, como dijo Jesús, están con vosotros siempre. No he negado el derecho que tiene el hombre a realizar sus necesidades sociales, que para algunos se han convertido en una forma de servicio espiritual. Del mismo modo, vemos con claridad que entre las tradiciones de los hombres hay muchas con virtud, aunque a veces decaen, que deberían mantenerse; pero ¿dónde colocaremos los maderos? No nos podemos identificar con la derecha o la izquierda y no podemos identificarnos con el término medio.

Mientras hablo, la verdad y el error se deslizan, y el chacal humano de la división se burla del hombre. Los poderes de la oscuridad se ríen cuando la gente se adhiere a esta o aquella causa de una forma radical. Otros se encuentran en el centro de la tibieza. Así sea. Para la salvación del alma no sirve la reforma social-, ni sirve la oposición a la reforma social. El progreso del hombre puede acentuarse de la mejor forma si primero puede establecerse en la dirección adecuada. Quisiera señalar cómo puede hacerse esto y cuál es nuestra perspectiva.

Es razonable suponer que hay muchas cosas de naturaleza espiritual que los hombres desconocen; y la revelación divina aún no ha cerrado su boca y sigue pronunciando el gran fíat de la Palabra. Están los que creen que la tradición religiosa está completa y que el hombre no tiene que dedicarse, suave, aunque a veces no tan suavemente, a poner etiquetas a varias gentes y a varios grupos. Esas etiquetas no quieren liberar, sino confinar.

Cuando el hombre de honor vea con claridad, se dará cuenta de que tanto la reforma social como la oposición a la reforma social extraen toda su energía a su manera. La gente siente la necesidad de involucrarse en una causa u otra, y quienes son de naturaleza radical encuentran nichos de radicalismo reconfortante en varios grados a la derecha o a la izquierda del centro. Cómo puede condenar un radical a otro es difícil de entender a la luz del conocimiento espiritual.

No obstante, el conocimiento espiritual es el conocimiento superior y tiene en cuenta toda la brújula de la hermandad del hombre. Por ejemplo, cuando hacemos un pronunciamiento que parece autorizar un lado u otro —y como he dicho antes, la vestidura de justicia debe abarcar todo el espectro— nos vemos sujetos a etiquetas y nuestra voz exterior de razón cósmica, The Summit Lighthouse, también es etiquetada.

Lo que decidimos entonces es prestar el servicio más grande a todos los hombres y mujeres del planeta allá donde aparezcan en la escala social, desde los más pobres hasta los más ricos, desde los más débiles hasta los más fuertes, desde los de menor espiritualidad hasta los más espirituales, desde los tontos hasta los sabios. Debemos servirlos a todos; y a menos que lo hagamos, no habremos cumplido con nuestro cargo divino.

Cuando sea necesaria la reforma humana, ocupémonos de los asuntos de nuestro Padre; pero pongamos freno a esas situaciones poco afortunadas que le arrancan literalmente al hombre las energías vitales de su vida, dejándolo como un siervo infructuoso.

Como portavoz de la voluntad de Dios, no creo que la división sea el propósito divino. No creo que los manipuladores no

Informe de la mesa del Consejo de Darjeeling

existan en el mundo. Sé que existen y que existen para una total degradación del hombre.

Lo que más necesitamos es honor; y quienes se adhieren a ese honor deberían asegurarse de que los libros de texto del mundo, las revistas, los programas de radio y televisión y todos los medios de comunicación presenten con honestidad al hombre todas las perspectivas de una cuestión.

El hombre no debería enamorarse tanto de su entorno como para perder su alma durante el proceso de moldear de forma ególatra su entorno. Más bien, debería comprender que la oportunidad de tener vida, que algunas veces él lleva con solemnidad y otras con brusquedad, es un derecho que Dios le ha dado, un derecho a través del cual puede, si quiere, lograr suficiente autocontrol para ser maestro de su destino.

En verdad, quisiera decir que el hombre puede ser el Dios de su propio universo. Puede suplementar sus deseos con razón santa. Puede transmutar y dirigir todo el curso de su ser.

El propósito de nuestro boletín semanal, las *Perlas de Sabiduría,* es ayudar a los hombres del cuerpo planetario en el asunto de dominar su entorno. Ahí se hace llano el camino de iniciación. No se capta en un momento. Puede entenderse mediante la petición al corazón de Dios y a la Jerarquía cósmica.

Pero el hombre debe tener paciencia consigo mismo; porque nuestras palabras, aunque están dirigidas a todos, no siempre son entendidas por todos, sino que más a menudo son entendidas parcialmente. Día a día podemos aumentar la fuente del conocimiento legado al hombre si este practica fielmente la lectura de esas palabras y esos pensamientos y la comunión con ese espíritu que nosotros enviamos a la Tierra.

Nos interesan principalmente los niños pequeños, que se les dé la oportunidad de expandir la riqueza del universo, la vida abundante. Con el aumento de la llama del conocimiento en ellos, nuevas dimensiones del Espíritu pueden aparecer día a día.

Pero cuando la religión se convierte en una maniobra a utilizarse por un grupo religioso contra otro, con celos crecientes en vez de menguantes, pensamos en la fábula del zorro y el cuervo y cómo el cuervo tenía el queso en el pico. Entonces, con halagos el zorro indujo al cuervo a hablar, y el queso se cayó y lo devoraron, y el cuervo no participó de él.

Por tanto, que los hombres comprendan que, con frecuencia, por su avidez y avaricia, las cosas que más quieren son precisamente las que pierden. Pero con humildad y un esfuerzo por obtener conocimiento, su período de vida se extiende; y con ello llega un acrecentamiento de conocimiento práctico que mejora el asunto del vivir.

Se me conoce como un Maestro práctico. Doy mis enseñanzas con gusto, pero las doy con más gusto cuando se implementan a través de la armadura de la acción. Qué lástima que los hombres no aprecien las profundidades de su conexión con nosotros. La Gran Hermandad Blanca —una intensidad de magnanimidad, un destello de gracia divina contemplando los hermanos santos el bienestar del hombre— es en verdad una organización de servicio y gracia.

Poco se imaginan los hombres, cuando entran en contacto con nosotros por primera vez, el alcance de nuestra orden santa. A través de los lazos de The Summit Lighthouse y las *Perlas de Sabiduría,* los hombres deben, desde el principio más tierno, comprender que lo que están leyendo no es un material común.

Si al principio encuentran dificultad en considerar su contenido simplemente porque está impreso por agencias humanas, que lo reconsideren; porque, aunque opera a través de la agencia humana, no pertenece a los niveles humanos. Posee luz y está cargado de una radiación de propósito cósmico. Sed testigos de que, durante el terremoto de California, en más de un caso hubo focos de nuestros santos hermanos y de la organización que permanecieron en la pared, mientras otros cuadros se estrellaron contra el suelo.

Por tanto, que los hombres comprendan que cada palabra, cada frase, es un depósito de gran conocimiento. Muchos han dicho a nuestros Mensajeros que cuando empezaron a leer al principio, no se imaginaban la profundidad de la obra. Más tarde, al repasar el alcance de la virtud de las Enseñanzas, se revelaron miles de ideas nuevas que al principio no vieron.

Al combinar el estudio con la meditación, la contemplación y la oración sagrada, el hombre, si no es demasiado orgulloso para entrar en comunión en silencio, puede aumentar sus oportunidades al leer nuestras palabras hasta que al fin llegue a comprender la profundidad de nuestro servicio. Y entonces nada podrá detenerlo en su avance hacia el imán divino.

Por el imán divino el hombre es atraído hacia la Divinidad. Y esto en verdad supone el amarrar la vida abundante, el deleite cósmico a su alma, a su mente, a sus sentimientos. Lo más profundo de su corazón se convierte en el cáliz de oportunidad espiritual, al extender sus rayos de fuerza a cada acto de la persona. Finalmente, a veces despacio, a veces deprisa, el hombre supera esos hitos que representan la meta superior.

Sobre todo, que los hombres comprendan que las espirales negativas no deben ser su destino, que la ascendencia positiva debe estar ante ellos. No deben entrar en demoras y, por encima de todo, no deben dejar de escuchar nuestros mensajes cuando estos se dan cerca de ellos o están disponibles en grabaciones electrónicas; porque así, al final el espíritu de la nueva alegría les pertenecerá. «Si al principio no te sale, inténtalo, inténtalo otra vez», es un viejo dicho que se aplica a la voluntad del Espíritu.

Aquellos cuya psique han sido condicionada por los monstruos de creación humana deberían entender que el repudiar estos campos energéticos de infortunio albergados en su aura debe ser rápido y repentino; sin embargo, como una gran sábana cósmica de fuego blanco soltada desde el cielo, los optimistas tesoros de la nueva devoción son múltiples. Con ellos, la conciencia puede llenarse tanto de la fortaleza nueva como para crear literalmente el espíritu de juventud eterna en el hombre.

No obstante, el orden mundial no ofrece la formación apropiada a sus pequeños. Existe mucha temeridad y abandono desenfrenado, demasiado engaño y motivación personal carente de honor.

Nuestra Hermandad a menudo se ve atacada por los seres oscuros, simplemente porque ellos desean evitar la confluencia cósmica o unión espiritual que realmente les limpia las lágrimas de los ojos a los hombres y les da una medida tal de consuelo divino como nunca han experimentado.

Cuando se deja que los fuegos sagrados hagan su trabajo y quemen las viejas barreras y abran nuevos panoramas en el mundo del hombre, los hombres comprenderán que nuestros propósitos no son los propósitos materiales de los hombres, sino más bien que son los propósitos espirituales de Dios. Estos han de extenderle al hombre las tradiciones cósmicas con las que santos y sabios de todas las épocas han hallado su paz y su logro más grande.

¿Consideraréis cada uno de nuestros actos desde esta posición de pensamiento y dejaréis de ponernos a nosotros o a nuestro movimiento las etiquetas que vosotros mismos creáis y que pueden, con persistencia, estropear con éxito la imagen cósmica que queremos poner ante vosotros?

La montaña santa Kanchenjunga, vista desde Darjeeling (India)

Podemos viajar en nuestros cuerpos sutiles para asistir a las clases que da El Morya en el Templo de la Buena Voluntad, en Darjeeling (India). El Señor del Primer Rayo sugiere que quienes deseen sintonizarse con la vibración de su retiro, se concentren en una fotografía de Darjeeling y escuchen la nota clave del retiro, que escribió en parte Sir Edward Elgar en su tema «Pompa y circunstancia».

Si hacéis esto, poner a un lado las cosas pueriles, llegaréis a ser un hombre de Dios, destinado a la maestría cósmica. Si hacéis esto, madurar en espíritu y esperar la palabra proferida, veréis que cada semana y cada oportunidad que os traemos será una renovación Crística de magnificencia Divina. Porque estas son las joyas de nuestra corona que estáis reuniendo. Son las perlas de gran precio que al llevarlas puestas os hacen dignos del servicio a Dios y el amor al hombre.

Desde los altos pinos de Darjeeling, desprendemos nuestro mensaje de fortaleza eterna y buena voluntad a los hombres. Pueda nuestro Padre que está en el cielo engrandecer esa unidad y realidad Crística, no nacidas de vientos de engaños y no avivadas con fuegos fanáticos, sino indicativas claramente del nuevo espectro de la conciencia de la Gran Hermandad Blanca, que sostiene la Bandera de la Verdad sobre todos.

Valientemente a Su servicio, quedo,

Morya El

Jefe del Consejo de Darjeeling
de la Gran Hermandad Blanca

1971
Colorado Springs

LANTO 2
Señor del Segundo Rayo

Iniciación del chakra de la coronilla

Retiro:	Grand Teton (estado de Wyoming, Estados Unidos)
Vibración:	Amarillo, oro
Piedra preciosa:	Diamante amarillo, zafiro amarillo, topacio
Cualidad:	SABIDURÍA ENTENDIMIENTO JUICIO
Don:	Palabra de sabiduría, palabra de conocimiento
Día:	Domingo

Escena que evoca la amistad del Señor Lanto y su discípulo, Confucio

Señor Lanto

Posibilidades en nuevas dimensiones

Saludos desde el corazón del Retiro Royal Teton. Saludos de parte de las huestes del Señor y los hermanos que sirven con nosotros. Una luz esmeralda en este momento es atraída por la llama de la iluminación. Y puesto que habéis enviado el llamado de la libertad, la libertad responde.

Quisiera traeros un capítulo del Libro de la Vida; vuestra vida. Quisiera leeros un poema del alma. Quisiera compartir con vosotros las deliberaciones de las mentes de los Chohanes y los que se reúnen para celebrar vuestra reunión, aquí [en el corazón del Retiro Interno]. En este caso, quien propone es el hombre. Y así, Dios se dispone a que lo muevan de su trono y a considerar otra vez posibilidades en nuevas dimensiones.

Vengo, pues, sobre un rayo de luz que ahora toca cada corazón salido del fuego cristalino. La llama de la iluminación está sobre cada uno de vosotros ya que sois extensiones de la mano de Dios en la forma, como lo imaginó Amenhotep iv. Y este rayo de luz activa ahora al hombre oculto del corazón y la voz de aquel que en vosotros conoce la hora del nacimiento, la hora de la inmortalidad, la hora de la venida y la ida de vuestra alma.

Vosotros contempláis con asombro la cuestión del futuro desconocido. Decís: «¿Cómo pueden domarse o ponerse a prueba las fuerzas enfrentadas, una economía que se tambalea o el odio que permanece en el corazón de algunos? ¿Cómo puede uno saber la temperatura de la Tierra? ¿Cómo puede uno predecir el futuro?».

Con la cualidad mercurial de la naturaleza humana, millones de personas toman decisiones a cada momento, pero individuos clave deciden el destino de los países. Vemos claramente la mano de Dios escribiendo, no solo en el cielo, sino en el corazón humano. Pero también vemos el libre albedrío como opciones que aún han de elegirse y arena que todavía no ha caído en el reloj de la vida.

Por consiguiente, amados míos, considerad conmigo según se da la hora y con la oportunidad a mano: La única certeza en el cáliz es vuestra voluntad de ser. Reducid toda la ecuación a vosotros, sentados aquí. Todo en lo que podéis confiar es Dios, y todo en lo que podéis tener esperanza es que vuestra voluntad atada a la suya, vuestra mano extendiéndose y volviéndose a extender queriendo llegar a Cristo, dé el paso correcto y tome la decisión, no de vida o muerte, porque eso no os pertenece, sino la decisión de asegurar al alma allá donde esta se encuentre.

Desde la última vez que me dirigí a vosotros he recibido a algunas personas de esta Comunidad que han realizado la transición y han sido llevadas a nuestro retiro. Su expectativa no era la transición, pero se encontraron en una nueva dimensión con otras oportunidades y una vida nueva. Como el profeta solía decir: «¡La muerte llega inesperadamente!». Por consiguiente, os digo a todos: No os debería preocupar la vida o la muerte en esta octava, sino el movimiento del alma hacia la meta de permanencia en el mismísimo Ser de Dios.

Al mirar más allá del futuro de la Tierra, contemplamos el futuro de las estrellas; vuestra estrella, el cuerpo causal de vuestra vida. Por tanto, las decisiones tomadas con inteligencia en confirmación de la Palabra, en alabanza a Dios y con dulce amor por sus tiernos pámpanos, estas cosas tan valiosas, estos intercambios entre hermanos, el testimonio a la Verdad, son de suma importancia.

He visto a personas en la última semana de una encarnación dada, asumir una postura tan heroica en defensa de la Verdad, ser tan francas al pronunciar la Palabra por el impulso de su llama Crística, ¡como para encender una corriente de fuego que podía verse en la galaxia de al lado! Y el tiempo voló y esa persona se encontró ante el tribunal recibiendo el encomio, «una palabra bien hecha»; no necesariamente por la realización de una vida, pero sin duda por una señal de valor que contará y establecerá el rumbo para un nuevo comienzo e impulsará al alma hacia otro plano, donde los ángeles también dan testimonio de su llegada.

Me gusta pensar en términos de eternidad, ¡porque solo la eternidad es real! Y la marca que hagamos en la faz de la Tierra sin duda debe ser para que otros puedan seguirla y encontrar el sendero más fuerte, el valor y un optimismo, porque nuestro paso fue ligero y seguro como el ciervo que salta y se posa sobre una roca más alta.

> Habéis ido a un terreno más alto.
> ¿Con qué propósito pues
> abunda el alma?
> Volvemos a contemplar la piedra filosofal
> y comprendemos que en la vida
> hay mucho que expiar.
> La expiación, pues,
> es equilibrar todo error.
> No perdamos el canto
> del pájaro en el corazón
> que canta y vuelve a cantar,
> aun cuando está abrumado, sus alas terrenales,
> por hollín y guerra química
> y la carga del afán de la Tierra.
>
> Vuestras almas deberían volar,
> pero también estáis encapsulados en la forma
> que os ata a una espiral mortal
> y la fuerza de gravedad.
> Pero es la voluntad, la percepción,
> ¡poner el rumbo y el corazón!
>
> Quiero decir: Como el herrero,
> ¡demos un golpe,
> un fuerte golpe por el Señor!
> Sustentemos a otros
> que vendrán después.

Deshagámonos
del agobio de un culto al placer
que no tiene como meta el mañana,
sino el hartazgo de hoy
y carece de la visión.
Y los hombres llevan anteojos
mientras ellos mismos son un espectáculo
en todos los ámbitos de la vida,
mientras nosotros que nos consideramos sabios
nos preguntamos cuándo afrontarán
la muerte inevitable
de un ego hace mucho gastado
y comprendan que
¡solo el alma puede volar!
Pero no puede volar a no ser que pruebe sus alas
y forme esas alas como plumas de luz.

Sin las alas de la oración y la esperanza,
sin un destino y un interés,
¿a dónde puede el alma volar
cuando el cuerpo ya no tiene corazón
ni nervio ni brío para continuar en esta octava?

¡Utilicemos esta tierra hasta dar todo el cáliz de nuestro potencial! Comprendamos que la iluminación y su llama no deben apagarse en esta tierra, estando los jóvenes en delirio y sus sentidos apagados por drogas y rock, y sin pensar en otra cosa que las letras que los han derribado y vuelto a derribar hasta un nivel más bajo y, por tanto, ¡los han privado del florecimiento del fuego amarillo de la coronilla! ¡Comprendamos que existe un movimiento, una fuerza —y debo decir que es una enorme fuerza del propio «infierno» que se mueve por la tierra y asume una postura contra la luz— contra la sabiduría del corazón!

¡YO SOY Lanto en el Royal Teton, y aquí hay un fuego abrasador de sabiduría!

¿Quién buscará la fuente de la sabiduría? ¿Quién será capaz de elevarse y subir por la escalera de los chakras cuando estas drogas y el ritmo que genera una espiral descendente se llevan a los jóvenes hasta por debajo de los pies, a niveles subterráneos

Posibilidades en nuevas dimensiones 251

de fuegos infernales de caídos, que perdieron sus alas hace mucho, ahora ennegrecidos con otras cosas y, por tanto, habitando en sitios que son el origen de insectos que muerden y pican y que no deberían existir más, pero existen, alimentados como están por la ignorancia de las masas?

¡Vengo a rasgar el velo de ignorancia! Y si de mí dependiera, digo: ¡Dedicaría esta tierra al aprendizaje, a la educación del corazón en todos los niveles, y al arte divino! ¡Me aseguraría la cultura de las naciones antes de que caigan! Traería todos los recuerdos del pasado, de artesanos y artesanía y las cosas que las almas hicieron en la Materia como una gran obra eterna, antes de perder la voluntad o el deseo o el amor de producir desde el interior alguna cosa hermosa y noble.

Por tanto, que sea un lugar para reunirse. Veamos aquí los frutos de monjes tibetanos y sus pergaminos y registros de peregrinos eternos y de San Issa y su viaje a Oriente. Veamos algún recuerdo de la arquitectura de aquellas lamaserías sobre la roca, de la estupa budista, de lugares de oración que han sido destruidos incluso en este siglo, sin una sola protesta por parte de Occidente[1] y los que dicen que aman a Cristo más, pero no lo honran en Buda ni en Confucio, grande y noble, que nunca ha sido apreciado de verdad por el fervor de su mente.

Escuchad al de la antigua China. Escuchad al que ahora os sirve como jerarca de nuestro retiro. Porque él también ha venido conmigo, trayendo un pergamino; el ser encantador y excepcional al que todos habéis conocido.

El lado práctico de la cultura de Estados Unidos proviene del cuerpo causal de Confucio. Prohibido de vez en cuando y después otra vez popular, los caídos intentan utilizarlo en China. Pero aquí, en Estados Unidos, su sueño de un gobierno Divino es una llama de iluminación que ilumina el camino de quienes siguen a Saint Germain en una libertad boyante.

Si yo, pues, hubiera de tener voz (como vosotros tan gentilmente me habéis permitido hoy), sería, amados míos, para dedicar esta tierra y una parte de ella a la noble meta de la luz de Confucio. De haber sido escuchado, China no habría caído nunca.

La familia sellada y su amor, la pureza y el honor, la amabilidad en los intercambios y, sobre todo, la sabiduría del aprendizaje búdico antes de tiempo fue su legado para la raza, llamada raza amarilla ya que buscaron el Segundo Rayo. Y todo ellos y muchos más están encarnados en Norteamérica en esta era, mientras otra raza ha tomado su lugar y no siempre ha llevado la pura lámpara de la Diosa de la Libertad.

En verdad esta tierra es la tierra donde se reúnen las águilas. En verdad es un lugar a donde los Maestros Ascendidos han venido, donde Glastonbury y el lugar de los antiguos druidas, la señal de las estaciones grabada en Stonehenge y la obra y luz de Francis Bacon y Tomás Moro, pueden sellarse y protegerse en el fuego de la roca, en el corazón de la montaña.

Hay muchísimos lugares secretos del Altísimo que podéis encontrar, ver y conocer. ¿Habéis considerado que todos y cada uno de vosotros podríais ocultaros en estos montes y que no se os encuentre nunca? Es como jugar al escondite con hadas y seres de fuego estelar, y darse cuenta de que los secretos más grandes de Dios están ocultos en el corazón humano, ¡el corazón divino hecho así por la chispa de la Vida!

Sí, si tuviera voz, os diría que a menos que la llama de la iluminación sea comprendida como la cúspide y culminación de toda la vida y la clave de la inmortalidad, a menos que sea reverenciada, todo lo demás debe fracasar.

Pensad en ello, benditos corazones. Uno os puede decir la ley; pero sin la comprensión, ¿la obedecisteis siempre? No. Hace falta una enseñanza, un razonamiento del corazón, un motivo que llega a través del entendimiento y solo el entendimiento. Podéis conocer la verdad, pero la verdad que os hace libres es la verdad que se comprende gracias a la llama de la iluminación.

Yo fomento el refinamiento del corazón con los rayos secretos,* la nobleza del sendero del discipulado y la búsqueda de la cultura más alta del alma. Este no es un sitio para el escape. ¡Este es un sitio para construir! Este es un sitio para el rescate de los grandes libros del mundo y las grandes enseñanzas de todos los tiempos.

---

*Los cinco rayos secretos son rayos ocultos cuyos colores no se nos han dado. Estos rayos traen iniciaciones de purificación y refinamiento de los sentidos del alma.

Este es un sitio para empezar otra vez la biblioteca de Alejandría, donde esos volúmenes inmortales se quemaron y después se volvieron a recuperar en el corazón de nuestro retiro. Este es un sitio para reunir artefactos de la Atlántida, la tradición de Lemuria y la música que no se ha escuchado en la Tierra ¡durante un cuarto de millón de años!

Te desafío, hijo de la luz, a que escribas esa música del antiguo templo y conozcas el verdadero ritmo del corazón que es para sanar a un mundo; ¡sí, la creación de un nuevo mundo! Te desafío a que derrotes este ritmo inferior de los caídos que intriga a la mente por un tiempo pero que nunca, nunca, nunca puede dar el néctar del Buda que satisface al alma y con el que llega esa iluminación de omnisciencia.

> Hay una música que tú puedes escribir,
> y así permitir que todos escuchen
> el sonido del tono sagrado
> para el desarrollo de la coronilla.
> Hay una ciencia del sonido
> esperando nacer,
> ¡esperando ser escuchada!
> Porque el sonido es la creación de mundos
> y el sonido es la «descreación» de mundos.
> Y así, solo ante el sonido más elevado,
> el desarrollo más alto
> de divinidad tiene lugar.
> Sin el sonido, no habrá ninguna creación.
> Y si tú no escribes,
> puede que venga otro y robe tu luz
> y escriba no la más alta, sino una melodía inferior.

> ¡Ay! Para todos, del Libro de la Vida
> leo una tarea noble.
> Si no tenéis éxito
> de acuerdo con el plan,
> volved la mirada, porque otro hombre
> estará en vuestro lugar,
> sentado en vuestro asiento,
> y tomará la pluma que debería ser vuestra

y escribirá un libro que vosotros podríais haber escrito. Escribir, pues, vuestro destino a partir del fuego exige la certeza de la voluntad.

Como veis, hay cosas que levantar, cuya construcción, iniciada en la tierra, continúa en las octavas etéricas. Para algunos de vosotros la transición será una simple exhalación y después un nuevo aliento y un suspiro, y a continuar otra vez con el trabajo que hay que hacer, ¡con apenas una pausa en el ritmo medido del artesano del corazón!

Estáis tan cerca del principio y también del final de la vida. Y en los retiros etéricos el avance de la construcción de ciudades celestiales continúa y hay lugares donde todas estas cosas que contempláis pueden en efecto contemplarse, ¡y más!, porque no tenemos guerras, no tenemos odio, no tenemos las arrolladoras mareas de energía que siempre y siempre han de transmutarse con llama violeta en estas octavas inferiores antes de poder volver a comenzar el día para efectuar algún propósito noble para el Señor.

¿Podéis empezar a comprender apenas
cómo la inmortalidad es de una manera
que en sus pliegues, sabia vestidura,
vosotros mismos podéis crear
y continuar creando con certeza
según el plan del Maestro Arquitecto
sin apenas las molestias
de un mosquito o un dios Nefilín?

Pensad, por dónde han andado los santos,
amados míos,
pensad dónde han andado
y cómo aquí habéis hablado con Dios.
Pensad cómo podéis dar pasos ligeros,
que ya no están atraídos por la Tierra,
y vuestra alma remontar el vuelo
hacia el reino ígneo del Sol.
¡Pensad en vuestro anhelo
y vuestro elevaros interiormente
y la devoción de vuestro corazón!

Volved a pensar, porque apenas sobre vosotros
los santos juegan a los juegos de la vida y alegría
y tocan instrumentos de música.
Los santos os llaman hacia una octava superior.
Y aquí, en la vida tan abierta,
aquí, en la belleza de Dios,
podéis contemplar
la inmortalidad del alma.

26 de agosto de 1982
Rancho Royal Teton
Montana

Confucio (c. 551-479 a. C.) nació en el estado feudal de Lu, actualmente la provincia Shantung. Las contemplación de guerras perpetuas entre los estados chinos y la tiranía de los gobernantes llevaron a Confucio a formular un nuevo sistema moral y un arte de gobernar que diera a la gente un Gobierno equitativo y restaurara la paz para el país. Con la creencia de que tenía una misión personal para diseminar su doctrina, a los 55 años emprendió una gira de diez años por los estados vecinos, visitando a gobernantes e intentando convencerlos de que lo nombraran para un alto cargo a fin de que pudiera introducir sus reformas. No hallando ningún éxito, lo atacaron en la localidad de Kwang, pero él respondió: «El cielo me ha nombrado para que enseñe esta doctrina y hasta que no lo haya hecho, ¿qué puede hacerme la gente de Kwang?». El confucianismo se ha descrito como un «orden social en comunión y colaboración con un orden cósmico». En él se representa al hombre como miembro de un orden social que está atado a otros de su comunidad por jen, «bondad humana». *Jen* gobierna las relaciones interpersonales y se expresa a través de cinco relaciones primordiales: gobernador y súbdito, progenitor e hijo, hermano mayor y menor, marido y mujer, y entre dos amigos. Cada una de estas relaciones se armoniza por adherencia a *li,* un sistema definido de etiqueta y ritual; porque Confucio creía que el verdadero respeto en las relaciones filiales conduciría a la conducta correcta en todas las cosas. Aunque Confucio tenía su interés principalmente en los principios de conducta y moralidad, adeptos posteriores a sus enseñanzas se interesaron con el detalle del ritual, desprovisto de su espíritu pionero.

Posibilidades en nuevas dimensiones

El duque de Zhou [Chou] (murió en 1105 a. C.), visto como un de los hombres de estado más grandes de la historia china, estuvo considerado como el arquitecto de la dinastía Zhou (1122-256 a. C.) y el verdadero fundador de la tradición confuciana. Confucio consideraba al duque como su modelo a seguir y creía que tenía por misión restablecer los principios y la cultura de la era Zhou en su origen, que estaba considerada como una era de oro. De joven, Confucio con frecuencia soñaba con el duque de Zhou. En las Analectas se lamenta: «Mi declive es en efecto extremo. Hace mucho que no sueño con el duque de Zhou». Se ha dicho que Lanto fue el duque de Zhou y que Confucio en aquella época estaba encarnado como su hijo o su siervo íntimo.

Huang Ti, ilustración de *Li-tai ku-jen hsiang-tsan* (edición de 1498); en la colección de la universidad de Hong Kong

El legendario Emperador Amarillo (Huang Ti, nacido c. 2704 a. C.), también llamado Ancestro Amarillo, gobernó una era de oro en la antigua China y está considerado como el ancestro de todo el pueblo chino. También se lo conoce como el Dios de la Arquitectura, patrón de alquimia y el originador del taoísmo. Según la tradición china, sus enseñanzas de taoísmo se transmitieron de forma oral de generación en generación, hasta que Lao-Tzu (siglo VI a. C.) las escribió en el *Tao Te Ching*. Por tanto, a menudo se hace referencia al taoísmo como las «enseñanzas de Huang-Lao» (Huang Ti y Lao Tzu). Huang Ti enseñó a su pueblo a encender fuego y se cree que inventó los vehículos con ruedas, las armas, la fundición del bronce, la escritura y las casas de madera. Su esposa descubrió y enseñó la sericultura (producción de seda). Su capital se ubicó en la zona sur de la actual Mongolia Interior. En su vida, se lo consideró como un «modelo de sabiduría» y se cree que ahora sea un Inmortal. La conexión entre el Emperador Amarillo y el Señor Lanto es más que una especulación.

SEÑOR LANTO
La gran síntesis de la llama de la Madre

He venido desde el Retiro Royal Teton para poner mi llama en esta ciudad de San Francisco, una llama de iluminación del Cristo Cósmico, la destilación del sendero de Oriente y Occidente, el sendero de acción iluminada fomentado por la iluminación, el ennoblecimiento de las obras y el amor, la luz de corazones unidos en ese amor.

Yo os digo: Gobernad vuestras circunstancias y no seáis gobernados por esas circunstancias. Muchos que pueden ser dignos de alabanza por su virtud no serían en absoluto virtuosos si estuvieran en otras circunstancias. Por esto se emitió el edicto: No juzguéis para que no seáis juzgado.

Muchos de vosotros hoy os encontráis en ciertas circunstancias solamente porque en otra vida habéis criticado la acción de otra persona que estaba asolada por circunstancias parecidas. Y, por tanto, la Gran Ley, en su infinita misericordia y bondad, os ha dado la oportunidad de caminar con los mocasines, como dicen, de aquel al que juzgasteis.

Ahora, pues, si no estáis satisfechos con vuestras circunstancias o con cómo estáis afrontando esas circunstancias de la vida, recordad que tenéis recurso, el recurso a vuestra Gran Llama Divina y al Ser Crístico que responde al instante a vuestro llamado.

La respuesta instantánea de Dios Todopoderoso no siempre supone un cambio inmediato de circunstancias. Más bien es una emisión de luz, una espiral de energía infinita que comienza a circular desde el plano de la Presencia YO SOY hasta vuestro Ser Crístico, a través de las líneas de vuestros cuerpos etérico, mental, emocional y físico.

Y, por tanto, la respuesta al llamado pudiera parecerle que tarda en manifestarse a aquellas almas que solo miran al físico para conocer la voluntad de Dios o la vida de Dios.

A nosotros no nos interesa tanto lo físico como sí la revolución de conciencia comenzando en el mismísimo núcleo del ser, el diseño original interior.

Cuando pedís sanación, Dios siempre entrega una esfera de fuego sagrado de luz sanadora. Esta se deposita en lo profundo de vuestro subconsciente. Y esta luz comienza a fluir y a circular por los planos del ser, haciendo emerger a la superficie las condiciones indeseadas. Esto es un electrodo que es un foco de plenitud de Dios. Por tanto, todo lo que es distinto a eso debe arrancarse, debe exponerse.

Y, por tanto, muchas veces, cuando entráis en contacto con la Gran Hermandad Blanca y empezáis a experimentar como un alquimista del fuego sagrado, durante un período os encontráis con más problemas de los que teníais cuando comenzasteis; y entonces os preguntáis por qué estáis en este sendero para empezar.

Amados, si queréis la plenitud exterior, acudid a otras fuentes. Hay sanadores por fe. Hay sanadores psíquicos. Hay chamanes, brujos, especialistas en vudú y científicos médicos. En toda sociedad ocupan un puesto prominente. Nosotros no tenemos la intención de ninguna manera de denigrar a las almas de luz que practiquen lo mejor que sepan la sanación de los cuerpos de los hombres. De hecho, nosotros hemos inspirado en muchos las artes curativas que se practican.

Pero os digo que con frecuencia es mejor sufrir dolor que tomarse una aspirina o los calmantes, que dan un falso sentimiento de seguridad de que todo está bien. El dolor es una señal, como una luz roja en el panel de instrumentos de la vida. Os dice que no estáis plenos y que debéis aprender la alquimia de la plenitud. Sufrir en sí mismo no es ni bueno ni malo, pero el uso que se haga del sufrimiento para acercar al alma a Dios es lo que cuenta.

Comprended, pues, la respuesta al llamado. Comprended el depositar la luz en vosotros. Dios tiene la intención, como que Dios vive y como que yo soy su siervo, de llevaros a la reunión con el Uno. Y, por tanto, cuando estáis en el sendero de iniciación, no os preocupéis tanto por vuestro éxito o fracaso como un metafísico medido por el índice de la señal externa.

El Señor Cristo dijo que una generación mala y adúltera demanda señal; pero señal no se le dará, sino la señal del profeta Jonás. Jonás en el vientre de la ballena es el símbolo de vuestra alma, de vuestra alma entrando en el subconsciente de vuestro ser, resolviendo la fórmula de ese ser no solo a nivel del plano mental con una alquimia científica y la afirmación y negación de la oración y el ayuno, sino resolviendo el problema de la energía, campos energéticos, la ley de causa y efecto y, en último término, la responsabilidad de la vida.

El Sendero implica mucho más que un milagro aquí y allá. Nosotros podríamos producir los milagros; podríamos atraer a las multitudes que siempre persiguen los milagros. Pero estamos aquí para que podáis ser hechos reales por la reunión con Dios. En cuanto a nosotros, preferimos un camino un poco abrupto, un poco empinado, un poco solitario para nosotros y nuestros chelas antes que el camino fácil que da un falso sentimiento de seguridad.

Hay muchos que poseen maestría en este plano. Utilizan la hipnosis, la autohipnosis, ciencias mentales de todas clases y la exploración psíquica. Y ellos pueden mostraros kilómetros de testimonios de condiciones alteradas de conciencia y fenómenos de todo tipo. Bien, amados, la reorganización de la energía en esta octava será, en unas breves décadas, el programa de primer curso en el sendero de la vida. No hay nada más sencillo.

Pero muchos se ven capturados durante años y más años y creen que poseen cierto logro porque, por algún proceso espiritual u otro proceso de deliberación mental o meditación, pueden producir cambios, una transformación que nunca es la alquimia del Espíritu Santo que vuelve a formar la mente, el alma y el ser; no es la alquimia con la que el alma experimenta el renacer, sino una transformación que es una reorganización del polvo, la reorganización de las moléculas de la materia.

¿Qué es la enfermedad? ¿Qué es la salud? ¿Qué es la pobreza? ¿Qué es la riqueza? Sencillamente, el yin, el yang de una condición relativa que aún es ilusión, a no ser que el individuo que se manifieste así pueda ver más allá de la manifestación la realidad del Nuevo Día.

Desde la octava de los Maestros Ascendidos, pues, vengo a hablaros.

Tanto si la condición de la vida es la felicidad como si la condición de la vida es el sufrimiento, yo digo que busquéis la bondad de Dios. Buscad la felicidad de Dios. Y si la felicidad de Dios es sufrimiento, entonces buscad sufrimiento. No juzguéis el bien y el mal, la luz y la oscuridad, por el estado de vuestra comodidad, mas juzgad por el estado de vuestra unión con Dios, una unión que no es una verbalización, una unión que es un estado del Ser.

El estado del Ser desnudo de todo lo demás, este es el sendero a la reunión. El estado del Ser. YO SOY. No conocerlo, pensar en él, sentirlo, sino simplemente Ser. Y en el ser, ser la acción perpetua de la Vida llegando a ser en Vida. Sed la espada de Kali. Sed el cetro de autoridad Crística. Sed el Buda y dejad que el Espíritu Santo viva en vosotros.

¿Qué es amor? Amor es aquello que os lleva a los pies de Dios, ya sea el cataclismo, ya sea el perfume de una rosa, ya sea una gota de lluvia en la nariz. Aquello que os agite para que me recordéis, dice el Señor, eso es amor.

No seáis, pues, intérpretes de la Palabra. *¡Sed la Palabra!* Y que la interpretación sea el juicio de la acción que se desarrolla. Por sus frutos los conoceréis. Sed el Árbol de la Vida. Que las evoluciones de la Tierra vengan y arranquen el fruto de vuestro árbol, coman de él y entren en samadhi.

Existe un atajo hacia Dios; es la renuncia. Existe un atajo hacia la inmortalidad; es la muerte del ego. Existe un camino hacia la pureza; es el bañarse en la Madre Ganges. Que el flujo de la Madre sea para vosotros ahora purificación para un propósito. Si la purificación no tuviera el propósito de la salvación del alma, ¿qué necesidad habría de purificación?

Vengo, pues, no con una doctrina de dolor y castigo, sino una doctrina de unirse al fuego sin el dolor del fuego, unirse al fuego sin el castigo de las profundidades de la oscuridad.

Amados, os hablo de un estado alterado de percepción con el que entráis en un flujo en el que ya no hay resistencia contra el Dios que conozco. Porque el Dios que conozco es el Dios que YO SOY y ese Dios en vosotros está preparado para absorber, para asimilar y para convertirse en vosotros.

Como veis, por tanto, hay un proceso gradual de salvación, siendo el proceso una espiral de energía. Y la espiral es el pergamino de la vida, un pergamino dorado en el que está escrita la fórmula alquímica sagrada del Ser a fin de que día a día podáis pasar por el proceso. Al proceso lo llamamos «ritual». El ritual es el caminar el Sendero, la asimilación del fuego sagrado sin la quema, sin el dolor de la quema.

Soy Lanto. Vengo a enseñaros que la meta de la vida es el Yo Sagrado, que no hay lucha para llegar a ser ese Ser sino una salida de la uniformidad del humanismo, la salida de la farsa de la mente carnal. Todo lo que no es vosotros no puede ataros a menos que vosotros le deis el poder de ataros.

Apartaos de las viejas costumbres, los viejos patrones, el viejo hombre, las viejas asociaciones. Permaneced en el centro del núcleo de fuego blanco de vuestro Ser. Mandadle a esa circunstancia que os rodea ahora a que se someta a la Gran Llama Divina de vuestro corazón. Ordenádselo por la autoridad de Dios Todopoderoso y sed libres.

No os sometáis a la oscuridad, mas someteos con humildad a la luz de Dios que puede con toda prueba, toda tribulación. Sed siervos obedientes a la Ley, pero no a los demonios que quieren mofarse de vuestra humildad y llamaros serviles con ese temor que es el temor solo de los demonios, porque no han tenido la salvación de Dios.

Os digo que el único temor que hay que conocer es el que, en vuestra alma, en vuestro potencial del alma de ser Dios, nunca hayáis dedicado un momento en esta vida para ratificar vuestra unión, que nunca hayáis ido al Sanctasanctórum a presentar vuestro caso a Dios Todopoderoso, que nunca hayáis dicho: «Señor, quisiera que me laven las aguas de la Palabra. Quisiera estar alineado. Muéstrame qué debo hacer para heredar la Vida eterna». Es decir, según el buen y antiguo evangelismo, hacer las paces con Dios, «preparase para el encuentro con Dios».

La Tierra es una escuela. No debéis abandonar esta vida en ese estado vulnerable en el que quedáis atrapados en el plano astral, defendiéndoos contra los buitres, los caídos que se os comerían la carne y la sangre porque no tenéis el cilindro de luz a vuestro alrededor que os lleve a alturas inmortales.

Por tanto, asegurad la oportunidad de vuestra alma de vivir en eternidad en este mismo momento. Aseguradla, amados. Porque os digo que muchas son las transiciones repentinas, y tienen lugar en todas las procedencias y entre toda clase de gente. Y una vez que realiza la transición, el alma entonces debe recoger las consecuencias de esta vida en la Tierra. Y muchas pasan cientos de años en el plano astral porque no aprovechan la oportunidad en la Tierra de asegurarse esa identidad en Dios.

Puede que no estéis preparados para ascender en este momento. Pero lo estáis para asumir un compromiso con el pacto eterno. Estáis preparados para la conversión a ser Dios en vuestro corazón. Estáis preparados para ir como un conquistador en la vida, para ordenar a toda circunstancia que se someta a la Gran Ley. Estáis preparados para entrar en la era de la Realidad, el realismo por el cual no dais la espalda, sino que afrontáis con la certeza sosegada del saber interior todo lo que ha sido inferior a la perfección Crística.

Que los pequeños mecanismos de la mente subconsciente, que se han instituido para proteger una conciencia débil contra la Realidad, se hagan a un lado ahora. Lo invoco para los portadores de luz de este grupo en toda la Tierra. Lo invoco para que podáis ver la deuda que le debéis a la Vida, para que podáis ordenar a la Vida y ser libres, para que podáis invocar el fuego sagrado y saber que día a día estáis transmutando las causas y los núcleos de aquellas condiciones que hasta ahora habéis negado.

Cuando negáis estas condiciones, declarándolas como irreales, ya sea desde el punto de vista del budista, del metafísico, del intelectual o del imbécil, os digo amados que os perdéis la oportunidad de redimir la energía.

La energía es Dios. Cada ergio de energía que haya pasado por el nexo de vuestra conciencia a lo largo de miles y miles de años de encarnaciones ahora debe pasar por la llama del fuego sagrado, perder la capa exterior de conciencia humana y reenviarse al cuerpo causal de la Vida. Este es el verdadero desafío de la vida en la Tierra; no las comodidades, no la atribución de éxitos a quienes han llegado a ser adeptos en las manipulaciones de la materia.

Amados corazones de fuego, tengo un gran anhelo. Este es veros libres en el verdadero sentido de la palabra. Y debido a ese anhelo, hace mucho adopté la llama de la iluminación. Porque extender la iluminación significa eliminar la pantalla de maya para que el alma pueda ver la luz, pueda ver la oscuridad, pueda comprender la ecuación, pueda saber que, en el sentido supremo, todo lo equivocado es irreal.

Pero para que sea irreal, para hacer que sea irreal en la octava física, donde las ilusiones tienen la apariencia y son tan concretas como una cuasi realidad, ello debe pasar por los fuegos de la transmutación. Por consiguiente, afirmad la irrealidad del pecado, la enfermedad y la muerte aun cuando invocáis la llama violeta para transmutar el efecto de un estado de conciencia debido al cual, en anteriores tiempos y espacios, aceptasteis y cualificasteis la «realidad» de ese pecado, enfermedad y muerte.

Por tanto, las moléculas de luz pierden una creencia falsa y sistemas erróneos mediante este ritual de transmutación. Y la sanación está completa. Y el hombre interior es sanado.

¿Comprendéis que esta es la ciencia del Concepto Inmaculado con la que contempláis la verdadera geometría de la vida, y que esa Vida contemplándose a sí misma en vosotros es el poder vivificador del verdadero científico de Cristo? ¿Y que con ese poder vivificador invocáis al Espíritu Santo y la causa, el efecto, el registro y la memoria de la ilusión también deben someterse?

Por tanto, en cada chakra existe una práctica de la ley sagrada y la ciencia del Ser. En algunos de vuestros chakras podéis decretar; en otros, meditar; en otros, visualizar la plenitud; en otros, la ciencia de la Palabra es la confirmación de la salud. Entonces comprended, amados, que todos los senderos de todas las religiones quieren suministrar al Cuerpo de Dios en la Tierra un componente de esta ciencia cósmica, esta y aquella manera para que cuando toquéis las siete notas de vuestros chakras y la cinco notas de los rayos secretos, comencéis a tener la expresión plena del complemento divino de la armonía con lo cual sois el instrumento de la conciencia total de Dios en la tierra, como en el cielo.

Cuando encontréis el hilo, el valioso hilo de contacto que conecta cada uno de estos niveles de maestría, entraréis en la gran síntesis de la llama de la Madre. Esta gran síntesis es la luz blanca, y de la luz blanca nace esa religión verdadera, inmaculada.

Y, por tanto, no argumentamos contra ninguna fe ni venimos condenándolas, sino que venimos a traer luz, iluminación y comprensión de cada fe, para que los que están divididos en las iglesias separadas puedan ver que cada camino es una clave; y la comprensión de la mezcla de las claves de la vida dará a toda la humanidad la capacidad de conectarse con el mismísimo núcleo de fuego blanco.

Que esta Iglesia Universal y Triunfante, que cada devoto dentro y fuera se entienda a sí mismo como un electrodo de la inmensa comprensión de «YO SOY el Camino, la Verdad y la Vida».

Soy Lanto. Os sello ahora en los fuegos del entendimiento. Que todos beban de la fuente eterna de la llama de la Madre y vivan.

13 de noviembre de 1977
San Francisco

El Grand Teton (Wyoming)

PABLO EL VENECIANO 3

Señor del Tercer Rayo

Iniciación del chakra del corazón

Retiro:	Château de Liberté (Sur de Francia) Templo del Sol (Nueva York)
Vibración:	Rosa, rosa oscuro
Piedra preciosa:	Rubí, diamante, granate, cuarzo rosa, berilo rosa
Cualidad:	AMOR CREATIVIDAD BELLEZA
Don:	Discernimiento de espíritus
Día:	Lunes

Tributo a Pablo el Veneciano, Señor del Tercer Rayo,
pintado por su llama gemela, Ruth Hawkins (ahora ascendida)

Pablo el Veneciano

El arte de vivir el Amor Divino

Buenas noches, damas y caballeros. Vengo con la llama del Amor a adornaros con los sagrados adornos del Dios del Amor.

    Con el fluir de los fuegos de la creatividad
    desde este Dios sagrado que conozco,
    os traigo una impartición sagrada del alma;
    es la fragancia de Alfa y Omega
    que os hará Plenos.

Puesto que el Amor es la esencia que fluye, la cualidad efímera de Dios, puesto que es el movimiento del viento y el discurrir del agua, necesita la mayor disciplina para poder retener, para tener y mantener ese Amor que es tan tierno, tan suave, y sin embargo es la expresión suprema de los fuegos creativos. Los más grandes artistas, poetas y músicos que utilizan la llama del Amor para implementar una idea de Dios son los que tienen la mayor disciplina: disciplina del yo, energías del yo, de la vida, incluso del tiempo y el espacio.

Vengo, pues, para traeros un conocimiento de esta disciplina a fin de que entendáis que la disciplina no es algo que se deba temer, sino que la disciplina es la Ley, el cumplimiento del Amor. La disciplina es una red, un campo energético necesario para el flujo del Amor y para retener el flujo del Amor.

Uno nota a todo su alrededor, allá donde hay vidas indisciplinadas, cómo el Amor se escapa por la ventana, cómo el Amor se pone en peligro y se pervierte y después se pierde. Cuando las energías en movimiento son indisciplinadas, cuando no hay un cáliz que pueda contener el fuego líquido del Amor, los hombres pierden ese Amor.

Y así, se sienten felices por un día, por una semana o por un año, pero ser feliz por la eternidad significa que el Amor debe consagrarse con una disciplina que exige sacrificio. Para continuar recibiendo Amor uno debe dar Amor. Pero el Amor se da con ritmo, con una armonía medida, a incrementos de gratitud y un estallido de alegría; un estallido que parece incontrolado pero que proviene de la fuente efervescente del corazón, el corazón que sabe que tiene ese control Divino del flujo de la energía.

Comprended, pues, que cuando disciplináis vuestra energía, vuestro suministro, vuestra expresión, las horas del día, vuestro servicio a la vida, aumentáis vuestra capacidad de entregar Amor. Cuanto más disciplinados sois, más fuertes son las redes de conciencia. Y tener una conciencia fuerte, como fuertes músculos, os da la capacidad de equilibrar megatones de fuerza vital a la que llamáis Amor.

¡Ay!, tantos están destinados a llevar la llama rosa; tantos han encarnado en el Tercer Rayo que son mis chelas, aunque no lo saben. Y se encuentran en ámbitos donde expresan esa creatividad del Amor de varias formas.

Pero debido a que en Terra las corrientes de vida encuentran tal dificultad en el manejo de las corrientes del Amor, muchos que deberían ser maestros de la llama ahora se encuentran en estados de degradación, habiendo pervertido esa llama. Por tanto, tienen el cuerpo en estados de desintegración y la mente llena de espíritus inmundos y los murmullos de esos espíritus.

Puesto que el Amor es una fuerza tan poderosa, queridos, su abuso da como resultado un karma muy grave y una privación de la vida y la fuerza vital. Por consiguiente, toda la ciencia de la era de Acuario, proporcionada a manos del alquimista Saint Germain, se le canaliza a la humanidad como la llama del Amor Divino. Porque del Amor viene la realización de la llama de la Madre de toda invención, de todo aspecto de la Realidad Divina que espera que se manifieste a través del ingenio creativo de muchos entre vosotros y muchos entre la humanidad.

Por desgracia, debido a los sistemas educativos del mundo y la ecuación de ciertos conceptos de masas y ciertas omisiones de conceptos que deberían enseñarse desde la niñez, los hombres malinterpretan el ingenio natural y no aprenden acerca de los talentos del Señor que cada cual recibe, ni se enseña cómo entregar esos talentos y esas llamas de su realidad Divina innata. La gente se siente inútil y cree que solo unos pocos tienen la capacidad de inventar y de crear.

Pero yo estoy aquí para deciros que, encerrada en el corazón de cada uno de vosotros hay una idea especial de Amor que podéis producir para beneficio de vuestro prójimo y para el progreso de la cultura de la Madre Divina. Puede que sea una invención, puede que sea un poema, puede que sea un diseño geométrico, pero es un don que solo vosotros podéis producir. Por desgracia, muchos de vosotros habéis mantenido ese don en vuestro corazón durante varias encarnaciones sucesivas simplemente porque nadie os ha dicho que podíais entregarlo, que podíais producirlo, que sois seres de suprema creatividad.

Pues la creatividad es la naturaleza de Dios, ¡vuestro Padre, vuestra Madre! Si Dios es creativo, entonces vosotros sois creativos. En vuestras manos, en vuestros ojos, en el movimiento de las energías a través de vosotros existe el flujo creativo. Y si tenéis la disciplina aquí abajo, podéis realizar hermosas formas de pensamiento en la Madre [Materia]. Podéis producir la cosas que no sirven para dar ganancias ni son para el comercio y la promoción en el mundo, y que hoy están y mañana no. Más bien podéis producir algo de valor duradero, una perla de gran precio, algo que trascienda las modas de los tiempos y que atraviese los siglos como una contribución permanente a la raza de la humanidad.

Y así, al miraros para analizar cuál podía ser mi mensaje, en primer lugar, era para deciros que el arte de vivir el Amor es ser creativos. Y el arte de ser creativos es tener autodisciplina. Y así, ahora os he dado una razón totalmente nueva para ser autodisciplinados; no porque si pecáis moriréis, no porque si pecáis seréis castigados, sino simplemente porque si sois desorganizados (y este es un pecado contra el orden del cosmos), si sois descuidados en vuestras costumbres personales, si permitís que os mueva cualquier pequeña corriente y cualquier pequeña oscilación, perderéis los fuegos del Amor que os dan el mayor disfrute de vuestra vida, el cumplimiento de vuestro destino creativo.

Ahora la autodisciplina se convierte en un punto de interés propio iluminado. El avance de la realización de vuestro diseño original divino y vuestro plan divino puede llevarse a cabo con la mayor belleza y alegría del fuego del Amor si tan solo me incluís en vuestras invocaciones diarias y recitáis con abundancia el «Introito al Santo Ser Crístico», para que podáis recibir directamente de vuestro Ser Crístico las imparticiones de ingenio innatas a la «gotita de identidad»; y eso es lo que sois en este inmenso océano del ser de Dios.

Entrar en unión con la llama Crística es moverse con el Amor.

¿Por qué no podéis caminar por la Tierra como seres Crísticos? ¿Qué impide vuestra manifestación del Cristo? Solo la ignorancia, la banalidad y el sueño de los tiempos; solo porque vuestros carteles y vuestros medios de comunicación no os dicen constantemente que podéis llegar a ser el Cristo. Os dicen otras cosas y vosotros las lleváis a cabo desde el hipnotismo de la conciencia de las masas.

Bien, yo os digo que la humanidad recibió los medios de comunicación como medio para disciplinar al yo, la individualidad y para entregar a la humanidad los mensajes de los Maestros Ascendidos, los Elohim y las huestes angélicas.

¡Os imagináis que cada vez que encendierais el televisor, el presentador dijera: «Usted puede llegar a ser el Cristo»! Empezaríais a creéroslo. Esto se convertiría en un hecho normal y corriente, ya no sorprendente o asombroso. Bien, encendido el televisor de vuestro ser interior, de vuestro cuerpo etérico, sintonizaos con los instructores de los retiros de los Maestros Ascendidos y escuchadlos dar clases sobre la ley de los Maestros Ascendidos.

Con esto doy una oportunidad de que comprendáis que en vosotros hay una invención que ya funciona, un medio de

El arte de vivir el Amor Divino 275

poneros en contacto a través del cuerpo etérico —mediante un mecanismo y una frecuencia electrónica muy superior al plano físico— con las octavas de los Maestros Ascendidos.

Los Maestros Ascendidos tienen retiros en el plano etérico, ¿no es cierto? Esto lo sabéis. También sabéis que tenéis un cuerpo etérico. También sabéis que dos cosas igual a una tercera son iguales entre sí. Si tenéis un cuerpo etérico, tenéis un cuerpo que funciona en la frecuencia de los Maestros Ascendidos y sus retiros. Se os ha dicho que vuestra alma, que utiliza como vehículo el cuerpo etérico, puede viajar a esos retiros mientras vuestro templo físico descansa.

Bien, entonces, puesto que en realidad no existe el tiempo y el espacio, daos cuenta de que en cualquier momento del día o de la hora podéis estar en presencia de vuestro instructor. Podéis estar en ese retiro a través de vuestro cuerpo etérico poque en ese plano no existe el tiempo y el espacio. Y vosotros estaréis donde queráis estar, donde penséis que estáis, donde sintáis que estáis.

Esto simplemente requiere la práctica de proyectar el ojo de la mente a ese punto físico, a esa ubicación geográfica en el tiempo y el espacio que es la coordenada del retiro, el cual se encuentra en el plano etérico. Y entonces, con una clave interior que yo permitiré que recibáis de vuestro Ser Crístico, podéis transportaros en frecuencia, en conciencia, a través del oído, el ojo y una congruencia de vuestros chakras con los Maestros Ascendidos, a sus retiros internos. Y así, como veis, la creatividad puede fluir, fluir y fluir a través de vosotros.

Hay tantas verdades sencillas que deberían transmitirse a través de las ondas de radio. Me deleita escuchar el Ave María, entrar en la atmósfera. ¿Y sabéis que los elementales (espíritus de la Naturaleza, seres de fuego, aire, agua y tierra) sintonizan sus aparatos de radio para que suene el Ave María y lo recitan con la Madre de la Llama y los hijos e hijas de la llama cuando la grabación suena cada mañana?

¿Sabéis que los elementales se alegran de ver los medios de comunicación, las ondas de radio utilizadas por las frecuencias de los Maestros Ascendidos, porque saben que esto conducirá a su libertad, a la resurrección y a la vida en ellos, con lo cual algún día se les impartirá esa llama trina que será el don de la Vida inmortal?

Y así, que las ondas del aire, que el plano de la mente conduzca ahora aquello que hay en la Mente de Dios y que es transferido a vuestra mente y a través de ella.

Así, hagamos un experimento, porque ¿sabéis que mi capa rosa está forrada de verde? Y soy un científico de primer orden; y vosotros no tenéis que relegarme exclusivamente al rincón del artista. Porque soy un científico tanto como un artista y me regocijo en que el Gran Logos haya puesto en mis manos ambas facultades.

Y así, que nuestro experimento sea la transferencia de frecuencias a través de los lóbulos del cerebro y a través del cuerpo mental. Que tenga lugar una transferencia a través de vuestra mente, gracias el impulso acumulado de mi Amor que es el Amor de Dios, gracias al impulso acumulado del rayo esmeralda de precipitación, sí, que tenga lugar una transferencia de energía de la Mente de Dios a todas las mentes del planeta y al cinturón mental. Y que haya una grabación permanente hoy en ese cinturón de la geometría del Amor.

La geometría del Amor es el arte de vivir el Amor según la ciencia sagrada, la ciencia que enseñó Melquisedec, rey de Salem y sacerdote del Dios Altísimo, la ciencia que practican los artistas y artesanos del Espíritu.

Por tanto, que el cáliz que se entregó hace muchos años como forma de pensamiento, se entregue ahora aquí abajo como un cáliz del cuerpo mental, como un cáliz para el cinturón mental. Y que el cáliz sea para el elixir del Amor. Que el cáliz sea un campo energético disciplinado que recibís de mi mano y que, sin embargo, vosotros mismos debéis formar. Porque este cáliz no permanecerá con vosotros a no ser que lo reforcéis con una aplicación diaria a la disciplina de la llama, específicamente con llamados al núcleo de fuego blanco realizados con Serapis Bey y la llama de la ascensión. Porque este cáliz está compuesto del fuego de la ascensión.

Tal como el agua busca nivelarse, la llama de perfección también busca hacerlo. Y puesto que el nivel de la conciencia de la humanidad se encuentra en un nivel de imperfección, todo lo perfecto que se baja a la forma debe o bien ser reforzado cada veinticuatro horas por quienes están encarnados, o bien, de lo contrario, eso regresará a las octavas superiores.

Se podría decir que esto es una constante de decaimiento al revés, porque, por supuesto, la perfección no decae, simplemente se retira. Partícula a partícula, el cáliz vuelve al nivel de vuestra llama Crística a menos que reforcéis en la octava física, de manera continua, con invocaciones a esa llama Crística, los átomos y las moléculas de luz ígnea que componen el cáliz.

Entonces, ¿no es esto un experimento interesante? Es casi como ir en sentido opuesto al movimiento de una cinta transportadora. Si uno no se mantiene en movimiento y sigue decretando, pierde el terreno ganado. Y eso es casi lo que ocurre antes de ascender, como si uno estuviera en una escalada y como si esa cinta estuviera moviéndose contantemente, de modo que cuando uno se sube a la cinta nunca puede detenerse, porque hacerlo significa moverse hacia atrás con las tendencias automáticas retrógradas de la civilización que bajan más y más por el Monte del Logro.

Y por eso el progreso es la Ley del Ser en el infinito. A menos que uno se trascienda a sí mismo para siempre, no llega a la perfección de la llama Crística que de manera continua reúne más de sí misma, más Autopercepción de Dios, llegando continuamente a ser cada vez más Dios hasta que Dios en uno es el «Todo en todo».

Por tanto, vengo a entregar fuegos creativos. Deseo entregar mucho más; pero me veo limitado no por las leyes del Cosmos, sino por la ley karma, la ley de vuestro ser. Porque vuestro ser tiene una ley propia, y cada persona ha hecho esa ley propia de acuerdo con ella misma y su propia autodisciplina.

Y, por tanto, donde está presente el pecado, la impureza, la conciencia humana, los registros kármicos del pasado que siguen sin transmutarse, está escrito como la ley de vuestro ser que las huestes ascendidas no pueden derramar un aumento del Amor en vuestro campo energético, hasta que demostréis que el Amor que ya habéis recibido, aunque ahora sea energía mal cualificada, es o será devuelto en poco tiempo a la llama, purificado, multiplicado como una ofrenda sobre el altar del Señor.

En realidad, vosotros sois los cálices llenos de Amor, pero habéis invertido esos cálices y los habéis convertido en todo el complemento del cinturón electrónico, el registro, la memoria de todas las faltas contenidas en el subconsciente, a nivel del plano astral.

Ahora, por tanto, si pensáis en ello, lo único que tenéis que hacer es darle la vuelta a ese cáliz que está boca abajo: dejad que se vierta en él el fuego sagrado, que los abusos sean consumidos, y tendréis megatones de Amor cósmico a vuestra disposición y una nueva ley de vuestro ser, la ley del infinito ganada aquí abajo y vosotros convirtiéndoos en el electrodo para los envíos, no solo de ángeles y elementales, sino de poderosos seres, Elohim, el Poderoso Víctory y el mismísimo Dios de dioses.

Por tanto, ved el karma como la oportunidad que tiene el Amor de Dios de realizar su ciencia y aprender el arte de vivir el Amor.

¿No vais a pensar en mí cuando os crucéis con esos patrones y esas emociones dentadas en vuestro mundo? Pensad en la rosa de mi corazón y los delicados pétalos. Pensad en tomar esa energía y formar una hermosa rosa, como el logro crece en la ciénaga y del fango aparece la belleza de la luz del fuego vivo.

Así, como veis, podéis plantar un jardín que crezca desde las energías del cinturón electrónico. Podéis sembrar Amor continuamente. Tenéis una reserva de luz en las alturas, en vuestro cuerpo causal. Esto se os ha dicho. Pero os recordaría que cada ergio de energía que se transmuta en respuesta a vuestro llamado es «dinero» en vuestra cuenta bancaria cósmica. Es «dinero» que puede extraerse y multiplicarse para producir el reino de Dios.

Por consiguiente, aceptad el desafío del momento que consiste en volver y deshacer esas energías mal cualificadas que dejasteis atrás en el camino de la vida. Allá donde os hayáis apartado del karma, volved y cumplid ese karma. Sed alguien con señorío. Aceptad el desafío de la vida para liberar la energía de Dios, para utilizar ese suministro y producir en manifestación la ciudad cuadrangular.

Si habéis abandonado una situación, un karma, un matrimonio, una familia, un empleo, un negocio donde debisteis realizar la transmutación del Amor, aún tenéis tiempo en esta vida de volver y ser la presencia viva del Cristo. Y entonces veréis que «volver» no significa poner en peligro las cosas, sino que volver significa defender el fuego sagrado, empujar a toda la creación humana a entrar en esa llama. Y que la llama tome esa energía y la ponga sobre el altar del Señor. Esta es la llama del honor cósmico como se la vive en el Amor.

Al observar y ver entre los hombres cómo hay algunos que tienen una resistencia y un aguante tal que reciben quizá la brutalidad, quizá la locura de otra parte de la Vida sin decir ni una palabra para quejarse y sin sentir lástima de sí mismos en absoluto, he dicho que esos son entre los hombres los que están considerados como santos, porque su camino es el de la transmutación por Amor. Y casi permiten, como si dijéramos, que el Señor los flagele. Y esto no es una perturbación de la psique ni tiene nada que ver con el masoquismo. Es en muchos casos una expresión legítima de abnegación.

Y a menudo, en la conciencia exterior, estas almas no tienen la menor comprensión, excepto una convicción interior de permanecer. Poseen la resistencia del Amor. Y al permitirse ser el campo energético en el que ciertas energías de la conciencia de las masas se resuelven, se ganan su libertad inmortal por la llama del Amor. Y así, por tanto, quisiera daros este conocimiento de un sendero, un sendero que se gana con sacrificio, con abnegación.

También está el sendero de la Justicia Divina y la llama que se niega a permitir que la conciencia humana la pisotee. Esto también es una postura legítima. Comprended que cuando sois una columna de fuego y al mundo le parece que se está practicando una injusticia contra vosotros, no siempre es una injusticia desde el nivel del ojo de Dios en la llama interior. Porque la humanidad no ve la acción de transmutación con la que la llama que se envuelve a sí misma, cerrándose sobre sí misma, atrae hacia sí esa sustancia, tal como vuestro cuerpo es el amortiguador de esa energía que regresa a Dios para obtener su libertad en el Amor.

Y, por tanto, debéis sopesar en la balanza de Libra cada decisión en vuestra vida y debéis llegar a saber que la llama de la Justicia Divina es la llama de la Maestría Divina como un don para vosotros, porque habéis conquistado en el Amor y en el arte del Amor vivo.

Que la pirámide de la Vida sea ahora sobre vosotros. Y que la llama en el corazón de la pirámide como el fuego de resurrección resucite en vosotros el complemento pleno del Amor Divino.

Así es que soy vuestro Chohán del corazón. Y tal como la llama rosa del corazón es la frecuencia del Amor para el mundo, ¿puedo entrar en vuestro corazón al menos los lunes para me recibáis ahí, en la cámara del corazón, a fin de que pueda entregaros a manos de vuestro Ser Crístico las energías del Amor tan necesarias para darle la vuelta al rumbo del cáncer que está corroyendo el cuerpo del mundo?

¿No comprendéis que todos los problemas del planeta, a escala planetaria, pueden transmutarse en la llama del Amor? Esto tendrá lugar más y más a medida que llevéis vuestra conciencia a una congruencia con vuestro Ser Crístico. En algunos de vosotros ese Ser Crístico está suspendido quizá a tres milímetros o a un cuarto de milímetro de una congruencia total con todos vuestros chakras, con vuestra mente y vuestro corazón.

Pedid, pues, la transmutación de los bloqueos que impiden el engranaje de vuestra conciencia con la conciencia del Cristo. Pedid que esa llama Crística haga presión en vosotros y a través de vosotros. Pedid que esa conciencia Crística asuma el mando de vuestra vida, que os purifique de toda oscuridad.

Quiero que vuestras manos sean las manos de vuestro Ser Crístico. Quiero que vuestra mismísima piel lata con las frecuencias del fuego de ese ser transparente, esa imagen de Vida. Quiero que seáis, totalmente, la frecuencia del Cristo. Porque con ese Amor, el planeta será transformado y la humanidad sabrá que el Amor ha vuelto. Porque vuestro Logos, vuestra autopercepción en la conciencia Crística, es el cumplimiento de la Ley como Arriba, así abajo. Es sanación. Es ciencia. Es victoria. El Amor es el «Todo en todo».

Al haber comulgado en el Amor, al estar unidos en el Amor, no podemos estar separados. Y, por tanto, considerad vuestra vida como una continuación de la llama que hemos compartido hoy y sabed que soy consciente de vosotros, de cada uno de vosotros, de manera íntima; de vuestros problemas, de vuestro pasado y del potencial de vuestro futuro. Independientemente de lo que hayáis sido, podéis ser mejor y la vida puede ser mejor y puede estar más llena desde este momento, porque habéis aceptado mi Amor.

Por tanto, no os avergoncéis, porque en realidad el pecado no es real. Es un campo de energía que debe consumirse. Pero tenéis la llama del fuego sagrado que es real, esa es toda vuestra realidad. Solo tenéis que enviar el pasado a esa llama, vuestra voluntad a esa llama, y dejar que esa llama revele el encendido de la voluntad de Dios dentro de vosotros.

Así es que soy vuestro Chohán del Amor. Recordad que vivo en el Amor y tengo bajo mi mando, por gracia de Dios, las energías del Amor del Gran Sol Central para la sanación de vuestro corazón, para la sanación de vuestra alma y vuestra mente.

¿Verdad que os vais a preparar para recibir más Amor? ¿Verdad que vais a invocar los fuegos de la transmutación y venir a mi retiro y llamar a la puerta y decir?: «Oh amado Pablo, aquí tienes, he transmutado otra esfera de energía. Te la doy para poder recibir el Amor de Dios».

Y os tomaré de la mano y os enseñaré mi castillo. Os enseñaré las obras de arte que chelas no ascendidos y ascendidos producido. Y veremos muchas habitaciones; y al final os llevaré a la sala donde está colgado ese marco. En algunos casos el marco estará vacío, en otros tendrá un lienzo. Este será vuestro marco, el marco de vuestra identidad a la espera de que manifestéis el ingenio de vuestra alma. Y cuando veáis ese marco, si estuviera vacío, querréis poblarlo.

Y así, os llevaré a ese sitio, «El Atelier», donde podréis trabajar con otros artesanos que están aprendiendo el arte del Amor vivo mediante la disciplina de la mano y de la expresión, de modo que podáis dibujar la imagen de vuestra perfección Crística.

Y cuando sea lo mejor que tengáis que ofrecer, se pondrá en vuestro marco.

Y cuando volváis ante ese marco tras muchos meses de purificación y autopurificación, diréis sin duda: «Amado Pablo, ¿puedo tener otra oportunidad de expresar mi Cristeidad, de dibujar la imagen de mí mismo? Porque he percibido un nuevo aspecto de esa imagen y quisiera que esta, mi mejor ofrenda, ahora esté puesta en mi marco». Y, por supuesto, tendréis la oportunidad.

Por supuesto, quienes vienen por primera vez y encuentran el lienzo en el marco son los que han venido antes, en otras vidas o quizá en esta. Y ahí tenéis un registro de vuestra autopercepción, y ese registro puede que os guste o que no os guste.

Unos pocos entre vosotros habéis sido artistas en otras civilizaciones, en la Atlántida y en Sudamérica, y tenéis en vuestro marco una expresión verdaderamente digna del Cristo. En algunos casos habéis perdido ese recuerdo. En otros casos, lo habéis conservado. Y así, os alegraréis de ver la continuidad de la expresión de vuestra alma y cómo lleváis cumpliendo un sendero de destino durante tantas, tantas encarnaciones. Y diréis: «Estoy agradecido por las muchas oportunidades de percibir al Cristo, pero ahora deseo entrar en la plenitud de las esferas inmortales».

Y así, vuestro momento está llegando a su fin, cuando dejaréis de experimentar el tiempo y el espacio, sino solo el infinito aquí y ahora, eternamente la expresión de la creatividad de vuestra alma.

Yo, pues, soy la disciplina del fuego blanco. Soy la ciencia del rayo esmeralda. Y soy el llenar el cáliz de la conciencia con los fuegos creativos del Amor. Soy el cumplimiento de la ley de vuestro Ser Divino.

Soy Pablo, un instructor de Amor.

14 de octubre de 1974
Los Ángeles

El arte de vivir el Amor Divino 283

A la estatua de Frédéric Bartholdi le da alma un Ser Cósmico que ejemplifica la cualidad Divina de la Libertad de tal manera, que se llama Diosa de la Libertad. Encarnada por última vez en la Atlántida, donde erigió su retiro, el Templo del Sol, en la zona donde actualmente está la isla de Manhattan, ella es la Portavoz del Consejo Kármico, mejor conocida como la Madre de los Exiliados. Manhattan, que en su momento fue la puerta occidental de la pobladísima Atla, hoy es la «puerta dorada» para miles de personas que aún desean emigrar a la tierra del Sol occidental. Con el hundimiento de la Atlántida, el Templo del Sol físico se destruyó. Su equivalente etérico permanece como un importante centro mundial que concentra las llamas de las Doce Jerarquías del Sol. La Estatua de la Libertad, madre de Pablo el Veneciano, es la Guardiana de la Llama de la Libertad por los Estados Unidos y la Raza «YO SOY». Su lema, «YO SOY gratitud en acción», dice ella, es el verdadero significado de inmigración. Ella también es guardiana del foco de la Llama Trina de la Libertad de Pablo el Veneciano transferido desde su retiro en el sur de Francia al monumento a Washington, el 30 de septiembre de 1962.

Château Borély, Esprit-Joseph Brun, arquitecto, c. 1770

El retiro de Pablo el Veneciano, el Château de Liberté, se encuentra en el sur de Francia, sobre el río Ródano. Château Borély, situado cerca de la boca del Ródano, en las afueras de Marsella, recuerda al retiro de Pablo, que se ha descrito con elegantes columnas de mármol, fuentes y jardines fragantes de rosas.

PABLO EL VENECIANO

La belleza y verdad del Amor

Oh Señor, tú que eres el autor y el finalizador de nuestra fe, he venido con la llama del Amor para dirigirme a tus hijos e hijas. He venido para infundir en ellos el amor de mi corazón, que es el cimiento y la culminación de la belleza de la Vida.

Oh, Señor, te ruego que pongas en este mensaje tu mensaje de la belleza del Amor. Pongo sobre el altar la belleza de mi corazón, la belleza de mi alma, y de mi ascensión, y de todo lo que soy. Dios Todopoderoso, que esto se les transfiera por tu Amor a estos chelas del Amor esta noche.

Estimadísimas damas y caballeros, os saludo con mi amor por vuestra vida y por la evolución de vuestra alma en el sendero del Amor. Las iniciaciones del Amor y todo lo que eso conlleva se enseña en mi retiro, Château de Liberté. Y os llamo a mi retiro para que seáis representantes del Amor en la Tierra. Llamo a los estudiantes de Summit University, a todos los Guardianes de la Llama y a todos los que Aman por el simple hecho de Amar.

Os llamo debido a mi preocupación por los niños y las distorsiones del Amor que les imponen incluso desde el momento de la concepción y sin duda desde el momento en el que nacen. Me preocupa el desinterés por la ciencia del Amor, que Dios mismo ha formulado en el inmenso panorama de la Naturaleza y en todo aquello con lo que ha rodeado al hombre y la mujer para la realización de su amor.

Me preocupa la distorsión tanto de la forma como de la no forma. Por ejemplo, el trabajo de muchos artistas modernos es un intento de representar en el lienzo la no forma. En efecto, Dios encarna la cualidad de la no forma. Y es cierto que se puede realizar una transferencia de la llama de la no forma al lienzo.

Pero, queridos, el descenso de esta dispensación del arte a la manifestación, que debería ser el arte de la nueva era, ha sido apartado por la manifestación de los falsos jerarcas del Tercer Rayo. Estos falsos profetas del Amor han llenado la conciencia de los artistas actuales en gran parte con una percepción del plano astral y las interminables miasmas de una representación de la imitación de la no forma, que no es una imitación en absoluto sino una falsificación de esa creación proveniente de la Mente de Dios.

La fascinación con el terror y con lo feo es un síntoma de la psicología de la época y la devastación del alma, que vive separada de la Madre y en rebelión contra la Madre.

Con la toma forzosa de los chakras mediante la ingestión de drogas violentas, las energías del Espíritu Santo del Amor han sido tomadas por la fuerza y el campo energético del Espíritu Santo —como Alfa y Omega en los chakras (la polaridad más y menos del fuego sagrado)— ha sido en muchos casos desgarrado o destruido.

Y así, se ha abierto la caja de Pandora y la puerta abierta es a través de los chakras de aquellos cuya conciencia está mitad en el plano físico y mitad en el astral. Y la yuxtaponían de estos planos a ángulos obtusos ha creado una distorsión de la Vida que no es la trama y urdimbre de la creación, sino la distorsión absoluta de la llama del Amor viva.

Confío en que comprendáis que sé que estoy poniendo en riesgo mi popularidad al ser sincero esta noche. Pero ¿sabíais que los hermanos de nuestro retiro llevan la franja esmeralda y que entendemos la Verdad como el otro lado de la Belleza? Porque para nosotros el arte debe transmitir la verdad de Dios y la verdad de la Vida, y esto es realismo verdadero. Porque el realismo es la Realidad de Dios y no la irrealidad que continuamente cambia y que desaparece como algo transitorio.

La belleza y la Verdad del Amor

Lo que hoy se representa en lienzo no es en muchos casos nada mejor que una cloaca. Las cloacas de la vida y del plano astral se vierte de la paleta al lienzo y del lienzo a hogares de todo tipo. Colgadas en las paredes del hogar estadounidense, tales pinturas son la base de la perversión de la conciencia del Cristo y el Buda en el Niño Santo.

Como bien sabéis, los caídos que pervirtieron las grandes civilizaciones del pasado en el continente de África lo hicieron mediante la perversión del arte, mediante la perversión del Rayo de Amor.

Parece que los hijos de la luz e incluso los hijos y las hijas de Dios hayan ignorado esta gran verdad: que la belleza está en el ojo del observador y que *como el hombre piensa, así es*. Y como el hombre piensa *en su corazón,* así es la transferencia de ese pensamiento al lienzo de la vida a través de la visión del Ojo Omnividente (concentrado a través del «chakra» del tercer ojo en la frente).

Para representar la belleza, uno debe tener una visión de belleza. Y así, nosotros utilizamos el rayo esmeralda; primero la visión, después la transferencia de la visión al lienzo mediante la técnica del Maestro Artista mismo.

Soy un chela de Dios Todopoderoso. Y Dios Todopoderoso me ha instruido —corazón, cabeza y mano— sobre el modo de transferir al lienzo, incluso en las octavas ascendidas, las más magníficas manifestaciones de sí mismo.

Por tanto, para limpiar la corriente de la llama del Amor en el corazón, debemos trabajar hacia atrás y hacia adelante. Debemos limpiar la visión, porque la visión está contaminada. Y la corriente contaminada surge del motivo impuro y la perversión del Amor. Y así, nosotros trabajamos desde fuera hacia adentro y desde dentro hacia afuera.

Debemos fregar el fango de la sustancia mal cualificada de la humanidad en todos los chakras. Y os digo, queridos, que vosotros podéis arreglároslas bastante bien sin el funcionamiento de varios de vuestros chakras; por ejemplo, cuando realizáis tareas como conducir vuestro automóvil. Pero si tenéis el parabrisas cubierto de barro, hielo o nieve, no podéis moveros sin antes limpiar el parabrisas. Y así, tenéis instrumentos y utilizáis los limpiaparabrisas.

Pero os digo que los hijos y las hijas de Dios no está utilizando sus limpiaparabrisas para limpiar el tercer ojo y el chakra de la sede del alma a fin de penetrar en lo que es real. Y si lo hicieran, estarían aquí por decenas de miles, porque verían con claridad el gran trabajo de luz y la entrega de luz de la Gran Hermandad Blanca.

Pero los profetas falsos del Amor se han asegurado de que los parabrisas de los hijos de la luz sigan embarrados. Y, por tanto, la visión de su alma se conserva dentro de una habitación y un espacio muy estrecho. Y no pueden ver más allá de ese estrecho espacio o más allá de la presencia inmediata del profeta falso de las artes del Amor.

Es importante, pues, que seáis quienes limpiéis los parabrisas de la humanidad para que este magnífico foco del Ojo Omnividente de Dios,* que yo mismo he protegido para vosotros y para la Madre y sus hijos, sea ahora el punto focal de la más gloriosa ecualización y manifestación en la forma de esa Visión Divina que es la base de la victoria. Porque justo en el ojo de Dios está la visión de la plenitud de su manifestación dentro de la Ciudad Cuadrangular.

Por consiguiente, intensificad los llamados a Ciclopea. E incluid en vuestros llamados a Ciclopea un llamado a mí para que con esa visión llegue la alegría de contemplar la belleza de Dios.

Qué sórdida es la vida cuando los hombres prefieren lo feo a lo hermoso. Esto es porque se sienten incómodos ante la presencia de la verdadero Belleza Divina, porque sus auras son la fea manifestación de pensamientos y sentimientos feos. Y los patrones celestiales y al Imagen Divina son una ofensa para su inferior sentido de la individualidad.

Eduquémoslos y elevémoslos al estándar interior del Cristo Universal. Y recemos, pues, por los niños pequeños. Porque los caídos saben que estos niños pequeños crecerán y madurarán y

---

*Una gran pintura del Ojo Omnividente de Dios, de Charles Sindelar, obtenida como un hermosísimo y poderísimo foco de la Visión constante que Dios tiene de la creación.

tomarán su sitio, donde serán llamados por Dios a llevar la antorcha de la libertad que vosotros lleváis ahora. Y si su percepción de la llama del Amor en ellos está deformada por todas esas distorsiones de la Verdad y la Belleza, os digo que no tendrán en la mente y el corazón el cáliz, la red o el campo energético necesario para ser instrumentos de las artes del Amor el día que se avecina, expresando la Verdad y su simetría interior de Belleza en el diseño, la arquitectura, la moda y ese simbolismo integrado en la publicidad y los medios de comunicación.

Los hijos de la Tierra están siendo sometidos sin misericordia a un complot total planificado de los ángeles caídos entre ellos para hipnotizar su mente, para hipnotizar el subconsciente. Y combinan la distorsión del arte con la distorsión de la música. Música, la manifestación pretendida por Dios como el Ojo Omnividente y aquello que contiene la llama de la Belleza en fórmulas de sonido, ritmo o mantras del alma, yantras del Espíritu.

Por tanto, al combinar la música con el verdadero arte formando fórmulas de la Palabra, se le da al alma un doble estímulo para volver al núcleo de fuego blanco del Sol Central y para entrar en contacto con el corazón de la Belleza misma. Y así, al combinar música y arte en vuestras meditaciones, halláis la inspiración de mundos dentro de más mundos que una vez conocisteis, pero que se han apartado de vosotros por el mundo de la apariencia exterior y los sentidos entumecidos por él, sin discernimiento, indoctos.

Proclamemos, pues, de una vez por todas que, a fin de construir los patrones intricados del alma y la conciencia con geometría y matemáticas, no hay nada que pueda sustituir al arte clásico y la música clásica del más alto orden.

Hace mucho que desapareció la época cuando los chelas de los Maestros Ascendidos se preocupaban por la popularidad. Por tanto, que vuestros hogares estén llenos de la música producida por chelas de los Maestros Ascendidos en el pasado. Y que vuestros hijos estén llenos del sonido de esta música que les transfiere en la llama de la Materia claves interiores de su cuerpo causal, claves foháticas que entregan el fuego sagrado al corazón, a la célula, al chakra y a cada molécula del cerebro mediante el sonido y las imágenes.

¿Sabéis, queridos, que de hecho los grandes músicos han empleado los cuerpos causales de los santos y los portadores de luz para producir esa «música de las esferas»? Y las «esferas» de las que hablan son las esferas de los cuerpos causales de seres ascendidos y de almas de luz no ascendidas. Y así, en las grandes sinfonías y conciertos para piano, los niños pequeños a menudo escuchan aquellos que escucharon cuando su alma estaba acunada en su cuerpo causal de luz. Ahora bien, esta Belleza y esta Verdad de las octavas superiores es lo que deben tener los niños delante desde la infancia, para que conozcan la voz de la conciencia interior, del Todopoderoso y de sus mentores, los Maestros Ascendidos, cuando maduren.

Puesto que hay una escasez de almas que den su vida por la Belleza y la Verdad, por el Amor mismo que es altruista, os pido que entréis en la percepción de la llama de amor viva como fue plasmada en poesía y en prosa por San Juan de la Cruz.[1]

Aprended qué significa buscar al Amado, el Santo Ser Crístico, que es el «hombre oculto del corazón». Aprended qué significa sentirse apasionado con la libertad del alma para amar a Dios y amarlo en toda parte de la Vida. Que el Espíritu Santo que llegue a vuestro corazón a través del Tercer Rayo sea para el refinamiento de vuestra apreciación de los misterios más profundos sellados, hasta que améis lo suficiente, en la cámara secreta del corazón. Al aprender a apreciar la Belleza, queridos, os volvéis sensibles hacia los detalles finos, hacia la calidad de fabricación, hacia las artesanías y hacia la cultura de la Madre.

La Vida no ha de ser grosera, vulgar, apagada o densa. Pero ha de ser, con Poder, con Sabiduría y con Amor —y con la delicada llama de los zafiros y los fuertes vientos del invierno— la entrega de luz más magnífica con la que miles de cuerdas del harpa de vuestra alma puedan sonar a fin de que vuestro oído interior pueda apreciar mil acordes de la Conciencia Cósmica de Dios.

Cuando a los niños se les pone delante desde que nacen imágenes de formas inferiores o incompletas, animales con rasgos y simpatías humanas o con rasgos burdos, viñetas de historietas, dibujos animados y películas con una representación de la vida distorsionada que no es real, los niños no desarrollan una apreciación por las cualidades de los santos, cualidades que forjan el carácter y la autoestima, que abran canales para el pensamiento creativo e independiente que estimula nuevas soluciones a viejos problemas.

¿Sabéis que cuando los niños pequeños miran las pinturas de los santos, de Jesús y sus corderos, que su alma ve más allá de la pintura hacia las octavas interiores de luz? Porque los pequeños conservan esa conexión con las esferas interiores de donde descendieron a la forma. Y el mundo interior es tan real para ellos que hablan de ello muy poco porque creen, en su inocencia, que todo el mundo a su alrededor tiene la misma percepción. Y solo después de estar tres o cuatro años encarnados empiezan a perder la capacidad de ver a través de los ojos del alma más allá del velo.

Pero ¡ay!, en esta hora vemos que la facultad del alma de percibir y penetrar más allá del velo está siendo destruida desde los primeros meses de vida y los sentidos físicos no están siendo desarrollados de forma conjunta a los sentidos interiores del alma. Cuando los sentidos físicos no se desarrollan y las sensibilidades espirituales no se estimulan, la relación entre el desarrollo interior y exterior es practicante nula.

El desarrollo interior del alma debe discurrir paralelamente al exterior y viceversa. Y, por consiguiente, si en torno al niño no hay manifestaciones que sintonicen el desarrollo interior de los centros espirituales llamados chakras, ese desarrollo se perderá y podría no tener lugar en esa vida; puede que los ciclos perdidos sean imposibles de recuperar.

Y así, las claves de la Conciencia Cósmica deben rodear al niño en los primeros años. El período de gestación hasta los siete años ofrece los momentos más creativos de toda la encarnación del niño. Durante este período se establecen los patrones de la vida.

Y así, amados, aunque conocéis esta ley, esta noche la repito porque deseo que pongáis vuestra atención en el hecho de que la civilización en Estados Unidos y en cada país de la Tierra está siendo destruida en esta época por la manipulación de las formas de arte por parte de los caídos desde sus puestos de poder, tanto encarnados como desencarnados. *¡Digo que está siendo destruida y lo digo muy en serio!*

Las espirales descendentes de oscuridad vienen de aquello con lo que entran en contacto los ojos de cada persona encarnada. Mirad los carteles publicitarios. Mirad los periódicos. Mirad las revistas. Mirad la utilización de películas y decidme con qué frecuencia veis una forma de pensamiento de la octava de los Maestros Ascendidos pura, sin diluir, sin pervertir. Con cuánta frecuencia se enseña la belleza. Pero esa belleza en la Naturaleza o en el hombre y la mujer se pervierte porque se utiliza para vender sexo, muerte, cigarrillos, alcohol y cualquier forma de violación de los chakras.

Y, por tanto, cuando las almas de las personas claman para beber la Belleza y la única Belleza que ven está asociada con la perversión, asimilan las dos cosas. Y así, existe un magnetismo de Belleza al cual el alma es receptiva y tras el cual llega la activación de la forma de pensamiento de magia negra que, como sabéis, es un abuso de la ciencia de la imaginación o proyección sobre la pantalla de la vida a través de la visualización de una manifestación deseada.

La gente lo hace constantemente. Simplemente se ve llevando a cabo sus metas y después se dedican a realizarlas de una forma práctica. Esto es «magia del ojo», cuando el «yo»* imagina la voluntad o la intención del alma.

El abuso de esta ciencia a fin de ejercer el control y manipular los gustos, las preferencias y la toma de decisiones de la gente a través de la publicidad o de cualquier medio se convierte, como podéis ver, en una violación del Ojo Omnividente de Dios, que mantiene el concepto inmaculado de toda la creación. Esta violación afecta a todo el mundo a nivel de los chakras del tercer ojo y la sede del alma, igual que la práctica abusiva de esta ciencia de la imaginación implica un abuso de estos chakras por los que la practican.

---

*En inglés, 'ojo' *(eye)* y 'yo' *(I)* se pronuncian de igual manera. Aquí la enseñanza apunta a la relación que existe entre el "ojo" y el "yo" como identidad. (N. del T.)

El abuso de los principios fundamentales de la ley de la precipitación, o alquimia, en efecto es una forma de magia negra que las personas practican sobre sí mismas sin saberlo, siendo asimismo desventuradas víctimas inconscientes de tales abusos a través de los medios de comunicación.

¿Cuánto puede durar esto? Está acumulando impulso. Es una espiral descendente. Y hoy, la cultura del arte nacida de la cultura de las drogas se ha convertido en un estilo y un modo de vida que ha dejado una marca en todo, incluso en la ropa y los accesorios que lleváis puestos.

Y lo que una vez era chocante, ya no lo es, porque los sentidos están adormecidos, los oídos están adormecidos. Incluso los oídos físicos ya no perciben el sonido como lo hacían hace una década. Y así, la escucha del oído interior a la voz interior también sufre una carga, estando atrofiada, debido a una ausencia de los estímulos adecuados en el primer período de desarrollo.

Queridos, podría seguir hablando de esto mucho más; pero me encuentro con la oleada de amor de la Maestra Ascendida Venus, de Chamuel y Caridad y el gran amor que vosotros habéis traído a esta conferencia.

Como Señor del Tercer Rayo, deseo transmitiros como algo práctico la ciencia del Amor, que está conectada con la ciencia de la visión, a fin de que comprendáis que vivir el camino del Amor consiste en salir y emprender la acción del Espíritu Santo, involucrarse en la sociedad y desafiar las condiciones que suponen la destrucción de las almas y que están irrumpiendo en un modo de vida que incluso en este momento del Ciclo Oscuro (caracterizado por el regreso acelerado de karma personal y planetario) podría ser un camino de luz y belleza.

Recurro a vosotros, pues, por los hijos de la Tierra y por las almas de luz cuya visión está siendo manipulada en este mismo momento. ¿No vais a hacer fíats de Amor conmigo para que se destruyan los campos energéticos de la oscuridad y los velos de ilusión y la membrana de las distorsiones de densidad que cubren el ojo omnividente, el tercer ojo, de las amadas almas de luz en la Tierra?

Por tanto, llamo en el nombre de Dios Todopoderoso a todo el Espíritu de la Gran Hermandad Blanca. Llamo a Saint Germain pidiendo ayuda.

Llamo a la Libertad pidiendo ayuda. Yo, Pablo, hoy estoy ante los Señores del Karma y hago mi súplica por la libertad; libertad para las almas de los portadores de luz de las perversiones de la Visión, la Belleza y la Verdad; libertad de las perversiones de la belleza de los chakras de Dios en sus templos corporales.

¡En el nombre de la Madre, envío el relámpago de la Mente de Dios para destruir el campo energético de esclavitud humana! Y en el nombre JESUCRISTO, digo: ¡Destruye el campo energético! ¡Destruye el campo energético de esclavitud humana!

¡En el nombre del Cristo, yo, Pablo, exijo que los Arcángeles del Amor, Chamuel y Caridad, aten a los falsos jerarcas del Amor! Que sean atados en este momento. Que el relámpago azul del Gran Sol Central explote como los fuegos artificiales del Cuatro de Julio. Y que la explosión y la implosión de la luz sea para destruir los campos energéticos provenientes de las profundidades de la Muerte y el Infierno, engendrados por las fuerzas siniestras contrarias a la Belleza, el Amor y la Verdad.

¡Que destelle la luz! (repetido 20 veces)

Amados, quisiera explicaros este elemento de la ciencia de la Palabra hablada. Cuando hacéis una serie de decretos o fíats para un propósito específico y os enfrentáis a los campos energéticos de oscuridad arraigados que llevan existiendo miles de años como una franja astral de efluvios alrededor del planeta Tierra, creados por la conciencia de las masas de odio humano y creaciones erróneas de odio, necesitáis una ciencia y una expresión de esa Palabra del Señor fuera de lo común como protección de vuestra alma en vuestra subida al monte de Betania con Jesús.

Cuando hagáis una serie intensa de fíats, como esta acción: «¡Que destelle la luz!», o cualquier decreto corto para una acción específica, si lo hacéis con ritmo y continuáis haciéndolo y visualizando al Espíritu Santo moviéndose contra la oscuridad arraigada de la Tierra en todos los ámbitos donde el Amor esté pervertido, incluso en los ámbitos de la pornografía, la prostitución, los juegos de azar, el crimen organizado, el tráfico de drogas, el abuso sexual y otros abusos a niños, ayudaréis en gran manera a las huestes de luz a aliviar el sufrimiento y los problemas del planeta y de los hijos de la luz.

Todos estos ámbitos, a través de la perversión de la Visión, se han convertido en la perversión de la cultura de la Madre, el cuerpo de la Madre, la inocencia de la Madre y el Niño. Para afrontarlo debéis estar preparados para luchar contra las fuerzas más crueles del plano astral. Os digo, queridos, que defender el Amor supone enfrentarse a la mismísima fuerza siniestra. No os sorprendáis, pues, cuando encontréis oposición. Porque los santos más grandes han descrito esta oposición al Amor y la llegada de demonios y desencarnados dirigidos contra esta gran obra de las eras, la recuperación del Amor Divino para un planeta y su pueblo.

Es hora, por tanto, de que quienes han descubierto la armadura del Arcángel Miguel y el uso de su flamígera espada de llama azul y la acción del Gran Cuerpo Causal Azul, se planten con la llama de la sabiduría y el señorío sabio e invoquen a la Trinidad para afrontar ahora todo lo que la Muerte y el Infierno dirige contra el Amor puro del Dios Padre-Madre, de las llamas gemelas, de Madre e Hijo, de Gurú y chela y los jóvenes del mundo.

Por tanto, antes de comenzar, haced este llamado al Capitán de las Huestes del Señor en casa o en el automóvil:

¡San Miguel delante, San Miguel detrás,
San Miguel a la derecha, San Miguel a la izquierda,
San Miguel arriba, San Miguel abajo,
San Miguel, San Miguel, dondequiera que voy!

¡YO SOY su Amor protegiendo aquí!
¡YO SOY su Amor protegiendo aquí!
¡YO SOY su Amor protegiendo aquí! (3x)

Queridos corazones, el ataque es contra el Amor, el Amor Divino que resplandece desde el corazón de la gente de Dios como núcleo de la nueva era. Por consiguiente, decid conmigo, en el nombre de Dios Todopoderoso, y visualizad la gran esfera azul de Alfa y Omega:

¡Que resplandezca el Amor! (repetido 22 veces)

Utilizad esta técnica, queridos. Es para transmutar los campos energéticos de oscuridad. Con el ritmo de la esfera del Amor, desde vuestro cuerpo causal invocaréis una acción de ángeles del relámpago azul del Primer Rayo que sirven bajo el Arcángel Miguel y que, por el poder de la voluntad de Dios, destruirán los campos energéticos de sustancia mal cualificada para que los ángeles de llama violeta y las legiones de Astrea* puedan volver una y otra vez a realizar una acción del fuego sagrado mientras mantienen el equilibrio de la liberación de vuestra alma de todo mal en el Primer y Séptimo Rayo.

Se os ha hablado del relámpago azul esgrimido por las huestes del Señor y el efecto que tiene para destruir los campos energéticos negativos más peligrosos para nuestra sociedad, incluso los desechos tóxicos y la lluvia radiactiva. Y, en efecto, el relámpago azul cósmico de pureza es una acción del fuego sagrado incomparable. Ahora, junto a la esfera del Amor y el incesante Amor de los decretadores de la Palabra, veréis una magnificencia de Amor jamás conocida y un derrumbamiento de todos esos vórtices de oscuridad engendrados por los ángeles caídos, que son dirigidos contra las almas que están haciéndose camino hacia la luz de su Poderosa Presencia YO SOY.

Soy Pablo. Os sello ahora en el tercer ojo. Es un sello de Belleza, un beso de Amor. Y es mi mano limpiando el parabrisas de vuestra conciencia.

AUM... Ma Ray.

3 de julio de 1977
Pasadena (California)

---

*la Madre Estelar que esgrime su círculo y espada de llama azul para exorcizar a los demonios posesivos de las adicciones de todas clases, incluyendo la entidad del suicidio.

SERAPIS BEY 4
Señor del Cuarto Rayo

Iniciación del chakra de la base de la columna

Retiro:	Lúxor (Egipto)
Vibración:	Blanco, cristal
Piedra preciosa:	Diamante, perla, circonita, cristal de cuarzo
Cualidad:	PUREZA DISCIPLINA ALEGRÍA
Don:	Obrar milagros
Día:	Viernes

Serapis Bey recibe a un neófito en su escuela de misterios

SERAPIS BEY

El sendero de la ascensión es el sendero del Amor

El sendero de la ascensión es el sendero del Amor; es amor y es el sueño de amor cumplido. Las disciplinas para las iniciaciones de la ascensión a la Conciencia Superior pueden soportarse solo con amor, por el corazón y el alma tan llenos de amor por Dios, el Gran Gurú, que aguantarán hasta el fin, el fin de los ciclos de la conciencia humana. El Sendero es derecho y angosto, como habéis oído decir. La subida atraviesa grandes alturas, escalando riscos escarpados, por precipicios y fosas hacia la ruta superior, hacia las montañas de los Himalayas.

Las almas son llamadas e impulsadas por el Amor, el amor de los montañeros, el amor de los Elohim que han afianzado sus focos en las alturas de las montañas de la Tierra. Amor y solo Amor es la clave para vencer. Porque Dios es Amor. Y donde aceche el egoísmo, ahí se pondrán en riesgo las cosas, ahí habrá un momento de vacilación y la batalla perdida, el momento de indecisión cuando el reposo de la energía crea un hueco en la espiral y en el flujo y el movimiento de Dios.

Por consiguiente, en el momento de decidir, en el momento en el que la pregunta de ese cuestionamiento humano surge sobre si estar o no estar en el sendero de iniciación, nosotros hacemos una pregunta. Porque somos los jerarcas de Lúxor, del Retiro de la Llama de la Ascensión. Protegemos el blanco acerado, fuego sagrado intenso que solo pueden contener quienes viven en la pureza del Amor.

Y, por tanto, mientras estáis involucrados en vuestros cuestionamientos humanos con respecto al Gurú, nosotros hacemos la pregunta suprema: ¿Cuánto amáis, cuán grande es vuestro amor?

¿Es vuestro amor suficientemente grande para realizar el sacrificio para vencer, por el Sendero, por la causa de la Gran Hermandad Blanca a fin de que otras personas de la humanidad también puedan recibir las Enseñanzas, la Ley y el conocimiento del cumplimiento de la promesa del Amor? Enfrentado a estas preguntas, el individuo debe o bien retirarse a sus viejos caminos de una existencia egocéntrica, o bien salir de ese cascarón de egoísmo y volar con las alas del Espíritu, las alas del Amor que son la victoria segura.

Hay una clave en las disciplinas hacia la Conciencia Superior. La clave es no enredarse en el laberinto del cuestionamiento humano, los temores y las dudas y los espectros de la noche que ocupan ese laberinto. No hace falta que sigáis los caminos serpenteantes de la conciencia humana a través de todos los niveles del subconsciente para llegar al conocimiento de la Verdad, para llegar a la Realidad o para vencer con Amor.

La clave es no dejarse llevar por la curiosidad o una fascinación con el terror o una glotonería con las cosas de los sentidos, que os llevan abajo, hacia experiencias cada vez más astrales y fenómenos psíquicos. La clave, en vez de dar mil pasos por el plano astral, es dar un paso hacia los brazos de la Presencia YO SOY, hacia el plano de la Mente Crística donde la unión y la plenitud de esa Gran Pirámide, la unión y la plenitud, es la acción de disolución.

¡Trascended vuestros ciclos! No sigáis esas espirales negativas que dan vueltas y más vueltas, yendo hacia abajo más y más, hacia la manifestación de la muerte en la mismísima cripta del cinturón electrónico. Mas con una invocación al fuego de la ascensión, dejad que esa llama salte y forme un arco de espiral en espiral, que consuma esos desechos al entrar en contacto con ellos. La llama no es linear; no necesita viajar por las líneas de la creación humana. Y así, vuestra alma, envuelta en la llama, tampoco necesita permanecer más tiempo en la conciencia que dice que la única salida es por el laberinto.

Os digo: ¡Trascendedlo! Esto significa que en el momento en el que vayáis a permitiros vuestras mezquindades, vuestras discusiones, vuestro sinsentido humano, vuestros devaneos con inmadureces, en ese momento debéis soltar eso de inmediato y dejar que Dios sea la luz que os devore en la victoria del Amor. Y el Amor, que es vuestra victoria, es vuestro propio amor que es Dios manifestado dentro de vosotros.

Y nuestro Dios es el fuego omniconsumidor del Amor.

Amad a Dios lo suficiente para no necesitar satisfacer el deseo humano. No os hace falta apaciguar la mente carnal y darle lo que quiere para tener paz por un momento, por una hora. No hace falta que pongáis vuestras energías en la imperfección. Por cuanto podáis pensar que a veces es necesario, os digo que, al meditar dentro, dentro del corazón y en la llama trina de la Vida, al meditar en la Presencia y al mantener constante ese flujo de energía de amar a Dios, como un arco que llega hasta él y con su amor que regresa, completando los dos arcos como dos mitades del círculo, *podéis trascender los ciclos anteriores.*

Si podéis mantener la atención en vuestra Presencia YO SOY y en la luz, recibiréis la energía necesaria para afrontar todas las circunstancias exteriores (karma) y hacerlo sin pasar por ellas con vuestras emociones, con vuestros conceptos mentales, con vuestra memoria y con el trabajo físico. Por tanto, pensad en esto. Las disciplinas para la Conciencia Superior exigen que demostréis cómo es posible que estéis en el mundo y no seáis de este mundo.

¿Y cómo es esto? Para la persona disciplinada, astuta en la comprensión de la Ley y la creación falsa de esa Ley, el primer paso es llegar a ser como un niño pequeño. Debéis convertiros en un niño inocente antes de poder madurar y llegar a ser el hombre Crístico y la mujer Crística. Por tanto, no intentéis llegar a ser la totalidad del Maestro de Galilea antes de haber seguido las espirales de la conciencia Divina y de la conciencia Crística, que os corresponde lícitamente seguir; no el laberinto de la mente carnal, sino el diseño original del sendero etérico de iniciación. Y, por tanto, sed como un niño pequeño.

Ahora os voy a hacer retroceder con la percepción de vuestra alma a ese punto de vida embrionaria de vuestra conciencia de inocencia, entrando en la forma de un pequeño bebé. Tenéis una total fe, esperanza y caridad. No habéis endurecido vuestro corazón, no os habéis endurecido convirtiéndoos en escépticos en el mundo. Tenéis la piel tierna; no está curtida por los fracasos de otros. Y así, con el dulce perfume de vuestro amor por la Madre y el amor de la Madre por vosotros, recordáis la plenitud en Dios y esta es toda vuestra identidad.

Sois un bebé en Cristo. Estáis tranquilos y serenos, con la convicción absoluta de que vuestra vida está en Dios, que Dios cuida de vosotros. Y la cualidad más esencial de convertiros en este pequeño bebé es comprender la cualidad de la indefensión. Cuando estáis totalmente indefensos, debéis permitir que Dios haga su trabajo en vosotros. En verdad podéis decir, como niño de Cristo: «No puedo yo hacer nada por mí mismo; el Padre en mí es quien hace las obras».

Tenéis una transparencia limpia, pureza proveniente de la visión inmaculada de la Virgen Cósmica. Concebidos de forma inmaculada, no conocéis la separación de Dios. Estáis en el vientre de la Madre. Estáis rodeados por las aguas de la Palabra viva. Estáis en paz y podéis conquistar la vida porque sois Dios en manifestación.

Ahora estáis preparados para las disciplinas con las que el bebé llegará a ser un niño y el niño, como Divino Varón, crecerá y se fortalecerá en la enseñanza del Señor. Y cuando tenga doce años, conocerá la doctrina de los Maestros Ascendidos y conversará en los templos.

Y así salís a la manifestación exterior, que sale del vientre interior al vientre exterior. Ahora vuestra morada en un cosmos, un mundo nuevo lleno de esperanza, un mundo lleno de luz, pero con sombras y oscuridad, de algún modo, que vuestra adorada alma aún no ha definido. Salís y viajáis a través de los ciclos de vuestro Reloj Cósmico individual y os inclináis ante los grandes iniciadores de la Vida, las jerarquías solares.

Y cada cual os da las disciplinas del fuego sagrado: poder Divino, amor Divino y maestría Divina, control Divino, obediencia

Divina, armonía Divina, gratitud Divina, justicia Divina, realidad Divina, visión Divina y victoria Divina. Vuestra alma, en esos cuatro cuerpos inferiores, conoce toda esta enseñanza del Reloj Cósmico.[1] Habéis estado cerca, cerquísima del latido del corazón de la Madre y a través de su latido del corazón habéis aprendido los ciclos del Padre.

El niño pequeño, con inocencia, empieza a aprender los caminos del mundo, una pequeña caída y un arañazo, lágrimas y exigencias que no pueden satisfacerse. Y, por tanto, aprendéis a satisfacer vuestras propias exigencias: la formación de los sentimientos y el cuerpo mental, la formación de la mente, la memoria y la noble forma, la forma que ha de albergar el fuego espiritual de la Vida.

Este niño pequeño… este niño pequeño nacido para ser Dios.

A medida que los velos de inocencia se separan uno a uno y maduráis con el conocimiento del mundo, así como con el de la Ley, tened cuidado. Tened cuidado de no olvidar vuestro Origen y la hadas, las ondinas y los gnomos con quienes jugueteabais cuando erais pequeños.[2] Tened cuidado de no olvidar las caras de los ángeles que han cuidado de vuestra cuna, que os han guardado. Tened cuidado de no olvidar que hay seres maestros que os tomaron de la mano y caminaron con vosotros por los sitios peligrosos manteniéndoos a salvo.

Hay pocos que os recordarán, hay pocos que sabrán, porque todos han sido desprogramados y apartados de Dios hacia los caminos del mundo. Y así, si mantenéis la inocencia de un niño pequeño, os convertiréis en un niño pequeño que lidera todos los aspectos de la creación hacia el conocimiento del Cristo.

El niño pequeño es el líder de la era de Acuario; el niño pequeño dentro de vosotros, el niño pequeño que ahora llega a la madurez, sin olvidar el Origen, mas que llega a esa unión de equilibrio, de discriminación, de aprendizaje, de dominar los estudios necesarios para vivir en este mundo y ser útil y tener la labor sagrada.

No solo debéis llegar a ser un niño pequeño para recibir las disciplinas de la Conciencia Superior, sino que también debéis ser para siempre un niño pequeño. Mejor volver a ser heridos una y otra vez que tener el escepticismo de los existencialistas. Mejor que se aprovechen de uno que desconfiar del prójimo.

Mejor vivir en Él y tener vuestro ser en Cristo y dejar que el mundo siga con lo suyo que volveros rígidos como el acero con una armadura falsa que no es el tubo de luz, la santa inocencia del fuego blanco, sino que es un dominar el engaño y las intrigas, un dominar a un ego carnal, un dominar todas sus defensas, sus complacencias y todas sus experiencias, que los caídos os dicen que debéis tener para poder distinguir la luz de la oscuridad.

Esta es la primera y fundamental Mentira que se le dice al niño para apartarlo del sendero de iniciación: «Ven y vive esto, ven y vive aquello. Prueba y verás, prueba y decide por ti mismo si esto es para ti o no».

Dios ha dicho que el niño pequeño, con toda su inocencia, no necesita probar el velo de energía [tentaciones de mal ilusorio], no necesita participar de ello, absorberlo o contaminarse con ello para conocer la Verdad. Y hay muchos santos, como Santa Teresa de Lisieux, que, desde la infancia, como la Virgen María y Jesús, entraron en el Sanctasanctórum y hallaron las satisfacciones del amor en Dios y en sus santos ángeles.

Y quienes han aceptado la Mentira y se han involucrado en los compromisos de todas las cosas que se ofrecen en los mercados del mundo, hoy sienten el peso de una cruz de creación propia, una cruz de su propio karma, una cruz que es el odio a la Madre Divina en cuyo vientre viven, se mueven y tienen su ser de luz.

Y, por consiguiente, el niño pequeño que madura para ser maestro en el camino, para llevar la cruz del karma del mundo, no puede llevar esa cruz de karma del mundo porque debe ocuparse de llevar la cruz del egoísmo y la autocomplacencia. Y así, muchos no tienen la preparación para entrar en la era de la responsabilidad de los hijos y las hijas de Dios, para cargar con los pecados del mundo como hizo Cristo cuando estuvo clavado en aquella cruz; la cruz, por cierto, no de su karma humano, sino la cruz del karma de la raza.

En cada época debe haber almas que estén dispuestas a cargar con cierta cantidad del peso del karma del mundo. En estos

El sendero de la ascensión es el sendero del Amor 305

tiempos quien carga con ese peso es, en término generales, la vida elemental, porque entre los hombres quienes se preocupan de cargar con un poquito más de peso son contados.

Los que aman son los disciplinados, que pueden caminar por las estrechas calles de las ciudades de Oriente Medio, donde acecha toda clase de tentación y todos los aspectos de los pecados de la conciencia humana están expuestos en esos mercados.

¿Pasar de largo o quedarse y explorar?

Una cosa es disfrutar al ir de tiendas; otra es ser adictos a las compras y a examinar las manifestaciones de la conciencia humana, cuando deberíais meditar en la luz que arde en las tiendas de vuestros chakras, las tiendas del Buda y las joyas del Buda que hay en la joyería.

Queridos seres de fuego, disciplina significa retirar la energía (y con ello la atención) de su reclusión en la tumba de la Materia. Significa sacrificar el flujo de energía hacia creaciones inferiores y consagrarlo a la llama única de la Vida. ¡Tenéis la perla de gran precio! La perla es el símbolo de vuestro cuerpo causal y las capas que tiene la perla, unas sobre otras, son las esferas de conciencia que habéis acumulado, capa tras capa, en torno al núcleo de la Presencia YO SOY.

Esta madreperla iridiscente lo vale todo. Y, por consiguiente, el sabio irá y venderá todo lo que tiene por la perla, la perla de Conciencia Cósmica. Su disciplina exige que soltéis, que soltéis todas esas involucraciones y comprendáis que de un día para otro nunca sabéis cuando vuestra alma (despojada del cuerpo físico) se pueda ver arrojada a otra orilla en el plano mental, en el plano astral (Dios no lo quiera) o en la octava etérica.

Si fuerais la Mensajera, tendríais la posibilidad de observar día tras día a los que nacen y a los que mueren, a los que entran en el plano físico y a los que lo abandonan. Es un gran desfile de almas encarnando y siguiendo su camino. Pero las disciplinas de la Conciencia Superior, si esta ha de retenerse, deben demostrarse en el plano físico. Y, por tanto, la jerarquía de Lúxor advierte que se aproveche el tiempo y el espacio, poque estos son el crisol con el que demostráis vuestra maestría Divina y su alquimia.

Necesitáis ese cuenco. Necesitáis esa matriz para poder llenarla con fuego. En otros planos se progresa poco; porque aquí, en la Materia (en el aspecto físico de la Materia), creasteis vuestro karma y aquí debéis saldarlo. Y, por tanto, que nadie piense que va a vivir para siempre en estos cuatro cuerpos inferiores. Estos no son más que vehículos de conciencia que tenéis prestados, igual que toda la energía de Dios la tenéis prestada, para poder demostrar la maestría del libre albedrío.

Vengo, pues, para daros el concepto de disciplina. En las *Actas de la ascensión* y en otros documentos y dictados de la llama de la pureza, podéis leer cuáles son las pruebas del alma; podéis leer cuáles son estas disciplinas; podéis leer la vida de Jesús y Gautama y percibir con mucha claridad el sendero de la ascensión en los siete y los cinco rayos.*

Pero yo deseo venir en el misterio del Amor. Deseo venir en el misterio de la cruz del Amor que es una cruz de obediencia a la ley interior de la Vida. Es una cruz de fuego. Es la cruz de la custodia que utilizó Clara, sosteniéndola como un recipiente sagrado del Cuerpo de Cristo eucarístico para hacer retroceder a los sarracenos, que fueron como guerreros, con su odio, a destruir la ciudad. Y vosotros recordáis otros relatos de santos que han sostenido la Hostia ante las hordas y los ejércitos que se avecinaban, que han sostenido la imagen de la Virgen María.

Y así, vuestra cruz de Amor es una cruz de fuego blanco. Es una cruz de energía que, cuando se exalta en conciencia por consagración, revierte la marea del odio humano, revierte la oscuridad de la noche y es vuestra protección segura en el sendero del Amor.

¡Que vuestra carga sea luz!† Que la cruz de vuestro karma se convierta en una cruz de intensa devoción y amor. Y que vuestra carga sea luz, a cada momento. Que podáis sentir que la victoria del Amor está en el ver correctamente. Y si tenéis la visión del diamante del Ojo Omnividente de Dios, el núcleo de fuego de la Verdad, veréis y sabréis que cada carga sucesiva es vuestra y la tenéis en la mano para ponerla en el crisol y que pueda ser

---

*Véase nota sobre el reloj cósmico, pág. 433
†*luz:* en inglés, *light,* significa tanto 'luz' como 'ligera'; véase Mateo 11:30. (N. del T.)

El sendero de la ascensión es el sendero del Amor 307

transmutada y refinada como el oro del Amor, y oro como conciencia Divina.

Que la cruz sea transmutada a diario. Que vuestra cruz sea una cruz de luz para que incluso mientras saldáis vuestra karma, podáis llevar el peso del karma del mundo en este Ciclo Oscuro que se está manifestando ahora bajo la jerarquía de Leo, haciendo que la humanidad entre en niveles más bajos de egoísmo, desconsideración, descuido, un espíritu de ingratitud que en realidad es ceguera espiritual/material, un no ver los dones y las alegrías y la abundancia del Creador. Y el descuido es una falta de amor como Él ama, como la Madre ama, como el niño inocente ama mientras aún se encuentra en el vientre.

Os pregunto, pues, ya que durante esta conferencia realizáis vuestras peticiones a los Señores del Karma, ya que escribís cartas pidiendo dispensaciones, preparándoos para recibir las dispensaciones que serán escritas desde el Retiro Royal Teton y que os leerá la Diosa de la Libertad el Cuatro de Julio, ya que escribís vuestras peticiones pidiendo dispensaciones, pidiendo luz, ¿les diréis también a los Señores del Karma, en el nombre de vuestro Ser Crístico, que solicitáis cargar con una cantidad de karma del mundo, una cantidad de la sustancia del Ciclo Oscuro, para que la Tierra pueda tener un alivio, para que la humanidad, especialmente la gente de Estados Unidos, pueda tener una oportunidad de conocer la Ley y fortalecerse para la victoria?

Os digo que al examinar la escena del mundo con todo el espanto de lo que está teniendo lugar —mucho de lo cual desconocéis—, es lastimoso cómo vuestros líderes os han privado del conocimiento de lo que en realidad está ocurriendo con la diplomacia secreta, con la política internacional e incluso en vuestras asambleas legisladoras estatales.

Al examinar todo esto, veo como única esperanza ese sendero de iniciación que conduce a la ascensión y las enseñanzas necesarias para el Sendero, las enseñanzas de la Gran Hermandad Blanca. Veo como única esperanza el núcleo de fuego blanco de Guardianes de la Llama que llevarán la enseñanza e irán lejos y cerca para diseminar esa enseñanza, para hablar y caminar con los hombres en el camino hasta que estos despierten de su sueño e inicien el sendero de iluminación en Buda.

La única esperanza, pues, es que, de algún modo, en un intervalo cósmico, una dispensación cósmica que suspenda el karma y suspenda el tiempo y el espacio, que millones de personas empiecen a sentir una nueva devoción por Cristo y Buda, empiecen a sentir una devoción por la meditación y las invocaciones realizadas con el conocimiento de la ciencia de la Palabra hablada, que con esta acción de comprensión, visión y una demostración de la Ley, naciones, pueblos y continentes se salven de una espiral planetaria descendente de muerte, destrucción y desintegración.

¡Que así sea, pues! Porque este es mi llamado a los Señores del Karma antes de que se tomen la decisiones definitivas durante este ciclo del año. Mi llamado y mi petición es, por tanto, de un «intervalo cósmico», una oportunidad para que los Guardianes de la Llama y la gente de luz de todas partes demuestren la Ley y sus disciplinas, den ejemplo, irradien la coronilla de la sabiduría, eleven las energías (Kundalini) de la Madre.

Esta es mi petición; y también me ofrezco a llevar una cantidad de karma del mundo. Y, sin embargo, sé que la petición no puede concederse porque un Maestro Ascendido no puede cargar con el karma del mundo, que solo los no ascendidos pueden llevar como causas y efectos en este mundo. Pero lo pido, no obstante, porque lo pido con la esperanza de que mis chelas observen mi petición y que los chelas de la llama de la ascensión hagan asimismo el llamado y, habiendo hecho ese llamado, se mantengan firmes y estén preparados para recibir todas las manifestaciones inferiores al Cristo que puedan empezar a aparecer en su mundo.

Porque esa carga puede convertirse en luz y ser transmutada antes de que circule por los cuatro cuerpos inferiores. Y, por tanto, llevar el peso del karma del mundo no tiene por qué ser una vía dolorosa, sino un camino de alegría, un camino de victoria y superación. Porque tan pronto como esa energía de karma del mundo se os entrega, vosotros la consagráis al Espíritu Santo y al fuego sagrado. La energía es transmutada y, he aquí, ¡vuestra carga es luz! Este es el llamamiento. Podéis hacer que sea vuestra elección, si queréis.

Que los benditos santos y los devotos de la Iglesia católica escuchen mis palabras, porque ellos portan en su cuerpo gran parte del impulso acumulado de las espirales de muerte, y por eso es por lo que los sacerdotes y las monjas han vestido de negro durante tanto tiempo. Cargan con el peso del impulso acumulado de la muerte planetaria en el nombre de su Señor. Cargan con la energía para que la humanidad pueda pasar por la iniciación de la crucifixión.

Y quienes no han entendido su sendero y su vocación han ridiculizado el que tengan el crucifijo en todas partes, porque otros, involucrados en otras iniciaciones, preferirían ver a Cristo resucitado de la tumba con la vestimenta de la resurrección y la ascensión.

Bien, todas las iniciaciones son válidas. Y, por tanto, tengamos tolerancia; porque todo el cuerpo de Dios debe llevar en manifestación estas iniciaciones. Y, por tanto, las grandes religiones del mundo se fundaron para que cada mandala de grupo pudiera realizar ese camino y esa vocación en concreto como un ejemplo para todos. Y ahora habéis llegado al punto de la responsabilidad donde podéis estar en el centro del sol, el Sol de Justicia que es vuestro Santo Ser Crístico, y todos los rayos de todas las enseñanzas de todas las religiones provenientes del centro convergen en vuestro chakra del corazón.

Y ahora tenéis esta síntesis de la enseñanza de la Madre, y así podéis ser miembros de una religión del mundo que no está controlada por el Consejo Mundial de Iglesias o los ángeles caídos, que quieren poseer a la humanidad. Es una religión del mundo de almas que convergen en la llama de la conciencia Crística. Es una religión del mundo de Amor, de todos los que han amado suficiente para renunciar a esas partes del yo que están apartadas del camino con Cristo.

Y así, yo digo: ¡tengamos nuestro intervalo cósmico! Tengamos nuestro momento cósmico y permitamos que la Madre Divina muestre al mundo la Enseñanza de enseñanzas, la Gran

Síntesis de todos los grandes Gurús, los Gurús que ahora son los Maestros Ascendidos que vienen a pedir a los suyos.

¡En la victoria de los fuegos de la ascensión, YO SOY Serapis Bey! ¡Os doy la bienvenida a Lúxor! Pero digo: si venís a estudiar a nuestro retiro, si venís a prepararos para la ascensión, si venís, si venís a nuestro retiro, entonces digo, *¡venid para quedaros!*

2 de julio de 1976
Ciudad de Washington

Templo de Lúxor, Tebas oriental

Sobrepuesto al templo físico de Lúxor está el retiro etérico de Serapis, donde los iniciados practican las disciplinas de la ascensión bajo la tutela de Serapis y los 144 instructores que trabajan con él en la preparación de candidatos para el matrimonio alquímico. Cuando el adepto ha atravesado el último ritual de inmortalidad, es conducido a la sala de la llama donde pulsa la llama de la ascensión con el ritmo de la Vida. Rodeado de hermanos ascendidos y serafines asistentes, Serapis ocupa su lugar en el centro del templo cuando la llama de Alfa desciende del techo y la de Omega se eleva desde el suelo, liberando al adepto para siempre de la ronda de renacimientos.

Serapis Bey

El Amor que tiene el valor de existir

De los ciclos de Dios, Elohim, ¡la luz desciende! Y yo he venido alegremente en la llama blanca, en el fuego blanco, en la blancura de Su gloria, para sellaros en la llama de la ascensión.

¡Soy el jerarca de Lúxor que ha regresado para atraeros al mismísimo fuego del corazón! Por tanto, os he dado, a través de la Mensajera, parte de la enseñanza que doy en el retiro de Lúxor acerca de entrar en el punto del corazón antes de emitir el sonido de la Palabra.

La necesidad es la madre de la invención. Y en verdad, la necesidad es la madre de la llama de la ascensión.

Benditos corazones, ha llegado la hora. Esta clase ha sido una gran bendición para aumentar vuestra capacidad Divina de tener la percepción de Dios de la pureza ungida por sabiduría, y la sabiduría ungida por pureza.

La sabiduría de los seres Crísticos, bajo el signo de los conquistadores piscianos, está simbolizada en los hermosos pies del Salvador y el predicador de la Palabra de justicia. La unción de los pies del Maestro por parte del aspirante a discípulo es el reconocimiento: «¡Qué queridos son tus pies, Señor! Deseo ungir, con la pureza de la devoción de mi corazón, la sabiduría de tu Palabra».

Por tanto, sobre el cimiento de sabiduría se yerguen los hombres. Y algunos no se yerguen mucho, porque su sabiduría no está cimentada en la Roca.

Con los pies firmemente plantados sobre la sabiduría de Cristo, os pido: *¡Avanzad!* Seguid sus pasos. Y cuando pongáis vuestros pies en sus huellas en las arenas del tiempo y el espacio, puede que escuchéis el gemido de un corazón apesadumbrado por los impulsos planetarios de pecado o por la traición de un discípulo cercano. Pero también escucharéis el fíat de luz que lo disipa todo y lo hace retroceder esféricamente.

> ¡Sea la luz!
> Y hay luz donde YO SOY [estoy].
> ¡Y YO SOY EL QUE YO SOY!
> Entre tanto que YO SOY [estoy] en el mundo,
> Luz YO SOY del mundo.

Poniendo vuestros queridos pies, pies de discípulo, en el diseño original del maestro del caminar interior con Dios, podéis sintonizaros con las meditaciones del corazón del Salvador, con su comunión con ángeles, su cantos de consuelo y alabanza cuando no había ninguna alabanza o consuelo ni siquiera de los suyos.

¿Queréis aprender a escuchar con la planta de los pies? Benditos corazones, cada parte del cuerpo místico de Dios en vosotros contiene los elementos de las demás partes. Sí, podéis escuchar el latido del corazón de la Madre Tierra a través de la planta de los pies. Sí, podéis sentir el sendero al Origen y seguirlo —con los ojos vendados, si fuera necesario— por la sensibilidad de los puntos de los cinco rayos secretos en vosotros: las manos queridas que dan sanación, amor, consuelo; y la señal de la Palabra encarnada, los pies queridos; y el octavo chakra de la cámara secreta del corazón donde estáis, ruego, con vuestro Dios como Padre, Madre, Hijo y Espíritu Santo.

Por tanto, entramos en la espiral del Amor y el Rayo del Amor expresado como caridad, compasión, escarmiento, el Amor más puro y el Espíritu Santo como la manifestación más elevada del Amor que es la disolución con el Amor más puro, el juicio más sabio de todo lo que es contrario al Amor.

Por tanto, pasamos por la primera y segunda esfera del cuerpo causal ¡y entramos en la esfera rosa de esta rosa en despliegue! Y así,

El Amor que tiene el valor de existir

el círculo de pétalos de esta cámara esférica va desde el rosa más delicado de la sensibilidad, al corazón del bebé recién nacido, al palpitar del pájaro en primavera, la sensibilidad del susurro del sol, las brisas delicadas, el peso en el corazón del amado. Los delicados tonos de rosa y de rayo de brillo rosa y dorado pasan, pues, a las manifestaciones más intensas de la luz rubí y el Rayo Rubí que, como un rayo láser, ¡debe ir a defender el Amor!

Benditos corazones, de no ser porque el Amor tiene la autodefensa incorporada para su autopreservación, los caídos hace mucho que lo habrían devorado. Pero no había de ser. Y no podía ser. Y no puede ser. Porque el Rayo Rubí en sí es el elemento esencial del Amor, y digo esencial, por lo cual todo lo opuesto al Amor, como odio, es obligado a meterse en sí mismo y autoconsumirse.

Por tanto, con la mano derecha de Serapis envió el Rayo Rubí como luz radiante, como la aureola de esta esfera de nuestro cuerpo causal, ¡el cuerpo causal de la Gran Hermandad Blanca! Entrad en nuestro Amor y comprended la protección del Amor como el *siddhi** del Rayo Rubí que avanza.

¡*Siddhi*! Por tanto, la llama de la intrepidez nace del Rayo Rubí.

¡Un amor que sea amor tiene el valor de existir!
Tiene el valor de existir,
de lo contrario se niega a sí mismo.

Un amor digno de su nombre
afirma que este suelo santificado pertenece al amor
y no se retira.
Un amor digno de la vida
defiende la vida misma
y no permite que entre la Muerte
ni la vibración de la muerte para robar en la noche
dentro del jardín de Dios.

El amor digno de su nombre
no quiere otra cosa
que la expresión total del Ser;
no se guardará el pleno florecimiento
de la flor de la cala.

---
*siddhi (sánscrito): poder del Yo; un poder igualmente eficaz en el mundo espiritual y el material; consecución, realización, logro completo. El siddhi supremo es la iluminación.

El amor que es amor da
lo más grande, lo mejor, lo máximo
e incluso el resto
de todo lo bendito
que tiene lo bueno de la vida.

¡El amor que es real es la total apertura del corazón
y el dar el yo *sin temor y con amor!*

Benditos, en este ciclo de catorce meses construyendo desde la espiral de nuestro corazón, tenéis la oportunidad de entrar en un sendero de iniciación mediante el cual el Amor se perfecciona en el Amor.

Hay una sala en Lúxor donde se ve esta inscripción sobre la puerta: El Amor se perfecciona en el Amor. Es el nombre de un curso como un sedero establecido. Los que llaman a esta puerta son invitados a entrar si están decididos a realizar la plenitud del Amor como disciplina del yo para el dar perfecto, para el recibir perfecto desde el ritmo de los ciclos de la Vida. Los que no están preparados son enviados primero a las salas de llama violeta, donde permanecerán durante un año o un siglo hasta que todo el odio se consuma.

Somos conscientes de los peligros que tiene el odio así mismo para quienes desean presentarse ante los Maestros del Rayo Rubí. Por tanto, han de estudiarse lecciones de psicología, lecciones sobre impulsos acumulados personales, por qué uno hace las cosas contra su yo para derrotar a su yo en la gran obra de las eras.

Hacer las obras del que me envió, como Cristo dijo e hizo, es la acción del Tercer Rayo, el tercer peldaño de la Vida, aunque ignorado muy a menudo. Mirad cómo han sustituido al Amor perfecto con el hombre mecanizado, con el orgullo del ego, con la ambición, todas estas perversiones del Amor y sus coloridos más dulces.

¡Hay tantos sustitutos del Amor en la Tierra que uno apenas puede encontrar un solo pétalo de Amor puro entre mil personas tomadas al azar aquí o allá! Los hombres son muy propensos a aceptar un sustituto del Amor más puro.

Mi corazón casi flaquea en su latir al considerar la inmensa pérdida para los niños de Dios cuando se aceptan los amores menores de la vida.

El Amor que tiene el valor de existir 315

Queridos corazones, estos amores menores se convierten, una vez que se aceptan, en una cuestión de patrones humanos habituales. Y una vez que la gente entra en la rutina del amor humano, no vuelve a considerar —a menudo en décadas o vidas enteras— un sendero superior, una espiral más intensa. Y como la proverbial rutina, esos patrones humanos habituales cavan trincheras cada vez más profundas. Y así, el flujo de la energía del Amor tiende a discurrir donde siempre lo ha hecho.

La gente debe despertar hacia un caminar superior con el Amor, ¡la mismísima persona del Amor en el Maestro!

¿Creéis que los cristianos* que parlotean sobre el amor a Jesús conozcan su Amor perfecto? Me atrevo a decir, sin ser crítico, que muchos no lo conocen. ¡Ay! Lo perciben al estilo de la simpatía humana. Son idólatras, pero no lo saben, simplemente porque no han entendido su Amor perfecto.

Si miráis todos los episodios de la vida de Jesucristo al leer los cuatro Evangelios y veis cada episodio como otro pétalo de Amor, llegaréis a entender qué variado es el diseño del Amor, qué sutiles son sus cambios. Cuando consideráis que todo lo que hizo y dijo como una manifestación del Amor perfecto (ya sea el sanar, ya sea el no sanar; ya sea el resucitar de entre los muertos o el echar a los cambistas del templo, o el reprender a los Nefilín —ángeles caídos encarnados— como sepulcros blanqueados llenos de huesos de muertos), considerad todas las cosas y medid, con la sensibilidad de vuestro corazón, la calidad del Amor y después id y haced y sed lo mismo.

Esto es una apreciación nueva del Amor que la pureza del fuego blanco puede daros en estos catorce meses en los que cargar con la cruz cósmica de fuego blanco con el Rayo Rubí, si sois conscientes de que ese es el mensaje de este sendero de iniciación.

El Amor puede perfeccionarse en el Amor solo cuando se empieza con el Amor perfecto.

¿Cómo es esto, Serapis? ¿Cómo podemos empezar con lo que es perfecto cuando nuestra meta es pasar de la imperfección a la perfección?

---
*cristianos: cualquiera de las denominaciones protestantes o no católicas en la cultura estadounidense. (N. del T.)

Típica pregunta del neófito.

¡Nunca lo lograréis si empezáis con la imperfección! Es como levantarse por la mañana con el pie cambiado. El resto del día va mal.

Comenzad el día con el Amor perfecto.

«Serapis, ¿dónde encontramos el Amor perfecto?».

Id y encontradlo en el canto del pájaro al amanecer. Id y encontradlo en la gota de rocío sobre la rosa. Encontradlo al meditar en las ofrendas florales de la Naturaleza. Encontrad el Amor perfecto en el corazón de un ser querido atravesando universos de manifestación y yendo derechos como una flecha al Dios que habita en ese corazón.

No es tan difícil encontrar el Amor perfecto.

Buscadlo en la sonrisa de una madre, en la ternura del padre, la dulzura de la oración de un niño al anochecer o el regocijo en los campos en mayo.

Es que el Amor perfecto lo tenéis a todo vuestro alrededor. ¡No es una estadística de algún estadístico cósmico!

¿Qué creéis, que Dios que es Amor y solo Amor haya privado de ello a la creación? Mirad el Amor perfecto en una fórmula algebraica o en la lectura de las estrellas, en una simple receta que, cuando sale, da alegría a todos los que participan de los resultados.

Desde luego que podéis encontrar el Amor perfecto. Y os voy a decir de verdad que apenas hay algún niño del corazón de Dios que no haya amado de manera perfecta al menos una vez. El amor por la vida elemental alcanza su más noble expresión en gente de todas las edades. El amor a los ángeles. El amor de unos a otros como yo os he amado.

Al fin y al cabo, el Amor no es algo que se aprenda. El Amor simplemente es. Y cuando se hincha en vuestro corazón, sabéis que Dios está ahí. Y cuando sabéis que Dios está ahí, no sofoquéis la llama, sino alimentadla con el aliento de fuego sagrado.

¡Aumentad la sola gota de rocío del Amor! Convertidla en un océano de alegría efervescente, de olas de luz y ondas sinusoidales que den a Dios la señal: «He aquí, YO SOY aquí abajo como tú eres arriba».

Muy benditos corazones, el amor en la Tierra es una iniciación fallada por la gran mayoría de la gente. Y la energía del amor como abuso de los fuegos creativos, la manipulación del código genético, ha producido todas las variaciones del tema de Cristo en hombre y animal. Y la naturaleza bestial de los caídos es amor pervertido. Tal como allá donde uno mire puede encontrar el Amor perfecto, allá donde uno mire puede ver su inversión.

Por tanto, vengo a entregar la espiral de catorce meses poniéndola como núcleo en vuestro corazón. Pero vengo a advertiros, como os he advertido con cada entrega anterior, que la intensidad continua del fuego de la ascensión impulsada desde los ciclos del cuerpo causal os dará iniciaciones cada vez mayores, más que conquistar tanto de Realidad como de irrealidad.

Los Arcángeles os han dicho que el amor más grande que el mundo ha conocido se manifiesta en la forma de juicio. A fin de que haya juicio, hay resurrección, el llevar a la superficie, el despertar la luz y la oscuridad y su personaje. Por tanto, daos cuenta de que cuando el Amor intenso de vuestro corazón salga, provocará la enemistad de la Serpiente contra el Cristo, que es el que origina ese Amor en vuestro corazón.

Ahora quisiera deciros que la condición de dureza de corazón que se ha convertido en una enfermedad también de algunos niños de Dios, la condición del cascarón del que algunas personas se rodean es el resultado de enviar amor y que nos lo devuelvan: sentirse rechazado.

«Odiado sin causa» fue la descripción de la venida del Enviado. «Me odiaron sin causa.» La causa, amados corazones, es el enviar amor. El amor produce odio en aquellos en quienes no hay amor. Y la causa de ese odio es la envidia.

Volved a leer los dictados de Chamuel y Caridad en *Copas de las últimas siete plagas*.* Ellos advierten sobre los caídos y la envida que sienten por vuestro amor.

Comprended que el amor del Padre y el Hijo que vienen a habitar en el corazón del niño que guarda los mandamientos de Cristo con amor, nunca puede ser conocido por los caídos. Lo tuvieron una vez. No solo lo rechazaron, sino que lo redujeron

---

**Copas de las últimas siete plagas*: original, *Vials of the Seven Last Plagues*. (N. del T.)

a su monstruoso complot mecanizado. Por tanto, se les ha arrancado el amor. Y llevan viviendo con su amor sintético y sus fórmulas químicas desde entonces.

La envidia hacia el amor produce odio al amor.

Hace varias conferencias, yo estaba con esta Mensajera cuando viajaba en avión desde Colorado Springs a Santa Bárbara para una clase en Motherhouse.* Al pasar volando por esa ciudad, le envió una ola de amor intensísima desde su corazón, que también lo fue del mío. Y el amor descendió sobre toda la ciudad. A los pocos momentos, para su total consternación, se le envió a su corazón de regreso el odio más intenso, el rechazo al amor de Cristo, el rechazo a la venida de la enviada antes de que hubiera tocado tierra.

Por tanto, ella aprendió una lección en el sendero de la Vida. Y Él dijo: No echéis vuestras perlas delante de los cerdos. Perlas de amor. Perlas de amor, benditos corazones. Pero Él también dijo: Amaos unos a otros, como yo os he amado. Pero Él nunca aconsejó amar a la progenie del malvado. Por consiguiente, no irradiéis amor en todas direcciones, de forma indiscriminada, sin comprender que el verdadero amor de Cristo no es recibido universalmente en este mundo.

Ahora emito el Rayo Rubí de mi corazón para todos los que lo quieran, para derretir la dureza de corazón, para derretir las barreras y los cascarones detrás de los cuales os habéis escondido por haber sentido ese mismo rechazo. ¡Este es el deseo que tienen ellos de hacer que no améis de forma pura, plena, libre y total!

Pero os digo que con vuestro amar, amaos unos a otros, amad el cuerpo de Dios. Y amad siempre el corazón unos de otros para que vuestro amor vaya directamente a la llama Crística y el Ser Crístico, para que sea distribuido desde ahí a la persona en su totalidad en la medida en la que esta pueda recibirlo.

El amor debe irradiar desde dentro del corazón hacia todo el ser. Porque incluso en el caso de seres queridos, cuando dais amor con intensidad y el ser querido está lidiando con patrones kármicos o los efluvios del mundo o la carga del día, puede que ese ser querido no reciba ese amor, puede que incluso lo rechace o se

---

**Motherhouse:* foco de los Maestros Ascendidos en Santa Bárbara, cerca de la misión de Santa Bárbara. (N. del T.)

irrite, porque la sustancia no transmutada en la superficie de cada mundo puede agitarse con facilidad ante el intenso amor de los seres Crísticos y del chakra del corazón. Por tanto, no os desalentéis, no os ofendáis, no os sintáis heridos en vuestro amor.

Si los devotos de los Maestros Ascendidos meditaran en el amor y expandieran su capacidad de dar amor de forma sabia, con una discriminación pura del corazón, descubriríais una gran expansión de esta actividad. Porque el Imán del Gran Sol Central es el imán del Amor del Cristo Cósmico.

Por consiguiente, un consejo de Serapis esta noche: observad vuestros impulsos acumulados. ¿Habéis dejado de amar porque estáis acostumbrados a que rechacen vuestro amor? ¿Habéis, por consiguiente, adoptado en vuestra vida diaria la costumbre de no dar amor para que no os rechacen?

Benditos corazones, no es inteligente permitir que el amor fluya simplemente y que después abusen de él. El amor, entregado con inteligencia, es la transferencia sagrada de una perla de luz desde vuestro corazón al corazón del ser amado, el amigo, alguien necesitado. Desde el centro más puro de vuestra conciencia Crística enviad amor al centro más puro de los niños de Dios. Y entonces nunca dejaréis de amar, ¡de amar a la vida libre!

Y cuando reforzáis vuestra vida con llamados a los Arcángeles pidiendo protección, con un tubo de luz, con llamados a Astrea para que ate a los demonios y los desencarnados que quieren robar vuestro amor y abusar de él, cuando hacéis todas esas cosas que habéis aprendido y después meditáis en un amor más y más grande, veréis que empezaréis a sentiros como una persona nueva, a sentir que la expresión plena de vuestro yo será el fruto de vuestro amar a los demás con este Amor perfecto.

Con la transferencia de la perla al corazón de Cristo en los seres queridos, la calidez del corazón abre la perla y emite la fragancia y el fervor de devoción por Dios. Por tanto, El Morya ha enseñado: *¡Proteged el corazón!* Y yo diría: ¡Proteged los envíos del corazón! ¡Proteged el Amor del corazón! ¡Proteged el imán del corazón!

Muchos de vuestros problemas relacionados con las costumbres humanas se derretirán cuando los fuegos creativos del Amor del Espíritu Santo fluyan abundantemente y sin reservas. No hace falta que améis la imperfección, pero deberíais amar el alma en el sendero que lleva a la plenitud. Por tanto, dad consuelo al alma necesitada de consuelo.

El alma que tiene necesidad puede ser el alma que no está perfeccionada en el Amor. Por tanto, no juzguéis, sino dad. Y al dar, sed la sanación de toda la vida. Por tanto, os doy la bienvenida a Lúxor para una formación avanzada en los pasos del caminar del Maestro con sus discípulos.

[entonación]

Hecho está desde el corazón de Helios y Vesta y el corazón de Lúxor. La espiral de Amor está entregada.

Os sello en el Magnánimo Corazón de Lanello como refuerzo de vuestra voluntad y vuestro sabio señorío para ser la plenitud del Amor de Dios.

Me retiro a la llama, para que pueda hablaros el Señor Maitreya en la conclusión de esta conferencia.

19 de abril de 1981
Los Ángeles

La Esfinge y la pirámide de Kefrén

HILARIÓN 5
Señor del Quinto Rayo

Iniciación del chakra del tercer ojo

Retiro:	Creta (Grecia)
Vibración:	Verde, oro
Piedra preciosa:	Esmeralda, diamante, jade, cristal de cuarzo
Cualidad:	VERDAD CIENCIA VISIÓN
Don:	Sanación
Día:	Miércoles

Pablo predica en el Areópago, Giovanni Battista Pianello, Basílica de San Pablo Extramuros (Roma)

Hilarión

El Salvador personal, el Gurú personal

Llamado por la llama de la Verdad, me dirijo a vosotros, como antaño, en el nombre de mi Señor y Salvador, Jesús. Jesús el Cristo lo llamábamos, y fuimos llamados por él como vosotros lo sois hoy.

Tengo los recuerdos de su venida, dotándome de poder con su Palabra. No obstante, primero me humilló en aquel camino a Damasco, humildad que yo necesitaba profundamente para poder inclinarme ante mi propia llama Crística que él me reveló, como también me dio la clave para la meditación en esa llama y que pudiera seguir sus pasos en el Quinto Rayo de la Ciencia y la Sanación, y el Apostolado, y la prédica de la Palabra.

A menudo me sentía como las manos, los pies y el corazón de Hércules, luchando con las espirales descendentes de la Tierra con su ateísmo, su agnosticismo, su orgullo intelectual y rencor contra los profetas del Santo de Dios que tan recientemente estuvo entre nosotros. Sin embargo, durante todo ese tiempo recordaba que yo estaba considerado como uno de ellos. El haber sido tan orgulloso e intencionado contra la voluntad de Dios grabó a fuego en mi memoria la indefensión que todos tenemos al ensayar ser instrumentos de Dios.

Pero la gran dotación de poder por la Palabra llega, amados míos, en el momento de la conversión. No es en el momento del llamamiento, sino en el momento de la conversión cuando el alma responde con algo que es profundo. Es el fluir, es el dar, es esa entrega cuando, como él dijo: «dura cosa te es dar coces contra el aguijón».

Vuestro Maestro os ha llamado. Algunos de vosotros conocéis la hora y el momento. Para algunos de vosotros ha sido un escuchar gradualmente la Palabra, un sintonizaros gradualmente con una sinfonía que siempre ha estado sonando. Algunos de vosotros sabéis que el llamamiento ha llegado y que habéis ignorado el llamamiento.

¿Creéis que él no me llamó cuando yo perseguía a los cristianos? ¿Acaso no escuché los sermones de ellos y los vi: la luz en sus caras, su extraordinaria alegría al sufrir, el amor que sentían por él a quien yo despreciaba? ¿Acaso no me llamó entonces?

Sí, él llamó, pero yo era demasiado orgulloso para escuchar.

La hora del llamamiento que se convirtió en la hora de la conversión, ese fue el momento del encuentro con el Maestro cara a cara, de escuchar su voz. Y en ese momento supe la importancia del Salvador personal. Supe en el momento en el que vino que él era el escogido, el ungido por Dios. Mi alma lo conocía como de antaño y trajo a mi mente exterior el recuerdo del voto interior.

No fue la primera vez que había visto al Señor Cristo. Lo había visto antes de encarnar, pero yo debía resolver ese orgullo, ese karma en el Quinto Rayo a raíz de aprender mucho, estudiar mucho y la superioridad en la posición social e intelectual que tenía con relación a los primeros cristianos.

Y, por tanto, era mi karma, que tenía sobre mí; era lo que me hacía resistirme al llamado. El llamado venía de lejos, pero se convirtió en una voz cada vez más cercana a la que finalmente tuve delante como la luz cegadora de la Presencia del Hijo de Dios.

Hoy os hablo y acerco mi vibración a la vuestra. Os hablo de mi vida vivida no hace tanto, como la vuestra. Hablo porque traigo el mensaje de la Jerarquía. Os hablo del Gurú personal que él es y que era. Os hablo de la necesidad de responder al llamado, respondiendo de un modo que os lleve el punto de la conversión.

«Si no os convertís...» Este es el significado de la conversión por Cristo: es el arco de ese rayo de luz desde su corazón al vuestro, que es tan poderoso que revierte la espiral descendente de muerte y desintegración, que provoca que esa espiral se torne sobre sí misma ante la presencia dominante y ascendente de Vida y no Muerte, de la ascensión y de inmortalidad. La conversión es el momento del cambio de la identidad para volver al camino hacia Dios.

En el momento de la conversión se enciende el nombre de Dios, vuestro nombre. Es el patrón solar de vuestra evolución solar. Es el hierro de marcar de Dios que os llega quizá momentáneamente para dejaros ciegos o faltos del habla, como a Zacarías.

Comprended, pues, que la llegada de esa energía de Dios es para confundir la conciencia humana y sacar a la superficie esa sustancia que debe acabar en la llama. Es la repentina llegada del torbellino de la presencia del Maestro en la hora señalada por Dios; y tanto si estáis preparados como si no, se da esa venida, esa venida repentina al templo. Es la culminación del llamado y de muchos llamados. Es el momento en el que se os quiebra en lo humano y en el que nacéis en lo Divino.

Por tanto, yo digo, por experiencia personal, que no os resistáis al llamado ni a la conversión ni a la venida del Maestro. ¿Esperáis que se os aparezca como en una visión, que os alague con la presencia de ángeles, trompetas, harpas y todo un séquito de seres libres en Dios?

Tendréis que esperar mucho, tendréis que esperar arduamente. Porque yo digo que de algunos se exige que ofrezcan el brote desde el interior de ese amor que dice: «Oh, Señor, ¡deseo ser convertido! ¡Conviérteme hoy! ¡Haz que vuelva a nacer en ti para ir y hacer las obras de mi Dios!».

He venido en varias ocasiones, a lo largo de los años, para hablaros de Apóstoles que deseáis ser, escuchando el llamamiento, respondiendo y danto testimonio de la Verdad. He venido con el fuego de la misión de los científicos y los médicos: los instructores de la época. He venido para entregar esa luz tal como fui a esta Mensajera al principio de su misión para advertirla de los tropiezos del Sendero. Así os advierto a vosotros también, no os vanagloriéis de vuestro entendimiento de los misterios, porque hay muchos que han tenido los misterios sagrados y nunca han tenido la conversión a Cristo.

Hablo con un fervor que conocí en aquellos días de alegría que compartimos. ¡Arrepentíos y sed salvos! ¡Bautizaos! ¡Convertíos! Aceptad al Señor Cristo como vuestro Salvador hoy y conoced un nuevo nacimiento en el Espíritu.

¿No comprendéis que los mismos misterios vividos por el círculo interior, vosotros podéis vivirlos, deberíais vivirlos? Con vuestro recién descubierto conocimiento del camino, no abandonéis la sencillez infantil de la total dependencia de vuestro Dios.

El instrumento de la Jerarquía es un instrumento muy tierno. Y si no descuidáis los requisitos del servicio, veréis que Dios entrará en vosotros y vivirá a través de vosotros, y sentiréis los anchos hombros y la túnica del Apóstol sobre vosotros. Sentiréis el manto de Elías y Eliseo caer sobre vuestros hombros.

Mantendréis la cabeza alta porque estaréis donde está el Señor y, de hecho, conoceréis la hora de vuestra conversión cuando, de repente, hubo el fuego que ardió en vuestro altar vertebral que provocó que se elevara esa energía en una corriente de ascensión que marcó el día en el que nacisteis de nuevo a la Vida eterna. Y desde ese momento, todos los instantes, todos los segundos fueron un soplar impetuoso del viento en vosotros para saludar al soplo impetuoso del viento que se avecinaba de las huestes del Señor y del cuerpo causal de la Vida, al que algún día volveréis por la gran magnetización de los campos energéticos, «como Arriba, así abajo».

Yo digo: ¡caminad con la estatura de los profetas e instructores de Israel! Caminad con la confianza del Dios que vive en el interior, pero caminad de este modo solo después de haberos convertido. Porque si intentáis caminar de este modo y con esa estatura antes de la conversión, os digo que correréis el riesgo de caminar con el orgullo de la mente carnal, tomando para vosotros esa gloria que le pertenece solo a Él.

Dios quiere que seáis coherederos con Cristo Jesús. Él me lo demostró a mí. Me lo demostró a mí, que estaba considerado pecador. ¿No es bueno saber que uno que ha pecado y fallado puede ser convertido y llevado a ser un instrumento útil para ese Señor? Necesitamos ejemplos por parte de quienes caminaron de manera imperfecta ayer y hoy caminan con perfección ante los ojos de la gracia y la santidad.

No intentéis ser seres humanos perfectos, modelos perfectos de justicia. El Señor os tomará en sus manos y os partirá como madera seca y os enseñará la inutilidad del esfuerzo fuera de su Espíritu.

Más bien buscad ser perfeccionados por él en su Amor. Buscad la perfección no en los funcionamientos mecánicos de vuestro entorno, sino en el movimiento interior del alma, el mecanismo del alma capaz de entrar en contacto con Dios mediante la conflagración de fuego de su Espíritu. Conoced la perfección como las gracias del Espíritu Santo y buscadlas. Haced juicios justos no según la carne y la sangre, y entonces veréis cómo la matriz imperfecta puede utilizarse para transmitir una llama que trasciende la matriz, la cual no puede ni contener ese llama.

Ah, sí, los hombres tienen una perspectiva distorsionada de la vida y de las Enseñanzas y del Sendero. No conocen el camino, y la ternura del amor de nuestro Padre, y su comprensión de las fragilidades de la carne y de este mundo que Lo convierten en la gloria más grande, en la manifestación más grande de la Vida.

¿No veis que, si fuera posible ser perfectos humanamente, no haría falta la perfección divina? Si fuera posible contener a Dios en la tierra, no habría necesidad de buscar el cielo. Por tanto, la transitoriedad de esta vida da paso a la trascendencia de una Vida nueva por la que incluso nosotros, entre las huestes ascendidas, renacemos día tras día al entrar en una novedad del llenarnos su Presencia.

La Vida puede comenzar para vosotros en esta hora, pero la conversión implica una voluntad, una voluntad forjada y ganada en vuestro corazón, una voluntad que atraiga esa energía de devoción de un miembro de las huestes ascendidas que responda al llamado de vuestro corazón pidiendo al Instructor, que entonces vendrá y os conferirá ese imán, esa llama, esa espiral ígnea, ese impulso acumulado que es capaz de revertir el curso de la muerte y la destrucción.

En la conversión está la sanación de mente y cuerpo. En la conversión está ese repentino llenarse el templo que ha sido un vacío y ahora está lleno de un aliento especial, un dulce aliento, dulce como la primavera y la hierba nueva, el heno en el campo y las flores; así es la dulzura de esa Presencia.

Y una vez que hayáis tocado esa energía, una vez que hayáis caminado por el campo de esa conciencia, incluso conociendo el sonido del crujir de la vestidura del Señor Cristo, querréis conservar ese momento día tras día, y vuestra vida es siempre un intento de igualar aquí abajo esa experiencia muy especial en Cristo, que ha aparecido en esa zona entre el Espíritu y la Materia, ni aquí ni allá, sino en algún punto medio de una infinitud de mundos en circulación, atrayéndoos hacia esa circulación de energía, para que podáis llegar a conocer la Presencia del Dios vivo.

Estoy aquí para llamaros, para convenceros de la vocación de vuestra alma. «Saulo, Saulo, ¿por qué me persigues?» ¿No ha sonado la voz del Maestro también en vuestro oído y en vuestro corazón cuando habéis sabido que habéis perseguido al profeta de Dios, al emisario de Dios, al niño pequeño en el camino, los propósitos de los Maestros Ascendidos al no dar ese aliento de energía como apoyo, ese hacer las obras de Dios que podría ser la base para que las valiosas almas encuentren una gota de Amor, un cristal de Verdad, una perla de Sabiduría?

Venid ahora, estemos a cuenta, vosotros que sois los inteligentes, o así os consideráis, vosotros que sois los que sabéis las cosas de esta vida. Consideremos el fin de los ciclos y el deshacerse uno de la espiral mortal. Pensemos en cómo todo lo que se ve en esta vida es vanidad, no llega a ser nada y debe un día regresar al núcleo ígneo del Sol Central para que lo recarguen con la infusión de la llama de la Vida.

¿No es mejor, oh seres inteligentes, no es mejor saltar a ese corazón antes de ser llamados, antes de que la espiral de desintegración haga girar ese velo de energía, antes de que seáis consumidos por las espirales descendentes de vuestro propio karma, vuestra falta de ajustar cuentas con la Ley de la Vida?

Contad, pues, los días. ¿Podéis contar los días y las horas de

El Salvador personal, el Gurú personal

la oportunidad que tenéis abierta? Solo hay una meta: es la Vida. Y esa meta incluye la impartición de Vida, corazón a corazón. Este es el modo de vivir la Vida triunfante en Terra.

Mi venida de hoy, pues, es el cumplimiento de un ciclo iniciado en los más tiernos principios de la Mensajería de Mark. Esta es la culminación, por tanto, del establecimiento del patrón en cada uno de los dictados que he dado desde el principio. Este patrón, por tanto, tejido cuidadosamente, es un mandala que entrego a todos los que sirven en el Quinto Rayo y a todos los que son llamados en su alma, por su nombre, en esta hora, desde los cuatro rincones de la Tierra a dar un paso al frente y dar testimonio de la Verdad.

Incluso mientras hablo hay una rabia y un despotrique de los caídos que son la compañía del Mentiroso y su mentira, esos caídos que chillan al pensar que la hora de la Verdad ha llegado, y la hora del desenmascaramiento. Y son caídos de demencia y de locura, con sus proyecciones de locura sobre los niños de Dios. Han enviado esos rayos de confusión y caos para perturbar la mente y las emociones de las almas de luz de Terra.

¡Volved, os digo, en el nombre de mi Señor! ¡Volved a la noche! Porque pondré mi esfera de luz. Es una plataforma circular gigantesca que pongo sobre la Ciudad de los Ángeles [Los Ángeles]. Es una plataforma que divide el camino de la verdad y el error.

Y todos los que están llamados a dar testimonio de la Verdad puede venir a esta ciudad y ponerse sobre este estrado y ver que en este estrado está el tejer de la Palabra que he dado a través de los Dos Testigos, el tejer de la energía del mandala, la energía de la Vida, pues, desde el imán de mi corazón; una energía que será transmitida, por tanto, a través de los benditos pies que caminarán por las avenidas y caminos dando ese testimonio con corazón, con cabeza y con mano.

YO SOY Hilarión. He andado por los sitios desiertos, me he refugiado en el desierto de la vida, pero las multitudes vinieron tras de mí al desierto cuando viví en mi última encarnación como Hilarión. Venían buscando la fuente de sanación, venía buscando amor. Aunque yo me retiraba, ellos me seguían. Y así el Señor me dijo que el don de la Verdad y la Sanación es solo para compartirlo, solo para regalarlo.

Aquí está el regalo, el regalo del árbol verde. Dios da el árbol. En él está colgado el adorno de la Vida que es un regalo de vuestro corazón. Es el adorno de vuestra adoración, y vuestra adoración es la espiral en el árbol que regresa en espirales a la estrella de vuestra Presencia YO SOY.

Dios os ha dado vida en el árbol verde. Ahora digo: ¿con qué vais a adornar esa Vida, con una espiral dorada, con esferas de cuerpos causales, con los rostros de los Maestros Ascendidos, con la imagen de la Virgen, con el hacer las obras de Dios?

Estemos a cuenta. ¿Qué ganaréis si todo lo que veis es vanidad? ¿Qué ganaréis cuando estéis desnudos como vinisteis al mundo y como volvéis? La ganancia es la virtud de las obras y las gracias que habéis extraído para forjar una identidad permanente en Dios.

Ahora digo: que los inteligentes traten conmigo el curso de la civilización y la Iglesia de Oriente y Occidente, que vengan ahora a Creta. Llamo a aquellos que quieran tratar conmigo el camino de la Verdad y el camino de la Vida que es Verdad. Deseamos establecer nuestra meta para esta Iglesia Universal y Triunfante de nuestro Señor. Deseamos establecer la meta para quienes han venido bajo la dispensación de la sexta raza raíz y los que están viniendo, corrientes de vida entrantes de la séptima raza raíz.

Deseamos enseñaros el mensaje de los avatares que caminan en el rayo de la ciencia, el rayo de la religión que es Verdad. Deseamos enseñaros, en esta hora cuando las dos deben mezclarse y cuando los que practican el sendero de la ciencia deben aleccionarse en humildad —como yo lo fui y como vosotros sin duda lo seréis también— para que puedan saber que la ciencia no es Dios, sino que es el instrumento de Dios y puede utilizarse para la salvación, si lo es para su gloria.

Os encomiendo pues a Palas Atenea, sierva del Altísimo, miembro del Consejo Kármico, que leerá vuestras peticiones por carta de este año. Os encomiendo a su llama y a la dispensación que ella tiene en su mano para que la Verdad sea diseminada entre las naciones.

El Salvador personal, el Gurú personal 331

El mensajero del Gran Sol Central hoy ha estado ante los Señores del Karma para que los Guardianes de la Llama puedan saber que la dispensación posible que se puede solicitar en las peticiones escritas este año, ese banco especial de energía apartado y reservado para los portadores de luz, es una dispensación de la Palabra y la implementación del rayo de la Verdad en la construcción de la ciudad, la Ciudad Cuadrangular interior y la ciudadela de justicia, donde el uso correcto de la Ley puede enseñarse y conseguirse en los Centros de Enseñanza Comunitarios. En efecto son ciudadelas de justicia, porque hay un camino en el que la llama trina se despliega como la puerta abierta, abierta desde dentro, abierta desde fuera para que los hijos de la Verdad puedan ir y venir en la casa del Maestro.

Os indico la primera ciudadela de justicia, el primer Centro de Enseñanzas Comunitario: el hogar de María, Marta y Lázaro en Betania. Lugar para recibir al Maestro, lugar para recibir a los discípulos. Y todas las funciones de los siete rayos realizadas en ese hogar de luz pueden realizarse en vuestro propio hogar de luz y en vuestro Centro de Enseñanza; un lugar de sustento y descanso para el Maestro y sus discípulos, para recargar la vida de Jesús al vivir vosotros esa vida.

¿A dónde habría ido el Maestro si no hubiera existido un hogar consagrado por la llama de la constancia? Era un sitio para la diseminación de la Enseñanza, un sitio para el Espíritu Santo y para la vida familiar, el sitio desde el que Jesús caminó al monte de Betania, el sitio para la Verdad, el sitio para la disciplina de los discípulos en el rayo de la Verdad y para su comisión de ir dotados de poder con la Palabra en sus cuidados y su servicio, el sitio para el ritual de la unción del cuerpo del Señor, el sitio para el contacto del Gurú y el chela.

Sí, el hogar de luz que se le da al Señor se convierte en el flujo de los sacramentos de los siete rayos y, finalmente, la integración del Octavo Rayo del Buda y la Madre.

La gente a menudo no entiende hay que preparar un sitio en la Tierra para los Maestros, para su venida, y para los discípulos que asisten su venida. A medida que cada hogar de luz se parece más y más a los retiros etéricos de la Hermandad, se produce el encuentro del cielo y la tierra y la puerta abierta hacia el sendero de la ascensión con el que se trascienden mundos y el alma que ha nacido en la Materia vuelve a nacer en el Espíritu. Por tanto, preparad el lugar, preparad el pesebre para el nacimiento del Cristo, preparad el hogar donde las águilas se reunirán.

Vengo regocijándome con todas las huestes del Señor. Y los Señores de los Siete Rayos juntos os saludan en el hombre del Cristo, os saludan con el nuevo día y la nueva energía de Omri-Tas y la nueva ola de llama violeta que antecederá a la venida de los Chohanes como los Gurús que sirven bajo el Maha Chohán, bajo el Señor Maitreya y los Instructores del Mundo y Gautama el Buda. Los Chohanes avanzan este año para la conversión de almas a su Ser Crístico, al Señor de señores y Rey de reyes, al Jesús único, el ungido, el Guía, y a todos los que han caminado después de él.

Por tanto, digo: ¡Apóstoles del Dios Altísimo, poneos en marcha! Es el cambio de campos energéticos, es el cambio de botas lo que hace que tiemblen las rodillas.

Yo, digo: ¡poneos manos a la obra! ¡Izquierda, derecha, izquierda, derecha, otro paso, adelante! Descubriréis qué quiere Dios que hagáis. ¡No hace falta que os quedéis sentados preguntándooslo! Hay trabajo, trabajo en la acción del Espíritu Santo. Existe la alegría del servicio que es la verdadera Hermandad y la verdadera Comunidad.

Descubrid qué quiere Dios que descubráis acerca de vosotros mismos al sumergiros en el gran flujo cósmico, el flujo continuo de servicio. Descubrid qué es la Enseñanza al vivir la Enseñanza. Y descubrid qué tenemos para vosotros en Creta como tarea que os damos como representantes de la Verdad.

Palas Atenea estará conmigo cuando vengáis (en vuestro cuerpos sutiles) después de las celebraciones de Año Nuevo a nuestro retiro (etérico), donde hemos consagrado los registros de la antigua Grecia, las enseñanzas de gran sabiduría, los bocetos de Pitágoras y muchos registros de la vida de Jesús y de nuestro ministerio, mucho que es importante para que comprendáis vuestra misión.

Almas de luz y de Saint Germain, tened la idea del gran

ejército del SEÑOR y sed soldados del Cristo uniéndoos al Fiel y Verdadero y a los ejércitos del cielo. Comprended, por tanto, que la espada de la Verdad que esgrimís es un poderoso cetro de autoridad. ¡Tomad esa autoridad bajo Cristo! Conoced hoy el significado de conversión para que podáis ser instrumentos para la conversión de las multitudes que tienen hambre y sed de la justicia de la Ley.

YO SOY Pablo en la llama de Hilarión. Estoy con el Maestro de la Vida, y sigo estando, y estoy para siempre con sus discípulos.

Os doy las gracias.

29 de diciembre de 1976
Pasadena (California)

El Templo etérico de la Verdad de Hilarión está situado sobre la isla de Creta. Allí sirve la Hermandad de la Verdad y allí hay instruidos doctores, científicos, sanadores, músicos, matemáticos y los que están consagrados a la llama de la Verdad en el núcleo de cada actividad.

Palas Atenea, Diosa de la Verdad, adorada antaño por los atenienses y consagrada en su Partenón, es una Maestra Ascendida que sirvió bajo Vesta como suma sacerdotisa en el Templo de la Verdad de la Atlántida y como directora de las vírgenes y oráculos del templo de Delfos. Hoy Palas Atenea trabaja con Hilarión y otros Maestros Sanadores del Quinto Rayo verde, ofreciendo sus cuidados a la humanidad mediante la amplificación de la verdad del amor de Dios por la Tierra desde el Templo de la Verdad.

Hilarión

El don de la sanación divina

«Yconoceréis la Verdad, y la Verdad os hará libres». «¿Qué es la Verdad?» Poncio Pilato de antaño le hizo esta pregunta al Cristo. Y los hombres todavía buscan conocer la llama inmortal de la Verdad viva.

Yo la llevo en su nombre. Porque vi la inefable majestuosidad de la Verdad, la prueba inmortal del Cristo vivo cuando vino a mí en el camino a Damasco. Tan grande era el poder de esa Verdad, que me cegó hasta que de nuevo los rayo sanadores de la Verdad les devolvieron la vista a mis ojos, el poder de la visión santa, a través del Ojo Omnividente de Dios.

Pocos hombres se dan cuenta de que con la aparición del Cristo se despertó en mí la verdadera visión interior del tercer ojo. Y, por consiguiente, fui ya no como Saulo, sino como Pablo, habiendo recibido el nombre divino del que había cumplido la Ley en esa llama de la Verdad.

El nombre interior que recibí en aquel momento significó el gran poder de la misión de sanación que había de ser mía. Y así, cada uno de vosotros tenéis el nombre secreto que se os da en el momento en el que aceptáis vuestra misión divina, en el nombre YO SOY.

Pervirtiendo este concepto, los de los estratos inferiores de actividad humana han querido apropiarse de otros nombres, pensando que así usurpaban la autoridad divina del nombre interior.

Queridos, no es necesario que sepáis con precisión el tono vibratorio de vuestro nombre secreto, sino que sepáis el nombre de aquel que puede otorgaros todo don de pureza y de sanación.

Los que desean entrar en una actividad inferior a la misión del Cristo descubren que cuando asumen otros nombres al que ya tienen, entran en una acción vibratoria no del Cristo, sino de los impostores psíquicos que los halagan e inspiran con orgullo y los invitan a ir con el llamamiento de la imagen menor.

Hoy vengo para ungiros otra vez con el verdadero llamamiento de vuestra alma inmortal y para delinear para vosotros, que habéis buscado el misterio de la sanación, algunos aspectos de la Ley que en vuestra devoción habéis descuidado, volviéndoos a veces parciales en vuestra aplicación.

Por tanto, os traigo las nuevas de gran gozo, el gozo de los ángeles de sanación que cuidan de la humanidad y que dan testimonio del Concepto Inmaculado, el patrón perfecto contenido en el corazón del Padre. Porque el amado Rafael, que está ante la Presencia de Dios, percibe en su corazón el diseño inmaculado de cada hijo de Dios del planeta y de quienes están llegando a ser hijos de su corazón.

Si deseáis ir a hacer lo que quieren los ángeles de sanación, por necesidad debéis poner atención a cierta información. Y, por tanto, hoy quisiera daros algunas de las meditaciones de mi corazón que descubrí y que recibí del Señor Cristo cuando realicé la misión de llamar a esos hijos de Asia Menor y de los países mediterráneos. Porque durante mi estancia tuve muchas horas para comulgar con él y con el corazón del Espíritu Santo y el ser divino, Palas Atenea, la Diosa de la Verdad.

Me sentaba en sus rodillas, como si dijéramos, y aprendía de la Madre de la Verdad esas enseñanzas santas que también conocía María y que impartía en parte a los discípulos tanto como ellos podían asimilarlas.

La sanación, amados, es la integración de la totalidad del hombre. No podéis sanar en parte y descubrir la plenitud del Cristo. Recordad con cuánta frecuencia afirmaron los escritores en el Evangelio: «Y fue sanado». La plenitud es un concepto necesario en vuestra búsqueda del conocimiento de las artes curativas. Porque la sanación es una ciencia que debe dominarse y es un arte que debe practicarse con destreza.

Quienes no poseen el talento de diseñar o de hacer bocetos en papel del natural deben practicar antes de llegar a ser aptos. ¿Podría cualquiera de vosotros tomar una pluma y diseñar la forma perfecta de la anatomía del hombre? Podríais si estudiarais y os aplicarais, pero no podríais si dejarais que vuestros intentos fueran solo intentos del mundo mental. Y lo mismo sucede con las artes curativas; el arte debe practicarse, la ciencia debe dominarse.

Es equivocado, amados, esperar a un futuro en el que creéis que, por algún milagro, de repente, de un golpe, vayáis a salir y hablarle al mundo de sanación y en ese momento transformaros en la magnificación del Cristo.

La sanación viene con la aplicación diaria a la invocación, el llamado al rayo de la sanación, el reunir ese rayo en vuestra aura y en el cáliz de vuestra conciencia, y después la aplicación de ese rayo al ser llamados en momentos de crisis o de necesidad mutua.

Otra idea incorrecta es que no necesitáis sanación. Parece que estáis bien, parece que actuáis bien y, por tanto, creéis que todo está bien. Queridos, hasta la hora de vuestra Plenitud, de la integración cósmica, estáis por debajo de la plenitud y consiguientemente necesitáis sanación. Todos y cada uno de vosotros, a cada hora del día, podéis por tanto practicar los fíats del Cristo.

Volved a las enseñanzas de Cristo. Estudiad sus palabras. Utilizad los fíats que él utilizó para sanarlos. Con frecuencia decía: «Tus pecados te son perdonados». También dijo que los discípulos que lo siguieran también podrían perdonar los pecados en su nombre.

¿Habéis considerado que tenéis el poder de perdonaros, en el nombre de Dios Todopoderoso, aquellos pecados que han producido la condición que denominaremos condición inferior a la plenitud? Amados, el perdón es el comienzo de la sanación. Porque el poderoso rayo de la sanación de Dios que desciende al cáliz de la conciencia del discípulo se detiene al entrar en contacto con los efluvios y las densidades humanas.

Y así, se debe preparar el camino. Se debe despejar. Debéis ir a la jungla de vuestros cuatro cuerpos inferiores y abrir el camino antes de que el Cristo pueda caminar sobre las hojas de palma, como el domingo antes de la resurrección, para recibir alabanzas de las llamas del corazón de todos los que son bendecidos al contemplar la perfección que él es.

Amados, debéis enderezar el sendero de la Sanación Divina. Porque Él volverá a vosotros sobre un pollino hijo de asna, montado y llevando la antorcha de vuestra libertad. ¿Estaréis allí para recibirlo? ¿Estáis preparados? ¿Habéis entrado en comunión con los principios Crísticos?

Por tanto, debéis comprender que el rayo de la sanación que entra en el corazón del hombre primero llega al mundo mental. Y, por tanto, los conceptos mentales de la humanidad deben purificarse con el concepto inmaculado del Corazón Inmaculado de la Madre del Mundo.

Por tanto, podéis recurrir a la amada María que, habiendo recibido la formación del templo tempranamente, hubo preparado el camino para recibir en su vientre la manifestación del Cristo sanador. ¿Veis todos los años de preparación que pasó, trabajando en el rayo verde para conocer la Verdad, para conocer el camino inmaculado antes de poder ser escogida para llevar al que traía la Verdad a este planeta?

Si deseáis tener las bendiciones de la manifestación total del florecimiento del Cristo en vuestro corazón, primero debéis limpiar los cuatro cuerpos inferiores con este rayo químico, la pureza verde de Dios. Y utilizándolo con el fuego violeta de la transmutación, el perdón y la purificación, llegaréis el punto en el que, habiendo llenado el mundo mental, este poderoso rayo verde purificará los registros y patrones etéricos. Y con el gran poder del Ojo Omnividente de Dios concentrado en vuestra aura, conoceréis el diseño perfecto de vuestra corriente de vida.

Ahora, queridos, muchos del cuerpo estudiantil han llegado a este logro en parte, y algunos lo han vislumbrado en momentos de meditación sobre la Verdad. Y al haber purificado su conciencia, sienten: «He sanado. Soy pleno». Y continúan con sus asuntos y sus actividades diarias. Pero os digo, queridos, que el servicio solo se realiza a medias cuando habéis alcanzado esta faceta de la sanación. Ahora debéis extraer el poder de la sanación hacia vórtices furiosos de vuestro cuerpo emocional.

El cuerpo emocional debe llenarse del poder de la Verdad Divina. Hay que sujetar las riendas de todas las energías mal cualificadas, y ese cuerpo que es el cáliz del Amor Divino debe ajustarse a la Verdad, debe tener el patrón del Amor puro en vosotros. Y a veces, debido a la guerra de la mente carnal y su influencia sobre las emociones, hay resistencia a la Verdad. La resistencia en realidad está en la sustancia residual del mundo subconsciente que ha atraído las emociones del hombre.

Y así, las energías de la humanidad se canalizan en una dirección determinada, y estos son surcos en la conciencia del hombre. Y estos surcos, que han eliminado las energías de Dios durante generaciones, deben llenarse cuando los hombres deseen llenar las trincheras. Y a veces esto es un proceso doloroso, porque exige la reorganización de las energías y el flujo de luz dentro del campo energético de vuestros cuatro cuerpos inferiores.

Y, por tanto, hay guerra. Y descubrís en vuestros miembros que una parte lucha contra otra. Esto lo viví yo en mi vida como Pablo. Y, sin embargo, el imán de la Verdad superior, la polarización de mi corriente de vida con el Gran Sol Central, siempre pudo eliminar las impurezas, la sustancia residual de encarnaciones pasadas, y pude ir y ver la Estrella de la Mañana de su aparición y la Verdad descender a mi campo energético.

Cuando hayáis logrado cierto grado de polarización con el poder de la Verdad en estos tres cuerpos,* veréis que se producirá por necesidad un gran cambio que también tendrá lugar en el campo energético físico. Pero este cambio no tendrá lugar a

---
*el cuerpo etérico o de la memoria, el cuerpo mental y el cuerpo emocional.

menos que vosotros decidáis invocarlo, a menos que decidáis extraer de esos tres niveles de conciencia, así como de vuestro Santo Ser Crístico todo el poder y el impulso acumulado de vuestra Presencia Divina y lo que hayáis sido capaces de reunir y mantener en el cáliz de la forma física, que tiene como meta ser el templo del Dios vivo. Porque ahí, en el ahora, el lirio del Cristo debe florecer, ser y mantener la voz de la Verdad para una generación obstinada.

¿Podéis actuar sin una forma física, queridos? Sí, pero no en esta octava. ¿Deseáis estar en otra parte? Quizá, pero vuestra misión no podría cumplirse. Y así, podría ser necesario un regreso, otro descenso de vuestra alma a la forma física, si ignorarais fútilmente el llamamiento de vuestra posición actual en la palestra del mundo.

Ahora, amados, tener una forma física parcialmente dedicada a la Verdad y parcialmente involucrada en el mundo de los sentidos no es como los Maestros Ascendidos han querido que fuerais, consagrados como habéis sido a la santa causa de la libertad para esta Tierra. Por tanto, pensad con inteligencia y pensad bien en lo que permitís que habite en el campo energético de vuestro cuerpo físico. Pensad bien en el templo. Pensad bien en la ciencia de Dios, el perfeccionamiento de ese templo, y meditad en los santos preceptos de la pureza Divina para ello.

Yo, Hilarión, me he comprometido hoy a ayudaros, a cada uno de vosotros, a que utilicéis todo el conocimiento que habéis reunido y añadáis más, para que cada uno de vosotros pueda llegar a ser un representante mejor de los Maestros Ascendidos para la humanidad de este planeta.

Yo, por consiguiente, os pido que pongáis vuestra atención en las palabras del Cristo: «No lo que entra en la boca contamina al hombre; mas lo que sale de la boca». El pasadizo de la boca, el oráculo de Dios, es una clave para la salvación; porque ahí el chakra de la garganta, el gran poder de Dios y de su voluntad, pronuncia la Palabra y puede atraer el gran poder de la llama trina para cambiar condiciones por la faz del planeta.

No solo es el conocimiento de la Verdad, sino el decir la Palabra y el poner esa Palabra en acción lo que os convierte en hombres del momento y hombres para la eternidad, como se le ha llamado al amado El Morya en una fecha reciente.*

Los que deseen hacer la voluntad de Dios, por tanto, deben pensar, pensar otra vez y volver a pensar en el poder de la integración santa que surge de la llama de la Verdad viva para llevar a los cuatro cuerpos inferiores del hombre a una consonancia divina. Por tanto, escuchad para que vuestra aplicación no sea desequilibrada, para que no favorezcáis a ninguno de estos vehículos. Porque el sol brilla sobre el rostro de la humanidad al norte, al sur, al este y al oeste.

Los cuatro vientos del Espíritu Santo soplan ahora por la faz de la Tierra en los cuatro cuerpos de los hombres y los cuatro cuerpos inferiores de este planeta. Y en esta gran entrega de poder creciente, la vida elemental se levanta para satisfacer el llamado y la necesidad del momento.

Amados, al levantaros en conciencia, bebed, por el poder del aliento santo del corazón de Alfa y Omega, este santo aliento que rejuvenecerá y resucitará vuestros cuatro cuerpos inferiores. Y yo pongo en cada uno de vuestros cuatro cuerpos inferiores un talismán de mi llama de la Verdad, manifestado como la cruz verde esmeralda, la llama de Su Verdad.

Y al haber concentrado en cada uno de vuestros cuatro cuerpos inferiores el magnífico poder de la pureza de mi rayo, descubriréis que esa integración cósmica os resultará más y más aparente, y la ciencia de cómo llevar a cabo y lograr esta integración se le dará a conocer a vuestra conciencia exterior e interior.

Por tanto, al ir con la poderosa llama de la Verdad, recordad que el médico debe sanarse a sí mismo antes de poder ir a sanar a las multitudes, a multiplicar el pan y los peces, a transformar el agua en vino. La poderosa ciencia de la alquimia es la ciencia de la Sanación Divina. Y vosotros podéis comprender ese rayo de sanación como el poderoso tono de Dios, el tono de su sinfonía.

---

*La vida del Santo Tomás Moro, una encarnación de El Morya, se expuso en la películad de 1966, *Un hombre para la eternidad.*

Y cuando extendáis la vara de poder que es la Sanación Divina, seréis conscientes de ese poderoso acorde en vosotros, el acorde que es la clave de vuestra victoria. No seréis capaces de percibir o de magnetizaros con el poder de ese acorde hasta que no hayáis logrado la integración de los cuatro cuerpos inferiores. Porque cada nota de ese poderoso acorde se toca en uno de esos cuatro cuerpos inferiores.

Y, por tanto, si perfeccionáis solo uno o solo dos, solo tendréis dos notas del acorde. Y sin esa poderosa completitud de integración, no tendréis todo el poder del Cristo para hacer su voluntad.

Por consiguiente, por purificación, por transmutación, por consagración a la voluntad de Dios, a la iluminación, podéis tener en vosotros manifestados los poderosos rayos iridiscentes de Dios, el aspecto séptuple de la llama y los dos rayos secretos del corazón del Poderoso Cosmos; porque se necesitan todos para esta integración cósmica. Y, por tanto, os dais cuenta de por qué el núcleo de la sanación es la luz de fuego blanco, porque es el equilibrio perfecto de todos los rayos.

¿Podéis poner en duda, amados, que la infusión de Amor Divino en el corazón del hombre produce sanación, solaz y consuelo? ¿Podéis poner en duda que la iluminación produce la sanación de la mente, de la disposición del hombre? ¿Podéis poner en duda que la voluntad de Dios, cuando es practicada y uno se adhiere a ella, produce sanación? ¿Podéis poner en duda que los fuegos de transmutación, el rayo de la pureza, la llama dorada y el morado del servicio producen una elevación y un cambio de conciencia que se exterioriza incluso en la forma física?

Por consiguiente, os dais cuenta de que los rayos iridiscentes de Dios dan el equilibrio en los siete chakras del hombre y lo sintonizan con la poderosa efusión de los siete Elohim, de donde viene este poderoso tono al cáliz de la conciencia del hombre. Y, por tanto, no basta con intentar alcanzar las alturas de los fuegos verdes para producir la transformación que os convertirá en sanadores de hombres, sino que, en la ciencia, en el amor y en la pureza debéis encontrar la totalidad de Dios y llevar su totalidad al cáliz del momento presente.

Por tanto, tener otorgada la plenitud del impulso acumulado cósmico de la Sanación Divina durante este momento de crisis mundial es de hecho un gran don. Vosotros debéis tomar la oportunidad que se os ha dado de ser sanadores entre los hombres. Esta debe aplicarse.

Pero, sobre todo, debéis encontrar en vuestro corazón la dedicación a aquello que todavía no entendéis. Y en la dedicación, incluso al Dios desconocido, veréis salir de vuestro campo energético la comprensión del Dios conocido. Y lo conoceréis como es, tal como las huestes de luz y los Maestros Ascendidos lo conocen.

Pero, queridos, el que quiera tener el don de la sanación en manifestación plena debe comprender que, debido a que el don de la sanación está compuesto de la totalidad y la completitud de Dios, él deberá ofrecerse completamente a Dios.

La escasez de verdaderos sanadores divinos en el planeta en este momento es un testimonio del hecho de que la mayoría de las personas que piden el rayo de la sanación aún no han estado dispuestas a darlo todo al principio Padre-Madre de la Vida. Y aunque hayan desarrollado amor, devoción y compasión por sus hermanos, todavía no han renunciado al deseo personal, a las necesidades personales. Y, por tanto, a su mundo le falta algún aspecto de las llamas séptuples de Dios.

Esto, por consiguiente, es la clave de la maestría del don de la sanación. El que quiera caminar como un instructor entre la humanidad podría lograrlo mayormente a través del uso del rayo de la iluminación. Y hay muchos cargos y vocaciones que pueden lograrse hasta un grado sobresaliente sin una dedicación total, sin la totalidad y plenitud de esta integración cósmica completa.

Pero el que desee de hecho tener en su mano el fuego de Dios que transforma a los hermanos en el planeta con solo el toque o con la orden, debe comprender que aquí, en el corazón del Templo de la Verdad, los iniciados que han acudido a mí para ganarse la ascensión en el rayo de la Sanación Divina han debido tener encarnaciones en las que sus vidas se entregaron al servicio total y completamente.

Aquí enseñamos cómo puede vivir el hombre en el mundo de la forma, pero sin pertenecer a ese mundo, cómo el hombre puede ir con el rayo del cetro de la Verdad con total integración, total dedicación y la totalidad de su mundo de los deseos concentrado en el Ojo Omnividente, que es el rayo de la sanación enfocado dentro de vuestra forma.

Amados, esto no es difícil. Requiere más que nada el entender que lo que uno da a Dios con servicio se lo devuelven de inmediato, purificado, transmutado y cargado con todo el poder y el impulso acumulado de la Victoria Divina.

Puede que no siempre recibáis la bendición en vuestra conciencia exterior, pero cada sacrificio, cada don ofrecido sobre el altar de Dios regresa a vuestro cuerpo causal de luz como un don y una joya de lo más magnífico, que es el foco y el rayo que atrae más y más de su luz.

Y así, al darlo todo a Dios, pulís la estrella, la aureola de vuestra coronilla. Y veis que, en cualquier momento de cualquier día, cuando alcanzáis la plenitud de vuestra dádiva a Dios, podréis descubrir que de repente, con la rapidez como del relámpago y por el poder del trueno y el viento santo del Espíritu Santo, os encontráis llenos del poder de la plenitud.

La transfiguración del Cristo fue un testimonio de su dedicación total. Y desde ese momento fue entre los hombres un foco, un electrodo de un poder tan magnífico que toda la Tierra temblaba ante su presencia. Y quienes se hubieron separado de Dios por condenación u otros pecados contra el Espíritu Santo, sabían que ante su presencia el poder de mandar a la Vida recibiría repuesta al instante. La sanación instantánea, pues, es testimonio de la consagración total.

Amados, la llave maestra, pues, es el Amor Divino. Porque en el Amor todo se entiende como perteneciente a Dios para empezar. Y uno entiende que al dárselo todo a él, uno está unido a él y no tiene necesidad de ninguna otra fuente de suministro, de entretenimiento o de profundizar en curiosidades intelectuales, populares en la actualidad y que siempre surgen para tentar a la humanidad a fin de apartarla del darlo todo.

Si Dios, por tanto, dio a su Hijo unigénito al mundo para que a través de él el mundo fuera salvo, ¿no creéis que a cualquier hora del día él está preparado para daros el cetro de poder que es la identidad de vuestro Santo Ser Crístico?

Por tanto, intercambiad las vestiduras de la carne, los andrajos y las taras de este mundo por la túnica sin costuras y observad cómo el mundo se transforma con vosotros. Porque la sanación de vuestro campo energético significa sanación por doquier en este cuerpo planetario. Porque al ser vosotros (al ser Dios en vosotros) la autoridad de esta Tierra, veréis que, en proporción geométrica, por el cálculo infinito del Espíritu, uno con Dios es una mayoría para todo el universo.

Entonces veis que no sois más que una réplica de este cuerpo planetario en vuestro campo energético y en vuestros cuatro cuerpos inferiores. Y al ordenar a las olas que callen y enmudezcan en vuestra forma, así se le ordenará a escala mundial.

Por tanto, el Cristo tuvo el poder de transformar todo el curso de la historia. Vosotros también tenéis ese poder que reside en el Santo Ser Crístico de cada uno de vosotros. En esta misma sala el poder del Cristo engrandecido, consagrado, intensificado por devoción y servicio basta para llevar a la Tierra hacia la victoria de la era de oro.

Y cuando decimos que la humanidad debe ser iluminada antes de que retengamos su karma, cuando decimos que la humanidad debe aceptar al Cristo a fin de conservar este cuerpo planetario, nos referimos a que sin la Cristeidad iluminada, los mismísimos átomos y las células de sus cuatro cuerpos inferiores ya no podrán mantenerse unidos por una falta del poder cohesivo del Amor Divino. Y, por tanto, lo que ocurre a escala mundial es el producto de lo que esté ocurriendo a escala individual cuando los hombres se comprometen con la oscuridad de la locura y entregan su cuerpo tan libremente a las lujurias de la carne.

Pero, queridos, el poder y la antorcha de esa luz y ese fuego que vosotros tenéis en vuestro Ser Crístico tiene suficiente iluminación y suficiente poder de sanación que, si se lo sostiene en alto como una luz para el mundo, atraerá a toda la humanidad hacia la antorcha, que es su Santo Ser Crístico, y a su identidad, que es la plenitud de la iluminación divina y la voluntad de Dios, lo cual hará que alteren su curso y adopten los preceptos de la Ley Divina.

Por tanto, no intercediendo por su karma sino siendo el Cristo es que podéis lograr la detención del karma de la humanidad. Porque en la iluminación está la transformación del rayo curativo.

Por tanto, no todo está perdido si hoy decidís consagraros al poder de la Verdad, a llamarme y pedirme el fuego de mi corazón para que os ayude con esa integración santa que tanto necesitáis en este momento. Porque vengo porque muchos han preguntado: «¿Qué más podemos hacer para ser más como tú, oh, Dios?».

Y así, vengo con la respuesta y con la clave. Y si se escucha y se acepta, veréis que el poder de la Verdad, entregado desde el corazón del Imán del Gran Sol Central, «llevará a todos los hombres hacia mí». Porque YO SOY —mí YO SOY es— el Cristo vivo y doy testimonio de Él, que me enseñó a lo largo del camino de la Vida que la única Verdad, el único Camino, el único Amor y el único Poder es la Victoria del impulso acumulado de Dios en el campo energético del individuo de toda la humanidad.

Tomad la cruz, pues, como hemos hecho yo y muchos otros que lo seguimos. Tomadla y comprended que esa cruz es el símbolo de vuestra integración cósmica, cada uno de los brazos (los cuatro cuerpos inferiores) dedicado al núcleo de fuego blanco de Alfa y Omega donde Dios y el hombre se encuentran en perfecta Identidad, en una perfecta Unión que hará de cada uno de vosotros un poderoso estado soberano, un arco [arquitectónico, así como eléctrico] inmaculado del triunfo para todos los hijos de los hombres.

Amados, podéis ver que la victoria la reciben quienes se entregan a la victoria. Por consiguiente, tomad la victoria hoy.

Tomadla en vuestro corazón y que este año esté dedicado a la victoria de la luz, a la victoria de la pureza, a los poderosos rayos sanadores que nosotros llevamos y que entregamos cada día a lo largo del año en cada hoja y planta pequeñita, cuando el rayo de clorofila transmite al cuerpo físico todo lo que hay guardado para el hombre desde los niveles etéricos y lo que se ha encerrado en matrices de poder en la franja mental y emocional de este planeta.

Ved, pues, la salvación de Dios al ser sanados por la llama trina equilibrada en el Poder, la Sabiduría y el Amor, sintonizada con la clave y el poderoso tono que es vuestra identidad cósmica.

Amados, cuando oigáis el nombre de Dios, el torrente de las poderosas aguas, el viento del fuego sagrado, entonces sabréis que está cerca el día en el que vuestra misión se verá cumplida.

Guardad la vigilia de la gracia en la escucha, por tanto. Guardad la vigilia con la Virgen María. Guardadla por la juventud. Porque en medio de vuestro potencial Divino está el poder que puede recuperar a esta generación y llevar a los hombres a los pies del Maestro Cristo.

A nosotros no nos importa a través de qué vía se lleve a estos pequeños a sus pies. Importa que ellos guarden los preceptos de la Ley y que cuando lleguen a la madurez plena y al estado adulto vean que en esta Tierra hay escrito un conjunto de conocimientos, un compendio de los preceptos de la ley de Dios que se magnetizarán en su corazón porque primero se habrán consagrado y dedicado por vuestras oraciones y por vuestro compromiso.

Los hombres pueden caminar con fe por un tiempo. Pueden caminar y apoyarse en la vara del poder de él. Pero si su corazón es limpio, un día todos deberán despertar y ver el hecho de que se necesita algo más que fe y que más conocimiento ha de llegar.

Pero, queridos, muchos han llegado al punto en el caminar de la vida en el que han sabido que debía haber algo más que lograr, que averiguar y que saber con lo cual poder cumplir su misión. Y han perseguido y buscado a alguien que les dijera el rumbo a seguir y no lo han encontrado. Porque las Enseñanzas no estaban disponibles, no estaban diseminadas. Y vosotros mismos, en encarnaciones pasadas, habéis buscado la Verdad sin encontrarla. Y a veces, desesperados, habéis aceptados sustitutos que os han llevado por el camino en el que se incurre en más karma y en la ronda de la involucración en los asuntos humanos.

En este servicio que prestáis a través de esta actividad encontráis que tiene lugar en vuestro campo energético la expiación de toda la ignorancia y el error del pasado, que llevasteis a cabo por no saber lo que hacíais. Y por gracia de Dios y la misericordia de su ley, se os ofrece consiguientemente la oportunidad no solo de expiar vuestra ignorancia del pasado, sino de proporcionar a los hombres el camino mediante el cual ellos también puedan llegar al conocimiento de la Verdad, mediante el cual ellos también puedan expiar sus errores pasados.

Y así, como veis, la realización de esta misión para el Cristo, de su servicio por la humanidad, es muy importante para el mundo. Y mucho depende de su realización. Porque las generaciones posteriores, si están encendidas por la iluminación y la llama y el deseo de conocer la Verdad, podrán ir a la fuente.

Roguemos para que la fuente no esté seca, para que encuentren las aguas vivas de la Verdad porque vosotros hayáis decidido dejar tras de vosotros pisadas en las arenas de la vida, señales de progreso, y libros, lecciones, dictados en forma impresa que enseñen a los hombres el Camino.

Comprended, por tanto, que sois el eslabón perdido entre la época del Cristo y la época de la era de oro. Y si podéis soldar la poderosa cadena de los santos de todas las épocas que se ha roto temporalmente por la falta de atención por parte del hombre a la libertad y a los preceptos cósmicos, forjaréis la cadena del Ser que abrirá para todas las generaciones futuras los grandes preceptos de la Vida que son las claves de su victoria inmortal.

Todo el Espíritu de la Gran Hermandad Blanca vierte gratitud sobre quienes hoy han servido así en la santa causa, tal como nuestro corazón está lleno de gratitud por vuestra octava debido a los hijos y las hijas de luz que están recibiendo las poderosas palabras en forma impresa que se publican a través de esta actividad.

Vosotros no siempre estáis ahí para escuchar cuando el corazón salta, cómo el Santo Ser Crístico se alegra por el contacto del yo exterior con las verdades superiores que están encerradas en su propia identidad Crística. E incluso el elemental del cuerpo da saltos contento cuando los seguidores de la luz superior de Dios llegan a un conocimiento con el que poder integrarse y encontrar la plenitud y una reunión mayor con la Poderosa Presencia YO SOY.

Hoy quería deciros qué importante es vuestra misión, el llevar la Verdad a los hombres. En su mayoría, las evoluciones de este planeta viven en un mundo que es una mentira, un espejismo en un setenta y cinco a un ochenta y cinco por ciento; casi como un plató cinematográfico. Y no saben la verdad, especialmente detrás del Telón de Acero,* donde la vida está vuelta del revés y distorsionada para la gente que intenta servir a lo que cree que sea el principio más alto.

Amados, sin la Verdad, sin la clave de esta ciencia, la humanidad puede perder mucho. Deseamos que no pierda el valioso patrimonio que nosotros queremos dar. Es nuestra dádiva.

Y hoy nos comprometemos nuevamente a sostener esta actividad, a sostener a todos los que la sirven y a todos sus miembros que son sinceros, para que al tener estos bastiones de luz por el planeta puedan establecerse baluartes de libertad y un lugar de refugio donde se puedan tener los santos preceptos de la Verdad hasta que la humanidad llegue a la madurez.

Que llegue a la madurez a través de varias actividades que nosotros hemos patrocinado está bien, y vuestros decretos y oraciones van como una marea de luz a elevar a los hombres allá donde puedan estar. Desde los rincones más bajos de degradación hasta las más altas torres de marfil del aprendizaje, los hombres son llevados un poquito más arriba, un poquito más adelante en el camino para encontrar su reunión con Dios a medida que vosotros os unís para rezar cada día.

Ahora me marcho, pero hay mucho más que quisiéramos traeros. Por tanto, ruego que vuestra consagración a la Verdad

---

Telón de Acero: Cortina de Hierro. (N. del T.)

sea de tal magnitud que yo pueda volver y hablaros tal como tuve el privilegio de enseñar y predicar en mi vida como Pablo. Porque las horas de comunión y de asociación con los seguidores de Cristo, al impartir de corazón a corazón el conocimiento de la Ley, son sagradas, son valiosísimas. Están encerradas en el eterno recuerdo de todo ser ascendido. Y así, espero volver.

Os bendigo en su nombre y enciendo en vuestro corazón una parte de nuestra llama.

Os doy las gracias.

8 de enero de 1967
Colorado Springs (Colorado)

MAESTRA ASCENDIDA NADA 6
Maestra del Sexto Rayo

Iniciación del chakra del plexo solar

Retiro:	Arabia Saudí
Vibración:	Morado y oro metálico, rubí
Piedra preciosa:	Topacio, rubí, alejandrita, diamante con perla
Cualidad:	PAZ SERVICIO HERMANDAD
Don:	Varias clases de lenguas Interpretación de lenguas
Día:	Jueves

La Maestra Ascendida Nada, Maestra del Sexto Rayo

Maestra Ascendida Nada
La psicología del amor

A veces, durante el curso de la vida, meditáis en el sendero de la superación del alma, amados, y los ingredientes tan valiosos de la Verdad que se enseñan sobre Cristo, y estos se convierten para vosotros en algo vivo; no algo inanimado, sino totalmente animado por el Espíritu Santo. Y a veces, en la riqueza de la tradición de Dios y sus santos, a uno se le escapa que los hay que tienen un conocimiento no tan profundamente arraigado en las bases de la Ley Cósmica.

Es entonces cuando la tierna vid necesita la llama de ministración y servicio, que fue y es el sendero del Señor Jesucristo, cuyo rayo ahora represento como su Chohán.

Este Sexto Rayo del amor y el júbilo es del corazón que entiende por necesidad las grandes necesidades de los peregrinos cansados de caminar por los valles y las avenidas, las ciudades del planeta Tierra. Cuidar la Palabra, cuidar del rebaño, por tanto, es ser un portador del cáliz de Cristo y llevarlo aquí y allá, donde el calor sofocante del propio infierno quisiera ir contra los pequeños.

Justo cuando se piensa que estos pequeños están sanos y salvos, al haber recibido tanto, se comprende que el ojo vigilante de la madre y el padre deben proteger y guardarlos en el sendero que sus almas anhelan. Qué fácil es desviarse, aquí y allá, y perder el sentido de discriminación cuando la conciencia pasa de la Verdad al pequeño error y después a un error más grave, hasta que de repente es tan grave que envuelve totalmente al niño.

Así ocurre con las energías espirituales que de manera gradual se vuelven psíquicas a través de la vanidad del ego.

Por tanto, las gradaciones de la vida suelen identificarse solo cuando han llegado a lo extremo. La figura de Cristo y Satanás parecen fáciles de definir. Pero al movernos por los mercados del mundo vemos chispas de luz junto a la oscuridad, a veces en la misma persona; y luego, por supuesto, la confusión donde la oscuridad parece luz y la luz, tan tapada que apenas se la reconoce en el amigo más querido.

Algunos de vosotros os habéis preguntado por qué yo deba ser tanto un miembro del Consejo Kármico como el Señor del Sexto Rayo. Es debido a la gran experiencia que tengo en suplicar ante los tribunales del mundo por las almas.

Como sabéis, he sido abogada en muchas encarnaciones hasta un pasado muy anterior a esta civilización. En mi aprendizaje sobre las leyes que han prevalecido en muchos países y en mi intento de hallar en esas leyes un aspecto para la justificación del inocente y para atar al culpable, he visto qué hace que los hombres se desvíen, qué hace que a los hijos de la luz los lleven los seres oscuros y cómo estos han puesto sobre la Tierra una manifestación tan astuta de traición.

Por tanto, en todas mis experiencias siempre he visto —y por supuesto vosotros sabéis que una señora nunca dice su edad, pues han sido decenas de miles de años en que hemos trabajados juntos por la liberación de las almas— que la salvación de un corazón vivo siempre es el Amor.

Ahora bien, ese amor no es necesariamente un amor que se da, sino un amor que ya existe en el interior, un amor con el que el niño que se dirige hacia la Filiación y la Divinidad puede oponer resistencia a la tentación ¡gracias a un amor más grande!

Esta, por tanto, es la súplica que os hago como madre y padre, maestros, patrocinadores de familias de la nueva era, ciudadanos interesados que afrontan los grandes problemas del crimen y las dificultades de las drogas que tienen nuestros hijos. El amor que hay que infundir, empezando por vosotros mismos, es un amor tan tangible por Dios en la persona unos de otros, por Dios en la persona de sus santos, sus ángeles, los Maestros, la Naturaleza y la sencillez de la Vida misma, que ante la presencia de un amor tal la abolición de las leyes de Dios sea algo totalmente impensable; un amor llenísimo de la Ley misma penetrando en él, el amor por la Ley como testigo de la Verdad, el amor por el Legislador como aquel que defiende los más altos intereses de sus hijos.

Creo que este amor infundido dentro del niño también debe ser un sentimiento de autoestima. Porque si el niño solo aprende a amar las cosas fuera de sí mismo, también aprende a depender de algo que tiene a distancia. Y, por tanto, la atención se desvía del yo como individuo, el yo como digno, como responsable, como poseedor de capacidad e integridad.

Uno debe amarse a uno mismo no solo como la obra de Dios, sino como la obra de uno mismo. Y si no os amáis lo que veis o aquello en lo que os habéis convertido, sabéis que el Amor es el poder para consumir todo lo que es irreal.

Personalmente, me gusta la gente que se lleva bien consigo misma, que está feliz consigo misma, que se entretiene consigo misma, que puede reírse de sí misma y de sus errores e incluso de sus propios chistes. Me gusta la gente que no se toma a sí misma demasiado en serio y así no cae en una espiral de autocondenación cuando comete un error en el camino.

Debéis comprender, pues, que cuando os sentís irritables, cuando sentís el peso de vuestras circunstancias, cuando os sentís infelices solos, en soledad, en el silencio total, es que no existe la resolución interior del amor al Ser libre en Dios en tu interior. Ahora bien, todas estas cosas crean la propensión a apartarse de Dios en el momento de la prueba.

¿Sabéis que os castigaríais a vosotros mismos fallando una prueba solo para demostraros a vosotros mismos y a los demás que no sois dignos? Este es uno de los problemas psicológicos más graves que tienen los que viven en este planeta, el mecanismo subconsciente de fracasar como medio para infligirse a uno mismo un castigo y para demostrar a todos que uno es tan malo como uno dice ser (o como dicen ellos).

Por supuesto, la causa de este impulso acumulado puede

hallarse en la interacción con los padres, porque estos siempre figuran en el corazón de uno como parte de uno mismo y de su identidad. Y, por tanto, antes de que el niño se separe de los padres, cualquier cosa que estos hagan puede crear la impresión indeleble de que el niño es malo o desmerecedor. Y esta transferencia, claro está, surge del hecho de que los padres no se aman a sí mismos en Dios y como Dios.

Y así, vemos que toda la generación humana es un linaje de propagación de lo opuesto al Amor y al Yo. Y la razón, queridos corazones, es muy sencilla. Ello se debe a que las personas prefieren amarse a sí mismas como seres humanos y, consiguientemente, en un intento de amar a ese yo humano uno descubre que el yo humano, puesto que no puede perfeccionarse, no es necesariamente digno de ser amado, porque el alma conserva el recuerdo de la imagen perfecta del yo que es Cristo el Señor y solo eso merece ese amor incondicional que no puede dársele completamente al yo humano, caprichoso e impredecible. Y esto, amados, es la raíz del dilema del amor humano, así como de los patrones de amor-odio que a veces asolan las relaciones humanas.

Y así, las amarras de uno han de alterarse. Uno debe penetrar en el núcleo de la Vida, en los orígenes de todas las cosas, en el descenso del alma de Dios, en la comprensión de que la fuerza irresistible del ser ¡es la Divinidad de uno!

Puede que no os gustéis a vosotros mismos por vuestros errores, por vuestra vileza, vuestra brusquedad, vuestra ira o cualquiera de esas condiciones. Bien, no esperéis que os gusten esas cosas. Los ángeles no disfrutan de ellas, los Maestros se tapan los ojos para no verlas. Solo se puede hacer una cosa con todo ello: ¡ponerlas en el fuego sagrado y después afirmar su irrealidad en el pasado, el presente y el futuro!

Por tanto, llegamos a la plataforma del perdón a uno mismo. Cristo en vosotros puede perdonaros. Pero vosotros, como alma, debéis tener suficiente humildad para aceptar ese perdón y no continuar afirmando, con vuestra obstinación, esa vileza o esa pecaminosidad casi a modo de un orgullo pervertido o una falsa humildad impropia.

Ahora bien, os revelo los trucos que la mente humana se hace a sí misma y a vuestra alma para limitar la expansión de la Divinidad en vosotros. Y lo hago con un propósito. Porque vengo a enseñaros el camino del Sexto Rayo del Cristo y sus siervos.

¿Por qué creéis que tantas personas en este mundo se consideran no solo indignas de ser discípulos de Cristo, sino absolutamente indignas de ser la manifestación del Cristo? Sencillamente, no se gustan a sí mismas, no aprueban cómo son y actúan de manera inconsciente para utilizar el poder que Dios les ha dado para reforzar todo el impulso acumulado de «pecado» y condenación que, como un yugo, tienen sobre sí las almas de Dios en la Tierra.

Y muchas personas, incluso los cónyuges de nuestros devotos, se han echado a cierto molde de conciencia humana y han dicho: «Soy esto, soy aquello y soy lo de más allá; y, por tanto, no soy digno de ir a la iglesia con asiduidad o de ser un seguidor de Dios serio. Hazlo tú porque yo soy lo que soy. Déjame que sea lo que soy».

Y todo esto no es nada más que un impulso acumulado humano multiplicado por la conciencia de las masas, multiplicado por los medios de comunicación, que saben reforzar la creencia de todos en su propio estado como seres humanos y niegan la posible esperanza en su Cristeidad. Es como si todo el mundo estuviera sumido en un profundo sueño, aceptando este hechizo hipnótico que les han echado.

Y, sin embargo, Cristo ha venido, y ha vivido, y ha enseñado el fulcro del Sendero como el perdón, que nunca puede sellarse, por supuesto, sin abandonar, una y otra vez si fuera necesario, lo equivocado de los caminos obstinados de uno.

Empezando por el principio, pues, enseñemos a nuestros hijos; y esto incluye a nuestra alma porque el alma es el niño que emerge hacia la Filiación Divina en vuestro templo. Enseñemos a nuestros hijos la realidad del Amor. Comprendamos que el amor, como el intenso fuego blanco de Dios, es esa cualidad que moldea, perfecciona, eleva y disciplina. Este es un amor que ama tanto que no teme reprender, realinear, pero siempre por Amor. Porque todas y cada una de las veces que se transmite la condenación de la mente humana, la condenación de los demonios propios, se produce una pérdida de ese lazo de amor.

Ahora bien, ¿a dónde podéis acudir para tener el ejemplo del filo de la navaja y saber qué es? Solo tenéis que mirar a Juan el Bautista y al Señor Cristo para ver cómo lidiaron tanto con los niños de luz como con los hijos de Belial.

Al reconocer que el amor de Dios puede manifestarse como la vehemencia más intensa que puede pasar por el corazón, consumiendo por contacto la mismísima maldad que tiende a entrar en el corazón de quienes aún conservan esta autocondenación, el peligro de predicar un sermón como el que os doy es comprender que algunos que no tienen la profundidad del amor de Dios tomarán mis palabras como excusa para ser totalmente irresponsables con respecto a su abuso de las leyes de Dios; mientras que el amor al que me refiero, tan grande en el ser de uno, ama lo suficiente al amigo, al hermano, a la hermana, como para decir: «Debo devolver hasta el último centavo de absolutamente todas las situaciones que he causado y que han sido una carga para ti». ¿Y sabéis que los santos, con su deseo de servir, nunca se han sentido satisfechos hasta que han podido devolver diez veces más de lo que hicieron y que supuso una carga contra el Cuerpo de Dios en la tierra o cualquier parte de él?

Por tanto, amados míos, desde mi perspectiva veo que el acorde perdido de la enseñanza del Cristo Cósmico y el eslabón perdido en la evolución del hombre, desde el punto de vista de lo humano hacia lo divino, es la verdad sobre la naturaleza del Amor.

Sentémonos entonces a los pies de Juan el Amado, que viene otra vez para continuar con su enseñanza este otoño en Summit University. Este amado Maestro Ascendido también estará apoyado por los Señores de los Siete Rayos; porque no hemos hecho más que empezar a hablaros de las lecciones fundamentales de la vida que debéis dominar ahora, no solo para vuestra maestría sino para enseñar a otras personas la salida del dilema humano.

Porque el sendero de la ministración y el servicio consiste en reforzar una y otra vez para estos pequeños cuál es el significado de la Cristeidad encarnada, cuál es el significado de la Palabra viva. Y, por tanto, los que cuidan de los niños saben mejor que nadie cuántos cuidados hacen falta para extraerle al niño toda su plenitud, para estar con ese niño todos los años de expansión, crecimiento y autodescubrimiento en medio del descubrimiento de dos mundos: el mundo de imperfección con toda su seducción y el mundo de perfección que también tiene su atractivo en el gran magnetismo de Dios.

Por tanto, yo defiendo ante vosotros una comprensión de lo que es ser un Guardián de la Llama. «La oración diaria del Guardián» es algo que os llega cada día desde mi corazón, porque habiendo encarnado una familia grande de muchos hermanos y hermanas de gran talento, vi cómo todos necesitaban en la práctica de su carrera profesional amor y cuidados, así como que se les guardara la llama del fuego sagrado para que pudieran tener éxito.

Y así, aunque se me dio la opción de practicar mi propia carrera, sin que mis hermanos y hermanas lo supieran guardé la llama en silencio, en profunda meditación y oración y ayudando externamente, entrando en contacto con las grandes esferas [cuerpo causal] de su plan divino y acelerando a través de los poderosos Arcángeles Chamuel y Caridad mi comprensión de que los adversarios del Amor son muchos, y que el Amor es el poder total de la creatividad, y que el éxito del hijo o la hija de Dios como tal depende de la derrota del adversario del Amor, por cada punto un contrapunto.

Y, por tanto, durante el curso de la defensa de la Cristeidad de mis hermanos y hermanas, tuve que avanzar en mi maestría sobre mí misma para enfrentar a los caídos que intentaban frustrar sus sumamente magníficas corrientes de vida y lo que tenían que ofrecer al mundo. Por tanto, entendí el Amor como el fuego consumidor del Espíritu Santo que en efecto desafía y ata al malvado que se interpone.

No hay poder más grande que el Rayo Rubí, porque en realidad y simbólicamente es la Sangre de Cristo. Y la Sangre de Cristo está cargada directamente desde la Divinidad con la fuente de la Vida misma. Y la vida consume lo contrario a la Vida, que es Muerte. Y lo Anticristo es Muerte para el alma que emerge para llegar a ser ese Yo perfecto.

Algunos de vosotros habéis tenido la alegría de estar con un niño pequeño que da sus primeros pasos. Y habéis conocido el equilibrio entre proteger al niño para que no se haga daño y permitirle que obtenga la victoria de los primeros pasos sin ninguna ayuda. Y, por supuesto, esto es importante porque el primer paso del bebé contiene el recuerdo divino del primer paso del chela en el Sendero.

Nadie puede darlo por otro. Uno debe poner el pie con firmeza, con una voluntad interior. Por tanto, defendemos que se le permita al niño pequeño caerse y volver a caerse hasta que, finalmente, con la determinación de esa maestría sobre uno mismo, su primer paso le pertenezca y no sea producto de la mano de otro.

Bien, amados, en la vida hay un gran paralelismo. Porque a fin de dominar cualquier ámbito, uno debe tener la decisión, la determinación, el conocimiento y la fórmula matemática. Y cuando uno comprende que no puede tener éxito en cierto ámbito sin más destreza, práctica, preparación, exploración, etc. y tiene el deseo de tener éxito, buscará esas destrezas ¡y ganará! Y no hay nada que pueda sustituir a ese individuo de determinación Divina que ha decidido que nada le impedirá ganar la carrera.

Esto lo habéis visto representado en *Carros de fuego*. Habéis visto la plenitud de la luz de Dios como yo la vi en mis hermanos y hermanas. Por tanto, vi que de hecho muy pocos en la Tierra consiguen el éxito sin el testigo silencioso, la coordenada, aquel que actúa como ángel de la guarda. Aun así, yo no interfería ni imponía nada, sino que trabajaba a niveles internos incluso con sus almas y con los Arcángeles.

Y así aprendí un sendero de Amor, y aprendí que todo el mundo que sale a conquistar tiene momentos de dudas de sí mismo o piensa que después de todos sus intentos, sus obras no son demasiado buenas o que nadie las querrá o que nadie apreciará su talento. Y hay un momento de ceguera total cuando el individuo puede tomar la decisión de no salir como ese conquistador.

El corazón flamígero de la Madre encarnado en el amigo, el ser querido, la persona que cuida, es lo que da esa ayuda cuando la persona debe dar todas sus fuerzas y energías, todo su impulso para lograr el objetivo en ese preciso momento. Por tanto, incluso Cristo en las catorce estaciones de la cruz tuvo el equilibrio de su madre, que sostuvo la llama de la vigilancia, del ánimo, de la belleza y del recuerdo divino del final que se conoce desde el principio.

Quisiera que entendierais que las rotaciones de los planetas, los movimientos de las estrellas en sus rumbos, son un ejemplo perpetuo, reforzado de manera subconsciente, de que todas la vida está en el ritual de la ministración y que la repetición de esa ministración es la necesidad y la belleza de la aparición de Cristo. Y al llegar a ver la necesidad que hay de un servicio diario en vuestras ocupaciones a repetirse sin falta todos los días, pasáis de la maestría de la Cristeidad individual en el Sexto Rayo a la total maestría en el ritual del Séptimo Rayo de las órdenes sagradas de Dios.

Algunos han dicho, al considerar a aquellos a los que obviamente tienen la oportunidad de servir: «Le he dicho a esa persona esto, no una vez sino muchas, pero sigue contraria a este principio o a esta ley». Bien, amados corazones, esa es la evidente necesidad de ministración. Es como regar las plantas. Las lluvias llegan y vuelven a llegar y los elementales no se quejan de que ya dieron agua ayer.

Hay cosas que todos necesitamos a diario. Aun así, cuando se trata de enseñar los preceptos sagrados de la Ley, creemos que, de algún modo, o bien por ignorancia o bien por orgullo, que si hemos dado la enseñanza nuestras palabras deben obedecerse. Y si no lo son, pues peor será para esa persona, que tuvo su oportunidad.

Bien, si los ángeles tuvieran esta actitud, me atrevo a decir que ninguno de vosotros tendría hoy a ningún ángel ministrante. Porque se os han dado cuidados durante decenas de miles de años. Y cuando se trata de uno mismo, es fácil entender que uno pueda necesitar consuelo una y otra vez. Pero al dárselo a los demás, pensáis: «¿Por qué esta persona siempre, siempre necesita consuelo cuando Dios está presente tan evidentemente?».

Bien, ¡ese Dios necesita estar presente evidentemente *en vosotros*, amados! Porque es evidente, o debería séroslo, que la persona no es capaz de ver a Dios o comprender su consuelo a menos que vosotros se lo deis personalmente. Y así, al percibir, por tanto, tenéis la oportunidad de ser Dios. Al percibir las necesidades de los demás, digo, revestíos de vuestra Divinidad, en vez de al percibir vuestras propias necesidades.

Algunos miran *Estudios sobre alquimia* y se dicen: «Veamos. ¿Qué necesito hoy?». Y sea cual sea esa necesidad, empiezan a hacer decretos a la llama violeta y a visualizar y a escribir cartas al Consejo Kármico. Y así, su percepción de su Divinidad es una magnetización hacia sí mismos de todas las necesidades, carencias o deseos posibles que podrían tener en esta Tierra.

Nosotros, los Chohanes, consiguientemente observamos; y permitimos que las almas de luz busquen el Sendero de esta forma durante muchos años, porque sabemos que el fin debe llegar pronto. Cuando finalmente han magnetizado todo lo que se les pueda ocurrir y se den cuenta de que su alma sigue vacía y que aún tienen ese anhelo por el acorde perdido, puede que comprendan que la utilización del Sendero para la adquisición propia no es su aplicación superior, sino la utilización del Sendero con el fin de satisfacer las necesidades de los demás.

Debo deciros que se llega de verdad al punto del ejercicio del Rayo Rubí cuando no se tienen necesidades o deseos y se piensa: «Qué riqueza tengo de sabiduría de Dios, de su gloria y su amor». Y cuando alguien os pregunta si tenéis alguna necesidad o «¿qué quieres para tu cumpleaños?», no se os ocurre ni una sola cosa por lo felices que sois. Y, por tanto, a otro le corresponde percibir que quizá necesitáis un par de zapatos nuevos o que quizá lleváis cinco años con el mismo abrigo. Y os darán otro. Pero vosotros no podríais ser más felices y ni siquiera notáis que a vuestra manifestación exterior le falta algo.

Nosotros consideramos que los movimientos metafísicos del mundo se encuentran en la infancia en cuanto a su búsqueda de la Cristeidad. Porque muchos de ellos consideran señal de logro la plenitud de la salud, la riqueza y la felicidad. Para ellos estos son sus estándares de espiritualidad.

Bien, amados, algunas de las personas más espirituales en el mundo sobrellevan tanto las cargas del mundo que puede que se encuentren en la abyecta pobreza, puede que no tengan nada, puede que sufran una enfermedad incurable, puede que estén abrumados con problemas de todo tipo. Y los que señalan con el dedo y condenan son precisamente lo que necesitan el logro del Sexto Rayo de la Ministración y el Servicio.

Y si fueran corriendo a ayudar a aquel, descubrirían en sí mismos que les falta el gran don que esa persona sí posee: Amor. El Amor en el corazón que se contenta con llevar el peso de los demás. El amor en el corazón que confía en Dios en el momento de la adversidad. El Amor que no se queja simplemente porque no todas las cosas tienen la plenitud de la riqueza de la civilización occidental, ya que los sueños de este Occidente se crean a partir de las imágenes de opulencia, lujo, alimentos sin fin, etc.

Amados corazones, sería bueno que mirarais a la civilización en la que os encontráis. Sería bueno que considerarais cuántos de sus valores se os han impuesto desde fuera y no tienen su origen en vuestra alma ni en vuestro propio Origen.

Sería bueno que mirarais para ver en cuál de los siete rayos tenéis carencias. En vez de graduaros en el rayo en el que tenéis más impulso acumulado (o creéis que lo tenéis), mirad a aquel en el que hay una ausencia de entendimiento o percepción con respecto al Chohán o a las misiones de los santos de ese rayo. Después concentraos en hacer los decretos que invocan la llama del rayo, pidiendo la purificación del chakra correspondiente, y buscad mantener el equilibrio de la longitud de onda correspondiente y el plano de conciencia para vosotros mismos, para vuestra familia y para vuestro planeta.

Porque aquí, en el Corazón del Retiro Interno, cercano al Grand Teton, tenéis la oportunidad de afianzar los siete rayos de los siete poderosos Elohim que están concentrados aquí, consagrados y afianzados en esa imagen del Ojo Omnividente de Dios. Este equilibrio os dará la capacidad de ayudar a todo el mundo y a comprender a la gente de todas las razas y proveniencias; porque entendéis que una de las religiones principales del mundo se corresponde con uno de los siete rayos.

Benditos, os puedo asegurar que al final de mi encarnación, cuando vi la victoria de cada uno de mis hermanos y hermanas, sentí la plenitud de mi alegría en un corazón de Amor expandido, guardando la llama, guardando la llama y sabiendo que yo era necesaria, que era esencial para su victoria. No obstante, por derecho propio, cada cual logró lo suyo, tanto como la Gran Ley entiende esta unión, esta singularidad de la individualidad dividida pero no separada donde, aunque ningún hombre está aislado y todos son mutuamente interdependientes en la Gran Hermandad Blanca, el individuo, debido a su autosuficiencia, forja y gana.

Amados corazones, al mundo le parecía, y quizá incluso al mío, que no hube llevado mucho a cabo. Pero me marché a las octavas superiores comprendiendo totalmente el significado de la maestría sobre uno mismo de la llama rosa. Por tanto, fue desde el punto del Tercer Rayo que entré en el corazón de Cristo y vi la aplicación [en el Sexto Rayo] como ministración y servicio. Y, por tanto, al practicar la abogacía, me di cuenta de que el amor por la ley consiste en utilizarla en defensa de los indefensos, de los inocentes y de los culpables.

Ahora bien, al considerar los usos de nuestra Comunidad en lo que se refiere al Sexto Rayo, debemos volver a las necesidades de aquellos miembros que están en la Comunidad, conocen la Enseñanza y la Ley y están realizando un proceso para entender su psicología personal, su sendero personal. Estas personas necesitan que se las enseñe Divinamente, que se las ame y comprenda. Y el menor de vosotros puede proporcionar al sabio la clave necesaria para su propio discernimiento. Cada uno de vosotros tiene la capacidad de ayudar a otro, incluso a alguien que creáis que no necesita ninguna ayuda.

Todo el mundo necesita ayuda. ¡Los Maestros Ascendidos necesitan ayuda! Y cuando más humilde sea vuestra receptividad para ayudar a cualquiera, más comprenderéis que la autosuficiencia solo es suficiente en Dios y en la Comunidad.

Por tanto, nuestro trabajo es doble. Las necesidades de los miembros de esta Comunidad son especiales. Y puesto que esta representa el Cuerpo de Dios, las personas deben dirigirse unas a otras con amor y prestando ayuda. Y hay que ser receptivos a esto. Porque si uno no es receptivo, a veces lo que desean ayudar se retiran por el desaire o el rechazo, tal como piensan algunos con su orgullo que la mínima sugerencia pueda ser una crítica o una humillación, pensando que son inteligentes o más inteligentes de lo que son. Uno puede percibir en sí mismo el orgullo espiritual cuando no responde para recibir la Verdad de nadie.

Por otro lado, como grupo, tenéis una cualidad de plenitud que el mundo no ha conocido. Tenéis algo que dar que ni siquiera vosotros mismos habéis comprendido. Es la alegría sencilla de la victoria de la luz demostrada en la vida diaria.

Es importantísimo que comprendáis, al demostrar la Ley y enseñar su victoria, que a través de vosotros otras personas pueden convertirse a su Poderosa Presencia YO SOY y experimentar su liberación. Y, por tanto, cada día, cuando os topéis con los problemas de la vida, no os sometáis o sucumbáis, no por vosotros, sino por Dios en la persona que tengáis más cerca que está viendo vuestro ejemplo.

Y si no lo dais, entonces dirán: «Pues esa religión no funciona. ¿Si un día está contenta y otro está triste, ahora está gruñona y enojada y después contenta, de qué me sirve esa religión?». Y así, cuando os permitís caer en las energías del buen y mal humor de vuestro subconsciente o el del mundo, no demostráis que con Dios todo es posible o que Jesucristo es el mismo ayer, hoy y siempre.

Por tanto, a través de los ojos del Señor del Sexto Rayo, deseo que veáis que la victoria de la llama de los que siguen este sendero conlleva una mayor responsabilidad que cualquier otra. Porque a quienes se ha dado una salvación tan grande, un conocimiento tan grande, de ellos se exige el mayor ejemplo y la mayor demostración.

Porque, si esta verdad es Verdad, el mundo dirá: «Los que la tienen deberían al menos ser prácticamente perfectos». Y no os perdonarán la cosas por las que sí se perdonan a sí mismos, porque dirán: «Nosotros somos pecadores. Podemos hacer estas cosas. No hemos dicho que seamos buenos o que seamos estudiantes de los Maestros. Estos son nuestros pecados. Los confesamos y hablamos de ellos abiertamente». Y en muchos casos ni siquiera se avergüenzan, porque no tienen ninguna sensibilidad o conciencia del pecado.

Pero saben exactamente lo que vosotros deberíais hacer, lo que «deberíais» hacer, ¡y son los primeros en deciros cuándo no lo hacéis! A veces llegan con su condenación incluso antes de que sintáis el toque de vuestro ángel de la guarda. Por eso los que son rápidos en condenar son aquellos a los que queréis convertir dando el ejemplo, no de vosotros mismos, «no de mí, sino de Dios en mí».

El Sexto Rayo es el sendero más práctico y realista. Esto es lo que vino a mostrar Jesús. Hiciera lo que hiciera, lo hizo públicamente. Y su ministerio buscaba las cosas físicas —enfermedades físicas, circunstancias físicas, la opresión del entonces gobierno Nefilín del planeta—, los principios de la Ley predicados y practicados constantemente con el ejemplo físico, con sacrificio personal, cargando personalmente con el karma de los amigos.

Ahora, en la victoria de la llama Divina de vuestro Ser Crístico, os encomiendo a la llama de la alegría perfecta.

En el nombre de la Palabra viva, que este foco sea llevado a esos corazones que entienden el significado de la transmisión de la misión del arte divino a través de los medios de comunicación, a través de la Palabra, a través del ejemplo en todas las formas en las que pueda darse, a través del ejemplo de la Vida, empezando con uno mismo. Y entonces, de la mano, veamos qué podemos hacer como obra de Dios, como muchos sellando la Persona de Cristo en todos nosotros.

Os deseo buen día en la victoria de la rosa rosada.

28 de agosto de 1982
Rancho Royal Teton
Montana

YO SOY quien tanto desea ser llenado
   con el Amor de Dios;
YO SOY quien pide ser conmovido
   con el Amor de Dios,
YO SOY quien tanto añora la Gracia
   desde el corazón de Dios,
anhelando tan solo ver su rostro
   por el Amor de Dios.
Cual rosa que se abre bellamente
   y esparce su fragancia por el aire,
así vierto yo mi devoción por Dios,
   unido ahora al Océano Cósmico.

Arabia Saudí, el mar Rojo en primer plano
La amada Nada sirve desde el Retiro Árabe de Jesús el Cristo.

Maestra Ascendida Nada

Hermandad: el latido del corazón de Dios, el ritmo de la Vida

En la quietud del corazón se oye el corazón de Dios latir, el ritmo de la emisión de los ciclos de la Vida con la vida que fluye desde las alturas ilimitadas de la percepción que Dios tiene del Ser.

He venido con el flujo y el ritmo del amor de Dios que se mueve por la eternidad con ondulaciones de sonido, llamando a las almas de todas las evoluciones de los mundos estelares al corazón de Dios.

La gran convocación de la Vida es para que las almas que han evolucionado en los reinos exteriores del tiempo y el espacio regresen al centro del Ser que es Percepción, que es Verdad, que es Vida. El hombre debe ir adentro, porque las almas de la humanidad están cansadas de una evolución en la oscuridad, en el caos.

Las almas no han construido el gran anfiteatro de la vida donde el gran drama pueda representarse con nobleza a imagen y semejanza de los seres Crísticos. Y, por tanto, el cansancio del alma no se debe a la manifestación exterior, sino a la manifestación exterior *que no es Plena,* que no está completa debido a las malas siembras y el mal saber.

Los hombres no han conocido la Verdad que debería hacerlos libres, pero han conocido la Mentira y han sido condenados por esa Mentira. Y así, el cansancio se debe a los caminos de la carne, la experimentación con los usos del fuego sagrado de forma desmesurada ante los ojos de Dios.

Vengo como una Madre Cósmica y como un miembro del Consejo Kármico para llevar a los cansados, a los pobres, a los agotados, a quienes el mundo ha apesadumbrado y no recuerdan las palabras del Príncipe de la Paz: «Mi carga es ligera»*. Porque cada carga que lleváis, queridos corazones, puede transformarse en un abrir y cerrar de ojos en luz y en la manifestación de la luz, en la toleración de la luz consigo misma.

Porque la luz es infinita, y así la luz estelar que augura un Cosmos infinito esperando a ser recibido, esperando a ser llenado con los frutos de la cosecha de almas que pueden verse, que pueden conocerse, que las almas pueden experimentar a entrar en el núcleo de fuego del Ser, en la cámara del corazón.

Y cuando entréis en esa quietud y comencéis a meditar en Dios, primero seréis conmovidos y agitados por el regular latido del corazón de Dios. En este latido está el patrón de la emisión de energía para un Cosmos, una rosa, una semilla, un alma. Es el ritmo regular de energía que avanza en espirales desde el núcleo de fuego hacia la circunferencia de su diseño inherente.

Cuando entréis al centro del corazón y meditéis en estos conceptos, primero os maravillaréis ante la grandiosidad del estado del ser de Dios. Y poco a poco, al meditar en ese Ser, llegaréis a comprender que estáis meditando en vuestro Ser, en vuestra Vida, porque Dios es vuestra Vida. De hecho, Dios y Vida son sinónimos.

En el centro de la percepción reunís energía al ritmo de la música de las esferas. La batuta del director de esa música se mueve siguiendo el latido del corazón de Dios, y todo el tiempo y el espacio nace de la mano del Director Divino, el Director del flujo de energía que hace que la luminosidad de la luz será perceptible como sonido.

El sonido del gran tono que marca el nacimiento del alma es una percepción mística de identidad como el YO SOY EL QUE YO SOY. ¿Y qué «YO SOY» es Dios y qué «YO SOY» es el alma

---

* *"Mi carga es ligera"* (Mateo 11:30): Los Maestros Ascendidos dan una interpretación de *ligera* como *luz*, "mi carga es luz", siendo "luz" la Autopercepción Crística. (N. del T.)

cuando decís YO SOY EL QUE YO SOY?

Cuando Dios habla, está diciendo: «YO SOY ese alma, YO SOY esa percepción del ser, YO SOY *ese yo soy*». Cuando el alma habla en primera persona haciéndose eco de las palabras del Creador, el alma declara: «Yo soy ese Dios. Yo soy esa Vida. Yo soy ese YO SOY». Y al fluir las energías del Espíritu al alma, del alma al Espíritu, de Dios al hombre, del hombre a Dios, ¿quién puede decir en qué punto Dios se convierte en hombre y el hombre se convierte en Dios? ¿Quién puede decir en qué punto está el nexo del intercambio donde Dios es hombre y el hombre es Dios?

Por tanto, YO SOY EL QUE YO SOY. Porque en la Ley del Uno, el Alfa se ha convertido en la Omega y la Omega se ha convertido en el Alfa.

El ser es uno, la Vida es una. Pero hay una divinidad de polaridad que se manifiesta a fin de que Dios pueda tener una percepción subjetiva del Yo y el hombre pueda tener una percepción objetiva del yo; para que Dios pueda tener una percepción objetiva del yo y el hombre pueda tener una percepción subjetiva del Yo. Y así, en el flujo de la Vida trascendiendo a la Vida, todo el Ser es en efecto Uno.

Al contemplar el gran misterio en el centro del corazón de Dios que reúne más de la llama del Espíritu en el alma, llegáis a un punto en la meditación, en la unión, en él se podría decir que vuestra alma podría estallar con el fervor de la luz divina. Y entonces llega el gran deseo de estallar como un brote en primavera, como una flor en un árbol, como un pájaro volando del nido, un polluelo.

Llega ese momento en el que debéis salir a liberar las energías que se han enroscado fuertemente alrededor del Ser. El muelle debe soltarse, la energía debe expandirse, las espirales deben salir. Y en el crescendo de la gran orquestación del alma, la Vida vuelve a nacer, la Vida se expande, la vida avanza, un nuevo manvantara nace y el poder de los siete rayos aparece de los cinco rayos secretos en el núcleo de fuego blanco del Ser. Y una vez más los ciclos se emiten, los ciclos aumentan la identidad de la Divinidad y la percepción del hombre gira desde el centro hacia la periferia de la Conciencia Cósmica de Dios.

Los paraderos del hombre en el tiempo y el espacio están limitados solo por su uso o abuso de la energía. Al utilizar la energía inteligentemente y bien, el hombre transciende esferas finitas y mezcla su conciencia con los Elohim. Yo estoy (y mi YO SOY está) en todas partes en la conciencia de Dios: Dios está en todas partes en la conciencia del YO SOY yo, YO SOY él, YO SOY tú, YO SOY ellos.

Por tanto, el servicio a la Vida se convierte en el lema de las almas portadoras de luz desde el centro de Dios. Porque cuando las almas salen a manifestar incrementos de la conciencia de Dios —su percepción consciente de Sí mismo cargada de luz, de energía— solo pueden otorgar luz y energía a otras partes de la Vida que carecen de esa sagrada unión, esa sagrada comunión en el centro del Ser.

Las letras de la palabra «servicio» significan individualmente sagrada energía, el rayo de la victoria en la conciencia de cada espiral de energía.* El servicio es la manera que tiene Dios de emitir su luz de hombre a hombre. Y al entregarse esa emisión de una mano a otra, de corazón a corazón, se imparte el antahkarana sagrado, la red de la vida mediante la cual la Hermandad se convierte en una cúpula de hilo dorado tejida de Amor, Sabiduría y Poder expresado, bendita entre corazones que sirven a otros corazones.

Hermandad es la unión de alma que ha salido del centro del estado del Ser. Mediante el intercambio, mediante el flujo cósmico, mediante la comprensión mutua, la Vida se hace Una, al tejer la gran vestidura de Dios, la gran cúpula que abarca los siglos y el gigantesco huevo. Y esa cúpula es energía que se utiliza para envolver a la Vida por fuera y por dentro, para expandir la manifestación física del Ser espiritual.

Por tanto, la Hermandad siempre ha sido una parte integral de la integración de la conciencia de Dios con el hombre y de la

---

*Significado según la palabra original en inglés, *service:* *s*acred *e*nergy, the *r*ay of *v*ictory *i*n the *c*onsciousness of *e*ach *e*nergy spiral (sagrada energía, el rayo de la victoria en la conciencia de cada espiral de energía). (N. del T.)

conciencia del hombre con Dios. La Hermandad es el medio por el que las almas que están unidas en Dios se unen en la Materia. Las almas unidas en el Espíritu deben alcanzar la misma comunión, la misma comunicación del ovoide ígneo, dispersas en el tiempo y el espacio, dispersas en el infinito como los lejanos planetas y las estrellas están separados por el espacio santificado. Deben hallar la unidad tejiendo un gran tapiz, hilos interconectados de luz de átomo a átomo, de Adán a Adán. Por tanto, el hombre renace en Cristo tal como el primer hombre es convertido en el último hombre en los ciclos evolutivos.

El Espíritu de la Gran Hermandad Blanca es el Espíritu como campo energético que conecta entre sí a Seres Cósmicos, Elohim, Arcángeles y la humanidad no ascendida, todos ellos sirviendo para formar el croché de este gran tejido de energía que se conecta con más energía, con lo cual la Vida está unida.

La Gran Hermandad Blanca es el arquetipo de la hermandad en la Tierra y en otras esferas. La hermandad del hombre, la Paternidad de Dios, estas son metas de la Gran Hermandad Blanca. Ser considerado miembro de esta Hermandad es un gran honor de hecho, un gran privilegio y señal de la devoción interior de uno, de la dedicación de uno. Pero más que eso, cuando sois aceptados como miembros de la Gran Hermandad Blanca, formáis parte de la gran red de filigranas como patrones que santifican el espacio y conectan la realidad con la Realidad.

Todos los seres que se han identificado con Dios a lo largo de los tiempos están conectados con la Hermandad. Y, por tanto, nadie es admitido a esta augusta compañía si no es digno de confianza para que mantenga la armonía de las tesituras de luz. Porque cualquier temblor que ocurra en un solo hilo lo sentiría toda esa Hermandad, los ascendidos y los no ascendidos.

Por consiguiente, dejemos claro que la Gran Hermandad Blanca está compuesta de seres ascendidos que se han elevado mediante el ritual de la ascensión y unos pocos que han logrado la maestría sobre sí mismos y que aún andan por la Tierra encarnados físicamente. Estos pocos son considerados dignos de la membresía y en efecto son necesarios en la Hermandad para afianzar esta gran red de luz y razón en la forma material.

Pensad ahora un momento. «Venid, estemos a cuenta», dice el Señor. ¿Qué ocurriría si muchos de vosotros decidierais mostraros dignos como candidatos para que se os reciba como miembros de la Gran Hermandad Blanca mientras estáis encarnados físicamente?

¿No sería eso una gran bendición para este hogar planetario, el tener los ciclos del infinito y esas tesituras afianzadas en la Tierra a través de vosotros para que la Tierra también pueda sentir las vibraciones de las huestes celestiales, que cantan panegíricos al Infinito, entonando mantras santos de alabanza a Dios noche y día? Porque todo esto resuena en las madejas de fuego que conectan corazón con corazón.

Saint Germain, el Caballero Comandante de la Fraternidad de Guardianes de la Llama, fundó esa orden para comenzar la iniciación a almas en la Tierra que pudieran ser consideradas dignas de ser aceptadas en la Gran Hermandad Blanca con este mismo propósito, que una mayor parte de la conciencia de Dios individualizada en las huestes celestiales pueda afianzarse en la Tierra a través de Sus hijos e hijas para bendición de la humanidad.

Confío en que también comprendáis que se han proporcionado otras vías para vuestra preparación a fin de que seáis recibidos en esta Hermandad, que a veces es conocida como La Logia Blanca: nuestras entregas en las *Perlas de Sabiduría* en nuestras publicaciones, en *Escala la montaña más alta* y en el curso completo que se delinea a niveles internos para la universidad de los Maestros Ascendidos. Todo ello tiene en mente una meta: la unión con la Hermandad y después la ascensión a la luz para el Guardián de la Llama.

He puesto ante vosotros una meta que es factible. Puesto que algunos la han logrado, todos la pueden lograr: «Lo que el hombre ha hecho, el hombre lo puede hacer». Este es el lema de los portadores de luz al servicio de la humanidad. El hombre puede triunfar porque tiene el potencial de Cristo y de Dios, porque otros han hecho el sacrificio, han renunciado al yo irreal y han superado lo irreal y a los hermanos de la sombra.

Os digo que vosotros también podéis ir y hacer lo mismo si echáis ese temor a la oscuridad de fuera, si echáis esas dudas a la oscuridad de afuera, si agarráis la antorcha de la iluminación sostenida en alto por la Diosa de la Libertad y camináis como hombres y mujeres de valor, de decisión, que no miran atrás, no, nunca, sino solo hacia arriba y hacia adelante, hacia las inmensas alturas del Espíritu y el fuego del Espíritu.

Cada vez que entráis en meditación en el Ser de Dios, dirigiéndoos al interior para ser alimentados por la llama tal como Jesús fue a rezar al desierto (lo cual indica un lugar inhóspito para la conciencia humana donde se puede llegar al Espíritu), cada vez que vais a vuestro interior se produce ese encendido de energía de Dios que adquiere esa densidad de luz que puede convertirse en la inmensidad de la devoción en la forma exterior.

Por tanto, id al interior para declarar el nombre sagrado YO SOY EL QUE YO SOY, para salir estallando desde el cascarón del Ser, para traducir todo lo que hay dentro afuera; este es el llamado de los portadores de luz. Y cada vez que vais al exterior, el impulso acumulado es más grande y así la flecha del alma (su aura), disparada al aire, tiene un diámetro más grande y una circunferencia más grande, una oportunidad más grande de vencer y convertirse en Dios. Así la Vida se autotrasciende. Así podéis participar en las grandiosas espirales del Ser y de la Conciencia.

YO SOY la luz que hay en vosotros, vosotros sois la luz que hay en mí. Al marcharme para centrar mi conciencia en las Pléyades, vosotros sentís cómo se extienden los lazos de la Hermandad puesto que nuestra unión abarca el tiempo y el espacio y se expande. Y así, la Gran Hermandad Blanca se expande puesto que los corazones están unidos, puesto que las energías están unidas.

«Y haré que tu descendencia sea como la arena del mar, que no se puede contar»; la promesa a Abraham de antaño. ¡Oh, Abraham, padre de una gran multitud! En el centro del Ser de Dios están los puntos focales de individualización. Y Dios, como el Gran Sembrador de la Vida, esparce las semillas por la inmensidad del Cosmos. Pero cada semilla está conectada con todas las demás y, a medida que esa semilla va abriendo su potencial latente, se van reforzando los lazos de los corazones de luz.

El Cosmos se expande a través de la Hermandad, a través del Ser autoconsciente, a través del yin y el yang, a través del dirigirse al interior, del dirigirse al exterior. Estableced este ritmo en el yo y devolved la Tierra al ritmo del latido del corazón de Dios. Y prestaréis el servicio más grande a la Jerarquía jamás conocido, jamás requerido, en un momento de gran necesidad.

Os entrego, pues, los velos místicos de los rayos secretos. Mediante la meditación en los fuegos de los rayos secretos llegaréis a penetrar en los fuegos y las energías del Ser de Dios y a conocerlas. Y entonces tendréis la respuesta a todas vuestras preguntas sobre la Vida, porque se experimentan en el núcleo de fuego blanco del Ser.

He puesto un velo fino hecho de la energía que conecta a todo el Espíritu de la Gran Hermanda Blanca. Bañaos en esta energía, lleváosla al cáliz de vuestro corazón y llegad a formar parte de nuestra Hermandad de luz.

YO SOY Nada de la luz y os saludo en la llama del Cristo.

11 de octubre de 1973
Santa Bárbara

*Para la meditación en el
círculo de la Hermandad:*

La flecha y la canción
DE HENRY WADSWORTH LONGFELLOW

Disparé una flecha al aire,
cayó a tierra, no supe dónde;
pues al volar tan veloz, la vista
no pudo seguir su vuelo.

Soplé una canción al aire,
cayó a tierra, no supe dónde;
pues ¿quién tiene la vista tan aguda y fuerte,
que pueda seguir el vuelo de una canción?

Mucho, mucho después, en un roble
encontré la flecha, aún entera;
y la canción, de principio a fin,
la encontré en el corazón de un amigo.

Saint Germain   7
Señor del Séptimo Rayo

Iniciación del chakra de la sede del alma

Retiro:	Transilvania (Rumanía) Table Mountain (estado de Wyoming, Estados Unidos)
Vibración:	Violeta, morado, rosa, aguamarina, verde azulado
Piedra preciosa:	Amatista, diamante, aguamarina
Cualidad:	LIBERTAD ALQUIMIA JUSTICIA
Don:	Profecía, obrar milagros
Día:	Sábado

Saint Germain
Señor del Séptimo Rayo

Saint Germain

«¡Que superéis todas las pruebas!»

Devotos de la llama de mi corazón, *¡os oigo!* Y YO SOY [estoy] aquí —no allí, sino aquí—, aquí, en el nexo de esa cruz de fuego blanco, aquí, donde el tiempo y el espacio se encuentran y se anulan mutuamente.

Aquí YO SOY [estoy] en el Corazón del Infinito. Y donde está la chispa divina, está el Infinito. Por tanto, os saludo como el Ser Infinito y como seres infinitos, uno por uno por uno siempre el Ser Infinito.

Por tanto, que ese gran círculo de nuestra unión y nuestro amor anule toda la división, todos los malentendidos, toda la ignorancia y todo falso testimonio, como en el caso del ciego y el elefante, todos dando información falsa del mismo espectáculo, pero sin llegar nunca al punto de la realidad que es el Corazón: ¡perspectiva del corazón!

Os llamo a ese punto. Porque centrados en vuestro corazón, que cada día se está convirtiendo de mi corazón, podéis ver todas las cosas tal como son. Porque la verdadera perspectiva de la sabiduría, ungida con amor, encendida con la voluntad de ser todo lo que Dios es y bendecida con la pureza de la Madre, ¿qué más puede salir de esto sino el prisma cristalino?

He aquí, hago todas las cosas nuevas con la llama del corazón, con la visión del corazón, con la sabiduría del corazón que es la corriente interminable de la Fuente interminable.

Oh amados míos, he venido y estoy gozoso de estar aquí, gozoso de bañarme en la luz de Helios y el querido amor de vuestro corazón. Veo vuestra perspectiva de la libertad y vengo, por tanto, a daros otra.

¡Que superéis todas las pruebas!

Amados corazones, en mi retiro este es el saludo al encontrarse y al marcharse; no «Dios te bendiga», sino «¡que superes todas las pruebas!». ¿No es esto algo encomiable y digno de consideración por parte de los devotos de mi corazón que están decididos a seguir mis pasos, no a hacer un surco en el camino de la vida, sino más bien a asegurar lo que el Maestro ha obtenido? ¡Una causa digna, en efecto!

Amados, vengo a exponeros, pues, un curso intensivo sobre cómo superar todas las pruebas. [aplauso]

Gracias, amados, comencemos. ¡Porque estoy decidido a que esta escalada haya merecido cada inconveniente y cada penique!

[aplauso]

Recordaréis el chiste que cuentan Morya y Kuthumi, que estaban viajando hacia el hogar de luz, a los pies de los Maestros, Morya muy fervoroso con su deseo de llegar y Kuthumi un poco más tranquilo. Y habiendo llegado y ya de regreso, con toda la transpiración y la energía que puso Morya, fue Kuthumi quien retuvo el mensaje del Maestro.

Por tanto, con todo vuestro vivir el Sendero y toda esa energía puesta en llegar allí, deseo que la quietud del momento os proporcione un cáliz del corazón digno de la llama y la luz y en verdad una bendición inimaginable. ¡Estoy decidido —porque amáis y volvéis a amar y porque estáis decididos— a que no regreséis a vuestros hogares igual que cuando llegasteis! Mas os descubriréis en verdad como una nueva criatura según la llama violeta.

Amados, la recompensa del amor es grande. Pero quienes la merecen con frecuencia no la reciben por ser los que tienen mucho trabajo o los guerreros: empujando, trabajando, sirviendo. Y, por tanto, démonos una pausa juntos. ¡Aquietémonos, en estos cuatro vehículos, y sintamos los chakras brillar como los siete Elohim, brillar como el sol y las estrellas!

Expandamos la conciencia ahora. Aumentemos el círculo del aura. Démonos cuenta de que no somos estos cuatro cuerpos inferiores, sino que somos seres libres en Dios que utilizamos estos vehículos para llevar a cabo un fin.

El medio no es la meta, mas el fin es la propia estrella que aparece. Y, por tanto, no permitamos que nuestros caminos y medios pongan en peligro la meta o que nos hagan demorarnos o perder de vista la meta. La meta es la estrella que aparece, la estrella de Acuario que ha aparecido sobre el sol de mi nacimiento.

Oh amados, la verdadera estrella es el heraldo de la venida del devoto, la Poderosa Presencia YO SOY de cada cual. ¡Recordad vuestra estrella! Y recordad que la estrella apareció en el momento de vuestro nacimiento físico. ¿No debería aparecer ahora, en el momento de vuestro nuevo nacimiento en el Cristo vivo, Cristo de Acuario, Cristo de Piscis, Cristo de las doce jerarquías del sol? Todo esto lo estáis interiorizando como la magnificencia de la Gran Llama Divina.

¡Dios en vosotros puede! Pero, os ruego, no adornéis el yo humano que es lo mortal. Y la hierba, está aquí hoy y mañana no; y el potente fuego y el viento pasa y ella deja de existir.

Amados, el rumbo en el que se perfecciona lo humano no es el camino. No es el camino para triunfar. Por tanto, si no estáis interesados en perfeccionar lo humano, ¡ahora mismo podéis soltar ese orgullo de vuestro yo humano! ¡Soltadlo al suelo como un viejo vestido! Amados, es como una camisa interior grasienta y rota que habéis llevado demasiado tiempo.

¿No veis que no importa? ¡Vosotros sois los verdaderos seres libres en Dios, seres divinos ahora! Sois inmortales, ¡y todo lo demás es ilusión! ¿Lo aceptáis? [«¡Sí!»]

Amados, esta Mensajera, como vuestra Madre en la forma, os mira de año en año y se regocija en vuestras victorias y a menudo se pregunta y piensa conmigo por qué, con todas las enseñanzas entregadas, aún os aferráis a esa conciencia altanera del yo humano.

Amados, vengo, por tanto, a dar este mensaje tras consultar con los Mensajeros, Morya y Helios, ¡así como *para rasgar ahora el velo que os hace creer que sois mortales!* Esta es mi determinación Divina, esta es la voluntad de Dios; y estoy aquí con toda la fuerza del jerarca de la era de Acuario para borrar de la pantalla de la vida la mismísima ley de la mortalidad, ¡que es la misma ley que sustenta la conciencia de la serpiente! Ahora, ¿queréis o no queréis continuar actuando bajo la ley de la mortalidad con esas serpientes? [«¡No!»]

Entonces, digo: terminad con ello. Somos espíritus libres. No necesitáis esperar hasta la hora de la muerte, como la llaman, para conocer la Vida eterna. Sois eternos aquí y ahora. Este lugar es vuestra morada eterna; y no hablo de coordenadas finitas sino de este lugar como punto del ojo de la Mente de Dios, la sede de vuestra conciencia.

Encontrad esa sede ahora. Sentidla en la base del cerebro y en la columna vertebral. ¡Sentidla en vuestro corazón! ¡Sentidla en vuestra alma! ¡Sentidla en todo vuestro ser!

Lo que sentís es Dios. ¡Es Dios, os digo! No es una combinación de sentidos físicos. ¡No! Esa percepción de Dios en vosotros es algo más allá de la forma, pero se expresa en la forma. Late con vida en la forma. ¡Pero la forma siempre es el efecto y el vehículo para experimentar la conciencia que ha sido, que siempre será, que es aquí y ahora el Dios eterno!

Que digan lo que quieran. Yo diré: «¡Vosotros sois dioses!».*
Y todos vosotros sois hijos del Altísimo, ¡hijos brillantes de luz! Ahora, arremanguémonos y ocupémonos de deshacernos de todas las sombras que han sido aceptadas como quemaduras de la vestidura durante todas estas largas eras. Amados, ¡es como una tostada quemada! ¡Hay que tirarla por la ventana y que se la coman los pájaros! [aplauso]

Que superéis todas las pruebas.

¿No veis en esta expresión y en mi postura la persona de Maitreya asomándose? Yo soy su invitado hablando en su Escuela de Misterios para sus amados y los míos.

¡Que superéis todas las pruebas! ¿Es de Oriente, *n'est ce pas?*

Amados corazones, ¿cómo empezamos? ¿Cómo empezamos

---
*Salmos 82:6; Juan 10:34.

a mantener ese control Divino que permite que el ritmo de Dios restituya el equilibrio antes de la creación humana, producida por el temor, la ira o ese tambalearse en desequilibrio?

Amados corazones, los componentes están ahí, en los dictados, en el libro de decretos, en las lecciones de Guardianes de la Llama. Pero, como siempre ocurre, cuanto más inmenso sea el compendio de conocimiento, mayor será el requerimiento para que el instructor organice. Por tanto, señalo el «Decreto cuenta hasta nueve». El «Cuenta hasta nueve», dicho con todo el fuego de vuestro corazón, os da la capacidad de recuperar el mando sobre vuestro campo áurico que se ha vulnerado, presionado, atravesado, invadido.

Por tanto, comprended: a veces, cuando de repente sentís una perturbación (algo os toma desprevenidos, sentís una conmoción o tenéis una reacción repentina con respecto a las acciones injustas de otro), uno de los motivos por los que perdéis temporalmente vuestro equilibrio es porque el flujo normal del aura se ha perturbado, como si de repente agitarais las aguas.

Ahora bien, el aura es vuestro santuario y es la santidad de vuestra llama Divina. Por tanto, antes de responder a las exigencias de la mente carnal —las preguntas, la petición de favores, lo que sea—, restableceos. Hablad con calma, suavemente y despacio. Porque de este modo no permitiréis que entre en vosotros la ira, la impetuosidad, el malestar de cualquiera que tengáis a vuestro alrededor.

Debéis hablar como estoy hablando ahora: desde el corazón, desde la sede del corazón, el punto del Buda. Debéis hablar suficientemente alto, en el sentido de ser fuertes y firmes, para que el aliento y la voz no caigan como una violeta encogida de temor. Debéis hablar con suficiente fuerza, con suficiente firmeza, con suficiente paz y con suficiente potencia para que Dios pueda utilizar vuestra voz para aquietar vuestra aura y la agitación, el temor o la emoción de otra persona.

Sed la presencia calma en un vórtice de calamidad y actividad, amados corazones, y aprended el camino del poder, el inmenso poder de la paz misma. Por tanto, amados, deberíais saberos de memoria el «Decreto cuenta hasta nueve». Deberíais comprender que en una situación en el que os sintáis molestos, es necesario respirar hondo varias veces. Porque ante la presencia de la ansiedad, el corazón comienza a palpitar y la gente empieza a acortar la respiración, empeorando así la ausencia de control.

Tenéis que respirar hondo, soltar el aire, ir al corazón y no dar respuesta al instante, un sí o no; ninguna reacción o solución instantánea, sino meteros en vuestro interior en silencio. Hay muchas maneras de manejar esto. Si alguien es feroz como un perro rabioso, podéis decir: «Espera un momento, enseguida vuelvo». [aplauso]

Veis, amados, las pruebas abundan. Queremos que experimentéis el sentimiento de maestría, de dominio, del enorme placer por haber terminado un día y lidiado con esa fuerza, esa fuerza provocadora de irritación, y haber conquistado y haberos elevado por encima de cualquier manía de los sentidos dirigida contra vuestro corazón.

Querrían robaros la vida. Querrían quitaros en flujo de amor entre nosotros. Querrían romper el lazo de unión mediante cualquier forma de ira o indignación. Y querrían robaros vuestro sentimiento de merecimiento, vuestro sentimiento del manto por ser un discípulo de Sanat Kumara. Cuando pueden destruir vuestra dignidad y empezáis a sentiros como una polilla, también os comportaréis como una polilla. Y hasta que no recuperéis vuestra identidad, yo debo detenerme y volver a esperar, preguntándome cuánto tiempo seguiréis revoloteando alrededor de la bombilla de esas serpientes que os han cautivado en sus auras temporalmente.

Por tanto, amados corazones, la respuesta suave despide la ira. Si alguien os habla en voz alta y tono alto, ajustad el tono y responded con la orden Divina. Responded de una manera útil. Intentad solventar el problema. Intentad mostrar el mejor lado de las cosas. Proporcionad cuidados de emergencia cuando sea necesario. No perdáis la cabeza. Y no entréis en el vórtice de la ansiedad de otra persona, para no desconcertaros.

Recordad que cualquier cosa que os tiente a abandonar la sede del Buda en la cámara secreta del corazón debe ser considerado el enemigo; no necesariamente la persona, porque con frecuencia es un ser querido, sino la fuerza que intenta utilizarla. Por tanto, tenéis el reto de liberar a esa persona, así como a vosotros mismos del sinsentido humano del momento.

¡Que superéis todas las pruebas!

A menos que os centréis en el corazón, que es el sol central de vuestro ser, podríais encontraros dando tumbos en la periferia del aura, que entra en contacto con la conciencia del mundo. Ese punto, ese círculo exterior del aura, siempre debe ser de un azul intenso, un fuego azul de protección, que también existe fuera del tubo de luz. Ahora visualizáis la llama violeta en el centro del tubo de luz.

Pero quisiera señalar que cuando estáis repletos de la llama azul, esto a menudo antagoniza a otras personas porque es algo muy poderoso y les hace reaccionar de la peor manera. Por tanto, lo más inteligente es llevar puestos guantes de terciopelo, es decir, poner otra capa de llama violeta encima de la azul para que tenga un efecto calmante, para que consuma lo que pueda rozar el aura o pueda llegaros. Y si atravesara la llama violeta, entonces tenéis el muro de llama azul, después tenéis el poder del tubo de luz. ¡Y si la diplomacia no funciona, siempre está la fortaleza del escudo del Arcángel Miguel!

En la quietud y la dulzura de la luz, YO SOY quien ha venido.

A menudo es una cuestión de postura. ¿Qué actitud tenéis? ¿Estáis preparados para la siguiente entrega de Dios o el golpe de la fuerza siniestra, o estáis, como dicen hoy día, «relajados»? Si andáis encorvados, si sois despreocupados, yendo desprotegidos, holgazaneando —el televisor está encendido, los anuncios os bombardean con su ritmo rock, el gato maúlla, el perro ladra, los niños chillan, el teléfono suena—, ¿cómo esperáis mantener la compostura así? Es una trampa, pero vosotros la habéis permitido.

Ahora bien, podéis mantener la calma en medio de esas cosas, pero no con una actitud de abandono, porque en cualquier momento las patatas en la cocina se quemarán y todos se pondrán a discutir; y si no tenéis cuidado, vosotros también. Y entonces, ¿qué habremos logrado?; una hora perdida para Saint Germain y el trabajo vital de Helios y Vesta; vuestro sentimiento: «Nunca seré un buen chela. Nunca dominaré mi vida».

Pero, amados, es una cuestión de uno, dos, tres, cuatro, cinco, unos cuantos requisitos sencillos: No permitáis que la familia os bombardee desde todas las direcciones. No permitáis que todas esas cosas tengan lugar a la vez. Esforzaos para comulgar con el corazón. Dad de comer al gato, sacad al perro, apagad el televisor, aseguraos de que todo está bien en la cocina y disfrutad de ese círculo de comunión con la determinación Divina de que cada miembro de vuestra familia, de vuestro hogar o vuestros amigos tenga la oportunidad, gracias a vuestra presencia llena de amor, de expresar algo muy importante desde el corazón.

Ahora llegamos al tema de la educación, la educación de vuestra alma y, por el ejemplo que dais, la educación de los demás. Hay conversaciones indecorosas que pronto pueden convertirse en discusiones. Evitad, por tanto, lo controvertido cuando ya sabéis que estáis en desacuerdo sobre algo.

¿Por qué continuar con la discusión? Teniendo cada cual el derecho a su opinión, conversemos sobre otra cosa. Porque con otra cosa, una perspectiva de Dios, del arte o las ciencias, podemos llegar a un punto de acuerdo. No como concesión, sino como acuerdo es que construimos el reino de Dios. Por tanto, encontramos los puntos fundamentales en los que estamos de acuerdo y desde ahí construimos.

Cuando hay acuerdo sobre un principio de Dios, se forma un núcleo, un lazo de amor. Y ese lazo de amor de hecho comienza a consumir el área de desacuerdo y error que pueda tener la mente de vuestro amigo o la vuestra, porque nosotros mismos debemos ver nuestras equivocaciones, *¿n'est ce pas?*

Quizá hayáis observado en varias ocasiones que con vuestras palabras y acciones habéis causado un gran dolor o un gran peso. Puede que hayáis traído oscuras nubes a través de vuestra negatividad, pesimismo, críticas, dando voces, clamando y saliéndoos con la vuestra. Y en otras ocasiones, al hacer lo que tan bien sabéis hacer, todos han salido sintiéndose bien, sintiéndose satisfechos, sintiéndose amados por igual e igual de importantes y disfrutando sumamente de una noche o una experiencia juntos que satisface al alma. Por tanto, como veis, la mente carnal se enorgullece de sí misma, de su capacidad de controlar, herir, denigrar y ser mejor que otros, y levantarse e hincharse como se hincha la serpiente.

Sí, podéis hacer estas cosas, pero os advierto que escojáis no hacerlas, no intentar ser la persona más importante en la sala o el que gana todas las discusiones o dice todas las brillanteces. Es mucho mejor ir al corazón, enviar amor a cada cual y animar con vuestra conversación a que alguien diga algún valioso argumento que refleje sabiduría o una expresión porque vosotros lo facilitasteis, porque proporcionasteis un punto de relajación y calidez. Y alguien que quizá haya tenido una vida mucho más difícil que vosotros, a quien haya callado quizá una gran oscuridad a través de sus seres queridos, podrá finalmente sentirse como en casa y libre de hablar sin ser criticado.

Amados, suponed que quienes acuden a vosotros están heridos, lisiados y marcados, porque lo están. Han estado en muchas batallas de la vida. Si os parecen irascibles o insensibles, esto es un mecanismo de defensa que han establecido a causa de un dolor muy profundo. Sanad el dolor, no de una manera tan obvia que os proclaméis como sanadores —«Ahora voy a hacer esto por ti, ahora voy a hacer aquello por ti»—, sino simplemente hacedlo en la quietud de vuestro corazón. Aprended a rezar por la gente y no a asediarla. [aplauso]

Es cierto, amados. Gran parte del dolor, gran parte de la crueldad expresada actualmente en el mundo es el medio que tiene el individuo de vendar una y otra vez esa vieja herida, esa aspereza. Y así, se convierte en un aspecto de la Ley muy importante el solicitar a Dios Todopoderoso que sane en el alma de uno mismo la necesidad de mostrar agresividad hacia cualquier parte de la vida.

Los mortales tienen estas necesidades, los seres humanos pueden tenerlas; porque a ambos les falta la chispa divina. Pero los hijos y las hijas de Dios, los niños de la luz, no tienen necesidad de ser partícipes de la psicología que existe en el mundo, igual que no participáis de la comida que se sirve en algunas zonas. Hace mucho que trascendisteis la necesidad de ingerir esa clase de alimentos.

Gran parte de la causa de vuestro fracaso en muchas pruebas es que no os habéis detenido a deshaceros de la costumbre humana de expresar esa exasperación, esa arrogancia, todo a causa de la necesidad que tiene la mente carnal de reafirmarse. ¡Esto no es real! ¡No tiene ningún poder para dominar vuestra personalidad! ¡Os hablo directamente a vosotros, y todos vosotros sabéis de lo que hablo! Y os digo: la promesa de vuestra ascensión nunca será puesta en peligro por mí, ¡pero puede ponerse en peligro por vuestro libre albedrío!

Debéis escucharme. Existe una necesidad de cambiar con la voluntad del corazón, con un corazón que ama lo suficiente para cambiar porque otros aún sufren de una expresión deshonesta a la que de forma periódica vosotros dais rienda suelta; deshonesta porque no alaba a Dios en el individuo, no se alegra de su triunfo, sino que retiene esa resistencia que humilla a otra persona.

Amados corazones, permaneceré, y permaneceré por la eternidad, para defender el sendero de victoria y la ascensión de vuestra alma. Muchos de vosotros que os encontráis en una situación precaria por haberos entretenido con la mente carnal, hoy podéis deshaceros de ella en este corazón y en mi corazón. Porque mi corazón es suficientemente grande, como el corazón de Dios, para consumirlo todo.

Hoy mi corazón es un incinerador cósmico, si queréis, y puede consumir si soltáis las cosas. Pero recordad, no es algo que se haga de una sola vez. Podéis decidir dejar de fumar ahora y ponerlo en mi corazón, y el registro se consumirá. A las veinticuatro horas os encontraréis con el impulso acumulado del mundo ante el cual mostrasteis una debilidad y tendréis que decir:

> ¡No! ¡De ahí no pasas! ¡Te empujo hacia atrás, entidad de la nicotina! ¡Sé atada por el poder de mi corazón que está unido al corazón de Saint Germain! ¡No puedes tocarme, porque YO SOY el Ser Infinito! Vivo en el corazón de Dios. Aquí no hay tiempo y espacio, ¡y tú no puedes habitar en el

Infinito! Y puesto que yo no habito donde tú estás, hoy no voy a fumar ni mañana ni nunca. ¡Porque estoy en mi casa de luz y el único humo que hay aquí es el dulce incienso de El Morya que está conmigo! [aplauso]

Por tanto, que superéis todas las pruebas.

Comprended la ley que os revelo. El pecado solo puede cometerse en una conciencia finita o en la finitud del tiempo y el espacio. En cuanto el pecado se concibe, el que lo concibe ya no forma parte de la eternidad.

Por tanto, cuando el Arcángel Miguel echó a los caídos del cielo, ratificó la ley del ser de ellos que ellos mismos pusieron en movimiento por el espíritu del orgullo: «Llegaré a ser como Dios. ¡No adoraré al Cristo vivo, sino que seré adorado yo!». Este fue su voto. Al instante, perdieron la protección del círculo del Uno. Por tanto, al echarlos, el Arcángel Miguel y sus legiones fueron representantes instantáneos de la ley cósmica.

Cada vez que empezáis a concebir el pecado, un acto de pecado, perdéis la protección de todo el Espíritu de la Gran Hermandad Blanca. Y necesitáis saber cuándo os desviáis de la Ley de la Verdad. Y puesto que el pensamiento y el sentimiento son esclavizantes, Jesús le dijo a Judas: «Lo que quieres hacer, hazlo pronto»; que la conciencia del pecado se convierta en el acto del pecado para que puedas repudiarlo, arrepentirte y ser salvo.

Ahora bien, nosotros de la Gran Hermandad Blanca no recomendamos que os permitáis las fantasías del sentimiento pecaminoso, más bien que comprendáis que el ave de presa del pecado puede llegar y alojarse en vuestra aura y vosotros podéis albergarla como una idea exquisita durante semanas y años, y nunca estar libres del deseo de hacer esto o lo otro.

Y de vez en cuando ese deseo se hace tan fuerte que lo realizáis y cometéis el pecado y no veis ninguna mala consecuencia. Y lo volvéis a hacer una y otra vez, sin daros cuenta de que estáis atándoos a vosotros mismos con cuerdas de limitación, limitación que un día se convierte en vejez, enfermedad y muerte.

Que la ausencia de la mano de Dios sobre vosotros al instante cuando erráis no os dé la idea de que la ley del karma no es irrevocable, porque os digo que lo es. Y todos nos hemos atado con esa ley, y todos nos hemos liberado con la misma ley. ¡Y esa ley es justa! Y que los hombres justos, perfeccionados por el amor, utilicen la ley con inteligencia para su provecho, provecho que debería ser la liberación de la luz del corazón que os asegurará un gran beneficio en todas las octavas.

Y, por tanto, aquietemos la sutil vibración de la ambición que no reconocéis y, por consiguiente, aconsejo a la Mensajera que os lo señale uno por uno. Porque la ambición en sí misma es un monstruo espantoso, que os engaña completamente para que confiéis en la conciencia humana en vez de ir a Dios primero y, al encontrarlo, hallar una cornucopia de tesoros, sabiduría, luz, abundancia y amor divino en un flujo eterno.

Amados, si abandonáis el tiempo y el espacio y siempre encontráis el centro de la cruz, viviréis para siempre en la casa del Señor, la cámara secreta del corazón, el corazón sagrado de Jesús, de cuyo corazón me he apropiado, implorando a ese Cristo y, por tanto, intensificando el corazón de fuego morado en su honor.

En ese corazón no hay deseo de hachís, no hay deseo de heroína. Pero si os desviáis de ese corazón y habéis tenido un hábito durante mucho tiempo, os podéis volver a identificar con el hombre o la mujer exterior y el deseo y encontraros en las aguas turbulentas, hundiéndoos bajo las olas, exclamando por la mano de Cristo que siempre os dará esa mano hasta que estéis a salvo y otra vez sanos en el Corazón del Infinito.

Amados, se puede renunciar a todos los deseos de lo humano que podáis tener en este mundo. Y cuando se renuncia a ellos, el deseo divino de Dios entra en vuestra vida. Por cada deseo humano hay un deseo divino legítimo, satisfactorio, que os dará cualquier cosa que hayáis pensado que podíais conseguir a través del deseo humano, pero en verdad nunca pudisteis tener o conservar; y mucho, mucho más. Pero hace falta valor.

Por tanto, si queréis conservar el deseo de controlar a los demás (que es muy preponderante en la raza humana), el deseo de tener las cosas que no corresponden, etc., pero deseáis renunciar a los deseos que os ponen enfermos e incómodos, caminaréis por una cuerda floja de la conciencia humana, tratando de quedaros con lo mejor y abandonar lo peor, pero sin realmente querer abandonarlo todo, todo el asunto, como hemos dicho. Es una posición precaria y solo puedo advertir, porque tenéis libre albedrío.

Cada experiencia en la vida puede transmutarse y trascenderse para que sea una experiencia divina, aunque sea física, aunque sea real, aunque sea práctica, aunque sea parte de lo que puede ser esa verdadera conciencia de era dorada. Por tanto, no está mal desear felicidad, desear la familia de Dios, desear vuestra realización, educación o éxito Divino. En verdad, Dios no os negará nada cuando utilicéis medios legítimos para llegar a la meta.

El temor es lo que os ata al sendero y el método alternativo. Por tanto, yo os digo: ¡soltad esos miedos! Que Dios os muestre lo feliz que podéis ser en la plenitud de su amor, cómo podéis tener estas cosas en el sentido más elevado, glorificar su nombre, hacer que esa conciencia humana pase por la llama y conservar una individualidad feliz, alegre, que trabaja duro, que siempre aprende, esforzada y con quien es una alegría estar porque seréis quien abra los misterios para otros. Los que os conozcan pueden adivinar el misterio de la felicidad que se os ve como si fuerais un libro abierto al observar cómo vivís.

¡Dejad, por tanto, dejad de jugar con la idea de la irrealidad! Abandonad la idea de que alguna vez os esclavizaron. ¡Los esclavos de la muerte deben vivir en una conciencia de muerte! Ahora eliminemos la octava de la conciencia de la muerte. Eliminemos ese plano. Si deja de existir, ¿dejaréis de existir vosotros?

Tomemos el plano astral como existencia: nada permanente, nada confiable, todo ilusión, interminables exploraciones de escenas de la materia que cambian como un caleidoscopio, entreteniendo por una «infinitud» que es una imitación de la verdadera Infinitud. El laberinto de la conciencia humana, muchos viven en él. En cuanto a mí y en mi vida, hace mucho que lo anulé y no he sufrido ninguna pérdida. Porque hacía mucho que había consumido y sustituido el desecho astral con la victoria de la conciencia Crística.

¿Veis por qué Dios no anula en plano astral? Porque parte de vosotros aún está ahí; registros del pasado, un sentimiento de expectativas de vida, pólizas de seguros, realidades y posibilidades, y «cuando me muera, va a pasar esto».

Veis, amados, algunas personas consideran que en efecto están evolucionando hacia la muerte, acercándose cada vez más a la experiencia final a la que temen con toda su vida. Bien, si anuláramos ese plano para ellas, ¡una gran parte de ellas dejaría de existir, no quedaría nada que transmutar, que pudiera elevarse y sobre lo cual enseñorearse!

¡Por tanto, el único sitio en el que la conciencia de la muerte y el plano astral pueden anularse es el punto de la voluntad del chela en esta octava! Solamente vosotros podéis decidir:

«¡Ya no existe! ¡No lloraré más: ayer, hoy, mañana! ¡No lloraré más por ninguna experiencia humana!»; es decir, en el sentido de sentir lástima de uno mismo o condenarse a uno mismo, porque las lágrimas derramadas con alegría y compasión no son un llanto de la entidad del llanto.

Cuando decidáis que ya basta, y decidáis con todo el poder de vuestra Presencia YO SOY que estáis dispuestos a pelear con el viejo impulso acumulado sin permitir que la bestia se levante de los muertos en ningún momento, cuando le clavéis la espada de la Palabra, la Palabra hablada, cuando luchéis contra toda tentación para soplar sobre ella el aliento de la vida otra vez y volverla a tomar, os digo, amados, que habrá tantos ángeles que irán a ayudaros que al andar por la Tierra será como si os rodease una nube de gloria, muchísimos ángeles irán a reforzar la determinación de los hijos y las hijas de Dios de ser libres.

Los refuerzos cósmicos esperan. No debéis desanimaros y decir: «Bueno, así soy. Madre sabe cómo soy, me acepta como soy. Y lo he intentado antes, nunca he podido superar esto y Dios tendrá que aceptarme tal como soy».

Bien amados, nunca tuvo el orgullo una voz más alta, acechando y mirando con odio al alma que ha sido callada por el peso de las botas de quienes se autoproclaman independientes, sin darse cuenta de que el propio Lucifer los ha chamuscado.

Porque él es el que dijo: «¡Yo soy quien soy! Soy más importante que el Hijo de Dios y Dios va a tener que ordenar que sus hijos me adoren, de otro modo me rebelaré». Y lo hizo.

Bien, el problema que tenemos hoy día en este círculo de portadores de luz es que en esta época a nadie se le puede poner mucho más abajo que el nivel de andar en la octava física. Y, por tanto, aunque penséis que el ángel no os ha atado y apartado de la gloria de Dios debido a vuestro desafío, de hecho, esto ha ocurrido.

Sin embargo, os decís: «No me ha tocado nada. Estoy bien. ¡Miradme! Aquí estoy, sentado entre estos devotos como uno de ellos, pero me las arreglo para vivir mi vida independientemente de ese sendero esforzado que algunos que se llaman a sí mismos chelas han tomado».

Bien, amados, no señaléis a los sacrificados, porque no sabéis el karma que saldan o la tarea que tienes de los niveles internos. Han leído el registro de su vida y saben qué les hace falta para vencer y ser victoriosos. Y también son un letrero que os permite ver que hay una santidad que practicar. Y cuando veáis al chela humilde, podéis imitar al Cristo en esa persona, pero no apegaros a la personalidad exterior.

Esta es la era de la libertad. Nadie puede tocaros el hombro y deciros: «¡Mira! Debes hacer las cosas mejor». No tenemos un pastor físico, encarnado para cada alma, individualmente.

Tenéis la enseñanza. Se espera que la apliquéis. Se espera que hagáis un llamado para que se os muestre por qué no superáis todas las pruebas. Se espera que apliquéis lo que se ha entregado y pidáis oraciones y apoyo cuando lucháis con la bestia que habéis creado y que ha crecido hasta llegar a ser mucho más grande que vosotros, de modo que vuestra alma siente ante ella la enormidad de un monstruo y debe tener el refuerzo del linaje de la Gran Hermandad Blanca.

Os puedo decir que la Mensajera nunca ha denegado a sabiendas la petición de un llamado. Y si ha ocurrido que no ha hecho algún llamado, ha ocurrido que el Santo Ser Crístico de la Mensajera ha hecho ese llamado. Y así, nadie se ha quedado sin poder recurrir a la llama de la Madre que ella lleva en nuestro nombre.

Por tanto, los que dicen: «No voy a despertar al Buda que duerme. No voy a molestar a la Madre. Esto es algo que debo hacer por mí mismo porque llevo haciendo mal esto mucho tiempo y ahora lo voy a hacer bien...». Amados, como veis, os metéis en la mentira de la no jerarquía. Ellos niegan la cadena del ser y consiguen que vosotros neguéis que formáis parte de la cadena eterna de Dios.

El de arriba ayuda al de abajo. Al aceptar ayuda con humildad, también podéis dar ayuda. Si no recibís del que tenéis arriba, no podéis dar al que tenéis debajo, cuyo progreso se detiene por completo porque vosotros os habéis detenido.

Se ve el orgullo. A algunos no les gusta pensar que dependen unos de otros. Aprended a recibir nuestra gracia y la gracia de un chela por el que sentís desdén. Porque las oraciones de ese del que pensáis que es inferior a vosotros puede ser la salvación de vuestra alma.

Reverenciad a Dios y dejad que él se ocupe de lo humano y no creéis una jerarquía falsa en vuestra mente, una colección de personas a las que conocéis, a algunas las ponéis en el escalón más alto y a otras en el más bajo según vuestro sistema de juicio. Y entonces buscáis la compañía de aquellos que pensáis que sean la gente importante que de algún modo puede añadir algo a vuestra estatura. Esto significa fallar las pruebas y conduce a una gran debacle, al derrumbarse la casa que habéis construido estableciendo contactos, asociaciones, formando parte de esa sociedad ilusoria, etc., etcétera.

Un día el mundo debe ir sin falta contra el Cristo vivo. Y no creo que ninguno de vosotros quiera de manera consciente apagar la luz de vuestra conciencia Crística para que lo acepten los hombres, pero algunos de vosotros hacéis esto de manera inconsciente para evitar el desafío, el dolor o la crítica pública.

Amados, este jueguecito de entrar y salir de las camarillas de la sociedad no llega demasiado lejos. Antes o después os pondrán exigencias, y antes o después os daréis cuenta de que acabáis de poner en peligro vuestra alma y vuestra relación conmigo para tener popularidad con algún potentado.

Pensad en ello, amados. Las pruebas se pierden por una ausencia de reflexión, por no mirar con objetividad a una situación como si estuvierais en el techo mirando la reunión de abajo a la que vosotros mismos estáis asistiendo. Mirad el grupo de personas —mirad por el ojo de Dios—, el conglomerado de fuerzas y su yuxtaposición y decíos: «¿Cómo quisiera realmente figurar en esa configuración, en esa astrología, en esos personajes?».

Y la mejor manera de figurar, amados, es ser entre ellos la presencia de la paz, el consuelo, la sabiduría si la piden o la desean, pero no alguien que se une a la conciencia humana, formando sociedades legales, formando parte de grupos, corporaciones o grandes entidades con lo cual, debido a que os habéis unido a ellas legalmente, os hacéis portadores del karma de esa entidad, de esa entidad corporativa (y hay muchas clases y asociaciones).

No digo que no podáis ser miembros de esto o aquello, pero comprended que, en el sentido definitivo de la palabra, un miembro de la Gran Hermandad Blanca (que vosotros sois o aspiráis a ser al convertiros en discípulos de la Ley del Amor) da su lealtad en primer lugar a esa Hermandad. Llegarán inevitablemente las pruebas de lealtad y de defender el derecho de los Maestros Ascendidos y sus chelas a estar en el planeta Tierra.

Ahora bien, si no deseáis que vuestro nombre esté asociado con nosotros, seguiremos ayudándoos todo lo que podamos. Pero debo informaros que antes o después la negación de asociación con nosotros también debe ser una negación por nuestra parte a daros el Cristo vivo y la luz que os podemos impartir: «Al que me niegue delante de los hombres, a él debo negarle delante de mi Padre».[1] Es una de esas leyes que nadie puede violar.

Por tanto, entre la voluntad humana y el deseo humano y la voluntad divina y el deseo divino hay un abismo que cruzar. Su nombre es tiempo y espacio. Está gobernado por la ley de la mortalidad. Podéis tomar la ruta del laberinto. Podéis pasaros otros mil o diez mil años, o un millón, entrando y saliendo cautelosamente de las cuevas y cavernas, bajo tierra y por el plano astral, buscando el tesoro terrenal sin daros cuenta de que el divino lo tenéis prácticamente en la punta de la nariz.

El cielo os lo ofrece todo, pero dice: «No puedes traerte lo que es irreal». Os aconsejo que toméis una manzana al día, no todo el árbol; una pieza de fruta. Asimilad la manzana: una virtud, una parte de la conciencia de Dios. Y por asimilación de este Cuerpo y Sangre de Dios desplazaréis y veréis consumidas en vuestra vida las viejas necesidades de la mente carnal.

Por tanto, no luchando, sino deslizándoos en el reino de Dios poco a poco encontraréis la clave del sendero gozoso que ahora desplaza en verdad la vía dolorosa. El «camino de aflicción» solo le llega al que no se ha entregado. En cuanto os entregáis, sois libres. Esa es la clave.

Este es mi curso intensivo para superar todas las pruebas. Tomad cada problema y resolvedlo, y no intentéis resolver un millón de problemas a la vez. Actuad con lógica y buscad la Palabra y la enseñanza. Está todo ahí.

Hemos tenido una misión de veinticinco años y más con estos Mensajeros. No os lo podría dar todo en un dictado, pero puedo ponerlo en una cápsula, una cápsula de luz como si dijéramos, de apertura programada. Pero es la apertura de ciclos eternos y llegará a través de la llama de vuestro corazón, cuando mi llama con la vuestra, apoyando la transmutación en torno a vuestra llama trina, os permita despertaros a semejanza de Dios.

Hay un despertar hacia la Luz y el Amor. Hay un despertar hacia la Libertad. Es en verdad un don de los santos ángeles.

Amados, os dejo con esta perla:

¡Cuando queráis ser como Dios, lo seréis!

Os doy las gracias. [ovación de pie y aplauso extendido]

6 de julio de 1984
Rancho Royal Teton
Montana

Table Mountain (Wyoming)

Los científicos e inventores harían bien en estudiar en el retiro de Saint Germain, la Cueva de los Símbolos. Allí se desarrollan instrumentos que ayuden al hombre y que se entregarán a su debido tiempo a la mente de los inventores. Cuando aprendamos a controlar la codicia y el egoísmo y nos neguemos a permitir la manipulación de nuestra Tierra a través de guerras y las economías de los países, veremos lo que han preparado allí, en el retiro de luz del Maestro. En este retiro hay focos que destellan luz hacia todos los Estados Unidos. Esto ha tenido una influencia significativa en su gente, sintonizando su conciencia con la matriz de la era de oro y el recuerdo de su herencia perdida. Saint Germain nos ha dicho que su Cueva se encuentra dentro de la cumbre llamada Table Mountain, en el estado de Wyoming. No obstante, en Wyoming hay veinte montañas llamadas así. ¿Es esta la de su retiro?

Sistema montañoso de los Cárpatos

Antes del hundimiento de la Atlántida, mientras Noé seguía construyendo su arca y avisando a la gente de la llegada del gran Diluvio, Saint Germain, acompañado de unos pocos sacerdotes fieles, transportó la llama de la libertad desde el Templo de la Purificación a un lugar seguro en las estribaciones de los montes Cárpatos, en Transilvania. Allí continuaron con el ritual sagrado de expandir los fuegos de la libertad aun cuando el karma de la humanidad estaba siendo exigido por decreto divino. En encarnaciones posteriores, bajo la guía de su maestro e instructor, el Gran Director Divino, Saint Germain y sus seguidores redescubrieron la llama y continuaron protegiendo el santuario. Después el Gran Director Divino, ayudado por su discípulo, estableció un retiro en el lugar de la llama y fundó la Casa de Rakoczy.

EL MAHA CHOHÁN 8
Señor de los Siete Rayos

Iniciación del chakra del Octavo Rayo y la cámara secreta del corazón

Retiro:	Ceilán (Sri Lanka)
Vibración:	Blanco, rosa, rosa oscuro, rubí, núcleo de fuego blanco de todos los rayos
Piedra preciosa:	Diamante, diamante amarillo, topacio, rubí, cuarzo rosa, berilo rosa, perla
Cualidad:	CONSUELO ILUMINACIÓN ALIENTO DE VIDA
Don:	Los nueve dones multiplicados por el libre albedrío y la llama trina Iniciación de los chakras y toda potestad en el cielo y en la tierra
Día:	Liberador del fuego sagrado de los Siete Rayos/todos los días

El Maha Chohán

El Maha Chohán
«El Gran Señor»
El estanque reflejante de la conciencia

Que un manto de gracia de Dios lleno de adoración descienda sobre vuestro corazón con la suavidad de la lluvia del cielo.

En el escenario que tengo ante mí percibo un inmenso estanque circular. Alrededor de este estanque hay hermosas hojas verdes y lozanas, hojas de nenúfares ahuecadas que contienen la pura llama blanca de pureza cósmica.

Este estanque ahora tiene un brillo azul celeste. Resplandeciente y glorioso es este estanque. Al principio hay un murmullo del aliento sagrado propagándose con suavidad por las aguas, y después todo está en calma.

Este estanque, símbolo de vuestra bendita conciencia, ahora está en calma; y reflejado sobre la superficie percibiréis primero el orbe luminiscente de la luna, que polariza el cuerpo emocional de la humanidad. Y los hombres se agitan porque reconocen dentro de su mundo de sentimientos una adoración a la belleza y hermosura de la luz reflejada.

Ahora la escena cambia y la luna cruza los cielos en su rumbo directo, hasta que, ocultándose detrás del horizonte, ya no es visible en el estanque reflejante. Una miríada de estrellas brilla y ellas también están reflejadas, orbes magníficos de luz lejanos. Estos representan a Seres Cósmicos y la conciencia de los Maestros

Ascendidos. Estos también, como los rayos secretos de Cosmos, se reflejan y tienen su espejo en la conciencia de la humanidad.

Ahora desciende un recio viento desde las alturas. Todo parece turbulento por un momento, pues hay agitación hasta en las mismísimas profundidades del estanque de la conciencia. Y entonces una voz vuelve a hablar: «Paz, enmudece».

Ahora todo está en silencio. Con una actitud de expectación y espera, hijos de la luz contemplan despacio el amanecer del Ser, una radiación luminosa del Sol naciente. Es el Sol de su Ser Divino. El amanecer da paso al mediodía y desde el cénit de los cielos desciende un brillo de poder refulgente que con su majestuosidad ardiente lleva a la conciencia del individuo que espera, receptiva, todo el impulso acumulado de la Divinidad, el Sol de su propio Ser libre en Dios.

En esta alegoría que os traigo, este orbe espléndido y luminoso simboliza la conciencia más elevada. Porque la conciencia del individuo es la puerta a través de la cual llegan todas las experiencias, tanto materiales (naturales) como espirituales.

Vuestra conciencia, amados, no solo es un espejo que refleja lo que se derrama en él desde el vivir cotidiano, sino también un mar que tiene profundidad. Y ahí se reflejan, en las profundidades interiores de la conciencia, las maravillas de Dios que aún no han sido comprendidas por la mente superficial del hombre.

Sabed, pues, que, al explorar las leyes del universo, las leyes del Amor Universal y las leyes del Espíritu Santo, debéis ser capaces de comprender no solo los pensamientos de la mente, sino también las profundidades del ser consciente. Y debéis rezar para que se expanda vuestra conciencia de modo que podáis empezar a percibir hoy las profundidades de vuestro ser y no las de otro. Porque toda la Vida es una sola y en el esplendor del conocer la unidad de la Vida a través de la puerta de la autoiluminación es que el alma llega a entender las profundidades omnisapientes del Espíritu Santo.

Es el viento sagrado del Espíritu Santo lo que se atraviesa el estanque reflejante del ser y se lleva las pseudoimágenes de los

El estanque reflejante de la conciencia

impactos emocionales de la vida amplificados por la luna. Y así, en la alegoría del día y la noche, el hombre percibe que la mayor parte de la vida que se manifiesta aquí, en este bendito planeta, es un simple reflejo de lo real y no es real en absoluto. Porque la luna no hace más que reflejar la luz del sol hacia la Tierra y la conciencia de quienes la contemplan la cualifican desde varios aspectos de la vida, de relatividad.

Desde este estudio del estanque reflejante de la conciencia, sabe, oh chela, que la belleza y la capacidad de hacer sagradas las cosas se le da al hombre. Y muchos consideran, debido a una lealtad equivocada, que la luna misma es sagrada o que los elementos de la vida natural son sagrados.

Pero os hablo de una lealtad más profunda. Os hablo de una lealtad que no comenzó con vuestro primer aliento, sino que comenzó con la identidad de Dios. Os hablo de vuestro Primer Amor.

Os hablo de un amor que comenzó antes que el estanque reflejara la conciencia de la identidad del mundo exterior. Os hablo de un amor que conocía la identidad y unión con el Padre dentro de la conciencia flamígera de Dios antes de que existiera el Cosmos o antes de que existiera la manifestación exterior.

A esto deberíais dar vuestra lealtad, porque a través de este amor magnífico es que vuestro corazón se enseñoreará de la forma, haciéndola sagrada por consagración y con un corazón puro que perciba el recipiente de la materia como el templo del Sol (Hijo).

Cuando Adán, el simbólico o el real, empezó a recibir la conciencia de Dios en el estanque reflejante del yo y después no la cualificó con las ideas divinas adecuadas, él mismo fue expulsado del Paraíso. Y, por tanto, el ángel con la espada flamígera protegió el camino del Árbol de la Vida, porque ningún hombre puede violar el Espíritu Santo. Ningún hombre, mediante la mala cualificación o el abuso del libre albedrío, tiene el derecho o el poder de profanar los altares del cielo o distorsionar la Imagen Divina donde solo la luz de patrones celestiales debería aparecer en el espejo de la conciencia.

Los hombres pueden trazar un círculo en la tierra como representación de los confines de su identidad. Pueden caminar dentro de ese círculo, pero no con impunidad, porque incluso ahí opera la gran ley del karma, pero dentro de un ámbito y una época de la vida limitados.

Benditos, reconoced que en el estanque reflejante de la conciencia hay una responsabilidad solemne hacia la Deidad, que se os da con una completa dulzura tal que envuelve en sí todos los elementos de belleza conocidos por todos los poetas y bardos del pasado, así como por todos los del futuro.

Algunos de vosotros sois conscientes de que estuve encarnado como aquel al que identifican como Homero y comprendéis que tengo un sentido de belleza espiritual en mi comprensión de la perspectiva de los hombres con respecto a la Deidad tanto filosófica como histórica.

Las personas anhelan conocer a Dios y, por consiguiente, buscan el misterio de la Autorrealización estando frente a los portales sobre los que hay inscritas las palabras: «Hombre, conócete a ti mismo». Pero existe un hilo dorado de identidad que atraviesa civilizaciones como la de los minoicos, los griegos, los romanos y todas hasta el presente. Este hilo dorado penetra en el mismísimo tejido del cuerpo terrestre y convierte a la sociedad en una exteriorización unificada, no una masa como un conglomerado de ideas, sino una conciencia unificadora dirigida hacia cierta cantidad de diversificación, pero que regresa siempre al tema y propósito central por el cual llegó a existir el hombre.

Y, por tanto, que los sabios de Babilonia se enfurezcan, que los hombres atesoren ideales falsos si quieren; no pueden cambiar ni afectar al Sol del Ser que está reflejado en el estanque de la Identidad Divina; no pueden afectar a la luz refulgente de la Realidad Divina cuyo Sol, con el esplendor de su brillo, aparta con su destellante poder todas las imágenes menores y da al hombre el divino concepto inmaculado a todos los niveles, a cada momento.

¡Que los paganos se enfurezcan y la gente imagine vanidades si quiere! Eso no tiene ningún poder para sacudir los cielos, porque solo el poder de Dios y el poder del Espíritu Santo puede resplandecer y extenderse con todo su brillo inmortal hacia los ojos y el corazón del hombre. Como con un carbón ardiendo del altar de Dios en el Gran Sol Central, en la conciencia del hombre hay grabado a fuego un pensamiento que no lo eludirá, aunque él tuviera mi millones de encarnaciones. Es un pensamiento que haría que anhelara conocer la inmortalidad y el propósito de su diseño Divino y volver, al fin, hacia el origen, al Corazón y la Mente que sopló identidad en la manifestación y dijo a lo que se había formado: «He aquí, eres un alma viva».

El fuego, amados, descendiendo de Dios en día de Pentecostés, vivificó el corazón de los hombres y los hizo conscientes de su Yo Divino de un modo en el que antes no habían experimentado la Presencia YO SOY en toda su encarnación. El poder del Espíritu Santo siempre es un hilo dorado unificador que atraviesa toda la conciencia y hace que esa conciencia recuerde su nacimiento en la llama, en la mortalidad —en la dualidad— el reflejo de lo irreal y lo real.

En el caso de la luna, amados, esta es un orbe que solamente refleja el Sol de la realidad. En el caso del Sol, lo que se refleja en la conciencia es la realidad; y el hombre debe saber que los rayos de sol que descienden al espejo de la conciencia son pequeños hilos de luz y fuego.

Algunos de vosotros habéis observado en varias ocasiones, cuando el sol se pone en el oeste al atardecer, cómo brillando a través de las nubes los rayos de sol radiantes están representados casi como una escalera de luz que llega hasta las aguas y perturba el mar. Y habéis oído decir que el sol lleva el agua a las nubes para que estas puedan tejer un arcoíris majestuoso y erigirlo para que el hombre lo vea en los cielos.

Lo mismo ocurre con la idea divina cuando el fuego de la Realidad Divina desciende del Sol del Ser, el Sol de Dios, cuando el poder del Espíritu Santo desciende del Padre y de los Padrinos de este sistema de mundos, Helios y Vesta, y de los padres divinos de los universos, Alfa y Omega en el Gran Sol Central; o incluso del Sol espléndido de vuestro ser afianzado en el campo energético de vuestro corazón físico como la llama trina de la Vida.

Este sol, con su brillar, extiende con cada nuevo contacto una escalera nueva de esperanza a todos los corazones. Y al bajar estos rayos de luz con todo su tangible poder y al reflejarse en la conciencia de vuestro ser, vosotros os debéis fusionar con esos rayos para que cuando estos se retiren de su brillo, vuestra conciencia, unida indisolublemente a ellos, se eleve con ellos para volver al Sol del Ser y os quedéis absortos, como si dijéramos, en la Realidad Divina y no en la ilusión, que no es más que el reflejo de la luz en el estanque.

Quisiera clarificaros que los Maestros Ascendidos a quienes me refiero como «estrellas» no son ilusiones, son seres libres en Dios que se han fundido con su cuerpo causal, la estrella Solar del Ser, la Primera Causa, el Primer Amor. Y realmente brillan «como el resplandor del firmamento», porque son los sabios que han llevado a las multitudes al Sol de Justicia, «como las estrellas a perpetua eternidad».

Pero estos Maestros Ascendidos están lejos de que los hombres se identifiquen con su brillo porque los hombres todavía no han ascendido a los cielos, ¿comprendéis?, sino que permanecen afianzados a la tierra. E incluso vosotros, que sois los hijos de la luz, no podéis elevaros a vuestra ascensión simplemente con el poder de los Maestros Ascendidos, sino que debéis apropiaros de vuestras oportunidades divinas y utilizarlas, y abrir la puerta de vuestra identidad y ganaros la victoria; así, como por gracia del fuego sagrado.

Por eso hay inscritas en la puerta del Templo del Ser las palabras: «Hombre, conócete a ti mismo», porque nadie más puede conocer a Dios por vosotros. Y conocer al yo como la emanación luminosa de Dios es más que un simple reflejo o un reflector, sino unión con la Fuente Solar misma, «hueso de mis huesos, carne de mi carne». Este es el gran misterio de la Vida en despliegue.

Cada uno de vosotros, pues, debéis reconocer por vosotros mismos el poder del Espíritu Santo que desciende, debéis sentir los enormes latidos de ese magnífico Dios en acción y sentir los brazos de la luz envolvente descender en torno a vuestro ser y mundo, exaltándoos hacia el cielo estrellado de diseño Divino, para que también podáis llegar a formar parte de esas constelaciones de Dios que resplandecen en el Cosmos a las que todos damos lealtad, porque en ellas contemplamos al Sol detrás del sol no como un simple reflejo, ¡sino como el *Ser encarnado Divinamente consciente!*

Por tanto, cuando me encuentro con El Morya durante sus viajes en la Tierra aquí y allá, le digo: «Saludos, Hermano Morya, hijo espléndido. ¡Te amo!». Y él me contesta: «¡Amado Maha Chohán, para ti el amor de mi corazón, oh espléndida estrella de Dios!».

Y lo mismo ocurre con todos los Maestros Ascendidos. Al saludarnos mutuamente en las avenidas cósmicas, nos hablamos con una carga de amor tal que realmente bendice a todo el universo; y así resuenan las reverberaciones de nuestro amor, ocasionadas por nuestro sencillo saludo, por todo el Cosmos.

¿Deseáis ser así? Entonces apropiaos del poder del Espíritu Santo en vuestro mundo y vosotros también podréis hacer que los poderes de los cielos se sacudan; porque no hay límites en absoluto para nadie, y todos tienen el derecho y el destino, si se apropian de ello, de entrar y obtener por gracia divina la totalidad de su victoria sobre todo concepto limitador.

Y Dios nunca tuvo la intención de crear a una estrella espléndida del ser y después decirles a las demás lumbreras: «He aquí, debéis inclinaros ante esta estrella». Esto fue una idea luciferina y no una idea cósmica de la Mente de Dios. La humanidad debe darse cuenta de que la luz, con todos sus rayos esenciales, es realmente una efusión radiante del Cristo Cósmico compuesta de muchas, muchas partes.

Benditos, el hombre ha etiquetado esas partes llamándolas fotones. Y así, desde el primer fotón de luz hasta las miríada de partículas u ondas de luz que se derraman desde la fuente de Dios en el Gran Sol Central, existe una constante corriente de pequeños fotones de luz que, después de hacer sus rondas a través de moléculas materiales de manifestación, regresan para repolarizarse al corazón de Dios. Pero toda esa luz es una sola, unida a la fuente, unida a la Identidad Divina, unida al ideal.

Y solo en el hombre, la manifestación de Dios, y en la Jerarquía del cielo donde la identidad de Dios impera, el alma recibe el derecho de enseñorearse de estas pequeñas fuerzas de luz, de dirigir sus fuerzas, de aumentar el campo energético de su ser, de agrandar las fronteras de su propio cuerpo causal y guardar tesoros en el cielo para poder ser beneficiarios y benefactores al mismo tiempo.

Porque todos los hombres son beneficiarios de la Divinidad, tomando la luz irradiada hasta las profundidades del estanque, y todos deben ser benefactores de toda la vida, reflejando hacia la vida desde el estanque de la conciencia esa parte de la luz que les pertenece, a fin de impartirla como don y gracia para otros. Por tanto, vosotros podéis llegar a ser, junto a los Señores de los Siete Rayos, transmisores de las gracias espirituales y los dones del Espíritu; y poco a poco os convertiréis en los transformadores del poder del Espíritu Santo para quienes tengan la capacidad de recibir la luz del Hijo de Dios en su propio estanque reflejante de la conciencia.

¿Verdad que se ha dicho: «He aquí, el cielo es mi trono, y la tierra estrado de mis pies»? Entonces, amados, los reinos de este mundo son los estrados de los reinos de los Hijos (Soles) de Dios, de los brillantes, de los que albergan y contienen la conciencia de Dios en su percepción del Yo.

Y aquellos de vosotros que reconozcan el verdadero fuerte del Ser Divino reconocerán que todas las ideas históricas no son ideas de Dios. Las ideas y las épocas históricas con demasiada frecuencia están tejidas formando un patrón de luz y sombra porque los hombres han tejido en la sombra y Dios ha tejido en la luz. Pero extrapolando todo esto, encontramos que emerge de todo el tapiz de la vida una época de victoria. Porque el hombre, al haber comenzado a elevarse hace mucho tiempo, continúa dejando cierta marca de progreso.

Pero las almas más grandes con demasiada frecuencia se han separado de la leche, según algunas consideraciones, como la crema, y elevadas a la mesa del Señor por medio del ritual de la ascensión. Esto ha dejado a la humanidad y a los hijos del Sol evolucionando aquí, en esta Tierra, con cada vez menos seres de gran evolución encarnados, mientras que el requerimiento de la gran ley exige que la Gran Hermandad Blanca tenga y mantenga escuelas de misterios a niveles internos en todo el mundo.

A través de las actividades de estas escuelas y sus representantes encarnados es que los Maestros Ascendidos, y particularmente los Señores de los Siete Rayos (porque esa es la tarea específica que les han asignado los Señores del Karma), pueden buscar y formar a chelas en el poder de la magnetización divina. Porque con ello algunos comprenderán su papel en el diseño universal y desearán imitar a los seres ascendidos, hallando felicidad en la búsqueda de Dios con todo su corazón, su mente y su ser.

Por tanto, podéis comprender que el Señor necesita que vosotros que estáis encarnados os hagáis competentes como instructores del mundo, para que muchos puedan despertarse hacia el sendero de su Poderosa Presencia YO SOY. Porque al haber visto una vez la Hermosa Presencia cara a cara, nunca más se apartarán de este resplandeciente Sol del Se, ni se desviarán de la ley y la gracia del Sol (Hijo) por cualquier luz menor.

¡Mis bellos Hijos (Soles), los Chohanes de los Rayos, cómo los amo por lo que han hecho por la humanidad! Con aprecio por su devoción, hoy quisiera dirigir vuestra atención a todos ellos. Porque el Espíritu Santo que actúa en ellos les ha dado la capacidad de realizar obras de servicio meritorio.

Id y haced lo mismo, y seréis un verdadero discípulo del Espíritu Santo sea cual sea el rayo en el que actuéis. Porque el arcoíris de Dios, el arcoíris de promesa divina que hace mucho tiempo recibió Noé, se refiere a la promesa de Dios, la cual, como un arcoíris, traza su arco sobre las ilusiones reflejadas en el estanque de la conciencia y cumple la promesa de Cristeidad para todo niño de Dios que escoja encarnar la luz (conciencia Crística) de los siete rayos.

Y las promesas de Dios son de sustancia celestial, radiantes, gloriosas y maravillosas. Encontraréis estos colores en el cuerpo causal de vuestra identidad Divina. Aquellos que, como dijo Cristo, pongan sus tesoros en el cielo depositando en su cuerpo causal la virtud que han exteriorizado al tocar el Espíritu Santo con las cuerdas del corazón de su ser, serán los que brillen como el sol en su esplendor en el reino de mi Padre, ejemplificando la identidad Crística de todos.

El Padre, el Hijo y el Espíritu Santo, pues, en un brillar triple en la llama trina dentro del corazón del niño-hombre,* serán exteriorizados en acción y todas las imágenes menores se disiparán ante la plenitud de la Identidad Divina. A menos que ocurra esto dentro del individuo, solo habrá una simple transferencia de la personalidad humana de forma a forma sin comprender la razón por la cual un alma viva llegó a existir en un principio y recibió del Espíritu Santo el aliento de Vida.

Puesto que los chelas de este sendero no escogen experimentar sufrimientos innecesarios o que tales sufrimientos sean entregados a la raza, estoy seguro de que aspiraréis a hacer las cosas que propongo que hagáis; que seáis una presencia que dé consuelo a la Vida pero, sobre todo, que recibáis los cuidados de nuestro consuelo para que podáis tener consuelo en vuestra Identidad Divina, para que podáis ocultaros en los pliegues de las vestiduras de los Maestros y entonces no tener miedo a emerger de ellas en la palestra de la vida para servir a nuestra causa, al saber que en la hora en que seáis llamados, estaréis vestidos con el Espíritu Santo. Y en esa hora se os dará lo que debáis decir y lo que debáis hacer.

Dios, con su omnipresencia, os envuelve ahora a todos en un manto del Espíritu Santo, hasta que, en el esplendor de Su brillo eterno, vosotros también seáis uno solo como YO SOY con la Persona del Espíritu Santo en acción, libre de todo vestigio de sombra del mundo exterior.

Así sea en el santo nombre de Dios. En memoria del logro Crístico de los santos de épocas pasadas, digo: Que el amor y la

---

*niño-hombre: Condición del alma antes de llegar a ser el Hijo Varón. (N. del T.)

luz de Pentecostés desciendan a vuestro corazón hoy y que sean una parte valiosa de vuestro desfile de la vida a lo largo de los años que han de venir.

Gracias y buenas tardes.

2 de julio de 1963
Ciudad de Washington

Ceilán (Sri Lanka)

El Maha Chohán
«El Gran Señor»

Si amáis a los Chohanes...

...Si amáis de verdad a los Señores de los Siete Rayos, su mensaje y su visión para la era, comprended que la hazaña más importante que podéis realizar para cada Chohán es convertiros, por así decirlo, en ese Chohán encarnado. Comenzad con uno u otro y encarnad su virtud, su impulso, su visión, su sabiduría; y empezad a moveros sabiendo que estáis siendo formados para algún cargo santo después de que ascendáis.

Un día, algunos de vosotros seréis Chohanes que representen uno de los siete rayos de este u otro sistema planetario. Un día, deberéis servir en las cortes del fuego sagrado. ¿Para qué cargo os estáis preparando? ¿De quién buscáis el manto? Definidlo, y después refinadlo en vuestro mundo. Convertíos en ese ser y afirmad, por ejemplo: YO SOY la encarnación viva de Hilarión donde YO SOY. ¡Hilarión, ven ahora, prepárame y fórmame para el servicio cósmico con tus legiones!

Amados, podéis graduaros en muchos campos de estudio con muchos Maestros. Porque, después de todo, esta es la era de Acuario. Y, por tanto, si os inscribís con uno, os puedo asegurar que él no se disgustará si os inscribís con varios más y desarrolláis así una capacidad y cierta destreza en ámbitos que serán necesarios cuando afrontéis a las multitudes.

Os animo, por tanto, con estas palabras a que tengáis una idea más definida de vuestra Divinidad, vuestro caminar y a dónde os estáis dirigiendo. Algunos cristianos, al tomar decisiones en la vida, dicen: «¿Qué haría Jesús?». Vosotros podríais decir: «¿Qué haría Saint Germain? ¿Qué haría El Morya?»; y estudiar todo el compendio de enseñanza correspondiente a ese Maestro, dedicándoos a publicarla para que todo el mundo también pueda expandir esa llama en particular de ese Maestro maravilloso.

Los Chohanes os necesitan muchísimo, porque la suya es una misión para llevar a una nueva dimensión de conciencia el nivel de toda la raza, que es la Cristeidad en el Sendero de los Siete Rayos.

Muchas personas de la Tierra no pueden identificarse con el camino de Jesucristo. Por tanto, que conozcan a Saint Germain. Que sepan que al seguir al Maestro del Séptimo Rayo pueden conseguir la corona de caballería. Enseñadles cosas de sus conocimientos de alquimia y que pueden ponerse a proteger los bastiones de la libertad en cualquier parte y en cualquier área de servicio, en la educación misma, y ganarse el laurel de la llama y el manto de la ascensión, la enseñanza básica que repetimos porque algunos no la han escuchado.

Que la gente vea en vosotros el rostro de Pablo el Veneciano. Que vea el arte divino en vuestra vida, aunque no lleguéis a ser artistas. Que vea el arte, la belleza, la gracia y la ciencia que tiene este Maestro. Que conozca el significado del Apóstol Pablo. Que entienda a Nada, que ha servido como Maestra del Sexto Rayo. Que comprenda la justicia. Que comprenda a Serapis.

Y entonces juntadlos a todos y que conozcan el poder del Espíritu Santo, que es el Maha Chohán. Porque yo quisiera que caminarais por la Tierra en mi manto, pero mi manto tiene siete capas de colores que se convierten en la luz blanca. Si lo deseáis, practicad pues esas siete virtudes y siete rayos. Y cuando lleguen a tener un equilibrio, os encontraréis enteramente cómodos ante mi presencia. Llevar mi manto ya no será una carga, sino una alegría de luz.

Uno por uno, llegad a ser el Chohán encarnado. Este es mi mensaje de Pentecostés. Y hacedlo con el refuerzo de la comunidad, de la familia, de la llama gemela unida y de la visión de que el remanente de Israel ha venido a ser una señal ¡para todo el país y para los países!

Ellos son un emblema para todo el pueblo de la Tierra, y su señal es el nombre YO SOY, su señal es la luz de los ojos y el corazón, su señal es hacer las obras de Dios, su señal es logro y su señal es *Amor*. Y el amor en su corazón contiene todas las virtudes y todos los puntos de maestría Divina.

El amor en el corazón de mis chelas llena las ausencias, las fisuras y las grietas en la vida de otra persona. El amor completa donde hay diferencias y le ofrece igualdad a otro que pudiera en verdad no ser igual en cuanto a logro. Recordad, *noblesse oblige*. Por tanto, la nobleza, ayudan los que tienen la llama trina. Y quienes tienen el manto del Ser noble, el Cristo, están agradecidos de (obligados a) compartir el manto y, al extender la mano de Cristo, a salvar a un hermano del mar enfurecido de la confusión del mundo y el karma personal.

Comprended el llamado a los mansos: «Bienaventurados los mansos, porque ellos recibirán la tierra por heredad». Y estas palabras fueron utilizadas por el Espíritu Santo en Jesús para describir, por contraste, a los hijos de la luz que deben enfrentar a los orgullosos, los altivos, los que hablan fuerte, los que acusan a los hermanos y los que condenan a la gente; mientras que los mansos son los que llevan un cuenco vacío para que se lo llenen.

No tienen nada que decir, porque hablará el Señor. El Señor irá a estar entre ellos y dará su Palabra. Por tanto, su mansedumbre es el silencio del Buda, que es el imán del Gran Sol Central.

Sois herederos del señorío en la tierra, en el agua, en el fuego y en el aire. Sois herederos del señorío de los cuatro cuadrantes. Heredáis la Tierra solo cuando sometéis a los cuatro cuerpos inferiores, «golpeándolos» hasta que sean un cáliz de oro que se convierta en un recipiente.

YO SOY el Maha Chohán para el suministro de luz, para llenar a la Mensajera otra vez y que vosotros también seáis llenados, para que entonces una fuente viva de Amor pueda manar y distribuir las aguas de Vida eterna a los cálices que esperan. Y cada cáliz que espera y se llena se convierte en un nuevo centro de un nuevo sol; y, finalmente, en la fuente de la Presencia YO SOY convirtiéndose otra vez en el centro de todos y cada uno, entregando abundantemente a otros cálices extendidos por el agua de Vida.

Dad libremente, amados corazones...

En la plenitud de la alegría, YO SOY quien ha venido. Por tanto, comprended que el único velo que habrá colgado en el templo es el velo que vosotros construyáis como escamas sobre vuestros ojos, velos de ilusión y egoísmo. Pero Dios mismo quisiera que conozcáis a Cristo cara a cara, vuestro Ser Crístico cuyo mensajero YO SOY.

YO SOY el Maha Chohán. YO SOY el portador del fuego del Anciano de Días. Y YO SOY en la Tierra el Dispensador del Fuego Cósmico.

Acercaos a vuestro Dios. Cuando lo encontréis, me encontraréis a mí en la plenitud de su gloria.

22 de mayo de 1983
Los Ángeles

Conclusión

Sic Transit Gloria Mundi

Sus vidas y realizaciones pasadas a través del Espejo Cósmico

Sic transit gloria mundi. Así pasa la gloria del mundo. Aparece la gloria del siguiente.

Al haber conocido la gnosis de sabiduría cosechada por los Señores de los Siete Rayos y el Gran Señor en sus experiencias en la tierra y el cielo, a través de vidas pasadas y más allá, al haber marcado los ciclos para vestir la vestidura del Señor (su Conciencia Cósmica) planificados desde la hora de su ascensión, nosotros podemos aprender de las victorias y contratiempos de nuestras vidas pasadas y las circunstancias presentes de destino kármico en las que nos encontramos.

Sobre nuestro cargo como Mensajeros y la preparación y el manto otorgado mediante el cual hemos recibido a través del Espíritu Santo los dictados precedentes (en la comunión de los santos, «como Arriba, así abajo»), Jesús nos dijo que nos había juntado como llamas gemelas para nuestra misión de publicar por doquier el Evangelio Eterno, para hablarle al mundo de su Palabra y Obra (bajo el Nuevo Pacto de la era de Acuario), al haber nosotros predicado una y otra vez el mensaje de salvación en Cristo en encarnaciones anteriores, a veces juntos y otras separados.

El Señor nos dijo que el camino no sería fácil, pero dijo que al final la luz prevalecería y sus Enseñanzas verdaderas, perdidas y halladas de nuevo, acabarían cubriendo la Tierra; pero no hasta que hubiéramos cargado con algunas dificultades de karma personal y planetario. Habló de las tribulaciones y persecuciones que siguen al discípulo en su subida a la montaña, hasta que sus fantasmas, cansados por el ascenso, se caen por el camino, tantas trabas que no pueden aferrarse más.

Y en un momento poco común, Jesús nos miró a los ojos y nos dijo que, dependiendo de la respuesta de los portadores de luz a la dispensación de Saint Germain de la llama violeta y el tiempo de los ciclos kármicos, había la posibilidad de que se produjeran cambios en la Tierra [cataclismos] antes de que toda su gloria se enseñara y aceptara (o pudiera enseñarse y aceptarse) de manera universal. «Pero —dijo el Amado— no temáis, estaré con vosotros en el lugar que he preparado».

El Maestro nos reveló de manera separada a través del espejo de su conciencia, escenas de nuestra asociación con él; yo como Juan Marcos, el escriba y autor del segundo Evangelio, que sería compañero tanto de Pedro como de Pablo. Él me enseñó que me había enterado de algunas anécdotas personales por boca de Pedro, historias que nos contó el mismo Pedro, que dieron a ese Evangelio detalles sobre el impetuoso, impulsado más por el lado humano de su vida.

A Elizabeth le dio el recuerdo de que fue Marta, atenta a sus necesidades, preparándole las comidas y una casa cómoda en Betania. El Maestro le mostró escenas en las que les había enseñado a María, a Lázaro, a ella y al círculo interno los secretos y rituales de la iniciación Crística avanzada.

Se recordará que Marta fue alguien que profesaba su creencia en Jesús como la Palabra Encarnada: «Sí, Señor, yo he creído que tú eres el Cristo, el Hijo de Dios, que has venido al mundo».

Esta frase provino directamente del conocimiento y el saber interior del Cristo personal que Jesús impartió a quienes fueron capaces de recibirlo, a quienes él sabía que no caerían en la trampa del Demonio que es idolatría con respecto a la persona del Maestro o a la suya propia, o ambas cosas. Por tanto, nos enseñó que para los de mente carnal, el conocimiento de los misterios sin las claves del discipulado y la iniciación bajo del Cristo Cósmico es algo muy peligroso.

Y recordamos su consejo: «No deis lo santo a los perros, ni echéis vuestras perlas delante de los cerdos, no sea que las pisoteen, y se vuelvan y os despedacen».

Poco a poco, cada cual por sí solo, fuimos confirmando nuestras vidas pasadas y las del otro, anunciándonos mutuamente con felicidad: «¿Sabes quién fuiste durante la época de Jesús?»; y la respuesta era la misma: «Sí, lo sé. ¿Sabes tú quién fuiste?».

Una vez, en un dictado a través de mí, Jesús anunció: «Hablé hace mucho con Marta y le dije: "María ha escogido la mejor parte". Hoy, vuestra amada Mensajera Elizabeth, que es la reencarnación de Marta, está con vosotros, escogiendo ahora la mejor parte para prestar su servicio en el presente».

La llama consoladora del perdón del Maestro hizo que le quemaran los ojos con lágrimas de gratitud al recordar la reprimenda de su Señor. Y sintiendo su amor inundar el corazón de ella, sentada a mi lado sobre el estrado, yo también conocí la gracia y misericordia de mi Salvador.

La siguiente revelación que nos dio Jesús sobre que la hermana de Marta, María, había reencarnado a finales del siglo xix como Mary Baker Eddy, explicó la devoción que tuvo Elizabeth de joven hacia la Ciencia Cristiana, al haber encontrado en los escritos de la Sra. Eddy «huellas de Verdad» y el hilo de contacto que restableció el lazo exterior con el corazón y el mensaje de Jesús.

Momentos así, cuando nos encontramos capturados en el corazón de Jesús, son verdaderos intervalos de eternidad, cuando el mundo se detiene y solo Jesús es real, llenando la tierra, el mar y el cielo de nuestro castillo interior con su Presencia amorosa y maestra.

Después el Maestro nos reveló que habíamos guardado su llama dentro de la Iglesia en siglos posteriores, yo como Orígenes de Alejandría y San Buenaventura, mensajero de su Mente Eterna, ella como Santa Clara y Santa Catalina de Siena, mensajera de su Sagrado Corazón.

De igual modo, usted, llegado a cierto punto de su despertar y discipulado espiritual bajo uno o más de los Señores de los Siete Rayos, también puede recibir la revelación de encarnaciones pasadas. Esto puede tener lugar en el retiro de Saint Germain de las montañas Rocosas llamado Cueva de los Símbolos, en la cordillera Grand Teton, o en Darjeeling, como pronto veremos, o en otro retiro de la Gran Hermandad Blanca.

Cuando se haya preparado lo suficiente para una exploración psicológica de circunstancias pasadas como causa de acontecimientos actuales en su vida, el Maestro lo llevará ante el Espejo Cósmico del Retiro Royal Teton. A primera vista parece como una pantalla de cine normal y corriente. El Maestro escoge ciertos registros de ákasha que también están contenidos en la memoria del alma, y que en el Espejo Cósmico cobran vida.

Esto va más allá de 3D. ¡Uno está presente! Uno ve pasar una parte de una vida pasada o más de una, pero formando parte viva de esta obra de no ficción de luz y oscuridad con tonos grises. Es casi como si fuera demasiado para soportar. Al instante uno es consciente, como en un orbe de omnisciencia, de las ramificaciones de su karma mientras vuelve a vivir las emociones, los pensamientos premeditados y los propios actos.

Esto podría ser una experiencia de lo más dolorosa, se dice usted, percibiendo entretanto a su Conciencia Superior (su Santo Ser Crístico) protegiendo y diciéndole suave, pero firmemente que no ceda ante los extremos del desánimo o el éxtasis, sino que afronte el futuro con una esperanza basada en el conocimiento científico de que, en sus manos, por gracia del Espíritu Santo, está el poder de cambiar.

Por tanto, se dan unos segmentos por sesión y pronto uno ve la sabiduría de la Ley que exige el ajuste mediante la aplicación de la llama violeta por parte de uno mismo a las escenas y los recuerdos, hasta que se restaura el equilibrio. Como nunca, uno aprecia a la Madre estelar, la amada Astrea. Y cuesta esperar a hacer el decreto 10.14 que invoca el círculo y la espada de llama azul de la Madre Universal (conocida en Oriente como Kali) en, a través y alrededor de la causa y el núcleo de todos los registros esclavizantes y cegadores.

Y uno sabe y ve que tiene trabajo que hacer; y sabe que va a trabajar más duro que nunca para aniquilar al «morador del umbral» de su yo sintético que acaba de ver y sentir pavonearse por ahí en ese Espejo. Uno espera establecer un equilibrio nuevo mediante la maestría sobre las mismas circunstancias que acaba de volver a vivir.

Y así, el Maestro le dice que vuelve a la escena del crimen, que vuelva a su cuerpo físico donde su karma físico fue creado y resuelva las cosas con Amor Divino y la llama violeta. Cuando la limpieza necesaria de los cuerpos astral y mental se lleva a cabo, Saint Germain dice que uno estará preparado para la siguiente sesión de terapia, a la manera de los Maestros Ascendidos.

«Este proceso se acelera —explica él— a través del programa de las universidades del Espíritu dirigidas por los Señores de los Siete Rayos en sus retiros etéricos y se afianza totalmente en lo físico a través de los cursos intensivos de los Mensajeros en Summit University, en el Rancho Royal Teton».

El amado El Morya da a sus chelas una iniciación parecida en Darjeeling. Recordará la descripción que hizo en sus cartas al discípulo en el Sendero:

> Es hora de entrar en la cámara diseñada con el tema azul y oro donde hay una pantalla y asientos organizados al estilo de un teatro. Porque para comprender vuestro sendero, vuestro sendero personal hacia la salvación, debéis tener la perspectiva de vuestro pasado y cómo habéis creado el presente, tanto a niveles personales como planetarios. Venid, pues, y veamos cómo, con la magia de la llama, descubriremos los diseños del destino de vuestra alma... Ahora aparecen en la pantalla escenas de la vida en la antigua Tracia, y nos encontramos en el mercado de una ciudad olvidada en la tierra que actualmente es Turquía...

Así, una historia sumamente intrigante se desarrolla, una escena del *pathos* de un viejo karma cuyo ciclo se ha cumplido en la vida de los espectadores, a quienes el Maestro también ha revelado la eficacia de la llama violeta, a la que ellos han observado limpiar los registros en la pantalla ante sus propios ojos. Con una idea tan profunda sobre el desarrollo de la ley cósmica, los estudiantes de Morya vuelven a la conciencia de su cuerpo físico decididos a «corregir las cosas»; y usted también puede hacerlo.

Porque el Señor del Primer Rayo promete los siguiente: «Las lecciones aprendidas por el alma fuera del cuerpo durante el sueño no se pierden, sino que se convierten en parte del compuesto de la autopercepción subconsciente, que emerge apenas lo suficiente para pellizcar el recuerdo del alma y empujarla a que tome una acción decisiva».

En efecto, la vivificación de la mente exterior con respecto a esta experiencia interior del alma, una vez regresada a la conciencia despierta y los cinco sentidos, la lleva a cabo hábilmente el Maestro M. mediante la técnica asociativa o la organización de circunstancias insólitas que dejan suelta la memoria del alma, a veces en un torrente de emociones, en un revivir de puntos críticos de suma importancia en la evolución y el karma del alma; y después aliviados mediante la llama violeta.

Sic transit gloria mundi. Así pasa el registro del karma de este mundo. Aparece la gloria del Plan Divino.

De nuevo usted está ante el Espejo Cósmico dentro del Grand Teton, ¡con expectativa, pero sin saber qué esperar! Esta vez Saint Germain le muestra el diseño original de su plan divino que se imprimió en su cuerpo etérico cuando se concibió en el corazón de Dios. Por tanto, usted aprende otra razón para repasar las vidas pasadas una por una: determinar qué parte de ese plan ha exteriorizada hasta la fecha y qué parte no lo ha sido.

Ahora puede literalmente ver, oír y sentir (¡sí, y gustar y oler!) las condiciones de su pequeño mundo que hay que corregir; y no hay duda: ¡hay que hacerlo!

¡Gracias a Dios por el Espejo Cósmico!

¡Gracias a Dios por la llama violeta!

Allá van los buenos impulsos desarrollados durante vidas

enteras, los complejos y problemas complicados del pasado y el presente. Y con los «más» se borran los «menos». Realmente usted cree y está decidido a cumplir ese plan divino con su llama gemela, muy pronto, tal como la historia del alma se calcula.

Es más, Saint Germain le dice que «puede invocar los talentos que ha desarrollado en épocas pasadas, porque están almacenados como un tesoro en su cuerpo causal. Con ellos puede elevar, bendecir y sanar en el nombre del Cristo de Jesús y de la Presencia YO SOY de usted, dotando a muchos de sus pasados impulsos acumulados de actividad fructuosa».

Pero lo más sorprendente es la garantía de Saint Germain de que «la manifestación de estos dones no depende del recuerdo de la memoria exterior».

> Sin embargo —advierte— ello está sujeto a la ley del karma y lo que el hijo de Dios haga individualmente (de acuerdo con los dones de la llama trina y el libre albedrío) con los recursos espirituales cuando se pongan a su disposición.

Y si antes de marchar al Royal Teton le pide que le aconseje sobre cuál es el siguiente paso en el sendero para alguien deseoso de estudiar directamente con los Señores de los Siete Rayos, Saint Germain le invitará a un retiro al que pueda asistir con toda su conciencia despierta en el Rancho Royal Teton.

> Aquí, una gran parte de lo que estudiéis en las universidades del Espíritu en los retiros etéricos de los Chohanes se enfocará para un estudio y una aplicación inmediata en la vida. Porque Summit University, bajo la dirección capaz y confiable de nuestros Mensajeros, Mark ascendido, Elizabeth no ascendida, existe para salvar la distancia entre lo interior y lo exterior de modo que podáis obtener el beneficio de vuestras experiencias fuera del cuerpo, poniendo en práctica lo que aprendéis en los niveles internos incluso antes de poseer la maestría de recordar completamente las enseñanzas e iniciaciones nocturnas de vuestra alma en las octavas superiores.
>
> Summit University no solo os proporciona lo mejor de ambos mundos —explica Saint Germain— sino que os ofrece lo mejor de todos los mundos posibles, pues presenta los

límites exteriores de lo que es lícito espiritualmente que logren las almas del planeta Tierra, hasta el momento en el que dominen la esfera de las posibilidades conocidas como los «límites de la habitación del hombre» y se gradúen y vayan a las octavas de luz de los Maestros Ascendidos.

El Consejo del Royal Teton, en sesión con el Gran Señor y los Señores de los Siete Rayos bajo la dirección del Señor Gautama y el Señor Jesucristo, ha establecido el programa de Summit University (conocido por los iniciados como la Escuela de Misterios de Maitreya). Por consiguiente, requerimos de nuestro profesorado que 1) esté capacitado para lidiar con lo inmediato, la red de circunstancias kármicas en las que os encontráis en la actualidad, mediante un preciso conocimiento de la Ley Cósmica y la aplicación de la ciencia de la Palabra hablada en situaciones específicas de vuestra vida; y que 2) os enseñen a obtener el mayor beneficio de las universidades del Espíritu en lo que respecta a vuestras iniciaciones —físicas, mentales y espirituales— y la maestría Divina vuestro espíritu inmortal en el sendero de la ascensión.

Al unir estas metas a vuestras prioridades personales como se os ha enseñado a través de vuestra experiencia en el Retiro Interno, *vosotros mismos establecéis* un rumbo para la maestría del yo en el tiempo y el espacio y para saldar vuestro karma, mientras que lleváis a cabo vuestras responsabilidades con la familia, la carrera profesional y la comunidad, incluyendo las necesidades económicas de la vida por los que tenéis a vuestro cuidado.

Los Señores de los Siete Rayos están aquí para guiaros en la aventura sagrada de la vida para que, al entrar en un caminar superior con Dios y una comunión ininterrumpida con todo el Espíritu de la Gran Hermandad Blanca (las huestes angélicas y los santos vestidos de blanco), seáis conscientes de vuestros amigos celestiales que están a vuestro lado mientras bebéis el cáliz de la vida hasta el final en vuestro esfuerzo para dar felicidad y la vida abundante a todos.

Como ayuda en este glorioso desafío que es la «gran obra de las eras —le dice Saint Germain deseoso— está su Fraternidad de Guardianes de la Llama, que él fundó con el fin de proporcionar el medio y el compromiso de una relación Maestro-discípulo íntima con los Chohanes y el Maha Chohán, recibiendo lecciones graduales sobre Ley Cósmica para estudiar y atesorar, aunque usted no pueda asistir a Summit University.

Y así, su ángel guía le acompaña al ascensor del retiro, que sube 650 metros hasta las grandes puertas de bronce por las que entró, hace un tiempo no escrito. Al pasar por las losas de granito que se abren cuando las toca el guardián de la entrada, Alfas, usted vuelve a estar fuera, donde la roca común y corriente está, como siempre, como una esfinge. Su ángel guía susurra: «Todo lo bueno tiene su fin, para que puedas tener nuevos comienzos...».

Hace una noche de aire frío con vientos del norte, cielos despejados y la estrella de la mañana llamando desde el horizonte. De repente, se da cuenta de que se está estirando y reprimiendo un bostezo mientras los primeros rayos de la luz matutina le recuerdan, entrometiéndose, que ha regresado a su cuerpo. Antes de conectarse por completo, se escucha a sí mismo decir: «¡Pues todo depende de mí! Puedo hacer cualquier cosa que quiera... con Dios».

Exultante por saber que hay una manera y una salida del dilema humano, vuelve de su viaje del alma al fuego de la conocida chimenea y el hogar para reanudar la lectura sobre las experiencias interiores de su alma como están escritas en *Las enseñanzas perdidas de Jesús: Claves para la trascendencia de uno mismo,** segundo capítulo, «Espejo de la conciencia» ...

¡Gracias a Dios todo ha quedado escrito!

---

*original: *The Lost Teachings of Jesus: Keys to Self-Transcendence.* (N. del T.)

NOTAS

LIBRO I
Espejo de la conciencia

INTRODUCCIÓN
1. **Encarnando.** Véase Elizabeth Clare Prophet, *Lost Teachings on Keys to Spiritual Progress (Enseñanzas perdidas sobre las claves para el progreso espiritual)*, pág. 295, n. 6.
2. **Nefilín.** [hebreo, "los que cayeron" o "los que fueron echados abajo", de la raíz semítica *nephal*, 'caer']: Una raza bíblica de gigantes o semidioses, que consta en Génesis 6:4; los ángeles caídos que fueron expulsados del cielo y echados a la tierra (Apocalipsis 12:7-9). Véase Elizabeth Clare Prophet, *Fallen Angels and the Origins of Evil (Ángeles caídos y los orígenes del mal)*, págs. 71-76, 295-341; el Gran Director Divino, "The Mechanization Concepto" ("El concepto mecanizado"), en las *Perlas de Sabiduría* de 1965, vol. 8, n° 15 y 16, págs. 75-89 [edición de bolsillo: *The Soulless One: Cloning a Counterfeit Creation (El ser carente de alma: la clonación de una creación falsa)*, de Mark L. Prophet, págs. 89-105]; Zecharia Sitchin, *The Twelfth Planet (El duodécimo planeta)*, *The Stairway to Heaven (La escalera al cielo)* y *The Wars of Gods and Men (Las guerras de dioses y hombres)*, publicados por Avon Books.

LIBRO I • CAPÍTULO I
EL MORYA
1. **Mogol.** Un indio musulmán perteneciente a o descendiente de uno de varios grupos conquistadores de origen mongol, turco y persa; especialmente el soberano del imperio fundado en la India por los mogoles en el siglo XVI.

2. Percival Spear, *India: A Modern History (India: una historia moderna)* (Ann Arbor, Mich.: University of Michigan Press, 1961), pág. 129.
3. Ashirbadi Lal Srivastava, *Akbar the Great—Vol. I: Political History, 1542-1605 A.D. (Akbar el Grande, vol. I: Historia política, 1542-1605)* (Agra: ShivaLal Agarwala / Co., 1962), pág. 491.
4. Ibid., pág. 399.
5. Ibid., pág. 503.
6. Ibid., pag. 507.
7. Pringle Kennedy, *History of the Great Moguls (Historia de los grandes mogoles)* (Calcutta: Thacker Spink / Co., 1933), págs. 297-98.
8. Srivastava, *Akbar the Great (Akbar el Grande)*, pág. 303.
9. Kennedy, *Historia de los grandes mogoles*, pág. 299.
10. Srivastava, *Akbar el Grande*, pág. 306.
11. Encyclopedia of Religion and Ethics, ed. James Hastings (Edinburgh: T. & T. Clark, 1908), 1:271.
12. Alfred Tennyson, "The passing of Arthur" ("La muerte de Arturo"), *Idylls of the King (Idilios del rey)*, (New York: New American Library, 1961), págs. 251-52.
13. *Lives of Saints with Excerpts from Their Writings (Vidas de los santos con extractos de sus escritos)* (New York: John J. Crawley & Co., 1954), págs. 311-24; *Vidas de los santos* (New York: Catholic Book Publishing Co., 1974), págs. 248-49.
14. Títulos del original: *The Sacred Adventure, The Chela and the Path, Morya: The Darjeeling Master Speaks to His Chelas on the Quest for the Holy Grail, Encyclical on World Good Will*.

LIBRO I • CAPÍTULO II
SEÑOR LANTO
1. **Vigilantes.** Se refiere a los que cayeron por una lujuria exacerbada hacia las hijas de los hombres (Génesis 6:4). Véase pág. 000, Introducción, n. 2.

LIBRO I • CAPÍTULO IV
SERAPIS BEY
1. Heródoto, historia 7.225.

LIBRO I • CAPÍTULO VII
SAINT GERMAIN

1. Véase Godfré Ray King, *Unveiled Mysteries (Misterios Desvelados)*, 3ª ed. (Chicago: Saint Germain Press, 1939), págs. 39-61.
2. Geoffrey of Monmouth, *Vita Merlini*, en Nikolai Tolstoy, *The Quest for Merlin (La búsqueda de Merlín)* (Boston: Little, Brown & Co., 1985), pág. 127.
3. Brendan LeHane et al., *The Enchanted World: Wizards and Witches (El mundo encantado: magos y brujas)* (Chicago: Time-Life Books, 1984), pág. 34.
4. Sir Thomas Malory sabía que el rey Arturo tuvo al menos dos hermanas. Una, Margawse, se casó con el rey Loth y le dio cuatro hijos, el más mayor de los cuales era Gawain. Ella u otra hermana, alega Malory, engendró con el rey Arturo a Modred. (Norma Lorre Goodrich, *King Arthur (El rey Arturo)* [New York: Franklin Watts, 1986], pág. 221.
5. Henry Rhomas y Dana Lee Thomas, *Living Biographies of Great Scientists (Biografías vivas de grandes científicos)* (Garden City, N.T.: Nelson Doubleday, 1941), pág.15.
6. Ibid., pág. 16.
7. Ibid., pág. 17; David Wallenchinsk, Amy Wallace y Irving Wallace, *The Book of Predictions (El libro de predicciones)* (New York: William Morrow and Co., 1980), pág. 346.
8. Thomas, *Biografías vivas,* pág. 20.
9. Wallechingsky y Wallace, *Libro de predicciones,* pág. 346.
10. Clemens R. Markham, *Life of Christopher Columbus (Vida de Cristóbal Colón)* (London: George Philip & Son, 1892), págs. 207-8.
11. *Encyclopaedia Britannica*, 15ª ed., s.v. "Columbus Christopher".
12. **Códigos de Bacon.** Los textos cifrados de Francis Bacon fueron descubiertos por el criptógrafo Dr. Orville W. Owen, quien publicó cinco volúmenes sobre la *Historia del código de Sir Francis Bacon (Sir Francis Bacon's Cipher Story),* entre 1893 y 1895. La historia oculta en sus textos cifrados se puede reconstruir uniendo palabras, renglones y pasajes de las obras de varios escritores isabelinos. En cambio, el desciframiento del código biliteral es un proceso exacto y científico en el que se agrupan letras en cursiva (impresas en dos tipos distintos) que aparecen con una frecuencia peculiar en las ediciones originales de las obras de teatro y otras obras de Shakespeare. Este código fue descubierto por un ayudante del Dr. Owen, Elizabeth Wells Gallup, que fue la primera en publicar en 1899 las historias que Bacon había ocultado en su código biliteral. Para que sus códigos se descubrieran más adelante y su verdadera vida

fuera revelada, Bacon describió con detalle el método de cifrado biliteral en su versión latina de *De Augmentis* (1624), que Gallup estudió y aplicó unos 270 años después. Irónicamente, Gallup descubrió que el código biliteral de Bacon contenía instrucciones completas sobre cómo construir el código, lo cual fue descubierto primero por el Dr. Owen. Véase Virginia Fellows, *The Shakespeare Code (El código de Shakespeare)* (Gardiner, Mont.: Snow Mountain Press, 2006).

13. Will Durant, *The Story of Philosophy: The Lives and Opinions of the Greater Philosophers (La historia de la filosofía: Vidas y opiniones de los grandes filósofos)* (Garden City, N.Y.: Garden City Publishing Co., 1927), pág. 157.
14. La inforamación detallada en los siguientes párrafos está tomada de Margaret Barsi-Greene, comp., *I, Prince Tudor, Wrote Shakespeare (Yo, el príncipe Tudor, escribí Shakespeare)* (Boston: Branden Press, 1973), págs. 56-57, y Alfred Dodd, *The Martyrdom of Francis Bacon (El martirio de Francis Bacon)* (New York: Rider & Co., n.d.), pág. 25. Véase también Virginia M. Fellows, *Código de Shakespeare* (Gardiner, Mont.: Snow Mountain Press 2006).
15. Barsi-Greene, *Yo, príncipe Tudor,* pág. 217.
16. Ibid., págs. 219-20.
17. Ibid., págs. 239, 243.
18. Grace A. Fendler, *New Truths About Columbus (Nuevas verdades sobre Colón)* (London: L. N. Fowler & Co., 1934), pág. 26.

LIBRO II
Dictados de los Señores de los Siete Rayos

LIBRO II • CAPÍTULO I
EL MORYA
Mensaje a los Estados Unidos sobre la misión de Jesucristo
1. Véase pág. 000
2. Véase Elizabeth Clare Prophet, *The Lost Years of Jesus (Los años perdidos de Jesús).*
3. En el siglo I a. C., El Morya estuvo encarnado como Melchor, uno de los tres reyes magos.
4. Véase Taylor Cadwell, *The Romance of Atlantis (El romance de la Atlántida)* (New York: William Morrow & Co., 1975).
5. Serapis Bey, *Perlas de Sabiduría* de 1967, vol. 10, n°. 16; "The Banner of Humility" ("La bandera de la humildad"), en *Actas de*

NOTAS 433

la Ascensión, pág. 33.
6. Mateo 17:1-3; Hechos de Juan 90-91; Apocalipsis de Pedro 4-20 (fragmento Akhmim). Véase M. R. James, trad., *Apocryphal New Testament* (London: Oxford University Press, 1924), págs. 251-52, 518-19.

LIBRO II • CAPÍTULO II
SEÑOR LANTO
Posibilidades en nuevas dimensiones
1. Tras la invasión comunista de China (1949), Tíbet (1950), Vietnam (del Norte, 1954; del Sur, 1975) y Laos (1975), muchos santuarios budistas fueron arrasados y sus estatuas destruidas. El Gobierno de Estados Unidos o el de otros países libres no emitieron ninguna protesta oficial por la **profanación de santuarios religiosos.**

LIBRO II • CAPÍTULO III
PABLO EL VENECIANO
La Belleza y la Verdad del Amor
1. Véase San Juan de la Cruz, *Llama de amor viva,* poema; y *Saint John of the Cross on the Living Flame of Love (San Juan de la Cruz sobre la llama de amor viva),* conferencia de Summit University para siervos ministrantes dada por Mark L. Prophet y Elizabeth Clare Prophet, formato CD.

LIBRO II • CAPÍTULO IV
SERAPIS BEY
El sendero de la ascensión es el sendero del Amor
1. La ciencia del **Reloj Cósmico,** que la Virgen María enseñó a la Mensajera Elizabeth Clare Prophet, ofrece un medio científico de comprender y representar de forma gráfica los ciclos de la psicología y el karma personal y planetario, karma que nos regresa a diario con las pruebas y tribulaciones de la vida. Vésase Elizabeth Clare Prophet, *Predict Your Future: Understand the Cycles of the Cosmic Clock (Cómo predecir tu futuro: la comprensión de los ciclos del reloj cósmico);* "The Cosmic Clock: Psychology for the Aquarian Man and Woman" ("El Reloj Cósmico: Psicología para el hombre y la mujer de Acuario"), en *The Great White Brotherhood in the Culture, History, and Religion of America (La Gran Hermandad Blanca en la cultura, historia y religión de los Estados Unidos),* págs. 173-206; *The ABC's of Your Psychology on the*

Cosmic Clock *(El abededario de tu psicología en el reloj cósmico)*, en CD.
2. Para obtener enseñanza sobre los **espíritus de la Naturaleza**, véase Mark L. Prophet y Elizabeth Clare Prophet, *The Path of the Higher Self (El sendero del Yo Superior)*, primer volumen de la serie "Escala la montaña más alta", págs. 371-93; Jesús y Kuthumi, *Corona Class Lessons (Clases de la corona)*, págs. 371-76; y Elizabeth Clare Prophet, *Is Mother Nature Mad? How to Work with Nature Spirits to Mitigate Natural Disasters (¿Está loca la Madre Naturaleza? Cómo trabajar con los espíritus de la Naturaleza para mitigar los desastres naturales)*.

LIBRO II • CAPÍTULO VII
SAINT GERMAIN
"¡Que superéis todas las pruebas!"
1. Mateo 10:33; Lucas 12:9.

Reconocimiento por imágenes

Página 20: *Emperadores Akbar, Jahangir y Shah Jahan con Khan A'zam, I'timad Al-dawlah y Asaf Khan*, detalle, Bichitr. Reproducido con permiso de los Consejeros de Chester Beatty Library, Dublín; **23:** con permiso de los Consejeros de Chester Beatty Library, Dublín; **36:** Detalle, copyright The Frick Collection, Nueva York; **42:** Museo Joanneum, Graz; **60:** con permiso de Theosophical Publishing House; **86:** Museo J. Paul Getty, California; **92, 100:** National Gallery of Art, Ciudad de Washington; **110:** Por cortesía del museo de Brooklyn; **111:** Archivo fotográfico Hirmer, Múnich; **113:** Museo de Egipto, Cairo; **130:** Concesión de la basílica de San Pablo el Patriarca; **155:** Con permiso de la Universidad de Stanford, California; **173:** Museos Herzog Anton Ulrich, Brunswick; **175:** Archivo Bettman; **178:** Museo Nacional de Gales; **179:** De *Living Biographies of Great Scientists*, de Henry Thomas y Dana Lee Thomas. Copyright 1941, 1951 de Doubleday, division de Bantam Doubleday Dell Publishing Group, Inc. Utilizado con permiso de Doubleday, una división de Bantam Doubleday Dell Publishing Group, Inc.; **242:** J. Burlington Smith; **246:** *Conversación sobre pintura bajo los pinos*, detalle, Chou Ying, museo provincial Jilin, China; **256, 257:** Colección del museo nacional Palace, Taiwán, República de China; **298:** Detalle, Norman Thomas Miller; **310:** Archivo fotográfico Hirmer, Múnich; **322:** Concesión de la basílica de San Pablo el Patriarca; **333:** Leonard von Matt; **380:** Charles Sindelar; **400:** Eastfoto.

The Summit Lighthouse®
63 Summit Way
Gardiner, Montana 59030 USA
1-800-245-5445 / +1 (406) 848-9500
Se habla español.
TSLinfo@TSL.org
SummitLighthouse.org
https://www.summitlighthouse.org/ascended-masters/

Mark L. Prophet (1918-1973) y Elizabeth Clare Prophet (1939-2009) fueron pioneros visionarios de una espiritualidad moderna y autores reconocidos internacionalmente. Sus libros están publicados en más de 30 idiomas, habiéndose vendido millones de ejemplares online y en librerías de todo el mundo.

Juntos crearon una organización espiritual mundial que ayuda a miles de personas a encontrar una salida a los problemas humanos y a reconectarse con su divinidad interior. Recorrieron el sendero de los adeptos espirituales, atravesando las iniciaciones universales conocidas por todos los místicos de Oriente y Occidente. Enseñaron el recorrido de este sendero y describieron sus experiencias para beneficio de quienes deseen progresar espiritualmente.

Mark y Elizabeth dejaron una amplia biblioteca de enseñanzas espirituales de los Maestros Ascendidos y una comunidad mundial creciente de personas que estudian y practican estas enseñanzas.

www.ingramcontent.com/pod-product-compliance
Lightning Source LLC
Chambersburg PA
CBHW071645160426
43195CB00012B/1359